NATUR und REISE

Costa Rica

**von
Wolfgang Denzer & Jacqueline Denzer**

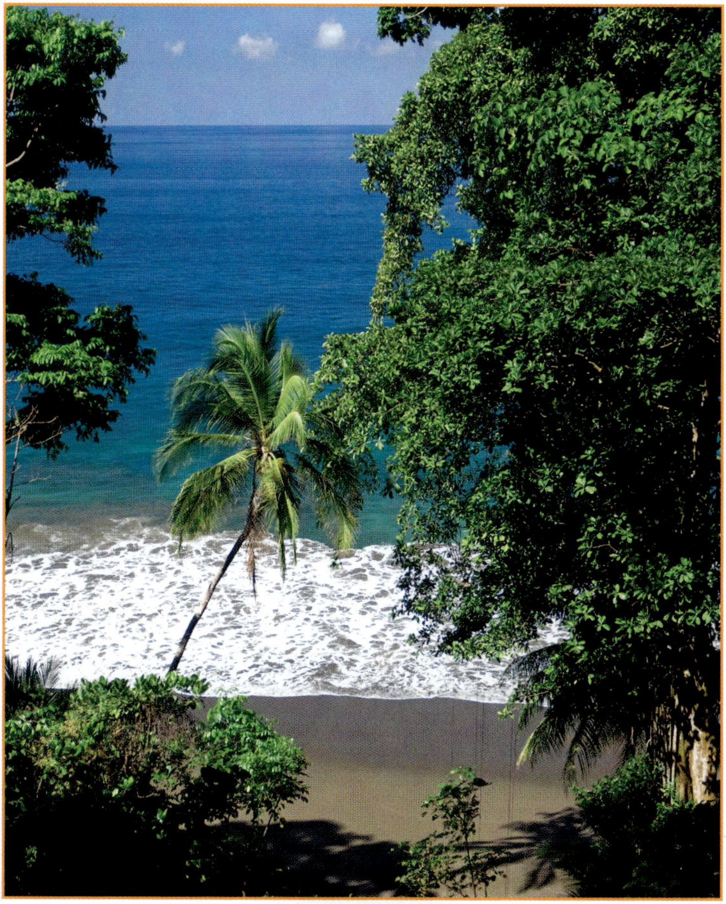

Wegweiser

Wegweiser

Reiseziele

- Vorwort und Allgemeines
- Naturschutzgebiete im Norden des Landes
- Tempisque- und Nicoya-Region
- Monteverde und die Arenal-Region
- Von San José in das karibische Tiefland
- Naturschutzgebiete entlang der Karibikküste
- Das zentrale Hochland und die Talamanca-Kordillere
- Die pazifische Küstenregion
- Osa-Halbinsel und Schutzgebiete im Süden
- Praktische Hinweise für Naturreisende
- Internetressourcen
- Literatur
- Tier- und Pflanzennamen
- Ortsregister

Inhaltsverzeichnis

Vorwort **8**

Allgemeines **10**
Kleine Landeskunde 10
Naturschutz und Ökotourismus in Costa Rica 12
Entwicklungsgeschichte und Geografie 15
Klima 17
Artenvielfalt und Artenrückgang in Costa Rica 19
Flora 23
Fauna 40
- Säugetiere 40
- Vögel 56
- Reptilien und Amphibien 80
  - Schildkröten 80
  - Krokodile 82
  - Echsen 84
  - Ungiftige Schlangen 96
  - Giftige Schlangen 100
  - Amphibien 104
- Wirbellose Tiere 112

Inhaltsverzeichnis

Naturschutzgebiete im Norden des Landes 125
Santa-Rosa- und Guanacaste-Nationalpark 125
Rincón-de-La-Vieja-Nationalpark 134
Umgebung von Cañas und Río Corobicí 144
Tenorio-Vulkan und Miravalles-Nationalpark 146
Caño-Negro-Tierschutzgebiet 149

Tempisque- und Nicoya-Region 152
Palo-Verde-Nationalpark 156
La Ensenada Lodge und Abangaritos 163
Anreise auf die Nicoya-Halbinsel 163
Barra-Honda-Nationalpark 164
Nationales Wildschutzgebiet Curú und
Biologisches Reservat Cabo Blanco 171

Monteverde und die Arenal-Region 173
Monteverde-Nebelwald-Reservat und der
Internationale Regenwald der Kinder 174
Vulkan Arenal und Arenalsee 188

Von San José in das karibische Tiefland 195
Braulio-Carrillo-Nationalpark 195
Biologische Station Rara Avis 202
Biologische Station La Selva 208

Naturschutzgebiete entlang der Karibikküste 211
Tortuguero-Schutzzone und -Nationalpark 211
Cahuita-Nationalpark und Aviarios de Caribe 218
Gandoca-Manzanillo-Wildreservat 224

Das zentrale Hochland und die
Talamanca-Kordillere 228
Vulkan Poás und Umgebung 228
Vulkan Irazú und Umgebung 234
Tapantí-Nationalpark 238
Los-Quetzales-Nationalpark und das Savegre-Tal 245
Chirripó-Nationalpark 248

Inhaltsverzeichnis

Die pazifische Küstenregion **256**
Biologisches Reservat Carara 256
Manuel-Antonio-Nationalpark 262
Dominical und Umgebung 268
Marino-Ballena-Nationalpark und La Cusinga Lodge 268

Osa-Halbinsel und Schutzgebiete im Süden **272**
Corcovado-Nationalpark 275
Golfito-Wildschutzreservat 288
Las Esquinas und der Regenwald der Österreicher 292
Biologische Station Las Cruces 296

Praktische Hinweise für Naturreisende **298**
Formalitäten und Visa 298
Zoll 299
Anreise 300
Veranstalter 301
Ankunft 301
Zeitverschiebung 302
Währung und Geld 302
Reisen im Land 302
Aus- und Weiterreise 305
Karten 305
Aktivitäten 305
Reisezeit 308
Reiseliteratur 308
Reisen als Frau 309
Kleidung 309
Gesundheit 309
Gefahren 310
Geschäftszeiten 310
Strom 310
Telefon und Internet 311

Internetressourcen **312**
Literatur **313**
Tier- und Pflanzennamen **314**
Ortsregister **322**

Impressum

Bildnachweis

Titelseite:
Großes Bild: Blaue Lagune im Rincón-de-La-Vieja-Nationalpark Foto: W. Denzer
Bild rechts oben: Rotaugenfrosch (*Agalychnis callidryas*) Foto: WILDLIFE/M. Carwardine
Bild rechts unten: Bastardschildkröten (*Lepidochelys olivacea*) Foto: Arco Images/NPL/Doug Perrine

Rückseite:
Bild oben links: Erdbeerfrosch (*Oophaga pumilio*) Foto: W. Denzer
Bild oben rechts: Mantelbrüllaffe (*Alouatta palliata*) Foto: W. Denzer
Bild unten: Fischertukan (*Ramphastos sulfuratus*) Foto: WILDLIFE/S. Muller

Inhaltsverzeichnis:
Seite 1: Tropische Küste in der Nähe der Drake Bay, Osa-Halbinsel Foto: WILDLIFE/M. Gabriel
Seite 2/3: Tortuguero-Nationalpark Foto: W. Denzer
Seite 4: Jaguar (*Panthera onca*) Foto: WILDLIFE/S. Muller
Seite 7: Bastardschildkröte (*Lepidochelys olivacea*) Foto: WILDLIFE/S. Muller

Faltkarte:
Dem Reiseführer liegt folgendes Kartenmaterial bei: 1. Topografische Karte 2. Relief-Karte 3. Karte mit Schutzgebieten

Die in diesem Buch enthaltenen Angaben, Routen, Karten, etc. wurden von den Autoren nach bestem Wissen erstellt und sorgfältig überprüft. Da inhaltliche Fehler trotzdem nicht völlig auszuschließen sind, erfolgen diese Angaben ohne jegliche Verpflichtung des Verlags oder der Autoren. Beide übernehmen daher keine Haftung für etwaige inhaltliche Unrichtigkeiten.
Alle Rechte, insbesondere das Recht der Vervielfältigung und Verbreitung sowie der Übersetzung, vorbehalten. Kein Teil des Werkes darf in irgendeiner Form (Druck, Fotokopie, Mikrofilm oder andere Verfahren) ohne schriftliche Genehmigung des Verlages reproduziert oder unter Verwendung elektonischer Systeme verarbeitet, gespeichert oder vervielfältigt werden.

ISBN 978-3-86659-075-5

© 2012 Natur und Tier · Verlag GmbH
An der Kleimannbrücke 39/41
48157 Münster
Tel. 0251/13339-0, Fax 0251/13339-33
www.ms-verlag.de

Geschäftsfühung: Matthias Schmidt
Redaktion: Heiko Werning
Lektorat: Mike Zawadzki & Heiko Werning
Layout: Tanja Denker
Druck: Alföldi, Debrecen

Vorwort

Costa Rica – die reiche Küste – verdient seinen Namen sicherlich in Anbetracht seiner üppigen Natur und Artenvielfalt. Dieses kleine mittelamerikanische Land ist ein Bindeglied zwischen Nord- und Südamerika und wurde von Tier- und Pflanzenarten beider Subkontinente besiedelt.

Auf kleinstem Raum sind verschiedenartige Regenwaldhabitate, Trockenregionen und sogar subalpine Vegetation zu finden. Diese unterschiedlichen Biotope dienen einer Vielzahl von Tieren als Lebensraum. Im Inneren des Landes kann der Besucher vulkanische Aktivität bestaunen, und die Küsten auf pazifischer und karibischer Seite bieten zahlreiche Erholungsmöglichkeiten.

Obwohl sich in Teilen des Landes der Tourismus in den letzten Jahren auch in Richtung Strandurlaub verlagert hat, ist der Naturtourismus noch immer der wesentliche Grund für den Besuch des Landes. Unterkünfte sind auch in entlegenen Regionen inmitten nahezu unberührter Natur zu finden. Zahlreiche einheimische Reiseveranstalter organisieren Touren, die den individuellen Wünschen eines jeden Naturtouristen gerecht werden.

Besonders spektakulär sind die Massenankünfte der Meeresschildkröten in Santa Rosa, nächtliche Sichtungen von Tapiren in der Abgeschiedenheit des Corcovado-Nationalparks sowie die Ausbrüche des Arenal-Vulkans. Selbst wenn es nicht jedem Naturreisenden möglich ist, sämtliche Naturschauspiele mitzuerleben, bieten die leicht erreichbaren Schutzgebiete einen unglaublichen Schatz an faszinierender Natur. Die Exkursionen und Wanderungen in Costa Ricas Schutzgebieten sind beeindruckende und bleibende Erlebnisse.

Die Zahl der staatlichen und privaten Schutzzonen Costa Ricas ist immens, sodass im vorliegenden Buch nicht alle Parks und Reservate ausführlich beschrieben werden können.

Wir haben uns bemüht, der Flora und Fauna sowie den zahlreichen Schutzgebieten der unterschiedlichen Regionen gerecht zu werden, und hoffen, damit einen guten Einblick in die natürlichen Gegebenheiten Costa Ricas zu vermitteln.

Ein Naturführer wie das vorliegende Buch kann nicht ohne die Unterstützung zahlreicher Organisationen wie der Nationalparkbehörde und regionalen Natur-

Wolfgang & Jacqueline Denzer Foto: W. Denzer

Vorwort

schutzorganisationen sowie einer ganzen Reihe hilfsbereiter Personen verfasst werden. Unser herzlicher Dank gilt Helena Chavarría, Don Ramón und dem Team von Camino Travel für die großartige Reisevorbereitung. Trotz bisweilen erschwerten Gegebenheiten ist es ihnen immer wieder gelungen, uns vor Ort auch in die entlegensten Ecken des Landes zu transportieren. Insbesondere Fabricio Valverde hat sich als hervorragender Organisator, Tourbegleiter und Kenner der Natur erwiesen. Zudem möchten wir Fabricio dafür danken, dass er bereitwillig Fotos zur Verfügung gestellt hat. Eric Bello (Monteverde) hat uns in die Geheimnisse und Geschichte der Monteverde-Regenwaldregion eingewiesen. Wir danken Eric besonders für seine Hilfe bei der Bestimmung von Pflanzen und seine Bereitwilligkeit, uns auch bei schwerstem Regen in den Wald zu begleiten. Unsere Tage in Poco Sol hatten definitiv wenig Sonne, dafür aber „mucha lluvia". Geinier Alavarado Guzmán (La Cusinga und Marino-Ballena-Nationalpark) hat viele Informationen zur Region entlang der Pazifikküste beigetragen und uns Einblicke in die Welt der Wale vermittelt. Das Team von La Cusinga ist einfach hervorragend!

Alexandro Parilla (La Carolina Lodge) hat unsere Augen für die Schönheit der Tenorio-Region geöffnet und sich als exzellenter Führer erwiesen. Wir möchten uns herzlich bei Gianfranco Gomez und Konrad Mebert für die Bereitstellung von ausgezeichnetem Fotomaterial bedanken. Dank auch an alle nicht namentlich genannten Ranger und Guides in den diversen Nationalparks, ohne die dieses Buch nicht möglich gewesen wäre.

Hasta la proxima vez.
Muchas gracias amigos!
Wolfgang & Jacqueline Denzer
Oxford und Berlin, 2012

Allgemeines

Kleine Landeskunde

Costa Rica weist eine Fläche von 51.032 km^2 auf und liegt zwischen 80° 2' und 11° 13' nördlicher Breite sowie 82° 33' bis 85° 58' westlicher Länge. Es ist somit nur unwesentlich größer als das deutsche Bundesland Niedersachsen oder die Schweiz. Das Staatsgebiet grenzt im Norden an Nicaragua und im Süden an Panama. Im Westen und Osten wird das Land durch den Pazifischen Ozean beziehungsweise den Atlantischen Ozean begrenzt. Beide Küstenlinien zusammengenommen erreichen eine Gesamtlänge von über 1.200 km, wobei allein 1.000 km auf die pazifische Seite entfallen. An der schmalsten Stelle beträgt die Entfernung von Küste zu Küste nur etwa 120 km; die längste Nord-Süd-Ausdehnung des Landes beläuft sich auf 460 km. Die höchste Erhebung Costa Ricas ist der Chirripó mit 3.821 m Höhe, der längste Fluss ist der nahezu 200 km lange Río Grande de Terraba. Der Arenalsee stellt mit 80 km^2 das größte Binnengewässer des Landes dar, ist jedoch künstlich angestaut.

In Costa Rica leben derzeit etwa 4,3 Mio. Einwohner, über die Hälfte davon im Zentraltal. Auf die Landesgröße bezogen ergibt sich eine Besiedlungsdichte von etwa 85 Einwohnern pro km^2 (zum Vergleich Deutschland: 230 Einwohner pro km^2).

Costa Rica wurde am 8. September 1502 von Kolumbus auf seiner dritten Reise entdeckt, der, überwältigt von der Natur und seinen Schätzen, dem Land den Namen „Reiche Küste" gab. Diesen Eindruck vermittelten ihm wohl die goldenen Schmuckstücke der indianischen Urbevölkerung. Über die präkolumbianische Zeit ist leider nur wenig bekannt. Als einzig größere Ansiedlung existieren nur noch die Reste der Stadt Guayabo. Die Stadt geht zeitlich auf das 1. Jahrtausend v. Chr. zurück und hatte seine Blütezeit vermutlich zwischen dem 3. und 7. Jahrhundert n. Chr. In dieser Zeit lebten hier etwa 10.000 Einwohner, und Guayabo galt als Handels- und Religionszentrum. Die indianischen Ureinwohner waren in verschiedenen ethnokulturellen Stämmen organisiert, die je nach bewohntem Gebiet von Fischfang oder landwirtschaftlichem Anbau lebten. Über diese Stämme ist derart wenig bekannt, dass man noch nicht einmal ihre ursprünglichen Namen kennt. Die heute gebräuchlichen Namen wurden den Indianern von den Spaniern gegeben. Archäologische Funde zeigen, dass Kunsthandwerk einen wichtigen Teil des täglichen Lebens dieser Stämme ausmachte. Im Nationalmuseum von Costa Rica in San José sind Gefäße, Figuren und Schmuckstücke aus Gold und Keramik zu bewundern. Die Sprachbarrieren und unterschiedlichen Gebräuche gingen einher mit verschiedenen landwirtschaftlichen Traditionen. Während die Chorotegas im Bereich der heutigen Guanacaste-Provinz vornehmlich Maisanbau betrieben, lebten die Völker der Huetares im Zentraltal und die Diquis-Indianer in der Terraba-Region hauptsächlich von Yuca (Maniok, Manihot esculenta).

Die heutige Bevölkerung setzt sich zu 98 % aus Weißen spanischen Ursprungs und einigen Zehntausend, in der atlantischen Tiefebene beheimateten Schwarzen zusammen. Letztere sind hauptsächlich jamaikanischer Abstammung und sprechen überwiegend Englisch. Von der indianischen Urbevölkerung leben nur noch etwa 15.000 Menschen im Land, die sich in sechs verschiedene Sprachstämme einordnen lassen. Neben diesen Volksgruppen findet man Europäer, Chinesen und Amerikaner ebenso wie Einwanderer aus den Nachbarländern. Die Costa-Ricaner haben sich selbst den Namen „Ticos" gegeben, angeblich nach der spanischen Verkleinerungsform „tico". Ticos sehen sich als weltoffen, herzlich und ausgesprochen gastfreundlich; in den Städten geht es immer recht quirlig zu, außer zu Zeiten, in denen eine Siesta angebracht erscheint.

Die Staatsform Costa Ricas ist eine parlamentarische Demokratie mit vierjährigen Wahlperioden. Die Minister werden vom Staatspräsidenten ernannt, dem sie verantwortlich sind. Das Land ist in sieben Provinzen eingeteilt. Die

Am Guayabo National Monument finden sich noch Überreste aus präkolumbischer Zeit
Foto: W. Denzer

Kleine Landeskunde

Amtssprache ist Spanisch, allerdings wird von vielen Einwohnern Englisch gut verstanden. Die Rechtsprechung erfolgt in Anlehnung an das spanische und französische Recht; Katholizismus ist Staatsreligion, jedoch herrscht Glaubensfreiheit. Bis zum 14. Lebensjahr ist jeder Bürger schulpflichtig, wobei der Unterricht an staatlichen Schulen kostenfrei erteilt wird. Das Land hat ein gut entwickeltes Bildungssystem mit Hochschulzugang. Fächer wie Biologie, Tropenökologie und Tourismusmanagement finden in letzter Zeit besondere Beachtung.

Naturschutz und Ökotourismus in Costa Rica

In Costa Rica ist die Tourismusbranche ein bedeutender Wirtschaftszweig. Bei jährlich steigenden Besucherzahlen profitieren nicht nur einzelne Unternehmen, sondern auch die Allgemeinheit. Das kleine Costa Rica hat frühzeitig erkannt, dass in den Erstweltländern Europas und den USA ein großes Interesse an Naturschutz und ökologischen Fragestellungen existiert. Über 11 % des Landes sind unter staatlichen Schutz gestellt (zum Vergleich Deutschland: <5 %), und mit ihrer einzigartigen Geologie, Flora und Fauna sind diese Schutzgebiete die Hauptattraktion für ausländische Touristen. Hier können Vulkane bestaunt, Tiere in natürlicher Umgebung beobachtet und unzählige Blütenpflanzen bewundert werden. Die meisten Touren führen jeweils nur in die Randgebiete der Parks, wo häufig ein gut ausgebautes Wegenetz für den Naturenthusiasten angelegt wurde. Das oftmals riesige Hinterland der Schutzgebiete bleibt vom Tourismus unberührt. Auf diese Weise ist es möglich, den Besuchern nachhaltige Eindrücke von der Natur zu vermitteln und das eingenommene Geld der Hauptaufgabe – dem Biotopschutz – zukommen zu lassen.

Die biologische Station La Selva ist eine der weltweit führenden Forschungseinrichtungen in den Tropen Foto: W. Denzer

Naturschutz und Ökotourismus in Costa Rica

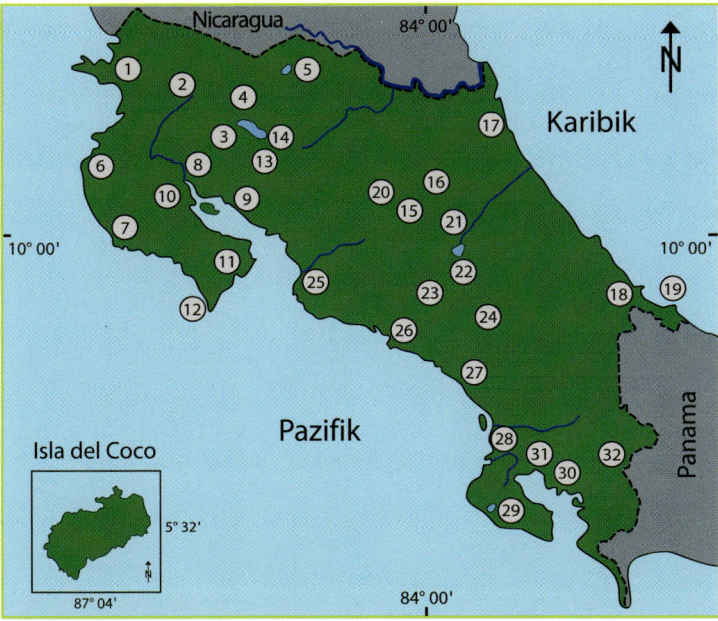

Die wichtigsten Naturreiseziele Costa Ricas

1 Santa-Rosa- und Guanacaste-NP
2 Rincón-de-la-Vieja-NP
3 Cañas und Río Corobicí
4 Tenorio und Miravalles-NP
5 Caño-Negro-Tierschutzgebiet
6 Las-Baulas-Meeresnationalpark
7 Ostional-Tierschutzgebiet
8 Palo-Verde-Nationalpark
9 La Ensenada Lodge und Abangaritos
10 Barra-Honda-Nationalpark
11 Nationales Wildschutzgebiet Curú
12 Biol. Reservat Cabo Blanco
13 Biol. Reservat Monteverde und
   Internationaler Regenwald der Kinder
14 Vulkan Arenal und Arenalsee
15 Braulio-Carrillo-Nationalpark
16 Biol. Stationen La Selva und Rara Avis
17 Tortuguero-Schutzzone und -NP
18 Cahuita-NP und Aviarios-del-
   Caribe-Schutzgebiet
19 Gandoca-Manzanillo-Wildreservat
20 Vulkan-Poás-Nationalpark
21 Vulkan-Irazú-Nationalpark
22 Tapantí-Nationalpark
23 Los-Quezales-NP und Savegre-Tal
24 Chirripó-Nationalpark
25 Biol. Reservat Carara
26 Manuel-Antonio-NP
27 Marino-Ballena-NP und La Cusinga
28 Drake Bay und Sierpe River
29 Corcovado-Nationalpark
30 Golfito-Wildschutzreservat
31 Piedras-Blancas-NP und Las Esquinas
32 Biol. Station Las Cruces

Grafik: J. Denzer

Naturschutz und Ökotourismus in Costa Rica

Neben den staatlichen Parks haben sich im Laufe der Zeit auch eine Reihe privater Initiativen etablieren können, hierunter weltweit bekannte Gebiete wie der Monteverde-Nebelwald, Rara Avis und La Selva. Oft sind diese Projekte Gemeinschaftsinitiativen von Universitäten, Naturschutzorganisationen und Privatleuten. Die Einnahmen aus dem Tourismusgeschäft dienen dazu, die wissenschaftliche Forschung aufrechtzuerhalten und weitere Waldflächen aufzukaufen. Einige dieser privaten Schutzgebiete sind in der Nähe großer Nationalparks angesiedelt und bieten Tagestouren in die jeweiligen Parks an. Durch dieses Zusammenspiel erhalten auch die Nationalparks Einnahmen aus dem nicht staatlichen Naturtourismus.

Neben anderen sind folgende staatliche und private Organisationen für Naturschutz und Nationalparks verantwortlich. Innerhalb der Provinzen gibt es weitere Behörden, die für die Parkverwaltung vor Ort zuständig sind.

CCC
(Caribbean Conservation Corporation)
Apartado 246-2050
San Pedro, Costa Rica
Fax: 00506-(0)2297-6576
E-Mail: ccc@cccturtle.org
www.cccturtle.org

MCL
Monteverde Conservation League
Tel.: 00506-(0)2645-7070
Fax: 00506-(0)2645-6060
E-Mail: info@monteverdeinfo.com
www.monteverdeinfo.com

MINAET
(Ministerio de Ambiente, Energía y Telecomunicaciones)
Avenida 8 y 10, calle 25
Del Edificio de la Corte Suprema de Justice 200 E, frente a la Iglesia Votivo Corazón de Jesús
Tel.: 00506-(0)2233-4533
www.minae.go.cr

OTS
(Organization for Tropical Studies)
Apartado 676-2050
San Pedro
Tel.: 00506-(0)2524-0607
Fax: 00506-(0)2524-0608
E-Mail: cro@ots.ac.cr
www.ots.ac.cr

SINAC
(Sistema Nacional de Areas de Conservación, Abteilung des Minaet)
Frente al Laboratorio JR Sánchez
San José
Tel.: 00506-(0)283-8004
Fax: 00506-(0)283-7343
www.sinac.go.cr

Wird der Ökotourismus in geordneten Bahnen gehandhabt, können alle Seiten nur davon profitieren: Die Natur bleibt geschützt und weitgehend unberührt, der Besucher kann unvergessliche Eindrücke mit nach Hause nehmen und die damit verbundene Wirtschaft gewinnorientiert arbeiten. Costa Rica floriert im Dasein eines Ökotourismuslandes. Die Einnahmen aus diesem Wirtschaftszweig übersteigen inzwischen die aus Kaffee- und Bananenanbau, den traditionellen Exportgütern des Landes. Die

Entwicklungsgeschichte und Geografie

Bevölkerung gelangt mehr und mehr zu der Auffassung, dass ein Stück natürlicher Regenwald langfristig größere Erträge einbringen kann als landwirtschaftlich genutzte Flächen. Es ist zu hoffen, dass dies auch in Zukunft so bleibt, damit die einzigartige Natur des Landes für nachfolgende Naturtourismus-Generationen erhalten bleibt.

Entwicklungsgeschichte und Geografie

Costa Rica formt mit seinen Nachbarländern (Nicaragua und Panama) eine Landbrücke zwischen den nord- und südamerikanischen Landmassen. Die ältesten bekannten Gesteine stammen aus dem Erdmittelalter (Jura sowie Kreidezeit, vor ca. 150 Mio. Jahren) und wurden auf der Nicoya-Halbinsel gefunden. In weiten Teilen des Landes findet man zudem Meeressedimente aus dem Tertiär, deren Ursprung bis in das Paleozän (vor 60 Mio. Jahren) zurückreicht. Die kontinuierliche Verbindung zwischen Nord- und Südamerika, wie wir sie heute kennen, existiert erst seit 3 Mio. Jahren.

Costa Rica gilt allgemein als das Land der Vulkane. Zum Teil über 3.000 m hohe Gebirgsketten trennen die atlantischen und pazifischen Tieflandregionen und bilden eine Kontinentalscheide. Im Laufe der Jahrmillionen hat sich die Pazifische Platte unter die Karibische Platte geschoben und das Land angehoben. In-

Vulkanismus – wie hier am Arenal – findet man an vielen Stellen Costa Ricas
Foto: W. Denzer

Entwicklungsgeschichte und Geografie

folgedessen kam es zu Erdbeben und Vulkanismus, was an einigen Stellen des Landes auch heute noch beobachtet werden kann. Die Gebirgsketten („cordilleras") vulkanischen Ursprungs sind die vorherrschenden Landschaftsformationen. Im Wesentlichen werden vier Kordilleren in Nord-Süd-Ausrichtung unterschieden:

Die Cordillera de Guanacaste im Nordwesten des Landes ist erdgeschichtlich recht jung und wurde erst im Quartär (vor maximal 1,5 Mio. Jahren) geformt. Markante Vulkane dieser Region sind der Rincón de La Vieja und der aktive Arenal. Die höchsten Erhebungen sind die Vulkane Miravalles (2.028 m) und Tenorio (1.916 m). Hieran schließt sich die nur etwa 1.300 m hohe Cordillera de Tilarán an. Die häufigsten Gesteinsformen sind vulkanischen Ursprungs und stammen aus dem Tertiär (Miozän und Pliozän, max. 10 Mio. Jahre). Die höchste Erhebung ist der Cerro Poco Sol mit 1.327 m. Im Südosten, nördlich von San José, folgt dann die im Quartär geformte Cordillera Central. Die vulkanischen Gesteine stammen hauptsächlich von Lavaflüssen und Schlammablagerungen. Zusammen mit Tuffgesteinen bilden sie die Grundlage für die Fruchtbarkeit des angrenzenden Zentraltales (Valle Central). Die herausragenden und bekanntesten Vulkane der Zentralregion sind Poás, Turrialba und Irazú. Der Vulkan Irazú ist mit 3.432 m zugleich die höchste Erhebung des zentralen Hochlandes. Die älteste und höchste Formation Costa Ricas ist die Cordillera de Talamanca, die südlich an das zentrale Hochland anschließt und sich bis nach Panama zieht. Im Gegensatz zu den anderen Kordilleren wurden hier neben vulkanischem Ursprungsgestein auch aus dem Tertiär stammende Kalke mit vulkanischen Einschlüssen (Diorite) und Granite gefunden. Der höchste Berg dieser Region ist der Chirripó mit 3.820 m.

In der atlantischen Tiefebene werden überwiegend Sedimente und einige vulkanische Gesteine aus dem Quartär gefunden. Diese Ablagerungen sind alluvialen (angeschwemmten) und marinen Ursprungs. Gleiche Formationen gibt es in der pazifischen Tiefebene auf der Osa-Halbinsel und entlang der Küste bis etwa auf die Höhe von Jacó. Nördlich dieser Region und auf der gesamten Nicoya-Halbinsel sind überwiegend Tertiärformationen sowie Vulkan- und Sedimentgesteine aus dem Mesozoikum (vor 150–65 Mio. Jahren) zu finden.

Die Karibikküste weist auf der nördlichen Hälfte von Nicaragua bis Limón ein natürliches Kanalsystem mit großen Süßwasserlagunen auf, während ab Limón bis nach Panama meist Korallen- und Sandstrände anzutreffen sind. An der Pazifikküste sind große Halbinseln wie Nicoya und Osa ausgebildet, die mit dem Festland Golfe umschließen. Mehr als 500 km vor der pazifischen Südküste liegt die Vulkaninsel Coco. Wegen ihrer Abgeschiedenheit und Legenden um vergrabene Schätze diente sie als Vorbild für den Bestseller „Jurassic Park". Wissenschaftler bezeichnen die Insel häufig als „Klein-Galapagos", da viele Tier- und Pflanzenarten eine vom Festland völlig unabhängige Evolution durchmachten und eigenständige Arten bilden konnten.

Klima

Trotz seiner geringen Größe weist Costa Rica eine Reihe außerordentlich verschiedener Klimate auf. Als Jahreszeiten werden lediglich Sommer („verano") und Winter („invierno") unterschieden, wobei mit Sommer die Trockenzeit und mit Winter die Regenzeit gemeint ist. Eine strikte Trennung zwischen beiden ist nicht immer möglich, jedoch gibt es Regelmäßigkeiten: An der pazifischen Küste herrscht im Allgemeinen ab Ende Mai bis Ende November Regenzeit, mit den höchsten Niederschlagsmengen in den Monaten September und Oktober. Die Dauer der Regenzeit verlängert sich, je weiter man nach Süden reist. Auf der karibischen Seite beginnt die Regenzeit bereits Ende April und dauert bis Ende Januar. Hier sind die Niederschläge in den Monaten November bis Dezember am höchsten. Im karibischen Tiefland ist mit stärkeren Regenfällen zu rechnen als auf der Pazifikseite. Die mittlere Niederschlagsmenge liegt zwischen 2.000 und 4.000 mm jährlich. Während in der Hauptstadt San José „nur" etwa 1.800 mm Regen fallen, regnen in Golfito oder Tortuguero innerhalb eines Jahres 5.000 mm und mehr ab.

Regenfälle lassen selbst kleine Bäche zu reißenden Strömen anschwellen Foto: W. Denzer

Klima

Tabelle 1: Klimawerte für einige ausgewählte Orte in Costa Rica
(Tmax = maximale Tagestemperatur in °C, Tmin = minimale Tagestemperatur in °C,
mm Regen = durchschnittliche Niederschlagsmenge in mm pro Monat)

	Jan	Feb	Mär	Apr	Mai	Juni	Juli	Aug	Sep	Okt	Nov	Dez
Arenal												
Tmax	27	29	29	29	28	27	27	27	27	27	27	27
Tmin	17	17	17	17	18	18	18	17	17	17	17	17
mm Regen	90	78	38	41	128	182	207	199	196	199	197	209
Corcovado												
Tmax	33	33	33	33	32	32	32	32	32	32	32	32
Tmin	22	22	23	23	23	22	22	22	22	22	22	22
mm Regen	62	57	81	110	189	175	189	209	220	277	219	116
Vulkan Irazú												
Tmax	11	11	18	12	12	11	10	11	11	11	16	11
Tmin	4	4	4	4	5	6	5	4	5	5	5	4
mm Regen	13	24	11	39	83	89	68	83	89	106	114	64
Guanacaste												
Tmax	33	35	35	36	34	32	32	32	31	31	31	31
Tmin	21	21	22	23	26	23	23	23	22	22	32	32
mm Regen	0	0	4	9	93	123	53	81	128	112	41	5
Karibikküste												
Tmax	31	31	31	31	31	31	31	31	31	31	29	31
Tmin	20	20	21	22	22	22	22	22	22	22	21	21
mm Regen	125	83	92	109	111	117	120	123	57	81	154	175
Monteverde												
Tmax	20	21	22	22	22	22	21	21	22	21	20	21
Tmin	12	12	12	13	14	14	14	14	13	14	14	14
mm Regen	63	38	17	48	137	165	141	180	194	168	169	130
Nicoya												
Tmax	33	34	36	36	33	32	32	32	31	31	31	32
Tmin	21	22	22	23	23	22	22	22	22	22	21	21
mm Regen	2	4	9	27	108	128	96	120	157	160	124	10
Vulkan Poás												
Tmax	21	21	22	22	22	22	21	21	22	21	20	21
Tmin	12	12	12	13	14	14	14	14	13	14	14	14
mm Regen	59	38	17	48	137	165	141	180	194	168	169	130
Manuel Antonio												
Tmax	31	31	32	32	32	31	31	30	30	30	30	30
Tmin	21	21	22	22	22	22	21	21	22	22	22	21
mm Regen	28	14	24	66	154	170	181	188	208	254	153	67
San José												
Tmax	23	24	25	26	26	26	25	25	24	25	24	23
Tmin	15	15	16	16	17	17	17	17	16	16	16	15
mm Regen	4	2	5	17	89	113	85	98	131	131	56	16

Artenvielfalt und Artenrückgang in Costa Rica

Tropische Regen treten in zwei unterschiedlichen Formen auf: zum einen als Schauer, zum anderen als Dauerregen. Tropische Regenschauer sind recht beeindruckend, da sie aus dem Nichts zu kommen scheinen, mit Blitz und Donner einhergehen, Unmengen von Wasser freisetzen und nach meist ein bis zwei Stunden wieder verschwinden, um strahlendstem Sonnenschein Platz zu machen. Die Ticos nennen diese Form „aguacero" („Platzregen"). Der Dauerregen oder „temporal" kann sich über mehrere Tage hinziehen und so manche Tour zu einer Tortur werden lassen. Wer in der Regenzeit reist, sollte versuchen, Informationen zur Wetterlage im Voraus einzuholen, um Enttäuschungen vorzubeugen. Manche Nationalparks sind bei derartig schlechtem Wetter nur sehr schwer erreichbar oder gar geschlossen. Auskünfte darüber kann man bei der Nationalparkbehörde erhalten. Außerdem sollte man auch in der Trockenzeit immer auf kurze, aber heftige Regenschauer gefasst sein.

Neben Regen- und Trockenzeit sind auch noch die unterschiedlichen regionalen Temperaturen zu beachten. Bei einem Land, das innerhalb einer Entfernung von 100 km von Meereshöhe auf über 3.800 m ansteigen kann, sind unzählige Kleinklimate zu finden. Wer zum Beispiel zu einer Tagestour von Puntarenas in Richtung Monteverde aufbricht, der wird vermutlich bei Sonnenschein und 35 °C an der Küste starten und bei 15 °C mit Nebel oder Regen enden. Innerhalb einer Region schwanken die monatlichen Durchschnittstemperaturen lediglich um 2–3 °C, jedoch können Tages- und Nachtwerte sehr unterschiedlich ausfallen. Letzteres ist insbesondere deutlich zu spüren, wenn zusätzlich Winde vom nordamerikanischen Kontinent in Richtung Süden ziehen. Angenehme, südeuropäisch anmutende Temperaturen findet man im zentralen Hochland. In San José liegt die tägliche Durchschnittstemperatur im Jahresmittel bei 20 °C. Es ist daher empfehlenswert, zu Beginn einer Costa-Rica-Rundreise einige Tage in San José zu verbringen und Tagestouren in die Umgebung zu unternehmen, um sich an die unterschiedlichen Klimate zu gewöhnen.

Artenvielfalt und Artenrückgang in Costa Rica

Costa Rica zählt zu den artenreichsten Regionen der Erde. Obwohl seine Landesgröße nur rund 0,01 % der Erdoberfläche (0,035 % der Gesamtlandfläche) ausmacht, werden hier schätzungsweise 5 % aller weltweit bekannten Pflanzen- und Tierarten gefunden.

Wie kann ein so kleines Land, welches zudem nach geologischen Zeiträumen betrachtet noch relativ jung ist, eine derartige Artenvielfalt besitzen? Die Entstehungsgeschichte Costa Ricas beginnt mit einer Reihe kleiner Inseln vulkanischen Ursprungs vor ca. 50 Mio. Jahren irgendwo in der östlichen Karibik. Der nordamerikanische Kontinent war bereits in seiner derzeitigen Form vorhanden und mit einer großen Halbinsel von Mexiko bis Nicaragua verbunden, dem

Artenvielfalt und Artenrückgang in Costa Rica

heutigen nördlichen Mittelamerika. In der Folgezeit drifteten die Inseln westwärts und wurden weiter durch Vulkanismus, Erdbeben und Faltungen verformt, bis sie vor etwa 3 Mio. Jahren ihre heutige Position erreichten und die Lücke zwischen den nord- und südamerikanischen Kontinentalmassen schlossen. Aufgrund der bewegten geologischen Geschichte hatte sich eine große Zahl verschiedener Habitate formen können, was die Entstehung eigenständiger Arten begünstigte.

Nachdem die Landbrücke gebildet war, konnten Pflanzen und Tiere sowohl aus dem Norden als auch dem Süden zuwandern. Während die karibische Seite Costa Ricas überwiegend feuchte Klima und Regenwälder aufwies, herrschte auf der pazifischen Seite bis zur Nicoya-Halbinsel mehr arides Klima vor, in dem laubabwerfende Trockenwälder den größten Teil der Vegetation ausmachten. Auf diese Weise konnten sich Tiergruppen wie Raubkatzen aus dem eher trockenen Norden über eine westliche Route und Arten aus den südamerikanischen Regenwäldern wie Faultiere und Beuteltiere über eine östliche Route kontinuierlich in Richtung Costa Rica ausbreiten. Hierdurch entstand die einmalige biologische Vielfalt, die sich neben eigenständig im Laufe der Evolution entwickelten Arten zudem aus Vertretern der beiden Subkontinente zusammensetzt.

Zieht man die heutigen Verbreitungslisten von Flora und Fauna des Landes zu Rate, so können diese Ausbreitungswege häufig zurückverfolgt werden. Einige Einwanderer dringen auch heute noch immer tiefer in das Land ein.

So wurden z. B. Kojoten erstmals vor etwa 200 Jahren in den nördlichen, trockenen Landesteilen gesichtet. Mit der zunehmenden Abholzung und landschaftlichen Veränderung durch den Menschen dringen sie mehr und mehr in den Süden. Das gleiche Ausbreitungsmuster lässt sich seit einigen Jahrzehnten auch bei den kleinen Inka-Täubchen feststellen.

Die meisten Arten, die sich schon vor der Zeit der Landbrücke entwickelt haben, sind ausschließlich auf Costa Rica beschränkt. Tier- und Pflanzenarten, die ausschließlich in einem begrenzten Gebiet vorkommen, werden als Endemiten bezeichnet. Endemiten sind oft in Bergregionen zu finden. Dies wird besonders an den Vulkanen Poás und Irazú deutlich, wo z. B. Poás-Magnolien und Irazú-Castelleja beheimatet sind. Häufig sind es hoch spezialisierte Formen, die nur an einen ganz bestimmten Biotop angepasst sind. Aus diesem Grunde sind sie nicht in der Lage, sich weiter auszubreiten, und dazu „verdammt", nur an wenigen Orten zu existieren. Endemische Arten gehören zu den gefährdetsten Formen in der Natur. Schon geringfügige Änderungen im Ökosystem können zu ihrer Ausrottung führen. Das wohl beste Beispiel hierfür ist die Goldkröte, die nur in einem kleinen Areal in der Umgebung des Monteverde-Nebelwaldes verbreitet war. Konnte man in den 1980er-Jahren noch Ansammlungen von mehreren Hundert Exemplaren während der Paarungszeit antreffen, gilt die Goldkröte heutzutage als ausgestorben. Neben der Goldkröte gilt auch eine Stummelfußkrötenart in Costa Rica als ausgestorben,

Artenvielfalt und Artenrückgang in Costa Rica

und bei einer Reihe von anderen Arten wurde inzwischen auch ein Rückgang der Populationsdichten festgestellt. Allgemein anerkannt ist inzwischen, dass ein überwiegender Teil des Amphibiensterbens auf eine Pilzerkrankung zurückzuführen ist. Die Chytridiomykose schwächt das Immunsystem der Amphibien derart, dass sich auf der sonst bakterien- und pilzresistenten Haut Opportunisten ansiedeln, die zu Apathie, begrenzter Futteraufnahme und letztendlich zum Tod des Tieres führen. In einer zehnjährigen Studie innerhalb des La-Selva-Schutzgebiets wurde erstmals ein Rückgang auch bei den Reptilienbeständen registriert. Als Gründe werden u. a. auch Luftverschmutzungen angeführt, wahrscheinlich durch Ausbringen von Schädlingsbekämpfungsmitteln in unmittelbarer Nähe zum Schutzgebiet.

Flachlandarten wie das Gelbe Totenkopfäffchen, Bechsteinaras und Arakangas sind vom Aussterben bedroht, da ihre angestammten Lebensräume immer kleiner werden. Arakangas – eine der Hauptattraktionen des Landes – können hier als beispielhaft herangezogen werden. Diese beeindruckenden Vögel waren noch 1950 über das ganze Land verbreitet, finden heutzutage aber nur noch Rückzugsgebiete auf der pazifischen Seite im Carara-Reservat und auf der Osa-Halbinsel. Einige wenige Exemplare leben noch in der Guanacaste-Provinz, jedoch sind diese Populationen so

Die Populationen des Gelben Totenkopfäffchens sind fragmentiert, und das Überleben der Art gilt als bedroht Foto: W. Denzer

Artenvielfalt und Artenrückgang in Costa Rica

Die Arakanga-Populationen erholen sich langsam wieder Foto: W. Denzer

klein, dass ein weiterer Rückgang vorauszusehen ist. Im Carara-Reservat sind schätzungsweise 100 Paare beheimatet, die einem strengen Schutzprogramm unterliegen. Da nur ein bis maximal zwei Eier pro Brutsaison gelegt werden, erholen sich die Populationen nur sehr langsam. Hinzu kommt, dass das naturbelassene Gebiet begrenzt ist und die umliegende Region stark landwirtschaftlich genutzt wird. Aras benötigen zum Überleben jedoch große Flächen, die mit Galerie- und Primärwald bestanden sind.

Zuchtprogramme mit wenigen Individuen in Gefangenschaft, mit dem Hintergedanken der Wiederansiedlung, werden seit nunmehr einigen Jahren durchgeführt. Allerdings ist dabei zu bedenken, dass Aras sehr soziale Tiere sind, die nur selten in kleinen Gruppen oder gar einzeln leben. Schutz- und Zuchtprogramme in freier Natur, wie sie im Carara-Reservat praktiziert werden, erscheinen daher erfolgversprechender. Die Erhaltung der Arakangas zeigt deutlich, dass dem Biotopschutz ein höherer Stellenwert zukommt als der reine Artenschutz, der nur auf die Erhaltung einzelner Spezies abzielt.

Die Zerstörung der natürlichen Lebensräume führt dazu, dass Spezialisten unwiederbringlich verschwinden und anpassungsfähige Generalisten überhandnehmen. Wie überall weltweit, muss auch hier gelten: Habitatschutz geht vor Artenschutz.

Flora

Mehr als 60 % der Gesamtfläche Costa Ricas (über 32.000 km^2) werden landwirtschaftlich genutzt, 30 % davon entfallen auf Weideland. Die wichtigsten Nutzpflanzen sind Bananen, Kaffee und Kakao. Weiterhin findet man Reis, Zuckerrohr, Maniok (Yuca) sowie Obst- und Gemüsefarmen. Während die erstgenannten Produkte überwiegend für den Export bestimmt sind, verbleiben Letztere als Grundnahrungsmittel im Inland. Die wohlbekannten tropischen Früchte Ananas, Papaya und Mango werden neben Zierpflanzen auf kleinen bis mittelgroßen Farmen gezüchtet. Historisch gesehen ist Kaffee der wichtigste Marktartikel des Landes. Allerdings wurde er wegen sinkender Preise von der Bananenproduktion eingeholt. Kaffeeplantagen sind überwiegend im zentralen Hochland angesiedelt, wohingegen Bananenanbau vornehmlich in den Provinzen Limón und Puntarenas anzutreffen ist. Der steigende Bedarf an all diesen Gütern stellt eine große Gefahr für die verbleibenden Tropenwälder dar. Jedoch ist derzeit der Ökotourismus die wichtigste Einnahmequelle des Landes, sodass zu hoffen bleibt, dass die derzeit noch existierenden Tropenwälder unter Schutz gestellt und erhalten werden.

Die Wälder des tropischen Amerikas sind deutlich anders strukturiert als unsere heimischen Wälder. Während bei mitteleuropäischen Mischwäldern meist ein einheitliches Kronendach ausgeprägt ist, ist der tropische Regenwald in mehrere Zonen unterteilt. Dies führt vor allem dazu, dass die Sonneneinstrahlung am Boden nur noch sehr gering ist und die Pflanzen sich auf diese Gegebenheit einstellen müssen.

Kaffee (*Coffea arabica*) Foto: W. Denzer

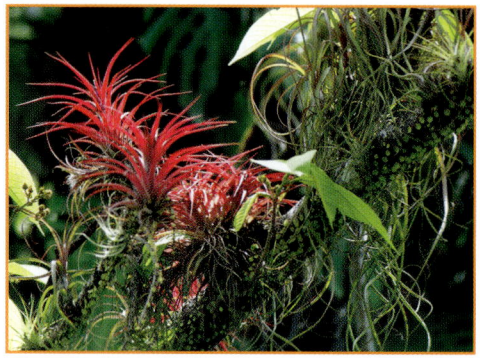

Mit Epiphyten der Gattung *Tillandsia* bewachsener Ast Foto: W. Denzer

Zu den wohl auffälligsten Pflanzen zählen die sogenannten Epiphyten; dies sind aufsitzende Schmarotzerpflanzen, die im Kampf um das nur spärlich vorhandene Licht auf Wirtsbäumen siedeln, ohne diese dabei zu schädigen. Bekannte Familien sind Orchideen mit über 1.200 Arten, Farne und unzählige Bromeliaceen. Bromelien sammeln das Regenwasser in trichterförmig angelegten Blattrosetten. Manche Arten sind in der Lage, auf diese Weise mehrere Liter Wasser zu speichern. Eine Reihe von Tieren nutzt diese Miniaturbiotope als Lebensraum; so leben hier zum Beispiel

Vegetationskarte Grafik: J. Denzer

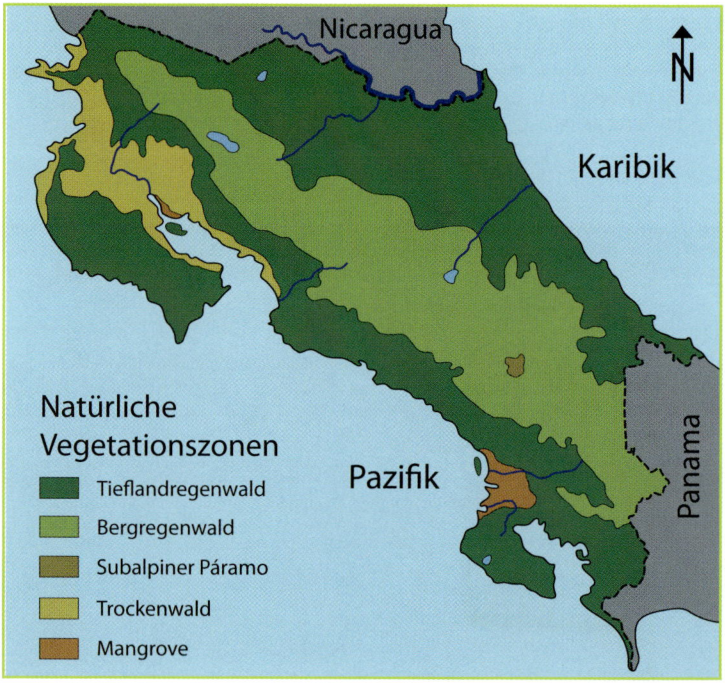
Nicaragua
N
Karibik
Pazifik
Panama
Natürliche Vegetationszonen
Tieflandregenwald
Bergregenwald
Subalpiner Páramo
Trockenwald
Mangrove

Flora

Froscharten, die ihren Laich in die Blattachseln ablegen, sowie eine große Anzahl von wirbellosen Tieren. Während Bromelien leicht ins Auge fallen, sind Orchideen meist nur in Blüte als solche auszumachen. Ohne Blüten sind viele Arten recht unscheinbare Pflanzen, die zusammen mit Farnen und Flechten an Baumrinden oder auf Ästen siedeln. Unter den Blütenpflanzen sind Helikonien, Ingwer- und Aronstabgewächse ganzjährig zu finden. In einigen Regionen sind Palmen vorherrschend. So findet man die großen Raphia-Palmen in den Tieflandgebieten um Tortuguero und Zwergpalmen in den Nebelwäldern Monteverdes. Lianen und Kletterpflanzen wie das Fensterblatt prägen ebenso das Bild wie Würgefeigen und riesige Fruchtflügelbäume. In trockenen Gebieten leben Akazien und Kakteen, im Hochland gibt es Eichen- und Pinienwälder.

In den sandigen Küstenregionen findet man Kokospalmen (*Cocos nucifera*) und Meertraubenbäume (*Coccoloba uvifera*). Kokospalmen sind unverzichtbar für ein schönes tropisches Strandambiente. Sie werden bis zu 30 m hoch und wachsen mehr oder weniger geradlinig. Nur im oberen Stammbereich werden Blätter entwickelt. Die hartschalige Kokosfrucht ist zu Beginn grün und färbt sich mit der allmählichen Reife gelb. An einem Ende kann man drei rundliche Einbuchtungen erkennen. Aus dem größten dieser „Augen" wächst die Jungpflanze heraus. Aufgrund ihrer küstennahen Lebensweise sind Kokospalmen salztolerant. Wirtschaftlich hat Kokos natürlich ebenfalls eine Bedeutung: Die Fasern werden zu Seilen und Matten verarbeitet, und das Fruchtfleisch kann entweder roh oder – nach Trocknung – als Kopra verzehrt werden. Das Fruchtfleisch entwickelt sich erst mit zunehmendem Alter aus der Kokosmilch. Also trinken, wenn sie noch grün ist!

Küstenvegetation, Osa-Halbinsel
Foto: W. Denzer

Flora

Mangrovenwald Foto: W. Denzer

Mangrovenwälder sind eine besondere Vegetationsform des tropischen Regenwaldes. Unter dem Begriff „Mangrove" versteht man eine Pflanzengesellschaft, die sich an ein Leben im brackwasserhaltigen, küstennahen Bereich angepasst hat. Sie ist in Küstenregionen zu finden und relativ arm an Pflanzenarten. Der Grund liegt in der notwendigen Toleranz gegenüber salzhaltigem Brackwasser, die nur einige hoch spezialisierte Pflanzen erreichen. Viele Arten bilden Stelzwurzeln zur besseren Verankerung aus und atmen durch zusätzliche Wurzeln, die aus dem schlammigen Boden herausragen. Dies gibt den Pflanzen die Möglichkeit, auch auf sauerstoffarmen Böden zu überleben. Ein weiterer Vorteil dieser Atmungswurzeln ist, dass eine ansteigende Schlammschicht die Pflanze nicht schädigt. Der sauerstoffversorgende Teil der Wurzeln wächst mit der Verschlammung und ragt immer etwas über den Boden hinaus. Die baum- und buschartigen Mangroven werden in der Familie Rhizophoraceae zusammengefasst. In Costa Rica sind vor allem die Knopfmangrove (*Conocarpus erectus*) und die Weiße Mangrove (*Laguncularia racemosa*) weit verbreitet. Rote Mangrove (*Rhizophora mangle*) und Schwarze Mangrove (*Avicennia germinans*) sind in weiten Teilen bereits rückgängig, da sie wegen ihres wertvollen Holzes beziehungsweise der Verbrennung zu Holzkohle stark überholzt wurden. Größere Mangrovenbestände findet man noch an den Flussmündungen von Tempisque

Flora

Trockenwald im Santa-Rosa-Nationalpark Foto: W. Denzer

und Sierpe. Eine Besonderheit weist das Tortuguero-Schutzgebiet auf. Hier wächst eine Baumfarnart (*Nephelea erinacea*) in der Brackwasserzone.

Ökologisch erfüllen Mangrovengürtel wichtige Funktionen. Den inländisch gelegenen Bereich schützen sie dauerhaft vor Überflutung und Sturm. Meerseitig sorgen sie dafür, dass der Schlick, der von Flüssen angeschwemmt wird, nicht auf die empfindlichen Korallenriffe gelangt, was zu deren baldigem Absterben führen würde. Für viele Meeresbewohner – insbesondere einige Fischarten – sind Mangrovengebiete für die Vermehrung und das Heranwachsen der Brut von entscheidender Bedeutung.

Wegen dieser Fülle an unterschiedlichen Vegetationsformen werden Tropenwälder in verschiedene Kategorien eingeteilt. Im Folgenden wird eine grobe Übersicht über die vorkommenden Großräume gegeben. Insbesondere in nördlichen Landesteilen Costa Ricas findet man tropischen Trockenwald vor, der dadurch gekennzeichnet ist, dass er in der Trockenzeit die Blätter abwirft. Das hat den Vorteil für die Pflanzen, dass sie weniger Wasser benötigen. Nach Beginn der Regenzeit zeigt sich der Wald in kräftigstem Grün. Das Kronendach erreicht im Trockenwald eine Höhe von etwa 30 m, und der Unterbewuchs steht 10–20 m hoch. An stark sonnenbeschienenen Stellen kann man sogar Kakteen finden. Vorherrschende Bäume dieser Region sind der gelb blühende Ipé-Baum (*Tabebuia ochracea*), der Guanacaste-

Flora

Baum (*Enterolobium cyclocarpum*), der sich durch seine gedrehten ohrförmigen, dunkelbraunen Samen auszeichnet, sowie der rotrindige Amerikanische Balsambaum oder Weißgummibaum (*Bursera simaruba*). Stellenweise findet man immergrüne Arten, die selbst Trockenzeiten überleben, wie z. B. den Kaugummibaum (*Manilkara zapota*). Da dieser Waldtyp in der Trockenzeit leicht abbrennbar und abholzbar ist, findet man ihn nur noch recht selten, so z. B. im Santa-Rosa-Nationalpark. In vielen Teilen des Landes, wo ehemals Trockenwald vorherrschte, wird heutzutage intensiv Landwirtschaft betrieben.

Regenwälder sind die vorherrschende Vegetationsform in Costa Rica und hinterlassen auf die meisten Naturreisenden sicherlich den stärksten Eindruck. Zuallererst sind Regenwälder auf hohe Niederschlagsmengen angewiesen, die keinen starken periodischen Schwankungen unterliegen, sondern ganzjährig mit einer gewissen Kontinuität fallen. Da Regenwald eine immergrüne Vegetationsform ist, kann sich nur eine kleine Humusschicht ausbilden. Dies hat zur Folge, dass die Pflanzen eine Strategie benötigten, um genügend Nährstoffe aus dem Boden aufzunehmen und eine sichere Verankerung zu finden. Viele Arten haben hierzu sogenannte Brettwurzeln ausgebildet. Anstatt die Wurzeln geradlinig und tief in den Boden zu treiben, werden abgeflachte brettartige Wurzeln seitlich am unteren Stammbereich gebildet, die eine Stützfunktion haben und große Teile des Erdreichs durchziehen, wobei sie die benötigten Mineralstoffe aufnehmen.

Ein weiterer wichtiger Aspekt des Regenwaldökosystems ist seine Schichtstruktur. Das Kronendach liegt häufig bei 40 m Höhe und ist recht dicht, sodass kleinere Pflanzen nur ungenügend Sonnenlicht erhalten, um Photosynthese zu betreiben. Daher findet man nur geringfügigen Unterbewuchs in Bodennähe, was dem landläufigen Gedanken vom undurchdringlichen Dschungel diametral widerspricht. Im Gegensatz zu dieser Annahme kann man in den meisten Regenwäldern gemütlich zwischen den Baumriesen hindurchspazieren. Ein zweites Blätterdach ist meist bei etwa 20 m Höhe ausgeprägt. Dies sind oftmals Baumarten, die noch im Wachstum begriffen sind, oder Arten, die sich an den geringen Lichteinfall angepasst haben. Als letzte Schicht existiert noch der Unterbewuchs, der mit 5–6 m Höhe sein Maximum erreicht. Häufig rekrutiert sich dieser aus Sträuchern, kleinen Palmenarten und Helikonienhainen.

Um an das für die Photosynthese benötigte Sonnenlicht zu gelangen, haben Regenwaldpflanzen trickreiche Mechanismen entwickelt. Die auffälligste Form ist die des epiphytischen Wachstums. Im Deutschen werden diese Pflanzen als Aufsitzerpflanzen bezeichnet. Hierunter findet man zahlreiche Ananasgewächse, Orchideen sowie Farne. Anstatt ihre Wurzeln im Bodengrund zu verankern und dem Licht entgegenzuwachsen, leben diese Arten an den Stämmen und auf den Ästen der großen Bäume. Hierzu treiben sie Luftwurzeln, mit denen sie sich am Wirtsbaum verankern und die ihnen eine leichte Feuchtigkeitsaufnahme ermöglichen. Der Wirtsbaum

Flora

Würgefeige (*Ficus* sp.) Foto: W. Denzer

wird dabei nicht geschädigt, sodass man hier nicht von Schmarotzerpflanzen spricht. Lediglich wenn ein Ast übervoll mit Epiphyten bewachsen ist, kann es passieren, dass dieser unter dem Gewicht abbricht.

Echte Schmarotzerpflanzen hingegen sind Würgefeigen (*Ficus* spp.). Ihr Leben beginnen sie häufig als aufsitzende Jungpflanze, die am Anfang den Wirtsbaum in keiner Weise schädigt, ähnlich wie dies bei den Epiphyten der Fall ist. Im Gegensatz zu diesen treiben Würgefeigen ihre Luftwurzeln allerdings bis in den Bodengrund, sodass der Wirtsbaum nach und nach von einem Wurzelgeflecht umschlossen wird. Nach langen Jahren endet dies mit dem Absterben des Wirtsbaumes, der im Innern des Wurzelgeflechts verrottet und letztendlich einen von den Wurzeln der Würgefeige umschlossenen Hohlraum hinterlässt. Es gibt eine Vielzahl von Würgefeigen der Gattung *Ficus*, wobei jede einzelne Art einen spezifischen Bestäuber hat. Die Früchte werden von Vögeln und Fledertieren über weite Gebiete verbreitet und sichern so das Fortbestehen der Art.

Flora

Tieflandregenwald, Corcovado-Nationalpark
Foto: W. Denzer

Regenwälder werden nach Höhenlagen unterschieden. Als Tieflandregenwald bezeichnet man in der Regel Wälder bis 900 m über dem Meeresspiegel. Botaniker klassifizieren insgesamt 40 verschiedene Typen des Tieflandregenwaldes, meist nach Niederschlagsmengen, Bodenbeschaffenheit und Pflanzengesellschaften. In den Küstenregionen auf der Pazifikseite sind häufig tropische Feuchtwälder zu finden. Dieser Waldtyp zeichnet sich dadurch aus, dass er immergrün und aus mehreren Schichten aufgebaut ist. Die oberste Schicht bilden die Baumkronen in 40–50 m Höhe. Diese Bäume besitzen meist einen hohen Stamm, der erst in 25–30 m Höhe Verzweigungen aufweist. Die nächste Baumkronenschicht endet in etwa 30 m Höhe und liegt somit im Bereich der Äste des Kronendaches. Bäume des Unterbewuchses werden oftmals nur etwa 10–20 m hoch. Häufig sind Palmenarten im Unterbewuchs zu finden. Die Krautschicht in Bodennähe ist im Feuchtwald nur schwach ausgebildet. Viele der großen Bäume besitzen breite Brettwurzeln, die zum einen der besseren Verankerung im Boden dienen und andererseits zum Gasaustausch beitragen. Einige Palmenarten bilden Stelzwurzeln aus, wie sie sonst von Mangroven bekannt sind. Lianen, Kletterpflanzen und Epiphyten sind typische Vertreter dieser Vegetationsform. Unter den Bäumen fällt besonders der Kapokbaum (*Ceiba pentandra*) auf, da er im Gegensatz zu allen anderen Arten nur wenig belaubt ist. Die ausladenden Äste bilden zwar große Blätter, aber nur recht wenige pro Ast. Viele Bäume der Tieflandregenwaldregion sind bereits recht selten, da sie wegen ihres kommerziellen Wertes überholzt wurden. Dazu gehören der Purpurbaum (*Peltogyne purpurea*), dessen Holz violett gefärbt ist, sowie der weltweit begehrte Mahagonibaum (*Swietenia macrophylla*). Weitere typische Vertreter sind die schon er-

Flora

wähnten Würgefeigen der Gattung *Ficus*. Die Wilde Muskatnuss (*Virola sebifera*) ist ein echter „Urwaldriese", der leicht 40 m Höhe erreichen kann und große Brettwurzeln ausbildet. Die Früchte sind gelblich braun und fast kugelrund. Öffnet man sie, so zeigt sich ein leuchtend rotes faseriges Netzwerk, das den eigentlichen Kern schützt.

Anders als der Tieflandregenwald ist der sogenannte Nasswald strukturiert, wie man ihn am Golfo Dulce und vor allem im Tortuguero-Schutzgebiet findet. Der Unterbewuchs weist Zwergpalmen auf, jedoch fehlen meist Epiphyten und Würgefeigen. An den Ufern sieht man hier besonders häufig Bastpalmen (*Raphia taedigera*) und Wassernüsse (*Pachira aquatica*). Die Wasseroberfläche ist oftmals mit treibenden Wasserhyazinthen (*Eichhornia crassipes*) bedeckt, die durch ihre zartblauen Blüten auffallen.

Bergregenwald, Savegre-Tal Foto: W. Denzer

Tropische Bergregenwälder (ab 900 m) sind in unterschiedlichen Vegetationsformen an den Hängen und Bergen der Kordilleren anzutreffen. Die Baumkronenschicht befindet sich in etwa 40 m Höhe mit einer zweiten Lage in 15–25 m Höhe. Je weiter man in die Berg-

Nasswald, Tortuguero
Foto: W. Denzer

Flora

regionen vordringt, desto kleiner werden im Allgemeinen die Pflanzen. Eine Ausnahme bilden lediglich die Eichenwälder an den Vulkanhängen, wo stellenweise bis zu 50 m hohe Bäume wachsen. Eine landestypische Art ist die Schwarzeiche (*Quercus costaricensis*). In den Bergwaldregionen findet man auch die verschiedenen Futterpflanzen des Quetzals, wie Lorbeergewächse (Lauraceae) und Wilde Avocados (*Persea americana*). Mit der Höhenlage des Waldes variieren auch der Unterbewuchs

Nebelwald, Monteverde Foto: W. Denzer

und der Anteil an epiphytischen Pflanzen. Zeichnet sich der prämontane Bereich (niedrige Berglagen) noch durch eine 2–3 m hohe Strauchschicht und geringen Epiphytenbewuchs aus, so ist der Unterbewuchs in höheren Lagen oftmals recht gering, jedoch besiedeln Aufsitzerpflanzen augenscheinlich jeden freien Platz. Bergregenwälder, die sehr viele Niederschläge erhalten und bereits im Bereich der Wolkenschichten liegen, werden als Nebelwälder bezeichnet. Dieser Typ ist besonders im Monteverde-Park und einigen Teilen der Cordillera de Talamanca zu finden. Der Artenreichtum an Aufsitzerpflanzen ist hier besonders hoch, und fast jeder Baum ist mit Orchideen, Farnen und Bromelien übersät. In den Nebelwaldregionen findet man zudem zahlreiche Baumfarne. Diese Pflanzen treten meist an Bachufern auf, und einige Arten werden mehrere Meter hoch. Die am weitesten verbreitete Art ist *Cyathea multiflora*. Baumfarne siedeln bevorzugt an Stellen mit recht hohem Lichteinfall und sind somit meist eine der ersten Pflanzen, die auf Lichtungen Fuß fassen. Typische Bäume des Nebelwaldes gehören zu den Lorbeergewächsen und zu den Myrtengewächsen (Myrtaceae). Die dominante Eichenform dieses Gebietes ist Seemanns Eiche (*Quercus seemanni*), die über 25 m hoch werden kann. Die Zusammensetzung der Vegetation innerhalb des Nebelwaldes ist zusätzlich noch abhängig von der Windrichtung. Leeseitig findet man höhere Bäume mit einem geschlossenen Kronendach, während windseitig das Kronendach bei etwa 20 m Höhe aufhört und oftmals unterbro-

Flora

Subalpine Páramo-Vegetation, Chirippó-Nationalpark Foto: W. Denzer

chen ist. Dies wird besonders im sogenannten Elfenwald auf den exponierten Bergrücken deutlich, wo die meisten Arten erheblich kleiner als am Hang bleiben und aufgrund der starken Winde knorrig wirken.

Costa Rica besitzt noch eine weitere Vegetationsform, nämlich das subalpine Páramo. Es ist der nördlichste Ausläufer der Anden-Vegetation und ist auf die höchsten Regionen des Landes wie den Chirripó sowie die Umgebung um den Cerro de la Muerte beschränkt. Im Übergangsbereich von Hochwald und Páramo findet man überwiegend Zypressen (*Escallonia* sp.) und andere zwergwüchsige Baumarten. In der Umgebung des Cerro de la Muerte wächst auf einem nur etwa 4 km^2 großen Gebiet Holdridges Baumfarn (*Cyathea holdridgeana*). Diese Pflanze ist sonst nirgendwo gefunden worden. Das eigentliche Páramo beginnt oberhalb der Baumgrenze und ist von Buschvegetation und Hochmooren bestimmt. Die Büsche gehören meist der Gattung *Hypericum* an und werden nur etwa 1,5 m hoch. Die Hochmoore werden von Mattengräsern und einigen Andenfarnen (*Jamesonia* sp.) dominiert; Flechten und Moose wachsen auf vielen Felsen. Das Páramo ist eine kalte und unwirtliche Region, in der nur wenige hoch spezialisierte Pflanzen überleben können.

Flora

Im Folgenden werden einige Pflanzengruppen vorgestellt, auf die man bei Exkursionen in Naturschutzgebieten immer wieder trifft.

Die Familie der Aronstabgewächse (Araceae) ist vielfältig und in Costa Rica mit über 250 Arten vertreten. Die meisten Arten leben epiphytisch, jedoch sind auch einige geophytische Arten zu finden. Aronstabgewächse unterscheiden sich von allen anderen Pflanzen durch ihren Blütenstand, der sich durch einen Kolben (Spadix) und ein meist umhüllendes Blütenblatt (Spatha) auszeichnet. Spadix und Spatha bilden zusammen eine Scheinblüte; die eigentlichen Blüten sind unscheinbar, sehr klein und sitzen am Kolben. Der Fruchtstand entsteht aus dem Kolben und trägt bei Reife meist rote, grüne oder blaue Beeren. Viele tropische Aronstabgewächse des mittelamerikanischen Raums werden in Europa als Zier- und Zimmerpflanzen gehalten, darunter Flamingoblumen (*Anthurium* spp.), Fensterblätter (*Monstera* spp.), Baumfreunde (*Philodendron* spp.) und Dieffenbachien (*Dieffenbachia* spp.).

Aronstabgewächse sind zur Bestäubung auf Insekten angewiesen und haben zahlreiche Mechanismen entwickelt, um geeignete Bestäuber anzulocken. Zum einen sind dies leuchtend rote Blütenstände wie sie bei zahlreichen Anthurien zu finden sind, zum anderen die Fähigkeit, Geruchsstoffe auszuströmen, die Insekten anlocken. Beides wäre nicht be-

Blüte eines Fensterblatts (*Monstera deliciosa*) Foto: W. Denzer

sonders erwähnenswert, wenn nicht Gerüche und Farben oftmals mit der Paarungszeit der Bestäuber zusammenfielen. Die meisten Aronstabgewächse können während der Blüte ihre Temperatur um bis zu 30 Grad über die Umgebungstemperatur erhöhen und dabei Duftstoffe – oftmals unangenehm riechende – in hohen Konzentrationen ausströmen. Bei einigen *Philodendron*-Arten ist bekannt, dass Käfer durch die Duftstoffe angelockt werden, sich in der Blüte, die anfänglich nur weibliche Blüten produziert, paaren und am nächsten Tag pollenbeladen über die dann entwickelten männlichen Blüten in die Außenwelt zurückkehren. Einige *Anthurium*-Arten strömen angenehme Düfte aus, die dann von männlichen Bienen am Körper aufgenommen werden, um damit Weibchen anzulocken.

Die Wuchsformen von Anthurien und Fensterblättern sind recht verschieden. Während Anthurien meist epiphytisch leben, beginnen *Monstera*-Arten ihr Leben als Kletterpflanzen, die vom Bodengrund langsam am Baum emporwachsen. Dieffenbachien wachsen meist direkt am Boden, wie auch Dracontien. Viele Aronstabgewächse produzieren in ihren Blättern Kalziumoxalat in Kristallform. Der unangenehme Geschmack und ein damit verbundenes Brennen auf der Zunge halten viele Pflanzenfresser und Schädlinge davon ab, sich an ihnen gütlich zu tun.

Anthurienblüte (*Anthurium obtusilobum*) Foto: W. Denzer

Flora

Dracontium-Arten sind das neuweltliche Gegenstück zu den asiatischen Titanwurzen (*Amorphophallus* spp.). Die im Boden sitzenden Knollen können mehrere Kilogramm schwer werden und treiben am Ende einer Ruhephase dann ein einzelnes, mehrere Meter hohes Blatt, das ähnlich einer Baumkrone ausgebildet ist. Der ebenfalls über 1 m hohe Blütenstand erscheint oftmals vor dem Blatt, wobei die eigentliche Scheinblüte (Spadix und Spatha) am Ende eines hohen Stängels gebildet wird. In Costa Rica findet man vor allem zwei Arten: *Dracontium pittieri*, die überwiegend im pazifischen Tiefland wächst, und *D. spruceanum* aus dem karibischen Tiefland. *Dracontium* wird von den Bribri- und Cabecar-Indianern als „hombron" bezeichnet und als Heilpflanze angesehen. Der Saft frischer Rhizome wird als Gegengift bei Schlangenbissen – insbesondere Lanzenotterbissen – benutzt; ein Puder, das ebenfalls aus den Knollen gewonnen wird, soll in gelöster Form u. a. gegen Erkältungskrankheiten und Menstruationsbeschwerden helfen.

Bromeliengewächse (Bromeliaceae) werden im Deutschen auch häufig als Ananaspflanzen bezeichnet. Leider ist diese Namensgebung irreführend, da nur wenige Arten dieser Familie ähnliche Früchte aufweisen, wie sie von der beliebten Ananas (*Ananas comosus*) bekannt sind. Typische Fruchtstände sind eher Beeren oder einzelne Samenkapseln. Je nach Frucht- und Blütenstand werden die Bromeliengewächse verschiedenen Unterfamilien zugeordnet. So unterscheidet man Bromelien (Bromelioideae), Tillandsien (Tillandsioideae) und Pitcairnien (Pitcairnioideae).

Viele Bromeliengewächse haben einen rosettenförmigen Wuchs, wobei die Blätter einen Trichter bilden, in dem lebensnotwendiges Wasser gesammelt wird. Bei diesen epiphytisch lebenden Arten werden die Wurzeln hauptsächlich zur Verankerung auf Ästen oder an Stämmen eingesetzt. Zahlreiche Arten werden in Europa als Zierpflanzen gehalten, wie etwa Guzmanien und Vrieseen. Eine der häufigsten Arten Costa Ricas ist die Nicaraguanische Guzmanie (*Guzmania nicaraguensis*), die einen großen Teil des Jahres in Blüte zu finden ist. Den Blütenstand bildet ein leuchtend roter und runder Stiel, die eigentlichen Blütenhüllblätter sind gelb. Im Gegensatz zu den Guzmanien weisen die ebenfalls trichterbildenden Vrieseen und Tillandsien oftmals flache, schwertförmige Scheinblütenstände auf. *Vriesea monstrum* ist grün an der Basis und hellviolett bis rosa im oberen Teil des Schwertes; die ebenfalls häufige *Tillandsia punctulata* besitzt eine leuchtend rote Basis und ist im oberen Bereich dunkelgrün gefärbt. Diese farbenprächtigen Scheinblüten sind lamellen- oder dachziegelartig aufgebaut, und die eigentlichen Blüten erscheinen in den Zwischenräumen. Die länglichen trichterförmigen Blüten werden in vielen Fällen von Kolibris befruchtet und sind demnach der Schnabelform des entsprechenden Bestäubers angepasst. Um die Vögel anzulocken, stehen die Blüten im starken Farbkontrast zu den Scheinblüten. So ist z. B. das Schwert von *Tillandsia multicaulis* gelb gefärbt, während die Blüte dunkelviolett ist. Ei-

Vriesee (*Vriesea* sp.) Foto: W. Denzer

nige wenige Arten, die auch von Insekten bestäubt werden, strömen Duftstoffe aus. Bei ihnen ist die Blüte meist weiß gefärbt. Die Samen werden bei Tillandsien und zahlreichen Pitcairnien über den Wind ausgebreitet. Echte Bromelien

Flora

Helikonie (*Heliconia trichocarpa*) Foto: W. Denzer

bilden Fruchtstände, die von Vögeln und einigen Fledermäusen gefressen werden und somit weitere Verbreitung finden. Eine besonders ungewöhnliche Tillandsienart der feuchten Regionen ist der Greisenbart (*Tillandsia usneoides*). Diese Art bildet meterlange, graue, bartähnliche Strukturen, die von den Ästen der Bäume herabhängen. Die gesamte Pflanze ist schuppenartig aufgebaut und hat somit eine extrem große Oberfläche. Auf diese Weise kann sie ihren Wasser- und Nährstoffbedarf durch Absorption bei Regenfällen und während der feuchten frühen Morgenstunden beziehen.

Die meisten Helikonien (Heliconiaceae) haben einen Wuchs, der dem von Bananenpflanzen ähnelt. Die Blätter sind länglich oval und können über 1 m lang werden. Die Blütenstände werden am Ende der langen Stängel in sogenannten Hochblättern (Brakteen) gebildet. Helikonien produzieren aufrecht stehende und hängende Blütenstände, die auffällig gefärbt sind. Typische Farben sind leuchtende Rottöne, Orange und Gelb. Die eigentlichen Blüten befinden sich im Innern der Hüllblätter und sind meist einfarbig weiß oder grün. Helikonien werden im Allgemeinen von Kolibris bestäubt. Diese besitzen speziell angepasste Schnäbel, die der Form der Blüten angepasst ist. Je höher entwickelt die einzelne Blüte ist, desto spezifischer ist ihr Bestäuber. Es gibt Helikonien, die nur von einer ganz bestimmten Kolibriart bestäubt werden können. Als Früchte werden blaue Beeren gebildet, die von vielen Vogelarten gefressen werden. Die Kerne werden unverdaut wieder ausgeschieden, die Pflanze wird auf diese Weise verbreitet.

In Costa Rica ist die orange bis rot blühende *Heliconia latispatha* am weitesten verbreitet und manchmal in regelrechten Hainen zu finden. Sie bildet aufrecht stehende Blütenstände, die von Braunschwanz-Amazilien aufgesucht werden. Ein einzelner Kolibri nennt dabei mehrere Pflanzen sein Eigen und verteidigt dieses Territorium vehement gegen Artgenossen und andere Eindringlinge. Selbst andere Vögel oder größere Insekten, die nur zufällig an einer Blüte vorbeifliegen bzw. dort Rast machen, werden angegriffen. Eine der größten Helikonien-Arten des Landes ist *H. pogonantha*, deren Büsche bis zu 8 m hoch werden können. Diese Art besiedelt vorwiegend Tieflandregenwälder und gehört zur Gruppe der Helikonien, die hängende Blüten produzieren. Der Blütenstamm ist gelb und beiderseits des graden Stammes befinden sich die roten Hüllblätter, in denen gelbliche Blüten sitzen. Dieser hängende Blütenstand hat den Vorteil, dass die Brakteen bei Regen nicht mit Wasser gefüllt werden und der wertvolle Nektar somit unverdünnt bleibt. Eine weitere Art, die hängende Blüten erzeugt, ist *H. longa*. Der wellenförmige Stamm und die Brakteen sind einfarbig rot und die Blüten gelb. Auch diese Art wird über 5 m hoch und bildet Haine. Einige Helikonien-Arten sind sehr wählerisch bezüglich ihres Standortes. So lebt die Monteverde-Helikonie (*H. monteverdensis*) nur in einem kleinen Gebiet innerhalb der Tiliaran-Berge zwischen 1.500 und 1.700 m ü. NN. In den meisten Garten- und Parkanlagen findet man die rot-gelb blühenden Hummerscheren (*H. rostrata*). Diese Helikonien-Art wird in Costa Rica als Zierpflanze angepflanzt, ist allerdings dort nicht heimisch, sondern kommt aus dem nördlichen Südamerika.

Costa Rica besitzt eine der artenreichsten Pflanzengesellschaften weltweit mit derzeit 10.028 bekannten Pflanzen (Flora Mesoamericana, http://seinet.asu.edu/). Jeder Naturreisende wird neben den bereits erwähnten Pflanzen auch vielen Orchideen, Farnen und Ingwergewächsen begegnen, deren Beschreibung innerhalb eines Reiseführers wie diesem allerdings den Rahmen sprengen würde. Untern den Erläuterungen zu den einzelnen Nationalparks werden daher weitere auffällige Arten abgebildet und teilweise genauer behandelt.

> **Weiterführende Literatur zu diesem Thema:**
>
> WEBER, A., W. HUBER, A. WEISSENHOFER, N. ZAMORA & G. ZIMMERMANN (2001): Introductory Field Guide to the flowering plants of the Golfo Dulce Rain Forests.
>
> HABER, W.A., W. ZUCHOWSKI & E. BELLO (2000): An Introduction to Cloud Forest Trees: Monteverde, Costa Rica.
>
> MORALES, J.F. (2000): Bromelias de Costa Rica – Bromeliads.
>
> ZUCHOWSKI, W. (2007): Tropical Plants of Costa Rica – A Guide to Native and Exotic Flora.

Fauna

Säugetiere

Costa Rica beherbergt über 220 Säugetierarten, etwa die Hälfte davon sind Fledermausverwandte. Dies ist ein in den Tropen typisches Erscheinungsbild, da fruchtfressende Fledermäuse zur Verbreitung vieler Pflanzenarten beitragen. Von den wild lebenden Säugetieren bekommt man Affen, von denen vier Arten in Costa Rica vorkommen, Kleinbären, wie der Nasenbär, oder Waschbärenartige am häufigsten zu sehen. Raubkatzen wie der Jaguar oder der Ozelot führen häufig eine versteckte und nächtliche Lebensweise. Weitere typische Vertreter der mittelamerikanischen Fauna sind Faultiere, Gürteltiere, Opossums und Ameisenbären. Große Nager wie Pakas und Agutis sind weit verbreitet. Unter den Huftieren findet man Hirsche, Pekaris und den Mittelamerikanischen Tapir. Vor der Küste ziehen Wale entlang, und in küstennahen Gewässern der Karibik leben Seekühe. Der Einfluss beider zoogeografischer und klimatischer Regionen – Nord- und Südamerika – spiegelt sich in der Zusammensetzung der Säugetiergruppen deutlich wider.

Beuteltiere (Marsupialia) sind in Costa Rica durch die Opossumfamilie (Didelphidae) vertreten. Die Besonderheit dieser Tiergruppe liegt darin, dass die Jungtiere im Bauchbeutel des Weibchens heranwachsen. Dies hat den Vorteil, dass die Weibchen kein Nest bilden

Mittelamerikanische Wollbeutelratte (*Caluromys derbianus*) Foto: G. Gomez

Fauna

müssen oder keinen Bau benötigen und die Jungen auf nächtlichen Streifzügen auf der Suche nach Nahrung nicht alleine zurücklassen müssen. Typischerweise werden sechs Jungtiere gleichzeitig aufgezogen und gesäugt. Die Jungen müssen zuallererst nach der Geburt selbstständig in den Beutel wandern, wo sie sich dann für etwa 2–3 Monate direkt an eine Milchdrüse begeben. Wenn sie groß genug sind, verlassen die Jungen den Beutel und verbleiben noch kurze Zeit bei der Mutter, bevor sie selbstständig nach Nahrung suchen. Bereits sieben Monate nach der Geburt sind die Tiere geschlechtsreif, und bei geeigneten klimatischen Verhältnissen finden Paarungen bereits im ersten Lebensjahr statt. Das Mittelamerikanische Opossum (*Didelphis marsupialis*) ist überwiegend bodenbewohnend und ernährt sich von so ziemlich allem, was der Wald oder die Zivilisation zu bieten haben. Opossums schrecken auch nicht vor Giftschlangen wie Lanzenottern zurück. Gegen das Schlangengift haben sie im Laufe der Evolution eine hohe Resistenz entwickelt, die es ihnen ermöglicht, kleinere Exemplare dieser Schlangen anzugreifen. Umgekehrt sind aber auch gerade Schlangen einer der größten Fressfeinde junger Opossums. Eine verwandte, weit verbreitete und ebenfalls überwiegend bodenbewohnende Art ist das Vieraugen-Opossum (*Philander opossum*), das seinen Namen von zwei dunklen Flecken oberhalb der Augen bezieht, sodass es von Weitem aussieht, als hätte es vier Augen. Die Nacktschwanzbeutelratte (*Metachirus nudicaudatus*) ist dagegen gut an ein Leben in Bäumen angepasst.

Sie besitzt einen längeren Schwanz sowie längere Extremitäten. Insgesamt leben in Costa Rica neun Arten von Beuteltieren.

Insektenfresser (Insectivora) sind im Land nur durch drei Arten von Kleinohrspitzmäusen (*Cryptotis*) vertreten. Während Insektenfresser im nördlichen Amerika häufig sind, nimmt ihre Artenzahl in Mittelamerika rapide ab. Die Nordamerikanische Kleinohrspitzmaus (*Cryptotis parva*) ist ein Bewohner von Grasland und Waldrandgebieten. Diese Art ernährt sich neben Insekten auch von Echsen. Wie auch bei vielen anderen Insektenfressern ist der Paarungszyklus extrem effizient. Typischerweise werden nach einer nur etwa 20 Tage dauernden Tragzeit fünf Junge zur Welt gebracht, die bereits nach etwa einem weiteren Monat geschlechtsreif sind. Dieser schnelle Fortpflanzungszyklus ist nötig, da viele Kleinohrspitzmäuse Fressfeinden wie Schlangen und Raubvögeln zum Opfer fallen.

Wie in allen tropischen Gebieten der Erde bilden Fledertiere (Chiroptera) die artenreichste Säugetiergruppe des Landes. Über 100 Arten flattern des Nachts durch die Lüfte auf der Suche nach Nahrung. Diese kann aus Früchten, Nektar, Insekten, Fisch oder auch Blut bestehen. Die vegetarische Ernährung macht Fledertiere zu einem der wichtigsten Pflanzenbestäuber. Auf ihren nächtlichen Ausflügen tragen sie Pollen in ihrem Fell über weite Strecken; durch die Ausscheidung von unverdauten Samenkapseln tragen sie außerdem zur Ausbreitung von Pflanzenarten bei. Während in anderen Teilen der Welt so-

Fauna

Braune Fledermaus
(*Eptesicus* sp.) Foto: W. Denzer

wohl Flughunde (Megachiroptera/Pteropodidae) als auch Fledermäuse (Microptera) vorkommen, fehlen die Erstgenannten in der Neuen Welt vollständig. Fledermäuse zeichnen sich im Allgemeinen durch große Ohren und eigentümlich geformte Nasen aus. Sie orientieren sich über Echoortung. Hierzu stoßen sie Töne aus, die im Ultraschallbereich liegen, und registrieren das reflektierte Signal. Dies kann ein Hindernis oder auch ein Beute-Insekt sein.

Vampirfledermäuse (*Desmodus rotundus*) sind die wohl berüchtigtsten Fledertiere weltweit, da sie sich ausschließlich von Wirbeltierblut ernähren. Die Natur hat sie dafür mit messerscharfen Schneide- und Eckzähnen ausgestattet, die es ihnen erlauben, selbst durch die recht dicke Haut von Pferden und Kühen zu beißen. Der Biss ist schmerzlos, und das Blut wird nicht – wie oft angenommen – gesaugt, sondern die blutende Wunde wird geleckt. Blutgerinnungshemmende Substanzen im Speichel sorgen dafür, dass die Wunde genügend lange blutet, um ausreichend Nahrung aufzunehmen. Üblicherweise benötigt eine ausgewachsene Vampirfledermaus etwa 15 ml Blut pro Tag. Jungtiere verbleiben in den Schlafbäumen der Kolonie und werden vom Weibchen gefüttert bis sie flugfähig sind. Dabei wird das Blut von Mund zu Mund an das Junge übergeben. Die Falsche Vampirfledermaus (*Vampyrum spectrum*) ist mit einer Flügelspannweite von über 75 cm die größte Art im mittelamerikanischen Raum. Aufgrund ihrer Größe und des Furcht einflößenden Aussehens wurde diese Art anfänglich als der einzig wahre Vampir angesehen. Obwohl sich diese Art nicht von Blut ernährt, bedarf sie als mittelgroßer Fleischfresser jedoch schon eines ausreichend nahrhaften Beutetieres. Dies sind im Allgemeinen Vögel, Echsen und kleinere Fledermäuse. Die Beutetiere werden im Schlaf überrascht und überwältigt. Anschließend werden sie zum Ruheplatz geschafft und dort verspeist. Jamaikanische Fruchtfledermäuse (*Artibeus jamaicensis*) sind auf Feigenfrüchte spezialisiert, die nicht direkt vor Ort gefressen werden, sondern in der Kolonie. Bei einem Gewicht einer Feige von nur 50 g bedeutet dies, dass diese Fledermäuse Früchte im Flug tragen, die etwa ihrem eigenen Körpergewicht entsprechen.

Fauna

Unter den Blattnasenfledermäusen gibt es einige Arten, die kleine Kolonien unter Bananen- oder Helikonienblättern bilden. Gelbohr-Fledermäuse (*Uroderma bilobatum*) werden alternativ auch als Zeltbauende Fledermäuse bezeichnet. Mit ihren spitzen Zähnen zerstören sie die kräftigen Hauptadern an der Unterseite der Blätter, die dann einfach zusammenklappen und ein Zelt bilden. Dies bietet den Tieren Schutz vor Feinden und vor allem vor Regen. An den Stämmen von Palmen und glattrindigen Bäumen findet man oftmals Kolonien von Sackflügelfledermäusen (*Rhynchonycteris naso*), die alle geradlinig aufgereiht kopfüber am Stamm sitzen. Ihr Name rührt von Drüsen unterhalb der Flügel her, die Chemikalien ausstoßen, um Weibchen anzulocken und konkurrierende Männchen zu vertreiben.

Die größten Chancen, Fledertiere zu beobachten, hat man auf Höhlentouren sowie in ruhigen Unterkünften nahe den Flüssen. Bei Anbruch der Dämmerung beginnen sie mit ihrer Jagd auf Insekten, die durch die Lampen angezogen werden. Fledermäuse haben keine Scheu vor Menschen. Manchmal verspürt man einfach nur einen leichten Luftzug am Kopf, und im nächsten Moment verschwindet ein kleines, schnell fliegendes Objekt aus dem Blickfeld. Da die Ortung im Ultraschallbereich erfolgt, ist sie für den Menschen nicht hörbar; wenn man jedoch eine Kolonie aufschreckt, so geben viele Arten hörbare hohe Warnschreie von sich.

Fünf Arten von Herrentieren (Primates) – eine davon *Homo sapiens* – leben in Costa Rica. Die vier Affenarten des Landes gehören alle zur Familie der Kapuzinerartigen (Cebidae). Mantelbrüllaffen (*Alouatta palliata*) sind über das ganze Land verbreitet und können leicht an ihren lauten brüllenden Rufen identifi-

Mantelbrüllaffe (*Alouatta palliata*) Foto: W. Denzer

Fauna

ziert werden. Sie besitzen ein schwarzes Fell mit langen, hellbraunen Haaren auf dem Rücken, die sich mit zunehmendem Alter immer stärker entwickeln. Ihre Nahrung besteht überwiegend aus Blättern, aber zu bestimmten Jahreszeiten werden Früchte verzehrt, die dann bis zu einem Drittel der Nahrung ausmachen. Ausgewachsene Tiere können über 5 kg schwer werden, im Falle dominanter Männchen kann das Gewicht auf bis zu 7 kg steigen. Mantelbrüllaffen durchstreifen ihr Territorium in Gruppen von bis zu zehn Tieren unterschiedlichen Alters und Geschlechts. Interessanterweise ist die Rangordnung bei diesen Affen derart strukturiert, dass nicht wie üblich das älteste Tier dominant ist, sondern im jeweiligen Geschlecht das jüngste adulte bzw. geschlechtsreife Tier. Geoffroys Klammeraffe (*Ateles geoffroyi*) ist mit über 1,2 m Gesamtlänge die größte Affenart Costa Ricas. Mit ihren langen Armen und Beinen sowie dem langen Greifschwanz, der als fünfte Extremität fungiert, sind sie bestens an eine vollständig arboreale Lebensweise angepasst. Klammeraffen sind wahre Kletterkünstler und können selbst für andere Affenarten unerreichbare Früchte mit Leichtigkeit erreichen. Die Tiere werden meist entweder einzeln oder in Zweiergruppen angetroffen. Dies repräsentiert jedoch nicht die gesamte Gruppengröße, da sich die Tiere auf der Futtersuche von ihrer Hauptgruppe trennen. Die einzelnen Truppenteile verständigen sich über Rufe. Als Früchte werden besonders gern Feigen gefressen. Einige Feigenarten finden auf diese Weise eine weite Verbreitung. Die Samen gedeihen nur, nachdem sie den Verdauungstrakt eines Affen passiert haben. Da die Weibchen nur ein einzelnes Junges gebären, welches bis zu einem Jahr gesäugt wird, sind Klammeraffen in vielen Regionen sehr gefährdet. Weißgesicht-Kapuzineraffen

Weißgesicht-Kapuzineraffe
(*Cebus capucinus*) Foto: W. Denzer

Fauna

(*Cebus capucinus*) sind an vielen Stellen des Landes auch außerhalb von Schutzgebieten anzutreffen. Neben Früchten nehmen sie auch Insekten zu sich. Diese können saisonal bis zu 50 % ihrer Nahrung ausmachen. Weiterhin hat man beobachtet, dass sie Vogelnester ausrauben und Echsen fangen. Die Truppengröße bei Weißgesicht-Kapuzineraffen kann die Anzahl von 30 Individuen überschreiten. Die Tiere erreichen nach etwa drei Jahren die Geschlechtsreife, und Weibchen bringen im Durchschnitt alle 18 Monate ein einzelnes Junges zur Welt, das nach einem Jahr entwöhnt wird. Da diese Affen oft als Labortiere gehalten werden, ist bekannt, dass sie ein hohes Alter von über 40 Jahren erreichen können. In nur noch zwei Rückzugsgebieten auf der pazifischen Seite des Landes – Manuel-Antonio-Gebiet und Osa-Halbinsel – lebt die seltenste Affenart Costa Ricas, das Totenkopfäffchen (*Saimiri oerstedii*). Diese Art lebt in Trupps von 10–60 Tieren und scheint ständig innerhalb ihres Territoriums unterwegs zu sein. Totenkopfäffchen werden nur etwa 70 cm groß und sind leicht am orangeroten Rückenfell und den weiß umrandeten dunklen Augen zu erkennen. Sie ernähren sich von Früchten, Samen, Vogeleiern und Insekten, die sie in den Bäumen suchen. Der Boden wird nur sehr selten aufgesucht. Paarungen finden in den Monaten Januar und Februar statt, und ein einzelnes Junges erblickt nach ca. sechs Monaten das Licht der Welt. Ein Weibchen erreicht die Geschlechtsreife im Alter von zwei Jahren und reproduziert dann etwa alle 14 Monate. Auch von Totenkopfäffchen ist bekannt, dass sie über 20 Jahre alt werden können. Interessanterweise sind die costa-ricanischen und panamaischen Reliktpopulationen dieser Art geografisch extrem von sämtlichen anderen Totenkopfäffchen-Populationen getrennt. Die nächsten Verwandten sind erst wieder in Kolumbien zu finden. Einige Wissenschaftler argumentieren, dass es sich bei den costa-ricanischen Populationen um Abkömmlinge von Tieren handelt, die vor langer Zeit von Indianern aus Südamerika mitgebracht wurden. Dagegen spricht allerdings, dass die beiden Populationen des Landes zu unterschiedlichen Unterarten gerechnet werden.

In der Ordnung der Zahnarmen (Pilosa) werden Ameisenbären, Gürteltiere und Faultiere zusammengefasst. Diese Tiergruppe ist ausschließlich in der Neuen Welt zu finden. In älteren Büchern wird oftmals auch der Begriff Zahnlose (Edentata) benutzt. Während Ameisenbären wirklich zahnlos sind, besitzen Faultiere Backenzähne, was sich in dem korrigierten Ordnungsnamen Zahnarme widerspiegelt.

Der Nördliche Tamandua (*Tamandua mexicana*) gehört zur Familie der Ameisenbären (Myrmecophagidae). Der deutsche Familienname ist irreführend, da diese Tiere keine nähere Verwandtschaft mit Bären aufweisen. Tamanduas besitzen eine lang gestreckte Schnauze, sind zahnlos und haben einen Greifschwanz. Eine etwa 30–40 cm lange, klebrige Zunge ermöglicht es ihnen, an die begehrten Ameisen und Termiten im Inneren derer Baue zu gelangen. Zum Öffnen der Baue sind Ameisenbären mit kräftigen Krallen an den Vorderfüßen

Fauna

Nördlicher Tamandua (*Tamandua mexicana*) Foto: G. Gomez

ausgestattet. Der Nördliche Tamandua besitzt ein weißes Fell, das um Rücken und Bauch eine schwarze Binde aufweist sowie ein schwarzes Halsband.

Der Greifschwanz ist mit wenigen weißen Haaren bewachsen. Tamanduas sind tagaktive Baumbewohner, die über 1 m groß werden können, wobei etwa die Hälfte davon auf den Schwanz entfällt. Die Weibchen gebären ein einzelnes Junges, das sie auf dem Rücken mit sich umhertragen. Der Zwergameisenbär (*Cyclopes didactylus*) wird nur etwa 40 cm groß, wobei wiederum etwa die Hälfte auf den Greifschwanz entfällt. Das Fell ist überwiegend braun mit helleren Tönen auf der Bauchseite. Zwergameisenbären leben bevorzugt in Primärwäldern und sind nur schwer im Dickicht auszumachen, da sie strikt nachtaktiv und baumbewohnend sind. Die Sozialstruktur ist haremartig, wobei ein einzelnes Männchen ein Territorium mit bis zu drei Weibchen beherrscht. Die Weibchen sind untereinander territorial, erlauben jedoch dem Männchen, sich frei innerhalb des Gebietes zu bewegen. Nach einer Tragzeit von etwa 4,5 Monaten bringt das Weibchen ein einzelnes Junges zur Welt. Die Jungtiere verbleiben während der Stillzeit in einer Baumhöhle oder einem eigens gebauten Nest.

Gürteltiere (Dasypodidae) muten wie ein Tier aus der Urzeit an. Das Neunbinden-Gürteltier (*Dasypus novemcinctus*) ist am gesamten Körper mit Horn- sowie Knochenplatten versehen, was ihm den spanischen Namen Armadillo („gepanzert") eingebracht hat. Panzerplatten finden sich im vorderen und hinteren Bereich des Körpers sowie am Kopf; dazwischen befinden sich neun (oder oftmals auch nur acht) Ringe um den Körper, die ziehharmonika-ähnlich beweglich sind.

Fauna

Gürteltiere sind nachtaktiv und bodenbewohnend. Den Tag verbringen sie in selbst angelegten Bauen, und nachts durchstreifen sie Waldgebiete auf der Suche nach Nahrung, die mit der hochempfindlichen Nase aufgespürt wird. Als Nahrung wird eigentlich alles genommen, was zu bewältigen ist. Insekten, insbesondere Ameisen, werden bevorzugt, aber weder Aas noch Reptilien oder Amphibien sowie am Boden liegende Früchte werden verschmäht. Die Fortpflanzung des Neunbinden-Gürteltieres ist höchst interessant, da im Allgemeinen Vierlinge zur Welt gebracht werden. Typischerweise wird nur eine einzelne Eizelle befruchtet, sodass alle Jungtiere das gleiche Geschlecht aufweisen. Die Jungen werden bereits nach etwa fünf Monaten entwöhnt und sind von da an auf sich selbst gestellt.

Faultiere (Unterordnung Folivora) werden in zwei Familien unterteilt: Zweifingerfaultiere (Megalonychidae) und Dreifingerfaultiere (Bradypodidae). In Costa Rica sind beide Familien mit jeweils einer Art vertreten. Das Hoffmann-Zweifingerfaultier (*Choloepus hoffmanni*) ist am stärksten auf der Pazifikseite vertreten, während das Braunkehl- oder Dreifingerfaultier (*Bradypus variegatus*) eine weite Verbreitung im karibischen Tiefland hat. Faultiere sind reine Baumbewohner, die nur ein Mal wöchentlich zur Kotabgabe den Boden aufsuchen. Eine exakte Erklärung für dieses Verhalten steht noch aus; allgemein wird angenommen, dass Faultiere auf diese Weise ihre Futterbäume düngen, um die Produktion frischer Triebe anzuregen. Alle Faultierarten werden von einer großen Anzahl Parasiten heimgesucht. In ihrem Fell leben die Faultiermotte, verschiedene Käferarten sowie Milben. Die meisten dieser Parasiten benutzen anfangs den Faultierkot, um ihre Eier darauf abzulegen, und leben in der ausgewachsenen Form auf dem Wirstier. Die Nahrung der Faultiere besteht fast aus-

Dreifinger-Faultier (*Bradypus variegatus*)
Foto: W. Denzer

Fauna

schließlich aus Blättern. Da aus rein pflanzlicher Nahrung nur schwer genügend energiereiche Stoffe abgeführt werden, besitzen die Tiere einen sehr langen Verdauungstrakt. Der lange Verdauungsprozess führt dazu, dass die Tiere Energie sparen müssen. Sie tun dies, indem sie sich zum einen tagsüber nur wenig bewegen und zum anderen nachts ihre Körpertemperatur auf die Umgebungstemperatur einpegeln, sodass keine energetischen Mehraufwendungen nötig sind, um den Körper auf konstanter Temperatur zu halten. Ausgewachsene Weibchen bringen ein Junges pro Jahr zur Welt. Die Trächtigkeit dauert sechs Monate, ein weiteres halbes Jahr verbleibt das Jungtier bei der Mutter, die es eng am Körper trägt. Viele Führer und Naturkundler berichten, dass Faultiere *Cecropia*-Bäume bevorzugen. Dies entspricht jedoch nicht ganz der Wahrheit. Studien haben gezeigt, dass bis zu 100 verschiedene Baumarten aufgesucht werden; einzig die Tatsache, dass *Cecropia* wegen seines schnellen Wuchses oft die andere Vegetation überragt und nur im Kronenbereich Blätter trägt, führt dazu, dass hier die Tiere am ehesten gesichtet werden.

In der Ordnung der Nagetiere (Rodentia) finden sich neben den typischen Vertretern wie Mausartigen (Muridae) oder Hörnchen (Sciuridae) zwei beson-

Mittelamerikanisches Agouti (*Dasyprocta punctata*) Foto: W. Denzer

ders bemerkenswerte Tiere: Agutis (*Dasyprocta punctata*) und Paka (*Agouti paca*). Die Besonderheit liegt in der Größe dieser Tiere. Beide Arten werden über 70 cm lang und können 5 kg und mehr wiegen. Pakas werden etwas größer als Agutis. Die Tiere sind leicht anhand ihrer Fellzeichnung und Lebensweise zu unterscheiden. Pakas haben ein graubraunes Fell mit weißen Punkten, die an den Seiten zu Streifen verlaufen; Agutis sind vollständig orange bis goldbraun im Fell. Während Pakas eine nächtliche Lebensweise bevorzugen, sind Agutis tagaktiv. Beide Arten streifen meist einzeln auf der Suche nach Nahrung durch den Wald und verbergen sich in Bauen an Uferböschungen oder Abhängen. Pakas scheinen eine besondere Vorliebe für Mangos, Avocados und andere Kulturpflanzen entwickelt zu haben, weshalb sie von vielen Bauern gejagt werden. Agutis hingegen sind reine Waldbewohner, die sich von den verschiedensten Pflanzen ernähren. Dabei sitzen sie auf den Hinterbeinen und halten ihr Futter in den Pfoten. Zwischen Agutis und der Palme *Astrocaryum confertum* hat sich im Laufe der Zeit eine Verbindung entwickelt, die von Wissenschaftlern als Koevolution bezeichnet wird. Die Palme schützt ihre Früchte mit spitzen Stacheln gegen Fressfeinde. Erst nach vollständiger Reife fallen die Früchte ab und locken Fruchtfresser wie Vögel, Pakas und verschiedene Nager an. Die meisten Arten zerstören dabei die Samen; dies ist der weiteren Verbreitung der Art jedoch nicht dienlich. Nur Agutis tragen zur Vermehrung bei, indem sie das Fruchtfleisch vom Samen abziehen und sie für den späteren Verzehr in der Erde vergraben. Die Palme scheint davon zu profitieren, dass Agutis einige dieser Stellen „vergessen", sodass die Samen in aller Ruhe zur Jungpflanze keimen können. Laborexperimente haben gezeigt, dass nur vom Fruchtfleisch befreite Samen zur Keimung gelangen, da andernfalls Käfer ihre Eier darauf absetzen und den Samen schädigen. Auf diese Weise verdankt die Palme ihr weiteres Fortbestehen allein einem „vergesslichen" Nagetier.

Landraubtiere (Carnivora) werden in katzenartige und hundeartige Formen eingeteilt, sodass so unterschiedliche Tiere wie Jaguar und Kojote zoologisch betrachtet in die gleiche Ordnung gehören. Zu den Katzenartigen (Feloidea) gehören in Costa Rica ausschließlich die Echten Katzen (Felidae), zu den Hundeartigen (Canoidea) zählt man die Kleinbären (Procyonidae), Wieselverwandten (Mustelidae) und die Hundeverwandten (Canidae).

Der Jaguar (*Panthera onca*) ist das größte Landraubtier Mittelamerikas. Ausgewachsene Männchen können nahezu 100 kg schwer werden. Jaguare sind im Allgemeinen Einzelgänger und nur des Nachts unterwegs, können aber während der Ranz manchmal in Paaren beobachtet werden. Nach etwa 100 Tagen Tragzeit werden 2–4 Jungtiere geboren, die zwei Jahre bei der Mutter bleiben. Jaguare benötigen ein riesiges Territorium von über 100 km^2, sodass die Populationsdichte sehr gering ist. Sie bevorzugen Habitate mit zahlreichen Wasserläufen, sodass auch ihre angestammten Wanderrouten oft entlang von Bächen führen.

Fauna

Es ist bekannt, dass Jaguare sehr gute Schwimmer sind und auf diese Weise auch Flüsse durchqueren. Ihre bevorzugte Beute sind Pekaris, jedoch stehen auch Agutis, Pakas und Hirsche auf dem Speiseplan. Jaguare wurden sogar dabei beobachtet, wie sie ausgewachsene Meeresschildkröten während der „Arribada" – so wird die Ankunft der Meeresschildkröten zur Eiablage an den Stränden genannt – angriffen. Bei ihren Attacken schleichen Jaguare sich behutsam an das Beutetier heran und stoßen dann blitzartig vor. Der Biss wird typischerweise am Nacken angesetzt, und mit ihrem massiven Gebiss wird in vielen Fällen der Kopf des Beutetieres zertrümmert. Jaguare fressen nur das Fleisch des Beutetieres, nicht jedoch die Rippen sowie andere große Knochen. Ist eine Mahlzeit zu reichhaltig, lassen sie die Beute vor Ort liegen und kehren in der Folgenacht zurück, um weiterzufressen. Wegen seines wunderschön gezeichneten Fells und des Mythos, Vieh zu reißen, wurde der Jaguar überall in seinem Verbreitungsgebiet massiv gejagt und ist heute zu den stark gefährdeten Tierarten zu rechnen. Die wohl größte Population Costa Ricas ist im Corcovado-Nationalpark beheimatet.

Der Ozelot (*Leopardus pardalis*) ist eine wunderschön gefleckte Pardelkatze der mittel- und südamerikanischen Regenwälder. Diese Art kann mit einer Körperlänge von bis zu 1 m recht groß werden und ist daher in der Lage, selbst Nasenbären oder gar junge Hirsche anzugreifen. Ozelots sind überwiegend nachtaktiv und gelten als solitär. Ihre Beute erjagen sie am Boden. Typischerweise setzt sich diese aus Nagern, bodenbewohnenden Vögeln und größeren Echsen wie Leguanen zusammen. Weibchen bringen nach einer Tragzeit von etwa 2,5–3 Monaten ein oder zwei Junge zur Welt. Diese werden anfänglich in einer Höhle oder einem hohlem Baumstumpf aufgezogen, bis sie nach weiteren 6–8 Wochen die Kinderstube verlassen und mit der Mutter auf Jagd gehen. Männchen und Weibchen bilden eigenständige Reviere, wobei die Territorien der Männchen meist erheblich größer sind und Reviere mehrerer Weibchen einschließen.

Der Puma (*Puma concolor*) ist ein weiterer typischer Vertreter der nordamerikanischen Fauna. Aufgrund seiner hohen Anpassungsfähigkeit besiedelt er nahezu alle Habitate in Costa Rica. Die landläufige Ansicht, Pumas kämen nur in den trockenen Regionen vor, wird schnell relativiert, wenn man Spuren inmitten eines Regenwaldgebietes findet. Pumas durchziehen ihr Territorium auf angestammten Wegen. Diese Pfade werden durch Ankratzen von Baumstämmen markiert. Pumas sind tag- und nachtaktiv und erbeuten Tiere bis zur Größe von Weißwedelhirschen. In Farmregionen wird ihnen nachgesagt, Vieh zu reißen, was dazu geführt hat, dass sie von Farmern gejagt werden. Weitere Raubkatzen des Landes sind das Jaguarundi (*Herpailurus yagouaroundi*), das aufgrund seines Aussehens auch als Wieselkatze bezeichnet wird, sowie die mit dem Ozelot verwandte Langschwanzkatze oder Margay (*Leopardus wiedii*).

Die zu den Mardern gehörige Tayra (*Eira barbata*) sieht ein wenig wie eine Kreuzung aus einem überdimensionier-

Fauna

Puma (*Puma concolor*) Foto: W. Denzer

ten Wiesel und einem Fuchs aus. Der Körper kann über 60 cm lang werden, hinzu kommt noch ein etwa 40 cm langer Schwanz. Das Fell ist fast am ganzen Körper schwarz, nur in der Nacken- und Hinterhauptregion sind insbesondere ältere Tiere hell gefärbt. Tayras leben gewöhnlich solitär, wurden aber auch schon in Gruppen beobachtet. Man geht davon aus, dass es sich dabei um Familienverbände handelt, die sich regelmäßig zusammenfinden. Als Baue werden hohle Bäume oder andere geeignete Hohlräume bezogen. Tayras sind tagaktive Allesfresser und recht anpassungsfähig, sodass man sie sowohl in Farmland als auch im Regenwald antreffen kann.

Unter den Kleinbären ist der Weißrüsselbär (*Nasua narica*) die am häufigsten zu beobachtende Art, da er auch die Nähe von Menschen nicht scheut. Sie sind in offenem Gelände genauso anzutreffen wie inmitten des Waldes. Im Deutschen Sprachgebrauch werden sie auch als Nasenbären bezeichnet, was daher rührt, dass ihre Schnauze verlängert und an der Spitze beweglich ist. Die Schnauze wird zum Graben und Ertasten von geeignetem Futter benutzt, was im Falle des Weißrüsselbären eigentlich alles sein kann. Die Art lebt semiarboreal, d. h., sie verbringt etwa gleiche Teile am Boden wie in Bäumen. Die Männchen leben solitär, und Weibchen

Fauna

Wickelbär (*Potos flavus*) Foto: G. Gomez

mit Jungtieren schließen sich zu größeren Gruppen zusammen. Jedes Weibchen kann nach einer Tragzeit von etwa 2,5 Monaten bis zu sieben Junge gebären, die in Bäumen in einem eigens eingerichteten Blätternest zur Welt gebracht werden. Der Wickelbär oder Kinkajou (*Potos flavus*) unterscheidet sich von allen anderen Kleinbären durch seinen kräftigen, langen Greifschwanz. Er bewohnt die Kronenregionen von Primärwäldern und ist nur in Ausnahmefällen am Boden anzutreffen. Wickelbären sind nachtaktive Vegetarier, die sich von reifen Früchten und Nektar ernähren. Hierzu sind sie mit einer langen Zunge ausgestattet, die es ihnen erlaubt, die süßen Säfte aufzuschlecken und sogar Honig aus Bienennestern zu stehlen. An ihrem Greifschwanz hängend, können diese Akrobaten auch für andere Tiere

Weißrüssel- oder Nasenbär (*Nasua narica*) Foto: W. Denzer

unerreichbare Früchte recht einfach einsammeln. Wickelbären ziehen sich während des Tages in Baumhöhlen zurück, wobei mehrere Tiere sich eine Baumhöhle teilen können. Wickelbärweibchen bringen nur ein einzelnes Junges nach einer Tragzeit von etwa vier Monaten zur Welt. Die Weibchen ziehen sich für die Aufzucht aus den Wohngemeinschaften zurück. Das Jungtier wird nach weiteren vier Monaten abgestillt und beginnt dann selbstständig, nach Futter zu suchen. Als weitere Kleinbärenarten der Region sind noch der Nordamerikanische Waschbär (*Procyon lotor*) und der Krabbenwaschbär (*Procyon cancrivorus*) zu nennen.

Kojoten (*Canis latrans*) leben in den trockenen nördlichen Regionen des Landes. Damit überlappt sich hier ihr Lebensraum mit den Vorkommen des Weißwedelhirsches. Kojoten streifen meist paarweise oder in Familienverbänden umher; fünf Welpen sind dabei keine Seltenheit. Werden Einzeltiere gesichtet, so handelt es sich dabei oftmals um halbwüchsige Männchen. Kojoten sind leicht an ihrem Gang zu erkennen. Ihr buschiger Schwanz bleibt immer in Bodennähe. Sie erbeuten – einzeln oder im Rudel – Nagetiere und schwache Hirsche. Aas wird nicht verschmäht, allerdings nur selten genommen. In Costa Rica erreichen Kojoten die südliche Grenze ihrer Verbreitung.

Paarhufer (Artiodactyla) finden sich in Costa Rica unter den Hirschartigen (Cervidae) und den Nabelschweinen oder Pekaris (Tayassuidae). Halsbandpekaris (*Pecari tajacu*) sind soziale Tiere, die in Herden von bis zu 30 Tieren zusammenleben. Sie liegen oft nahe beiei-

Halsbandpekari (*Pecari tajacu*) Foto: W. Denzer

nander, um sich während kühlerer Zeiten gegenseitig zu wärmen. Die Art ist extrem anpassungsfähig und bewohnt sowohl die trockenen Regionen als auch die Regenwälder bis hinauf auf 2.000 m ü. NN. Halsbandpekaris ernähren sich von Wurzeln, Pflanzen und Früchten. Eine weitere Art, die in Costa Rica lebt, ist das Weißbartpekari (*Tayassu pecari*), allerdings sind diese Tiere erheblich seltener und nur noch in einigen wenigen Rückzugsgebieten, wie etwa auf der Osa-Halbinsel, in stabilen Populationen zu beobachten. Halsbandpekaris besitzen relativ kurze Borsten und einen deutlichen hellen Ring über der Schulterregion. Weißbartpekaris haben lange Rückenborsten und zeichnen sich durch eine weißliche Zeichnung im Kinn- und Kehlbereich aus. Pekaris werden immer noch gejagt und sind daher kaum noch außerhalb von Schutzgebieten anzutreffen.

Ein ähnliches Schicksal haben der Rote Spießhirsch oder Großamazama (*Mazama americana*) und der Weißwedelhirsch (*Odocoileus virginianus*) erlitten.

Roter Spießhirsch oder Großamazama (*Mazama americana*) Foto: W. Denzer

Sie wurden überjagt und sind nur noch an wenigen Stellen zu finden. Die besten Chancen, Weißwedelhirsche zu sichten, hat man im Santa-Rosa-Nationalpark, wo sich die Population aufgrund strenger Schutzmaßnahmen langsam wieder erholt. Inzwischen wird ihre Anzahl dort wieder auf mehrere Hundert Tiere geschätzt. Weißwedelhirsche sind eine typische nordamerikanische Art, die sich erst nach Bildung der Landbrücke nach Mittelamerika ausgebreitet hat. Costa-ricanische Tiere werden nur etwa halb bis zwei Drittel so groß wie ihre nördlichen Artgenossen. Neben Blattwerk ernähren sie sich auch von Eicheln, die sie am Boden finden, sowie einer Anzahl von Früchten. Der namengebende weiße Schwanz dient zur Signalisierung von Gefahr. Im Normalzustand ist er angelegt, bei Aufregung wird er aufgestellt. Als natürliche Feinde erwachsener Hirsche gelten Jaguar und Puma.

Tapire gehören zu den Unpaarhufern (Perissodactyla) und sind somit Nashornverwandte und weitläufige Verwandte der Pferde. Erdgeschichtlich gehören diese Tiere zu den ursprünglichsten noch lebenden Säugetieren und werden von vielen Wissenschaftlern als „lebende Fossilien" betrachtet. Alle Tapire besitzen einen kurzen, beweglichen Rüssel, der als Tast- und Geruchsorgan fungiert. Der Mittelamerikanische oder Bairds Tapir (*Tapirus bairdii*) ist mit 120 cm Körperhöhe und einem Gewicht von über 300 kg die größte neuweltliche Art und das größte Säugetier der amerikanischen Tropen. Er ist ein echter Waldbewohner, der sich ausschließlich von pflanzlicher Nahrung ernährt. Wäh-

Fauna

Mittelamerikanischer Tapir (*Tapirus bairdii*) Foto: W. Denzer

rend ausgewachsene Tapire fast einfarbig braun sind, besitzen die Jungen eine weiße Flecken- oder Streifenzeichnung. Tapire sind sowohl tagsüber als auch nachts aktiv. Sie leben in den unterschiedlichsten Biotopen vom Trockenwald bis hinauf in die Hochregionen des Tenorio-Vulkans und Monteverde. Mit ihrem kleinen Rüssel ergreifen sie Pflanzenteile und Früchte. Die Lieblingsspeisen werden vom Tapir über den sehr gut ausgeprägten Geruchssinn gefunden. Einige Pflanzen werden derart bevorzugt, dass sie in Gegenden, wo Tapire leben, selten sind, jedoch in den Gebieten, in denen Tapire ausgemerzt wurden, häufig auftreten. Oftmals sind Tapire in der Umgebung von Wasserläufen oder natürlichen Teichen anzutreffen. Sie durchqueren selbst größere Flüsse und scheinen ein Bad zu genießen. Da Tapirweibchen nur ein einzelnes Junges nach etwa 400 Tagen Tragzeit zur Welt bringen, kann schon der Verlust eines einzigen Weibchens zur Gefährdung einer Population führen. Da sie auch immer wieder auf angestammten Pfaden wandern, sind sie zudem anfällig für Wilderei.

Weiterführende Literatur zu diesem Thema:

EMMONS, L.H. (1997): Neotropical Rainforest Mammals. A Field Guide.
HENDERSON, C.L. (2002): Field Guide to the Wildlife of Costa Rica.
JANZEN, D.H. (1983): Costa Rican Natural History.

Fauna

Vögel

Über 860 Vogelarten bewohnen die unterschiedlichsten Lebensräume Costa Ricas, und etwa 50 Arten davon sind hier endemisch. Kolibri-Arten findet man sowohl im Küstenbereich als auch in 3.500 m Höhe auf dem Irazú. Kleinsittiche, Amazonen und Großpapageien wie der Arakanga treten meist in Scharen auf und sind überwiegend in den Flachlandregionen beheimatet. Sumpfgebiete werden von Silberreihern, Sichlern, Rosa Löfflern und Eisvögeln bewohnt. Die Bergwälder dagegen sind Heimat des Quetzals und des Glockenvogels. Raben- und Truthahngeier sind oft entlang der Straßen zu sehen, wo sie sich an überfahrenen Tieren gütlich tun.

In Küstennähe sind Fregattvögel, Schlangenhalsvögel und Braunpelikane typische Meeresvögel. Im Innern des Waldes leben farbenprächtige Schnurrvögel, Tangaren, Trogone und Tukane. In der offenen Landschaft sieht man Tyrannen, Anis und Dohlengrackeln. Der Artenreichtum und die zum Teil recht hohe Populationsdichte an Vögeln hat Costa Rica zu einem der beliebtesten Reiseländer für Vogelbeobachter aus aller Welt gemacht. Im Folgenden werden einige Familien und besonders interessante Arten stellvertretend für die große Artenzahl etwas näher besprochen.

Eine rein neotropische Familie sind die waldbewohnenden Steißhühner oder Tinamous (Tinamidae), von denen

Großes Steißhuhn (*Tinamus major*) Foto: W. Denzer

fünf Arten aus zwei Gattungen in Costa Rica vorkommen. Alle Tinamous sind fast ausschließlich bodenbewohnend und ernähren sich überwiegend von Samen und Früchten, die sie im Laub suchen. Tinamous zeichnen sich durch einen sehr kurzen Schwanz und einen dünnen Hals aus. Das Große Steißhuhn (*Tinamus major*) wird über 40 cm groß und wiegt dabei etwa 1 kg. Es bevorzugt die offenen Tieflandregenwälder und ist meist einzeln unterwegs. Nur während der Jungtieraufzucht sind die Weibchen in Begleitung ihrer Brut zu beobachten. Die Weibchen legen bis zu fünf Eier in Mulden zwischen Brettwurzeln großer Urwaldbäume.

Das Kleine Tinamou (*Crypturellus soui*) erreicht nur eine Größe von etwas über 20 cm und wiegt dabei ca. 250 g. Sein bevorzugter Lebensraum sind dichte Sekundärwälder; diese Art ist dafür bekannt, neben dem Futter auch Kies aufzunehmen, der dabei hilft, schwer verdaubare Samen im Magen zu zerkleinern. Kleine Tinamous legen nur zwei Eier direkt auf herabgefallenes Laub, ohne dabei ein Nest zu bilden. Außerhalb der Brutsaison sind sie solitär und sehr scheu.

Im Küstenbereich und auf den vorgelagerten Inseln findet man Watvögel, Pelikane, Fregattvögel, Tölpel und Möwen. Einige dieser Vögel bilden große Brutkolonien und bleiben ständig in der Region.

Der Brachvogel (*Numenius phaeopus*) gehört zu den Arten, die insbesondere in den Wintermonaten häufig gesichtet werden. Brachvögel brüten nicht in Costa Rica, sondern sind ein gutes Bei-

Regenbrachvogel (*Numenius phaeopus*)
Foto: W. Denzer

spiel für eine Art aus dem nördlichen Amerika, die auf ihrem Zug nach Südamerika eine Weile in Costa Rica verbleibt. Brachvögel sind leicht an ihrem säbelartig gekrümmten Schnabel zu erkennen, mit dem sie in der Lage sind, Wattwürmer, Schnecken und Krabben aus dem Sand zu fischen.

Braune Pelikane (*Pelecanus occidentalis*) ernähren sich von Fischen, die sie im Sturzflug meist direkt hinter brechenden Wellen erbeuten. Obwohl der Sturzflug manchmal in über 20 m Höhe gestartet wird, taucht der Pelikan am Ende nicht vollständig ins Wasser ein. Der Braune Pelikan ist der größte Wasservogel des Landes und besonders leicht entlang der Strände auf der Karibikseite zu beobachten. Die eigentli-

Fauna

chen Brutkolonien liegen allerdings am Golf von Nicoya und auf der Guayabo-Insel auf der gegenüberliegenden Landesseite. Die Nester werden auf den höchsten Baumästen gebaut und gleichen einer flachen Schale. Pelikane legen nur 2–3 Eier, und selbst wenn alle zum Schlupf gelangen, wird meist nur eines der Jungen flügge. Dies hängt damit zusammen, dass der Nahrungsbedarf der Jungvögel derart hoch ist, dass die Elternvögel nicht genügend Futter herbeischaffen können. Der stärkste Jungvogel wirft dann seine schwächeren Geschwister aus dem Nest.

Brauntölpel (*Sula leucogaster*) aus der Familie Sulidae gleiten wie Pelikane über Futtergründe, jedoch bevorzugen sie seichtes Wasser. Zur Futtersuche bevorzugen sie küstennahe Gewässer. Sie ernähren sich von Fischen und Tintenfischen, die im Sturzflug erbeutet werden. Im Gegensatz zu Pelikanen sind Tölpel jedoch in der Lage, tief zu tauchen, sodass sie zusätzliche Futterquellen erreichen können. Brauntölpel leben in Brutkolonien auf vorgelagerten Inseln. Die Eier werden direkt auf Felsen abgelegt und nur durch einige kleine Äste und etwas Seegras geschützt. Typischerweise werden zwei Eier abgelegt, aber nur ein Jungvogel wird aufgezogen.

Trotz ihrer Flügelspannweite von über 150 cm wiegen Prachtfregattvögel (*Fregata magnificens*) mit 1,5 kg nur etwas mehr als unsere einheimischen Stockenten. Auf diese Weise sind sie für perfekte Gleitflüge ausgestattet und können stundenlang über das Meer gleiten, ohne viel Energie zu verschwenden. Ihre Nahrung – Fische und Tintenfische – erbeuten sie im Flug, indem sie sie von anderen Vögeln wie Tölpeln oder Möwen stehlen. Fregattvögel werden nur extrem selten dabei beobachtet, wie sie sich im Wasser aufhalten. In Costa Rica gibt es nur eine relativ kleine Brutkolonie im Golf von Nicoya, und die meisten Vögel, die man zu sehen bekommt, stammen von weit entlegenen Kolonien. Männliche Prachtfregattvögel besitzen einen aufblasbaren, roten Kehlsack, der zur innerartlichen Kommunikation dient, typischerweise um Weibchen anzulocken. Die Nester werden unerreichbar für Fressfeinde an Steilklippen auf weit außen liegenden Ästen gebaut. Da es einer sehr großen Geschicklichkeit im Flug bedarf, um von anderen Vögeln Beute zu erjagen, dauert es recht lange, bis Jungvögel auf sich selbst gestellt sind. Die Eltern bringen nahezu ein halbes Jahr lang Futter zum Nest, und selbst wenn die Jungtiere flügge sind, werden sie noch bis zu einem weiteren Jahr von den Eltern versorgt.

Prachtfregattvögel
(*Fregata magnificens*)
Foto: W. Denzer

Fauna

Amerikanischer Schlangenhalsvogel (*Anhinga anhinga*) Foto: W. Denzer

An vielen Gewässern findet man Kormorane (Familie Phalacrocoracidae) und Schlangenhalsvögel (Anhingidae). Beide Familien sind in Costa Rica jeweils mit einer Art vertreten. Obwohl sich diese Vögel recht ähnlich sehen, gibt es ein Unterscheidungsmerkmal, das die Zuordnung im Feld wesentlich erleichtert. Während Schlangenhalsvögel einen spitzen, pfeilartigen Schnabel besitzen, haben Kormorane einen kürzeren, zylindrischen Schnabel, der an der Spritze nach unten gebogen ist. Zudem weisen Schlangenhalsvögel weiße Federn im Flügelbereich auf. In Costa Rica findet man die Biguascharbe (*Phalacrocorax olivaceus*) und den Anhinga (*Anhinga anhinga*). Auch im Beuteverhalten zeigen sich Unterschiede zwischen den beiden Arten. Die Biguascharbe ist ein sehr guter Taucher, der Fische unter Wasser verfolgen kann; der Anhinga spießt die Beute mit seinem spitzen Schnabel auf und ist ein Ansitzjäger, der auf Ästen über dem Wasser lauert. Neben Fischen ernährt sich der Anhinga auch von Schlangen, Echsen und jungen Kaimanen. Obwohl beide Arten sehr wassergebunden sind, ist das Gefieder nicht wie bei vielen anderen Wasservögeln wasserabweisend. Aus diesem Grunde sieht man sie nach der Jagd oft mit zum Trocknen ausgebreiteten Flügeln in der Sonne sitzen. Die größten Vorkommen dieser Vögel findet man in der Tempisque-Region und im Caño-Negro-Schutzgebiet. Biguascharben leben in großen Nistkolonien (400 Paare im Caño Negro) zusammen; Anhingas nisten in gemischten Kolonien mit Rosa Löfflern, Störchen und Reihern.

Fauna

Unter den Reihern (Familie Ardeidae) ist der Kuhreiher (*Bubulcus ibis*) sicherlich die am weitesten verbreitete Art Costa Ricas. Kuhreiher sind häufig auf Farmland zu beobachten und leicht an ihrer kleinen Größe (etwa 50 cm) in Verbindung mit einem weißen Gefieder zu erkennen. Sie folgen Rindern und ernähren sich von Heuschrecken und Fröschen, die von den umherlaufenden Tieren aufgescheucht werden. Kuhreiher gehören nicht zu den eigentlichen einheimischen Vogelarten, sondern sind erst seit etwa Mitte des letzten Jahrhunderts im Land nachgewiesen worden. Wegen ihrer großen Anpassungsfähigkeit und der sich ausweitenden Viehzucht haben sie fast alle Landesteile erobert. In den Abendstunden ziehen sich Kuhreiher in Bäume zurück, wo sie die Nacht mit Artgenossen verbringen. Es ist nicht selten, dass man 50 und mehr Vögel in diesen Schlafkolonien beobachten kann. In einigen Brutkolonien leben Schmuckreiher (*Egretta thula*) mit Kuhreihern zusammen. Letztere sind am ehesten an ihrem reinweißen Gefieder sowie schwarzen Beinen und gelben Füßen zu erkennen. Ein weiterer weiß gefiederter Reiher ist der Silberreiher (*Casmerodius albus*), der sich durch seine Größe (etwa 1 m) sowie einen gelben Schnabel in Verbindung mit schwarzen Beinen auszeichnet.

Marmorreiher (*Tigrisoma lineatum*) bevorzugen dicht bewachsene Uferregionen und sind nur selten in offener Landschaft zu beobachten. Sie können stundenlang bewegungslos am Ufer stehen und auf Beute warten. Mit ihrem spitzen Schnabel sind sie in der Lage, blitzschnell zuzustoßen und Fische zu erbeuten. Oftmals leben Mangroven- oder Grünreiher (*Butorides striatus*) im gleichen Biotop, jedoch scheinen sie weniger Geduld zu haben und waten eher langsam im Wasser umher, bis sie geeignete Beute entdecken. Beide Arten sind außerhalb der Brutsaison Einzelgänger.

Aus der Storchenfamilie (Ciconiidae) leben zwei Arten in Costa Rica, der Amerikanische Nimmersatt (*Mycteria americana*) und der Jabiru (*Jabiru mycteria*). Der Nimmersatt ist relativ häufig im Norden des Landes und auf der Nicoya-

Silberreiher (*Casmerodius albus*)
Foto: W. Denzer

Nacktkehlreiher (*Tigrisoma mexicanum*) Foto: W. Denzer

Halbinsel anzutreffen. Jabirus dagegen leben nur in der Tempisque-Region und werden vereinzelt im Caño-Negro-Gebiet gesichtet. Jabirus sind massige Vögel mit einer Größe von über 130 cm und einem Gewicht über 6 kg. Sie sind leicht an ihrem reinweißen Gefieder in Verbindung mit einem schwarzen Kopfhalsgefieder und einem gefiederfreien roten Halsbereich zu erkennen. Der Amerikanische Nimmersatt sieht dem Jabiru von Weitem ähnlich, er hat jedoch schwarzes Unterflügelgefieder und ist im gesamten Kopf-Hals-Bereich schwarz. Diese Art brütet in großen Kolonien in Mangrovengebieten und baut ihre fast flachen Nester aus recht robusten Zweigen. Typischerweise werden 2–4 Eier gelegt und die Jungvogelaufzucht von beiden Elternteilen bewerkstelligt. Nicht nur beim Brutgeschäft, sondern auch bei der Futtersuche werden Nimmersattstörche in Gruppen beobachtet. Mehrere Vögel waten in einer Reihe mit halboffenem Schnabel durch seichtes Gewässer und scheuchen sich gegenseitig die Fische zu. Manchmal werden Fische sogar in eine kleine Bucht getrieben, aus der es kein Entkommen mehr gibt. In einigen Regionen findet man gemischte Gruppen von Nimmersattstörchen und Rosa Löfflern (*Ajaja ajaja*).

Rosa Löffler gehören zur Familie der Ibisse (Threskiornithidae) und erjagen ihre Nahrung im seichten Uferwasser, indem sie mit ihrem verbreiterten Schna-

Fauna

bel Wasser und Schlamm nach kleinen Fischen und Krabben absuchen. Die Brutzeit der Löffler wie auch der meisten anderen Arten der Mangrovengebiete fällt in die trockenen Monate. Während der Brutsaison ist das Gefieder fast vollständig rosa. Rosa Löffler bauen ihre Nester in Kolonien und legen 2–4 Eier. Die Jungvögel zeigen im ersten Jahr noch nicht das rosafarbene Gefieder, sondern haben an Kopf und Körper weiße Daunenfedern. Obwohl die Art sporadisch über das ganze Land verbreitet ist, wird vermutet, dass einzig die Vögel auf der Isla Pájaros in der Tempisque-Region eine stabile Brutkolonie bilden.

Die Rotschnabel-Pfeifgans *(Dendrocygna autumnalis)* ist die häufigste der 14 Entenarten (Familie Anatidae), die in Costa Rica leben. Der rote Schnabel unterscheidet sie von allen anderen Arten der Region; er ist allerdings nur bei den Männchen ausgeprägt. Da die Tiere aber meist in größeren Gruppen unterwegs sind, fällt die Identifizierung leicht. Sie bevorzugen Teiche und Marschland und sind tagsüber meist am Ufer zu sehen; die Futtersuche findet in der Nacht statt. Obwohl sie an Wasser gebunden sind, legen Pfeifgänse ihre Eier oftmals in Bäumen weit abseits von Gewässern ab. Die besten Möglichkeiten, Pfeifgänse zu beobachten, hat man in der Tempisque-Region.

Gelbstirn-Blatthühnchen oder Jassanas (*Jacana spinosa*) zählen zur Familie

Rotschnabel-Pfeifgans (*Dendrocygna autumnalis*) Foto: W. Denzer

Fauna

Gelbstirn-Blatthühnchen (*Jacana spinosa*) Foto: W. Denzer

der Kranich- oder Rallenartigen (Gruiformes). Sie bewohnen bevorzugt Gewässer mit einem starken Pflanzenbewuchs (z. B. Seerosen) an der Oberfläche. Ihre langen Beine und die extrem langen Zehen befähigen die Blatthühner, über die Vegetation zu laufen und dabei nach Wasserinsekten, Schnecken und kleineren Fischen zu jagen. Jassanas brüten in manchen Gegenden ganzjährig, was sicherlich zu ihrem häufigen Vorkommen beiträgt. Ebenfalls zu den Kranichvögeln gehört die Sonnenralle (*Eurypyga helias*) aus der Familie Eurypygidae. Sie bezieht ihren Namen von halbrunden, orange und braun gefärbten Federn auf den Flügeln. Bei Erregung und Störung am Nest breitet die Sonnenralle ihre Flügel aus und präsentiert die „Sonnenflecken". Sonnenrallen leben an schnell fließenden Flüssen, wo sie auf den Felsen sitzen und nach Fröschen, Flusskrebsen und Wasserinsekten Ausschau halten.

Fauna

Die Ordnung der Raubvögel (Falconiformes) ist recht artenreich in Costa Rica. Allein vier der insgesamt sieben neotropischen Geierarten (Familie Cathartidae) kommen im Land vor. Geier besitzen keine Stimmköpfe (Syrinx), wie es sonst bei Vögeln üblich ist, und sind somit nur bedingt zu Lautäußerungen fähig. Die häufigsten sind der Truthahngeier (*Cathartes aura*) sowie der Rabengeier (*Coragyps atratus*). Beide Arten haben ein dunkles Gefieder, jedoch weist der Truthahngeier einen roten Kopf auf, während der Rabengeier einen schwarzen Kopf besitzt. Wie alle Geier sind auch diese beiden Arten überwiegend Aasfresser. Sie kreisen, durch Aufwinde getragen, am Himmel und nehmen mit ihrem höchst sensitiven Geruchsorgan Verwesungs- und Blutgeruch auf. Insbesondere Rabengeier sind aber auch dafür bekannt, dass sie zur Schlupfzeit der Meeresschildkröten an den entsprechenden Stränden auftauchen und die Jungtiere fressen, bevor sie das schützende Wasser erreichen können. Zudem ernähren sich Rabengeier auch von Palmfrüchten und sogar manchmal von Bananen. Die größte und seltenste Art Costa Ricas ist der Königsgeier (*Sarcoramphus papa*), dessen Flügelspannweite weit über 2 m reichen kann. Neben seiner Größe unterscheidet sich der Königsgeier von den anderen Arten der Region durch ein weißes Brust- und Rückengefieder in Verbindung mit schwarzen Schwingen- und Schwanzfedern sowie einem gelb-orange Kopf. Obwohl diese Art über das ganze Land verbreitet ist, hat man eigentlich nur noch auf der Osa-Halbinsel eine reelle Chance, diese beeindruckenden Vögel zu beobachten.

Adler und Bussarde sind in der Familie der Accipitridae zusammengefasst. Der Fischadler (*Pandion haliaetus*) ist ein Nahrungsspezialist, der regelmäßig an Gewässern und in Küstennähe beobachtet werden kann. Diese Vögel kreisen ständig über dem Wasser und suchen dabei nach Beutefischen nahe der Oberfläche. Haben sie einen Fisch entdeckt, stürzen sie herab, wobei sie ihre Flügel anlegen und somit pfeilförmig nach unten stoßen. Die krallenbesetzten Füße

Rabengeier (*Coragyps atratus*)
Foto: W. Denzer

Fauna

werden nach vorne gestreckt und die Beute im Flug ergriffen. Bewegliche Zehen befähigen den Fischadler, die Beute immer so zu greifen und zu transportieren, dass der Kopf nach vorne zeigt und der Windwiderstand beim Beutetransport minimiert wird. Fischadler sind leicht an ihren hellen Gefieder und einem schwarzen Augenstreifen von ähnlichen Arten zu unterscheiden. Ein weiterer Nahrungsspezialist ist der Krabbenbussard (*Buteogallus anthracinus*). Dieser fast ausschließlich schwarz gefiederte Bussard hat zudem einen weißen Streifen über dem Schwanz sowie eine gelbe Gesichtsmaske und gelbe Beine. Krabbenbussarde leben bevorzugt in Mangroven, Marschland und Sumpfgebieten. Neben der Hauptnahrung Krabben werden auch Frösche und kleine Schlangen gefressen. Der beeindruckendste, aber auch sehr seltene Adler ist die Harpyie (*Harpia harpyja*), der über 1 m groß wird und dabei eine Flügelspannweite von über 2,5 m erreicht. Diese kräftigen Raubvögel können bis zu 7,5 kg schwer werden. Sie gehören damit zu den größten Adlern weltweit. Rücken- und Halsgefieder sowie die Kronenfedern sind dunkelgrau.

Krabbenbussard
(*Buteogallus anthracinus*)
Foto: W. Denzer

Der Rest ist weißlich mit einigen dunklen Querstreifen an den Schenkeln. Die Beute der Harpyie besteht aus Faultieren und Affen, die sie direkt aus dem Kronendach des Primärwaldes erjagen. Leider leben nur noch sehr wenige Exemplare dieses großartigen Vogels in freier Natur in entlegenen Regionen des Corcovado-Nationalparks. Es bleibt zu hoffen, dass die rigorosen Schutzmaßnahmen zum Erhalt dieser Art beitragen werden.

Wegebussard
(*Buteo magnirostris*)
Foto: W. Denzer

Fauna

Die Familie der Falken (Falconidae) ist in Costa Rica mit 13 Arten vertreten. Die meisten Arten sind auf bestimmte Beutetiere spezialisiert. Besonders geschickt stellt sich dabei der Fledermausfalke (*Falco rufigularis*) an, der seine Beute – Fledermäuse und Vögel – im Flug schlägt. Der Lachfalke (*Herpetotheres cachinnans*) bezieht den Namen von seinem Ruf, der einem Lachen sehr ähnlich ist. Seine Beutetiere sind überwiegend Schlangen und Echsen, die er am Boden aufgreift und dann zum Verzehr auf einen geeigneten Ast bringt. Oftmals werden immer die gleichen Äste aufgesucht; sie dienen als Ansitz und sind meist derart gelegen, dass der Lachfalke einen guten Überblick über seine nähere Umgebung sicherstellt. Seinem Namen alle Ehre macht der Wanderfalke (*Falco peregrinus*), der im Winter auf seinem Zug von Nordamerika an einigen Stellen in Costa Rica rastet. Schopfkarakaras (*Polyborus plancus*) sind falkenartige Raubvögel, die ihre Beute hochbeinig stakend am Boden aufspüren. Karakaras zeichnen sich durch lange Beine aus, die es ihnen ermöglichen, auch durchs hohe Gras auf der Suche nach Schlangen zu wandern. Die dünnen, hohen Beine schützen Karakaras nicht direkt vor Schlangenbissen, wohl aber die hohe Aufmerksamkeit und extrem schnellen Reaktionen der Vögel. Giftschlangen werden mit den krallenbewehrten Füßen hinter dem Kopf gegriffen, sodass die gefährdeten, aderreichen Brust- und Oberschenkelbereiche des Vogels bei einem etwaigen Biss der Schlange nicht erreichbar sind.

Aus der Ordnung der Hühnervögel (Galliformes) sind insbesondere Guane und Tuberkelhokkos aus Familie der Hokkos (Cracidae) zu nennen. Der über 80 cm große Rotbrustguan (*Penelope purpurascens*) besitzt ein überwiegend dunkeloliv bis schwarzes Federkleid mit einigen weißen Streifen auf der Brust. Der Halsbereich ist ungefiedert und leuchtend rot. Rotbrustguane sind meist im Kronendach oder dichter Buschvegetation unterwegs, wo sie nach Früchten suchen. Ihre Vorliebe für Wilde Muskatnuss hilft der Pflanze bei ihrer Verbreitung. Das Fruchtfleisch wird vom Rotbrustguan gefressen, und die unverdaulichen Samen werden ausgespien.

Die verwandten Braunflügelguane (*Ortalis vetula*) und Graukopfguane (*Ortalis cinereiceps*) tragen in Costa Rica den Namen Chachalaca und sind bekannt dafür, viele verschiedenartige Laute von sich zu geben und im Allgemeinen recht viel Krach zu machen. Personen, die viel und laut reden, werden dementsprechend von den einheimischen Ticos als „chachalaca" bezeichnet. Der Tuberkelhokko (*Crax rubra*) wird über 90 cm groß und kann dabei gut 4 kg wiegen. Männchen und Weibchen sind klar am unterschiedlichen Federkleid zu erkennen. Während die Männchen ausschließlich schwarz sind und nur am Schnabel einen auffälligen gelben Tuberkel besitzen, sind die Weibchen im Brust- und Rückenbereich rostbraun gefiedert und zusätzlich mit schwarz-weißen Hals-, Kronen- und Schwanzfedern ausgestattet. Der Tuberkel ist nur beim Männchen vorhanden, Kronenfedern schmücken beide Geschlechter. Tuberkelhokkos sind Bodenbewohner, die nur bei äußerster Störung

Fauna

Rotbrustguan (*Penelope purpurascens*) Foto: W. Denzer

oder Gefahr auffliegen. Sie leben in monogamen Beziehungen, sind aber oftmals einzeln bei der Futtersuche unterwegs. Tuberkelhokkos sind sehr gute Indikatoren für unberührten Regenwald, da sie ausschließlich in Primärwäldern leben, und dementsprechend sind sie am ehesten in Regionen wie dem Corcovado-Nationalpark zu beobachten.

Papageien (Psittacidae) sind in Costa Rica in allen Habitaten zu finden. Sie sind leicht an ihrem kräftigen, gekrümmten Schnabel zu erkennen, der sie dazu befähigt, hartschalige Früchte und Nüsse zu öffnen und somit an Futter zu gelangen, das den meisten anderen Vögeln vorenthalten bleibt. In Costa Rica leben 16 Arten, vom kleinen Tovisittich bis hin zum mächtigen Ara.

Der Arakanga oder Hellrote Ara (*Ara macao*) kann eine Größe von über 80 cm erreichen und besitzt ein auffälliges scharlachrotes Federkleid, das besonders im Flügelbereich mit stahlblauen, gelben und grünen Federn versetzt ist. Beide Geschlechter weisen die gleiche Farbenpracht auf und sind daher nicht am Gefieder zu unterscheiden. Typischerweise sind Arakangas in Familienverbänden von einigen wenigen Tieren unterwegs, die sich manchmal mit anderen Verbänden zu größeren Gruppen von über 25

Fauna

Hellroter Ara oder Arakanga (*Ara macao*) Foto: W. Denzer

Individuen zusammenschließen können. Arakangas nisten in Baumhöhlen, oftmals in verlassenen Spechtbauen, die sie mit ihrem Schnabel vergrößern. Während der Trockenzeit werden nur ein oder zwei Eier gelegt, sodass sich Populationen auch in geschützten Gebieten nur sehr langsam erholen können. In Costa Rica ist diese Art nur noch im Carara-Nationalpark (etwa 100 Paare) und im Corcovado-Nationalpark (etwa 800 Paare) zu finden.

Im nördlichen Costa Rica und im karibischen Tiefland lebt der Bechsteinara oder Große Soldatenara (*Ara ambigua*). Diese bis zu 85 cm große Art ist überwiegend grün gefärbt, wobei Teile des Kopfes sowie die Schwanzfedern leuchtend rot und die Spitzen der Flügelfedern blau sind. Nur noch etwa 50 Paare dieses beeindruckenden Vogels leben in Costa Rica. Das Überleben der Art ist stark an das Vorkommen des Almendro-Baumes (*Dipteryx panamensis*) gebunden, dessen Früchte die Hauptnahrung darstellen und der ebenfalls als Wohn- und Brutbaum genutzt wird. Zudem fällt die Brutzeit mit der Blüte und Fruchtzeit des Baumes zusammen, sodass dem Futterbedarf der Jungtiere Genüge getan werden kann. Gelege können bis zu drei Eier aufweisen, und die Jungenvögel sind nach etwa 100 Tagen flügge. Soldatenaras leben gewöhnlich in kleinen Trupps (häufig Familienverbände) von 4–6 Tieren.

Fauna

Rotstirnamazone (*Amazona autumnalis*) Foto: W. Denzer

Rotstirnamazonen (*Amazona autumnalis*) besitzen ein fast ausschließlich grünes Gefieder und zeichnen sich durch eine auffallend rote Stirnbefiederung aus. Diese Art wird häufig in offener Vegetation und an Waldrändern gesichtet. Bei genauer Betrachtung kann man selbst in großen Gruppen erkennen, welche Individuen als Paare zusammen gehören. Die Eier werden während der Trockenzeit in Palmstämmen oder alten verrottenden Bäumen abgelegt. Die Jungen werden erst während der Regenzeit flügge, wenn genügend Futter vorhanden ist. Eine recht ähnliche Art ist die Gelbnackenamazone (*Amazona auropalliata*) der nördlichen Landesteile, die auch in laubabwerfenden Wäldern und kultivierten Gebieten zu finden ist. Goldkinn- oder Tovisittiche (*Brotogeris jugularis*) sind – abgesehen von der Brutsaison in der Trockenzeit – in großen Verbänden von über 30 Individuen unterwegs. Sie bevorzugen offenes Gelände, wo sie nach Feigen und anderen Früchten sowie Blüten des Korallenbaumes Ausschau halten.

Fauna

Insgesamt leben 330 Arten von Kolibris (Trochilidae) in der Neuen Welt, davon allein 47 Arten in Costa Rica. Sie sind vor allem wegen ihrer Flugkünste, Farbenpracht und geringen Größe weltweit bekannt. Die kleinste Art Costa Ricas ist das Schneekrönchen (*Microchera albocoronata*), das gerade einmal 6,5 cm groß wird und dabei nur 2,5 g wiegt. Alle denkbaren Farbkombinationen treten unter Kolibris auf. Da die meisten Arten stark metallisch schillerndes Gefieder besitzen, sieht der Betrachter verschiedene Farben unter unterschiedlichen Blickwinkeln.

Die Natur hat Kolibris mit einer Besonderheit ausgestattet, die es ihnen erlaubt, atemberaubende Flugkunststücke zu vollbringen. Ihre Flügel können sie vollständig um die Schultergelenke rotieren. Dieser kleine Trick ermöglicht es ihnen, Flügelschläge in alle Richtungen auszuführen. Durch eine sehr hohe Schlagfrequenz sind sie in der Lage, in der Luft stehen zu bleiben sowie seitwärts und rückwärts zu fliegen. Einige Arten bringen es auf nahezu 100 Flügelschläge pro Sekunde.

Die Nahrungsaufnahme bewerkstelligen Kolibris im Flug. Eine Vielzahl von Pflanzen ist bei ihrer Bestäubung auf Kolibri-Arten angewiesen. Die Blüten dieser Kolibri-Pflanzen sind so gebaut, dass nur bestimmte Arten an den begehrten Nektar gelangen. Kolibris besitzen hierfür speziell angepasste Schnabelformen und eine röhrenförmigen Zunge. Die Pflanze hat dadurch den Vorteil, dass ihr Pollen nicht bei irgendeiner anderen Pflanze, sondern bei dem richtigen Partner zur Bestäubung ankommt. In kühlen Bergregionen, in denen die Temperaturschwankungen für viele fruchtfressende Fledermäuse zu groß sind, sind Kolibris wichtige Pflanzenbestäuber. Im Allgemeinen besitzen Pflanzen, die bei der Bestäubung auf Kolibris angewiesen sind, auffallende Farben und röhrenförmige, nektarreiche Blüten, die in Länge und Krümmung den Schnäbeln der Vögel entsprechen. Einige Kolibri-Arten besitzen jedoch nur kurze Schnäbel und scheinen somit benachteiligt. Sie gelangen jedoch an den Nektar, indem sie die Blüten von unten mit ihrem spitzen Schnabel anstechen.

Die Lebensweise der Kolibris fordert einen hohen Energieverbrauch. Um genügend nährstoffreiches Futter aufzunehmen, sind sie während des Tages fast ausschließlich mit der Futtersuche beschäftigt. Dabei sammeln sie bis zu einem

Purpurdegenflügel (*Campylopterus hemileucurus*) Foto: W. Denzer

Fauna

Grünveilchenohr-Kolibri (*Colibri thalassinus*) Foto: W. Denzer

Dreifachen ihres Körpergewichtes an Nektar. Neben Blütennektar ernähren sie sich auch von Kleinstinsekten und Spinnen. Der zuckerhaltige Nektar liefert Energie, ist also der Treibstoff, und die weichhäutigen Kerbtiere dienen dazu, den Proteinbedarf der Vögel zu decken. Der Weinkehlkolibri (*Selasphorus flammula*), der in den Bergregionen des Chirippó und der hohen Vulkane lebt, hat außerdem noch mit den kühlen Nachttemperaturen zu kämpfen. Die Natur hat sich hierfür einen weiteren Trick einfallen lassen: Die Vögel senken nachts ihren Stoffwechsel ab und passen ihre Körpertemperatur der Umgebung an. Diese Art Kältestarre nennt man Torpor.

Kolibris sind recht ungesellige Vögel, die man häufig dabei beobachten kann, wie sie sich mit einem Artgenossen um eine Blüte oder die Gunst eines Weibchens streiten. Die oftmals unscheinbaren Weibchen werden entweder durch Rufe oder die Darbietung von Flugkunststücken angelockt. Für die Brutpflege ist in den meisten Fällen ausschließlich das

Weibchen verantwortlich. Die Nester werden an bewachsenen Ästen oder Felsen gebaut und mit Moos sowie Flechten getarnt. Die Weibchen legen zwei Eier, aus denen nach nicht einmal drei Wochen die Jungvögel schlüpfen. Diese werden mit vorverdautem Nektar und Insekten gefüttert, bis sie nach weiteren drei Wochen flügge werden.

Kolibris sind überall in Costa Rica verbreitet. Die häufigste Art ist die Braunschwanz-Amazilie (*Amazilia tzacatl*), die sogar in den Gärten in San José zu finden ist. In den Regenwäldern begegnet man oft den Erzeremiten (*Glaucis aenea*). Die besten Möglichkeiten, sie aus nächster Nähe zu beobachten, hat man an Futterstellen wie z. B. im Kolibri-Garten von Monteverde und einigen Lodges in der Umgebung des Los-Quetzales-Nationalparks.

Schieferschwanztrogon (*Trogon massena*)
Foto: W. Denzer

Trogone (Trogonidae) zählen zu den farbenprächtigsten Vögeln Mittel- und Südamerikas. In Costa Rica sind zehn Arten beheimatet, darunter der Quetzal, die überwiegend in unberührten Waldregionen leben. Trogone sind im Allgemeinen sehr ruhige Vögel, die in einigen Metern Höhe auf einem querverlaufenden Ast sitzen. Ihre Nahrung besteht hauptsächlich aus Gliedertieren und Früchten. Als Nester werden Baumhöhlen oder Termitenbaue genutzt. Beide Geschlechter sind am Bau der Höhle beteiligt und wechseln sich auch beim Brutgeschäft sowie der Jungvogelaufzucht ab. Üblicherweise werden nur zwei oder drei Eier gelegt, die tagsüber vom Männchen und nachts vom Weibchen bebrütet werden. Jungvögel schlüpfen nach etwa zwei bis drei Wochen und sind nach weiteren drei Wochen flügge.

Der Schwarzkopftrogon (*Trogon melanocephalus*) ist daran zu erkennen, dass er der einzige Trogon mit gelber Bauchseite ist, dessen Schwanzfedern nicht quergestreift sind. Sein Vorkommen ist in Costa Rica auf die pazifische Landesseite beschränkt. Als Gegenstück findet man auf der karibischen Seite den Schwarzkehltrogon (*Trogon rufus*), der ebenfalls ein gelbes Bauchgefieder zeigt, jedoch gestreifte Schwanzfedern besitzt. Der Kupfertrogon (*Trogon elegans*) ist relativ häufig in der Guanacaste-Region. Männchen dieser Art besitzen grünes Kopfgefieder und ein kräftig rotes Bauchgefieder, das im Brustbereich durch ein weißes Halsband begrenzt wird. Kupfertrogone bauen ihre Nisthöhlen in verrottenden Holzstämmen, wurden aber auch schon dabei beobachtet, dass sie verlassene Kuckucksbaue übernahmen. Ein fast identisches Aussehen weist der Jungferntrogon (*Trogon collaris*) auf, jedoch ist das Vorkommen dieser Art auf die Höhenlagen der Kordilleren beschränkt.

Der Quetzal (*Pharomachrus mocinno*) war der Göttervogel der Azteken und Mayas und ist noch heute im Wappen Guatemalas zu finden. Die langen Schwanzfedern waren unter den Herrschern dieser vergangenen Kulturen ein wertvoller Schmuck. Heutzutage wird der Vogel glücklicherweise mehr wegen seiner Anmut und Farbenpracht von Naturfreunden geschätzt. Quetzals haben oberseits ein schillernd grünes Gefieder und sind an der Unterseite tiefrot gefärbt. Sie sind überwiegend Fruchtfresser und auf wilde Avocados sowie Eicheln und Lorbeerfrüchte spezialisiert. Die Früchte werden ganz verschluckt, der Kern wieder ausgespien. Da der Quetzal einer der wenigen Vögel der Region ist, der in der Lage ist, die Früchte der wilden Avocado zu fressen, ist er wesentlich für die Verbreitung dieser Pflanze verantwortlich. Quetzals leben monogam und nisten in Baumhöhlen. Die Weibchen legen zwei blaue Eier, die vom Pärchen abwechselnd bebrütet werden. Sucht das Männchen die Baumhöhle auf, so schauen die langen Schmuckfedern am Schwanz noch aus der Öffnung heraus und wirken oftmals wie ein epiphytisch wachsender Farn. Die Jungvögel schlüpfen nach etwa 18–20 Tagen und sind bereits nach weiteren 25 Tagen flügge. Neben pflanzlicher Nahrung erhalten die Jungen auch zahlreiche Goldkäfer (*Plusiotis gloriosa*), ein bei Quetzals sehr beliebtes Beifutter. Die besten Gelegenheiten, Quetzals zu beobachten, hat man in den Hochlagen um den Cerro Muerto und in der Savegre-Region sowie im Monteverde-Gebiet.

Quetzal (*Pharomachrus mocinno*)
Foto: W. Denzer

Amazonasfischer (*Chloroceryle amazona*)
Foto: W. Denzer

Alle sechs Arten der neuweltlichen Eisvögel (Alcedinidae) kommen in Costa Rica vor. Am häufigsten ist der Amazonasfischer (*Chloroceryle amazona*), der über ganz Mittelamerika und Teile Südamerikas verbreitet ist. Diese Art ist an fast allen Gewässern beheimatet, scheint aber eine Vorliebe für Flüsse zu haben. Zum Beutefang sitzen Amazonasfischer entweder auf Ästen über dem Wasser oder halten kurzfristig mit schnellen Flügelschlägen im Flug an, um dann im Sturzflug ins Wasser zu tauchen. Der verwandte Zwergfischer (*Chloroceryle aenea*) bewohnt Waldgebiete, die mit Bächen und kleinen Flüssen durchzogen sind. Neben Fischen ernährt sich diese Art auch von allerlei Insekten und ist sogar in der Lage, Libellen im Flug zu erbeuten. Beide Arten bauen ihre Nester in Uferböschungen; die eigentliche Nistkammer des Amazonasfischers kann dabei bis 1,5 m im Inneren des Erdreichs liegen.

Motmots (Momotidae) zeichnen sich typischerweise durch ihre langen Schwanzfedern aus, die am Ende oval auslaufen. Einzige Ausnahme in Costa Rica ist der Zwergmotmot (*Hylomanes momotula*) aus der Umgebung der Guanacaste-Kordillere. Am häufigsten begegnet man dem farbenprächtigen Blauscheitelmotmot (*Momotus momota*). Das Rückengefieder dieser Art ist kräftig grün, und seinen Namen erhielt der Blauscheitelmotmot aufgrund des auffällig blauen Kronengefieders am Kopf. Motmots sind oftmals paarweise unterwegs und ernähren sich überwiegend von Insekten. Blauscheitelmotmots sind zudem dafür bekannt, dass sie Wander- oder Treiberameisen folgen und aufgescheuchte Insekten am Rande der Raubzüge erbeuten.

Tukane oder Pfefferfresser (Ramphastidae) fallen vor allem durch ihre riesigen, meist bunten Schnäbel auf. Obwohl die Schnäbel gewaltig aussehen, sind sie nicht massiv, sondern dünnwandig und bestehen aus hohlzelligem Knochengewebe. Tukane sind Waldbewohner und nur selten in lichter Vegetation zu beobachten. In Costa Rica leben sechs Arten. Am häufigsten begegnet man dem großen Braunrücken- oder Swainson-Tukan (*Ramphastos swainso-*

Fauna

nii) – erkennbar an seinem auffälligen Schnabel, der im oberen Teil gelb und im unteren Teil braun gefärbt ist – sowie dem Regenbogentukan (*Ramphastos sulfuratus*), dessen Schnabel an der Spitze rot ist, unterseits blau und oberseits gelb mit einigen orange Anteilen. Beide Arten werden etwa 50 cm groß und sind im Allgemeinen leicht zu beobachten. Bestimmte Fruchtbäume werden täglich aufgesucht, und insbesondere die Früchte von *Cecropia*-Arten sind sehr beliebt. Kleinere Arten sind der auf der karibischen Seite lebende Halsbandarassari (*Pteroglossus torquatus*) und der überwiegend grün gefiederte Laucharassari (*Aulacorhynchus prasinus*) mit bevorzugtem Habitat in der Hochlandregion.

Insbesondere Arassaris gehen in Gruppen auf Futtersuche, wobei sie Früchte bevorzugen, jedoch wirbellosen Tieren und Gelegen anderer Vögel nicht abgeneigt sind.

Die größeren Arten wie der Swainson-Tukan treten oftmals paarweise auf und legen meist nur geringe Strecken zwischen zwei Futterbäumen zurück. Dabei versuchen sie, den nächsten Baum gleitend zu erreichen, ohne dabei einen Flügelschlag auszuführen.

Tukane nisten in alten Baumhöhlen und legen bis zu vier Eier, die nach etwa 20–25 Tagen schlüpfen. Die Jungvögel kommen blind zur Welt und können erst nach etwa drei Wochen sehen. Nach dem Schlupf verbleiben sie weitere 2–3 Monate in der Baumhöhle, bis sie endgültig flügge sind. Trotz ihres großen Schnabels sind Tukane nicht in der Lage, Stämme selbst auszuhöhlen, sodass sie entweder natürliche Baumhöhlen oder verlassene Spechtbaue für ihr Brutgeschäft aufsuchen.

Braunrücken-, Swainson-Tukan (*Ramphastos swainsonii*)
Foto: W. Denzer

Fauna

In der Familie der Ameisenvögel (Formicariidae) sind zahlreiche Arten zusammengefasst, aber nur wenige werden dem Namen wirklich gerecht. Einige der größeren Arten ernähren sich sogar von Fröschen und Echsen. Auch unter Ornithologen herrscht Uneinigkeit, in welche Familie einige der Arten eingeordnet werden sollen. Als eigentliche Ameisenvögel werden oftmals nur diejenigen Arten bezeichnet, die Treiberameisen auf ihren Zügen durch die Wälder folgen. In Costa Rica sind dies vor allem der Nacktstirn-Ameisenvogel (*Gymnocichla nudiceps*), der Braunweiße Ameisenvogel (*Gymnopithys leucaspis*) sowie der Schwarzscheitel-Ameisenpitta (*Pittasoma michleri*). Während die ersten beiden Arten im Buschwerk leben und nur zur Nahrungsaufnahme den Boden aufsuchen, ist der Ameisenpitta fast ständig am Waldboden unterwegs. Alle Arten begleiten die Treiberameisen und profitieren überwiegend von Gliedertieren, die dem Raubzug entkommen können. Es wurde aber auch beobachtet, dass diese Vögel direkt in die Bahn der Ameisen treten und bereits erbeutete Insekten stehlen. Dies geschieht in den meisten Fällen eher am Rand des Ameisenzuges, da die Ameisen auch den Vögeln schmerzhafte Bisse zufügen können.

Zu den Schmuckvögeln (Cotingidae) gehören zwei bemerkenswerte Vogelarten Costa Ricas, nämlich der Nacktkehl-Schirmvogel (*Cephalopterus glabricollis*) und der Hämmerling oder Glockenvogel (*Procnias tricarunculata*). Der Nacktkehl-Schirmvogel ist vollständig schwarz im Gefieder, und die Männchen besitzen verlängerte Federn auf dem Kopf sowie einen leuchtend roten, aufblasbaren Hautsack im Kehlbereich. Dieser Kehlsack dient dazu, Weibchen anzulocken und anderen Männchen zu imponieren. Die Paarungsvorspiele finden in gemeinschaftlichen Brutgebieten statt, in denen sich mehrere Männchen versammeln. Außerhalb der Paarungszeit leben Schirmvögel in den oberen Kronenbereichen und sind meist nur zu hören. Über den Nestbau und die Jungvogelaufzucht ist nichts bekannt. Hämmerlinge besitzen ein reinweißes Kopf- und Brustgefieder und sind am übrigen Körper kastanienbraun gefiedert. Am Kopf haben sie drei lange Anhängsel, die wahrscheinlich der innerartlichen Verständigung dienen. Der Ruf des Hämmerlings ist weithin vernehmbar und unverkennbar wegen seines metallischen Klangs. Wie der Schirmvogel bewohnt diese Art die hohen Baumregionen, und es ist kaum etwas über die Lebensweise bekannt. Beide Arten lassen sich mit großem Glück in der Monteverde-Region beobachten, aber in den meisten Fällen wird man nur die Rufe vernehmen und sich wundern, wie die doch recht großen Vögel sich den Blicken entziehen können.

Schnurrvögel (Pipridae) – auch Pipras oder Manakins genannt – sind eine Familie, in der die Männchen auffallend gefärbt sind und die Weibchen meist blassgrün bleiben. Allen Arten gemein ist ihr Werbungsverhalten. Die Männchen werben auf waagerechten Ästen inmitten kleiner Lichtungen oder im Unterholz. Diese Plätze werden als Leks bezeichnet und während der Brautschau täglich aufgesucht. Einige Arten reinigen ihr Lek ständig von Laub und anderen störenden Pflanzenteilen. Die aufgeführten Brauttänze sind skurril anmutend und meist sehr aufwändig. Wahrscheinlich ist es dem Männchen aufgrund dieses kalorienzehrenden und zeitaufwendigen Verhaltens nicht möglich, sich später am Brutgeschäft und der Jungvogelaufzucht zu beteiligen.

In Costa Rica findet man u. a. den Rotkopfpipra (*Pipra mentalis*), dessen Brauttanz Loopings, ganze Umdrehungen und Seitenschritte beinhaltet. Besonders beeindruckend, vielleicht aber auch amüsant zu betrachten, ist das Verhalten am Ast. Zeitweilig lässt sich der Rotkopfpipra einfach rücklings fallen, wobei er sich mit den Füßen am Ast festhält, ähnlich einer Felge im Reckturnen. Die knarrenden, an schnelles Maschinenschreiben erinnernden Geräusche, die er beim Brauttanz von sich gibt, entstammen nicht der Stimmgewalt des kleinen Vogels, sondern werden durch sehr schnelle Flügelschläge erzeugt.

Langschwanzpipras (*Chiroxiphia linearis*) sind dafür bekannt, dass immer zwei Männchen zusammen einen Brauttanz aufführen. Sie sitzen hierzu nebeneinander auf einem gut einsehbaren Ast und versuchen, durch ihre Rufe Weibchen anzulocken. Haben sie die Aufmerksamkeit eines Weibchens auf sich gezogen, fliegen sie abwechselnd auf und ab oder um den Ast herum. Nur der Ausdruck des Tanzes entscheidet über den Paarungserfolg. Die beiden Männchen bleiben jahrelang zusammen und versuchen, ihren Tanz immer mehr zu perfektionieren. Die eigentliche Paarung wird jeweils von dem erfahreneren Männchen vollzogen, und erst nach dessen Tod kommt der Lehrling zum Zuge, der sich wiederum ein neues Männchen für den Brauttanz sucht.

Der Montezuma-Stirnvogel oder Oropendola (*Psarocolius* [oder *Gymnostinops*] *montezuma*) aus der Familie der Stärlinge (Icteridae) baut prächtige hängende Nester, die über 1 m lang sein können. Die Nester werden aus Gras sowie anderen Materialien kunstvoll gewoben und in die Nähe von Wespennestern gebaut. Der Grund hierfür ist, dass junge Oropendolas häufig von parasitären Fliegen befallen werden, die ihre Eier auf den Jungvögeln ablegen, was letztendlich zum Tod der Jungen führt. Die Wespen bieten den Vögeln Schutz, indem sie die Fliegen fernhalten. Oropendolas bilden Brutgemeinschaften,

Nester des Montezuma-Stirnvogels (*Psarocolius montezuma*)
Foto: W. Denzer

Fauna

und oftmals findet man Bäume, in denen 20 oder mehr Nester hängen. Die Weibchen legen typischerweise zwei Eier, aus denen nach etwa zwei Wochen die Jungvögel schlüpfen. Nach weiteren zwei Wochen verlassen die Jungvögel das Nest. Während der Montezuma-Stirnvogel offenes Gelände bevorzugt und seine Nester weithin sichtbar sind, lebt der engverwandte Waglers Stirnvogel (*Psarocolius wagleri*) in Waldgebieten.

Eine Reihe farbenprächtiger Vögel ist in der Familie der Tangare (Thraupidae) zu finden. Der deutsche Trivialname Tangare kann manchmal zu Missverständnissen mit Führern oder anderen Vogelfreunden führen, da die englischsprachige Literatur diese Vögel als Tanager bezeichnet. Am häufigsten begegnet man in Costa Rica der hellblau gefärbten Bischofstangare (*Thraupis episcopus*) und der schwarzen, am Rücken auffällig rot gefiederten Passerinitangare (*Ramphocelus passerinii*). Bischofstangaren sind in fast allen Habitaten inklusive Gärten und Parks zu finden. Neben Insekten nehmen sie Nektar zu sich, wobei sie bevorzugt die Blüten des Korallenbaumes aufsuchen, der in zahlreichen Gärten innerhalb von Städten angepflanzt wurde. Passerinitangaren leben in der Nähe von Waldgebieten und gehen oftmals in gemischten Gruppen mit anderen Tangaren auf gemeinsame Futtersuche. Gliedertiere sind die Hauptnahrung, jedoch werden insbesondere Beeren und junge Früchte von Pfeffergewächsen (*Piper* spp.) als zusätzliches Futter gerne genommen. Typischerweise leben Tangaren in monogamen Beziehungen. Die zwei oder auch drei Eier werden in becherförmige Nester gelegt und, soweit bekannt, ausschließlich von den Weibchen bebrütet. Die Fütterung der Jungtiere wird dann aber wieder von beiden Elternteilen übernommen.

Die schillernd bunten Naschvögel wurden lange Zeit in einer anderen Familie als Blütenstecher aufgefasst. Heutzutage werden sie als langschnäblige Tangaren angesehen. Der verlängerte Schnabel dient zwar auch dazu, Blüten an ihrer Basis anzustechen, um so an den Nektar zu gelangen, jedoch besteht die Hauptnahrung aus Früchten und Gliedertieren. Die häufigste Art ist der Kappennaschvogel (*Chlorophanes spiza*), der sich durch ein intensiv grünes Gefieder mit schwarzer Kopf- und Schläfenfärbung auszeichnet. Zwei ähnliche Ar-

Sommertangare (*Piranga rubra*) im Regen
Foto: W. Denzer

Fauna

Kappennaschvogel (*Chlorophanes spiza*) Foto: W. Denzer

ten von Naschvögeln haben ein leuchtend blaues Gefieder, das mit schwarzen Federn durchsetzt ist. Am ehesten sind diese beiden Arten an ihrer Beinfärbung zu unterscheiden; während der Glanznaschvogel (*Cyanerpes lucidus*) gelbe Beine besitzt, hat der Türkisnaschvogel (*Cyanerpes cyaneus*) rote Beine. Normalerweise leben Naschvögel im Baumkronenbereich des Waldes und sind daher trotz ihrer auffälligen Gefiederfärbung nur schwer zu beobachten. Oftmals werden aber auch Pflanzen im Unterbewuchs am Waldrand und auf Lichtungen aufgesucht, wenn sie der Versuchung, an den beliebten Nektar zu gelangen, nicht widerstehen können.

Unter den Tangaren und Naschvögeln ist fast jegliche Farbvariation des Gefieders zu finden. Diese reichen von Kombinationen aus Blau und Gelb über Grün mit Rot bis hin zu völlig rot gefärbten Arten. Da Tangaren in gemischten Gruppen auftreten, kann die Beobachtung einer Gruppe von manchmal 50 Individuen zu einem farbenfrohen Spektakel werden. Gute Chancen, gemischte Tangaren-Gruppen zu beobachten, bieten sich im Monteverde-Gebiet sowie auf der Osa-Halbinsel.

> **Weiterführende Literatur zu diesem Thema:**
>
> FOGDEN, S.C.L. (2005): A photographic guide to Birds of Costa Rica.
> STILES, F.G. & A.F. SKUTCH (1989): A Guide to the Birds of Costa Rica.

Fauna

Reptilien und Amphibien

Costa Rica besitzt mit über 400 Arten eine hoch diverse Herpetofauna. An Reptilien sind derzeit 250 Arten und bei den Amphibien 192 Arten im Land nachgewiesen worden. Alle Ökotope, von der Küste bis hinauf in die subalpinen Bergregionen des Páramo, werden besiedelt und haben speziell angepasste Formen hervorgebracht.

Schildkröten

Alle costa-ricanischen Schildkröten gehören zu den sogenannten Halsbergern (Cryptodira) und können bei Gefahr oder Störung ihren Hals geradewegs in den Schutz des Panzers zurückziehen.

Drei Arten von Moschusschildkröten der Gattung *Kinosternon* (Klappbrustschildkröten) bewohnen bevorzugt Feuchtgebiete. Ihren deutschen Namen erhielten sie aufgrund ihrer Fähigkeit, zur Abwehr von Feinden einen stark moschusartigen Geruch aus einer Drüse im hinteren Teil des Panzers zu verströmen. Die am weitesten verbreitete und auch häufigste Art ist die Weißmaul-Klappschildkröte (*Kinosternon leucosto-*

Weißmaul-Klappschildkröte (*Kinosternum leucostomum*) Foto: W. Denzer

mum). Sie ist überwiegend nachtaktiv und ernährt sich sowohl von Pflanzen als auch von Süßwasserkrabben und Insekten. Während die meisten anderen Schildkröten ihre Eier in Nestern vergraben, legt diese Art sie nur in eine Mulde und bedeckt das Gelege anschließend mit Laub. Moschusschildkröten bleiben verhältnismäßig klein und erreichen bestenfalls eine Panzergröße von ca. 25 cm (*K. scorpioides*). Erheblich größer wird dagegen die Schnappschildkröte (*Chelydra serpentina*), die eine Panzerlänge von nahezu 50 cm und ein Gewicht von über 30 kg erreichen kann. Obwohl die Schnappschildkröte eine Wasserschildkröte ist, kann sie nicht besonders gut schwimmen. Unter Wasser bewegt sie sich meist laufend am Grund. Ihrer Beute lauert sie meist auf, indem sie unbeweglich liegen bleibt und dann blitzschnell mit dem kräftigen Kiefer zubeißt. Über Nacht wechseln die Tiere oftmals von einem Gewässer zum nächsten. Schnappschildkröten legen ihre Eier an Land in eigens dafür gegrabene Nester, die mit den Hinterbeinen ausgegraben werden. Besonders interessant ist, dass abhängig von der Nesttemperatur das Geschlecht der Jungschildkröten ausgeprägt wird. Temperaturen über 30 °C und unterhalb 20 °C sorgen für ausschließlich weibliche Jungtiere. Außer den genannten leben noch vier Arten von Wald- und Sumpfschildkröten (Emydidae) in Costa Rica.

Entlang der Küsten gibt es zahlreiche Sandstrände, die als Eiablageplätze von Meeresschildkröten besucht werden. Die Lederschildkröte (*Dermochelys coriacea*) ist die einzige Art innerhalb der Familie Dermochelyidae. Sie ist die größte lebende Schildkröte und kann eine maximale Größe von über 2 m und ein Gewicht von über 600 kg erreichen. Im Gegensatz zu allen anderen Meeresschildkröten ist der Rückenpanzer (Carapax) dieser Art nicht mit den schildkrötenüblichen Platten ausgestattet, sondern mit einer ledrigen Haut. In Costa Rica besuchen Lederschildkröten beide Küsten, wobei Exemplare auf der atlantischen Seite häufig größer sind. Diese Art ist meist einzeln im Ozean unterwegs, wo sie sich überwiegend von Quallen ernährt, und sucht nur während der Paarungszeit die küstennahen Regionen auf. Die Paarung erfolgt auf See, und die Weibchen kehren oftmals in größeren Gruppen an ihre traditionellen Ablageplätze zurück. Typischerweise werden zwischen 50 und 100 Eier in Nestern abgelegt, die nach 50–70 Tagen zum Schlupf gelangen. Ausschließlich auf der pazifischen Landseite kann man die Oliv-Bastardschildkröte (*Lepidochelys olivacea*) aus der Familie der Echten Meeresschildkröten (Cheloniidae) beobachten. Diese Art gehört zu den kleineren Meeresschildkröten und erreicht eine Panzergröße von bis zu 80 cm und ein Gewicht von ca. 60 kg. Bastardschildkröten sind besonders für ihre großen Ansammlungen während der Brutsaison bekannt („arribadas"). Tausende von Weibchen sammeln sich in den Gewässern vor den angestammten Ablageplätzen und ziehen dann zur gemeinsamen Eiablage in nur wenigen Nächten innerhalb von zwei Wochen an die Strände. Von den etwa 100.000 Nestern, die von den Weibchen angelegt werden, bleiben nur ca. 5 % intakt. Viele werden von anderen Bastardschildkrötenweibchen in nachfolgenden Nächten wieder aufgegraben und dabei zerstört. Andere werden von Fressfeinden ausgebuddelt, die an den eiweißreichen Eiern interessiert sind. Selbst wenn die Jungtiere dann endlich zum Schlupf gelangen, müssen sie noch die mit Feinden gesäumte Strecke bis zum „rettenden" Wasser überwinden, wo wiederum weitere Gefahren in Form von Raubfischen lauern. Nur etwa eines von hundert Eiern gelangt zur Schlupfreife und nur eines von etwa 100 Jungtieren gelangt

Lederschildkröte (*Dermochelys coriacea*)
Foto: W. Denzer

in sichere Gewässer. Die größten Aussichten, Bastardschildkröten zu beobachten, hat man in Nationalparks wie Santa Rosa und Las Baulas sowie an den Stränden der Osa-Halbinsel. Weitere Arten, die in der Region beobachtet werden können, sind die Suppenschildkröte (*Chelonia mydas*), die besonders im Gebiet um Tortuguero zu finden ist, sowie die ebenfalls karibische Strände aufsuchende, aber erheblich seltenere Echte Karettschildkröte (*Eretmochelys imbricata*).

Krokodile

In Costa Rica leben der Krokodil- oder Brillenkaiman (*Caiman crocodilus*) sowie das Spitzkrokodil (*Crocodilus acutus*), wobei sich die Verbreitungsgebiete der beiden Arten überlappen. Das einfachste Unterscheidungsmerkmal befindet sich im Augenbereich. Krokodilkaimane haben eine eckige Erhöhung über dem Auge, während der Bereich über dem Auge bei Spitzkrokodilen gerundet ist.

Spitzkrokodile gehören zu den größten Reptilien weltweit und können eine Maximalgröße von über 7 m erreichen und dabei über 1 Tonne schwer werden. Die meisten Tiere, die man in Costa Rica sieht, sind etwa 3–4 m groß. Spitzkrokodile bevorzugen große Flüsse und sind oft in Brackwassergebieten nahe der Küste zu finden. Sie ernähren sich überwiegend von Fischen und Schildkröten. Spitzkrokodile kommunizieren über Lautäußerungen wie Grunzen und Röhren; dies gilt insbesondere für die Paarungszeit. Paarungen finden im Wasser statt, und die Weibchen legen 20–60 Eier in selbst gegrabene Nester am Ufer, wo eine konstante Temperatur von ca. 29 °C gewährleistet ist. Die Nester werden vom Weibchen bewacht, und nach etwa zweieinhalb bis drei Monaten schlüpfen die Jungtiere aus den Eiern. Da die Jungkrokodile selbst nicht in der Lage sind, sich einen Weg ins Freie zu schaufeln, rufen sie nach der Mutter, die dann das Nest öffnet und die Kleinen nacheinander einzeln im Maul ins Wasser transportiert. Das Weibchen duldet und bewacht die Jungkrokodile noch längere Zeit nach dem Schlupf. Erst wenn diese kräftig und groß genug sind, löst sich der Familienverband auf.

Brillenkaimane bleiben wesentlich kleiner und erreichen eine Maximallänge von etwas über zweieinhalb Meter. Sie leben in Flüssen und Sumpfgebieten, oftmals aber auch in relativ kleinen Teichen. Brillenkaimane sind überwiegend nachts aktiv und ernähren sich bevorzugt von Fischen und Frö-

Fauna

Krokodil- oder Brillenkaiman (*Caiman crocodilus*) Foto: W. Denzer

schen. Im Gegensatz zum Spitzkrokodil sind Lautäußerungen bei ihnen eher selten. Die Paarung findet ebenfalls im Wasser statt. Weibliche Brillenkaimane bauen an Land Nester aus Pflanzenmaterial, in die sie bis zu 40 Eier ablegen. Die Weibchen reparieren während der Entwicklung der Eier Schäden am Nest und öffnen dieses, um den frisch geschlüpften Jungtieren zum nächstgelegenen Wasserlauf oder Teich zu helfen. Wie beim Spitzkrokodil verbleibt das Weibchen für etwa vier Monate bei den Jungen. Es wurden allerdings schon des Öfteren auch Jungtiergruppen gesichtet, die annehmen lassen, dass sich ein Weibchen auch den Jungen eines anderen Weibchens annimmt.

Die besten Gelegenheiten, beide Arten zu beobachten, hat man in den Schutzgebieten von Tortuguero und Caño Negro sowie im Corcovado-Nationalpark, wo große Exemplare des Spitzkrokodils sogar am Strand nahe der Mündung des Río Sirena zu finden sind.

Spitzkrokodil (*Crocodilus acutus*) am Río Sirena Foto: W. Denzer

Fauna

Echsen

Eine besonders variable Echsengruppe der neuweltlichen Tropen sind die Leguanartigen (Iguania). Hierzu zählen in Costa Rica die Helmechsen (Corytophanidae), die Echten Leguane (Iguanidae), Stachelleguane (Phrynosomatidae) sowie die Anolisartigen und Buntleguane (Polychrotidae).

Helmleguanverwandte (Corytophanidae) tragen Hautlappen am Kopf, die besonders deutlich bei den Männchen ausgeprägt sind. In Costa Rica leben drei Arten von Basilisken sowie der eigentliche Helmleguan. Basilisken sind dafür berühmt, dass sie bei Gefahr auf den Hinterbeinen über Wasser laufen können, was ihnen im mittelamerikanischen Raum den Namen „Jesus-Echse" (spanisch „lagarto jesucristo") eingebracht hat. Alle Basilisken sind stark an Gewässer gebunden, wo sie meist auf überhängenden Ästen oder Felsen in Wassernähe beobachtet werden können. In Costa Rica findet man zwei braun gefärbte Arten, von denen der Helmbasilisk (*Basiliscus basiliscus*) auf der Pazifikseite verbreitet ist und der Streifenbasilisk (*B. vittatus*) die karibischen Regionen bewohnt. Nur an wenigen Stellen im Inneren des Landes überschneiden sich ihre Verbreitungsgebiete. Beide Arten werden etwa 50 cm groß und ernähren sich neben Insekten, Fischen, Fröschen und kleinen Echsen auch von Pflanzen. Aufgrund ihrer Habitatwahl im relativ offenen Gelände entlang der Flüsse und Bäche sind insbesondere Raubvögel als ihre Feinde anzusehen. Nachts begeben sich Basilisken auf weit außen liegende Äste, wo sie zumindest vor größeren Feinden geschützt sind. Allerdings sind einige Schlangen wie auch Opossums in der Lage, sie dort zu erbeuten. Der Stirnlappenbasilisk (*B. plumifrons*) unterscheidet sich von beiden vorgenannten Arten durch seine kräftige grüne Färbung und die leuchtend gelben Augen. Diese Art ist fast ausschließlich in direkter Nähe von Gewässern zu finden und erheblich scheuer als seine Verwandten. Stirnlappenbasilisken können über 70 cm groß werden; diese Größe und das drachenähnliche Erscheinungsbild der Männchen macht die Art sicherlich zu einem der beeindruckendsten Vertreter der mittelamerikanischen Herpetofauna. Sehr gute Möglichkeiten, die Echsen zu sichten, hat man entlang der Kanäle des Tortuguero-Schutzgebietes.

Helmbasilisk (*Basiliscus basiliscus*)
Foto: W. Denzer

Fauna

Helmleguan (*Corytophanes cristatus*) Foto: W. Denzer

Der Helmleguan (*Corytophanes cristatus*) ist ein strikter Regenwaldbewohner. Er führt eine baumbewohnende (arboricole) Lebensweise und wartet als Ansitzjäger auf vorbeilaufende Insekten und kleine Echsen. Der namengebende Helm ist eigentlich ein Hautsegel, das am Hinterkopf beginnt und sich bis auf das vordere Viertel des Rückens zieht. Helmleguane sind zum Farbwechsel befähigt, jedoch sind Exemplare außerhalb der Paarungszeit meist nur in verschiedenen Brauntönen gefärbt. Diese Färbung und ihr Verhalten, bewegungslos direkt an dünnen Stämmen angeschmiegt zu sitzen, bieten eine ausgesprochen gute Tarnung gegenüber Feinden.

Die größten Echsen Costa Ricas sind zu den Echten Leguanen (Iguanidae) zu rechnen. Der bis zu 130 cm große Schwarze Leguan (*Ctenosaura similis*) bewohnt offene Habitate bevorzugt in Tieflandregionen. Diese Art ist fast den ganzen über Tag auf direkt von der Sonne beschienenen Ästen zu finden und besonders häufig in den trockeneren Gebieten zu beobachten, wo sie stellenweise in großen Populationen auftritt. Adulte Schwarze Leguane graben Baue, in die sie sich bei Gefahr und zur Nacht

Fauna

Schwarzer Leguan (*Ctenosaura similis*) Foto: W. Denzer

zurückziehen können. Man unterscheidet hierbei zwei verschiedene Bauweisen: den Wohnbau, der meist nur einen geraden Gang und eine kleine Wohnhöhle am Ende besitzt, sowie die Nisthöhlen, die wesentlich tiefer reichen und verzweigt sind. Die Sonnenplätze bilden meist Stämme nahe dem Eingang zum Bau. Schwarze Leguane sind nur selten mehr als 10–20 m entfernt vom Eingang zu ihrem Bau zu finden. Bei der Futterwahl sind sie nicht besonders wählerisch und fressen alles, von Pflanzen über Insekten und Vögel bis hin zu kleineren Artgenossen. Die Paarungszeit ist üblicherweise am Jahresanfang, und Eier werden im März gelegt. Mehrere Weibchen können dabei einen einzigen Brutbau benutzen, jedoch werden die individuellen Gelege in unterschiedlichen Kammern abgelegt. Die Jungtiere schlüpfen nach etwa acht Wochen zu Beginn der Regenzeit. Sie sind dann grün gefärbt und sind auf diese Weise gut vor Fressfeinden getarnt. Erst im späten Jugendalter, nach etwa neun Monaten, färben sie sich komplett um und zeigen dann die Adultfärbung.

Im äußersten Nordwesten des Landes lebt zudem noch eine Population des Fünfkiel-Schwarzleguans (*C. quinquecarinata*), der dem verwandten Schwarzen Leguan recht ähnlich ist. Das wesentliche Unterscheidungsmerkmal ist die Schwanzform, die beim Fünfkiel-Schwarzleguan im vorderen Drittel abgeflacht, beim Schwarzen Leguan dagegen gerundet ist.

Fauna

Grüner Leguan (*Iguana iguana*) Foto: W. Denzer

Grüne Leguane (*Iguana iguana*) sind neben Krokodilen und Kaimanen die größten Reptilien Costa Ricas. Sie erreichen eine Länge von über 1,5 m und wiegen dann 4 kg oder mehr. Männchen besitzen hohe stachelige Nackenkämme und einen großen Kehlsack. Bei Bedrohung durch Feinde oder Eindringen fremder Männchen in ihr Revier blähen sie sich auf und stellen ihren Kehlsack zur Schau. Bei einem ausgewachsenen Leguan ist dies schon ein recht beeindruckender Anblick, besonders wenn er zusätzlich sein Maul aufreißt und ruckartig mit dem Kopf nickt. Trotz ihrer Größe und ihres Imponiergehabes sind Grüne Leguane friedliche Echsen. Die adulten Tiere sind reine Vegetarier, die mit Vorliebe junge Blätter fressen, deren Nährstoffgehalt hoch ist. Die Verdauung wird von Bakterien im Darm übernommen, die erst optimal bei Temperaturen oberhalb 30 °C arbeiten; dies ist einer der Gründe, warum Leguane häufig an sonnenbeschienenen Stellen entlang der Ufer zu finden sind. Durch gezielte Wechsel zwischen Sonne und Schatten regulieren die Tiere ihre Körpertemperatur. Bei Gefahr lassen sich Grüne Leguane von ihren Sonnplätzen direkt ins Wasser fallen. Sie sind ausgezeichnete Schwimmer und können durch dieses Fluchtverhalten Raubvögelangriffen entkommen. Obwohl diese Art stellenweise in hohen Populationsdichten vorkommt, unterliegen die Populationen einer Struktur, in der die größten Männchen Territorien und Paarungsrechte verteidigen.

Fauna

Die Männchen streifen täglich durch ihr Revier und vertreiben Eindringlinge durch Imponiergehabe wie Kopfnicken, Abflachen des Körpers (um größer zu erscheinen) und Zurschaustellung ihres Kehlsacks. Die Paarungssaison liegt zu Beginn der Trockenzeit im Dezember, und die Weibchen legen etwa im März ihre Eier in selbst gegrabene Nester, die bis zu 60 cm tief sein können. Die smaragdgrünen Jungtiere schlüpfen nach 8–10 Wochen und leben anfänglich in großen Jungtiergruppen im Buschwerk und kleinen Bäumen, wo sie frische Blätter und Blüten fressen. Wahrscheinlich bildet dieses Zusammenleben einen Schutz gegen Fressfeinde, da es für einen Raubvogel schwierig ist, ein einzelnes Tier aus der Gruppe herauszupicken.

In vielen Landstrichen zwischen Mexiko und Panama ist der Grüne Leguan in seinen Populationen bereits erheblich dezimiert worden. Der Grund hierfür liegt – neben der Abholzung ihres Lebensraumes – in der Überjagung durch den Menschen. Traditionell gehört Leguanfleisch bei der Landbevölkerung zum Speiseplan. Die Eier werden in den Städten als Delikatessen gehandelt. Um diese zu sammeln, werden trächtige Weibchen gefangen, die Eier durch Aufschneiden des Bauches entfernt und die so malträtierten Tiere wieder zugenäht und in die Freiheit entlassen. Aus verständlichen Gründen überleben die Tiere nur kurze Zeit, sodass wertvolle, reproduktionsfähige Weibchen der Population für immer verloren gehen. In den letzten Jahren entstanden an verschiedenen Orten Mittelamerikas Zuchtfarmen für Grüne Leguane; auch in Costa Rica existieren mehrere kleinere Projekte dieser Art, z. B. im Reservat der Kéköldi-Indianer an der Atlantikküste.

Die Familie der Stachelleguane (Phrynosomatidae) ist eine nordamerikanische Gruppe von Echsen, die in Costa Rica und Stellen Panamas ihre südliche Verbreitungsgrenze haben, wo sie durch Stachelleguane der Gattung *Sceloporus* vertreten sind. Die auffälligste und auch häufigste Art ist der Malachit-Stachelleguan (*Sceloporus malachiticus*), der schillernd grün gefärbt ist und oftmals einen strahlend blauen Schwanz aufweist. Männchen haben während der Paarungszeit eine leuchtend blaue Kehle mit einem schwarzen Halsband. Wie nahezu alle Stachelleguane ist auch diese Art fähig, ihre Farbe zu wechseln und recht dunkel zu werden. Dies bewirkt insbesondere in den kühlen Morgenstunden, dass die Tiere sich beim Sonnenbad schneller aufheizen und ihre bevorzugte Körpertemperatur erreichen. Malachit-Stachelleguane können eine Gesamtlänge von 20 cm erreichen und sind außer an der Färbung leicht an den stacheligen Körperschuppen zu erkennen. Sie sind ausgesprochen anpassungsfähig und werden in fast allen Habitaten, von den trockenen Regionen im Norden bis hinauf auf 2.500 m ü. NN in den Kordilleren, angetroffen. Zwei weitere Arten von Zaunleguanen bewohnen ausschließlich die Trockenwälder im Nordwesten des Landes, wo insbesondere der Veränderliche Zaunleguan (*S. variabilis*) recht häufig zu beobachten ist, der sich durch eine rötliche Kehle und eine rotbraune Kopffärbung auszeichnet.

Fauna

Malachit-Stachelleguan (*Sceloporus malachiticus*) Foto: W. Denzer

Fauna

Buntleguane und Anolisverwandte (Polychrotidae) bilden mit 32 Arten die größte Echsengruppe des Landes. Der Buntleguan (*Polychrus gutturosus*) kann bis zu 70 cm groß werden. Er ist überwiegend grün gefärbt und besitzt rosafarbene Querstreifen über den Körper. Wegen ihrer verborgenen Lebensweise im Kronendach der Tieflandregenwälder werden Buntleguane nur selten beobachtet. Sie bewegen sich chamäleonartig und verbringen die meiste Zeit des Tages regungslos auf Ästen, wo sie Insekten und anderen wirbellosen Tieren auflauern, manchmal aber auch pflanzliche Nahrung zu sich nehmen. Wenn sie ein potenzielles Beutetier entdeckt haben, gehen sie mit langsamen Bewegungen darauf zu und können im entscheidenden Moment ihre Beute sehr schnell erjagen. Buntleguane müssen ihre angestammten Plätze in hohen Bäumen eigentlich nur zur Eiablage verlassen, die am Boden im Falllaub stattfindet. Anolis sind die artenreichste Leguangruppe in Costa Rica. Von einigen Wissenschaftlern wurden bestimmte Arten in die Gattung *Norops* überführt, weshalb man sie auch in einigen Büchern unter diesem Gattungsnamen wiederfindet. Mittlerweile folgt man jedoch wieder der traditionellen Auffassung und zählt alle Arten zur Gattung *Anolis*. Viele Arten sehen sich sehr ähnlich und können nur anhand von einigen anatomischen Merkmalen klar identifiziert werden, zudem existieren kaum deutsche Trivialnamen für die meisten von ihnen. Das beste Unterscheidungsmerkmal ist häufig die Färbung der Kehlwamme bei den Männchen; Weibchen vieler Arten sind sich extrem ähnlich und liefern wenig Anhaltspunkte zur Identifikation. Die farbigen Kehllappen werden zur innerartlichen Kommunikation eingesetzt. Sie dienen dazu, Weibchen anzulocken oder männlichen Artgenossen zu signalisieren, dass ein bestimmtes Territorium bereits besetzt ist. Oftmals ist das eigentliche Biotop hilfreich bei der Artbestimmung. Der Wasseranolis (*Anolis aquaticus*) ist nur an schnell fließenden Bächen im Inneren von Wäldern zu finden, wo er nach Insekten und Kaulquappen sucht. Diese Art ist sehr scheu; sie springt bei Störung ins Wasser und sucht unter Felsvorsprüngen und im Fluss liegenden Steinen Schutz. Wasseranolis zeichnen sich durch einen weißen Streifen unterhalb des Auges aus. Die am weitesten verbreitete Art Costa Ricas ist

Vielschuppiger Anolis (*Anolis polylepis*) Foto: W. Denzer

Fauna

der unscheinbar braun gefärbte *Anolis limifrons*, der sogar in Stadtgärten anzutreffen ist. Ein wesentlicher Grund für seine Häufigkeit liegt darin, dass die Weibchen während der Paarungszeit von Dezember bis März alle 7–10 Tage Eier legen können. *Anolis altae* und *A. tropidolepis* sind reine Hochlandformen der costa-ricanischen Kordilleren oberhalb von 1.200 m ü. NN. Die Männchen unterscheiden sich in der Färbung der Kehlfahne: bei *A. altae* orangebraun, bei *A. tropidolepis* dunkelrosa. Weibliche *A. tropidolepis* haben auf dem Rücken vielfach eine hellbraune wellenförmige Zeichnung. Am einfachsten ist *A. biporcatus* zu identifizieren: Es ist typischerweise die einzige komplett grüne Art des Landes; zudem besitzen die Männchen eine orangefarbene Kehlfahne, die nahe der Kehle einen eingeschlossenen hellblauen Halbkreis aufweist. Da aber auch diese Art zu einem Farbwechsel befähigt ist, können Individuen dunkle Netzzeichnungen an den Seiten und auf dem Rücken zur Schau stellen. Es gibt auch sehr große Anolisarten, die von einigen Wissenschaftlern in der eigenen Gattung *Dactyloa* zusammengefasst wurden. Auch hier folgt man mittlerweile wieder der traditionellen Auffassung und führt sie wieder in der Gattung *Anolis*. Inklusive Schwanz können sie 40 cm und mehr erreichen. Auch wenn sich die einzelnen Anolisarten nur schwer auseinanderhalten lassen, ist es immer lohnenswert, ihnen Aufmerksamkeit zu schenken und mit etwas Glück ihr Imponierverhalten zu beobachten.

Großkopf-Anolis
(***Anolis capito***)
Foto: W. Denzer

Fauna

Gelbkopfgecko (*Gonatodes albogularis*) Foto: W. Denzer

Lidgeckos (Eublepharidae) unterscheiden sich von typischen Geckos durch bewegliche Augenlider und das Fehlen von Haftlamellen unter den Füßen. Der Mittelamerikanische Bändergecko (*Coleonyx mitratus*) bewohnt ausschließlich die Trockengebiete der Guanacaste-Region. Die Tiere leben am Waldboden und bleiben während des Tages unter der Laubschicht verborgen. Diese Art ist leicht an ihrer namensgebenden Bänderung zu erkennen. Die am Körper verlaufenden Querbänder sind gelb auf braunem Grund, am Schwanz ist die Bänderung reinweiß.

Unter den Echten Geckos (Gekkonidae) finden sich sowohl tagaktive als auch nachtaktive Arten. Taggeckos sind meist auffällig gefärbt und haben runde Pupillen, während Nachtgeckos meist eine bräunliche Grundfärbung sowie eine veränderliche Spaltpupille aufweisen. Die häufigste Taggeckoart Costa Ricas ist der Gelbkopfgecko (*Gonatodes albogularis*). Die Männchen zeichnen sich durch einen orange bis gelben Kopf aus. Der Körper ist anthrazitfarben und der Schwanz schwarz. Die Weibchen sind unscheinbarer und zeigen nur einige dunkelbraune und weiße Flecken auf einer braunen Grundfärbung. Die anderen Vertreter der Taggeckos in Costa Rica gehören allesamt zu den Kugelfingergeckos (*Sphaerodactylus* spp.). Darunter findet man Arten, die beige-braun gebändert sind und auffällige schwarz-weiße Augenflecken am Nacken haben oder einen schwarz-gelb gepunkteten Kopf besitzen. Kugelfingergeckos bleiben recht klein und erreichen typischerweise nur eine Gesamtlänge von 60–70 mm. Unter den Nachtgeckos findet man u. a. Blattfingergeckos (*Phyllodactylus* spp.) und den Rübenschwanzgecko (*Thecadactylus rapicauda*). Rübenschwanzgeckos werden in Waldgebieten auch tagsüber an Bäumen gesichtet, verschwinden aber bei Störung sofort in Baumhöhlen oder geeignete Verstecke unter der Baumrinde. Seinen Namen erhielt dieser

Fauna

Krokodil-Nachtechse (*Lepidophyma flavimaculatum*) Foto: K. Mebert

Gecko wegen seines stark verdickten Schwanzes, der ihm u. a. als Fettreserve dient. Wie alle Geckoarten ist aber auch er in der Lage, seinen Schwanz bei Angriffen von Vögeln oder Schlangen abzuwerfen (Autotomie). Auf diese Weise wird der Angreifer abgelenkt, während der Gecko sich in einen sicheren Unterschlupf zurückziehen kann. Der Schwanz wächst nach einiger Zeit wieder nach, erreicht aber nur sehr selten die gleiche Größe wie der Originalschwanz und lässt zudem das typische wellenförmige Zeichnungsmuster vermissen.

Im Verborgenen leben Nachtechsen (Xantusiidae), die in Costa Rica mit zwei Arten aus der Gattung *Lepidophyma* vertreten sind. Beide Arten sind nur aus den Tieflandregenwäldern bekannt, wo sie nachts in der Laubschicht nach Insekten und Spinnentieren Jagd machen. Einige Populationen der Krokodil-Nachtechse

(*L. flavimaculatum*) setzen sich ausschließlich aus Weibchen zusammen und vermehren sich ungeschlechtlich über natürliche Jungfernzeugung (Parthenogenese). Der Chromosomensatz dieser Weibchen ist dementsprechend diploid (doppelter Chromosomensatz), jedoch hat man vor allem in nördlichen Populationen auch Männchen gefunden, sodass zumindest dort die genetische Zusammensetzung variieren kann. Krokodil-Nachtechsen sind lebendgebärend und bringen nach einer Tragzeit von mehreren Monaten voll ausgebildete Junge zur Welt.

Zwei Arten von Skinken (Scincidae) sind weit verbreitet in Costa Rica und in den unterschiedlichsten Habitaten zu finden. Zum einen ist dies *Mabuya unimarginata*, der, abgesehen von den Kordilleren, landesweit vorkommt, zum anderen *Sphenomorphus cherriei*, der nur in den nordwestlichen Landesteilen fehlt. In diesem Gebiet findet man vereinzelt den Managuaskink (*Mesoscincus managuae*). Alle Skinke sind tagaktiv, jedoch extrem scheu und daher nur schwer zu beobachten. *Sphenomorphus cherriei* sucht seine Beute am Waldboden und bewegt sich dabei mit schlängelnden Bewegungen unter den Blättern, was etwa so aussieht, als würde er durchs Laub schwimmen. Diese Art ist eierlegend, während *Mabuya unimarginata* lebendgebärend ist.

Typische Vertreter der neuweltlichen Echsen sind die Schienenechsen oder Tejus (Teiidae), die in Costa Rica mit zwei Gattungen vertreten sind, Ameiven (*Ameiva* spp.) und Rennechsen (*Cnemidophorus* spp.). Fast im ganzen Land ist die Peitschenschwanz-Ameive (*Ameiva festiva*) verbreitet. Diese mittelgroße, bis zu 35 cm lang werdende Echse bewohnt Tieflandregenwälder, ist aber auch in Kulturflächen wie Bananen- und Kokosnussplantagen zu finden. Ameiven sind sehr aufmerksame und nervöse Echsen, die ständig in Bewegung sind und innerhalb ihres Territoriums nach Futter suchen. Sie stecken dabei ihre

Streifenskink (*Mabuya unimarginata*)
Foto: W. Denzer

Fauna

Die Ameive *Ameiva leptophrys* Foto: W. Denzer

Schnauzenspitze in den Boden oder unter das Laub und suchen nach Insekten und Spinnentieren. Auf Lichtungen sieht man sie häufig Sonnenbäder nehmen, wobei sie sich dann auf über 40 °C aufheizen können. Ameiven paaren sich das ganze Jahr durch und legen mehrere Gelege von bis zu vier Eiern. Die Jungtiere schlüpfen je nach Klimaverhältnissen wenige Wochen später und sind bereits nach 3–6 Monaten geschlechtsreif. Eine andere weit verbreitet Art ist die Vierstreifenameive (*A. quadrilineata*), die meist in Plantagen oder am Straßenrand anzutreffen ist. Deppes Rennechse (*Cnemidophorus deppei*) lebt im Nordwesten des Landes, auf der Nicoya-Halbinsel und in der Tempisque-Region. Rennechsen sind schlanker als Ameiven und bleiben mit 25 cm etwas kleiner. Auch sie sind extrem sonnenliebende Echsen, die ihre Körpertemperatur um mehr als 10 °C gegenüber der Umgebungstemperatur erhöhen können. Bei bedecktem Himmel ziehen sich Rennechsen in ihre Erdbaue zurück. Sie haben eine Vorliebe für Termiten und Spinnen, die sie an sonnigen Tagen aktiv jagen. Junge Rennechsen haben einen leuchtend dunkelblauen Schwanz, dessen Farbe sich bei Erreichen der Geschlechtsreife verliert.

Fauna

Die Familie der Schleichen (Anguidae) ist in Costa Rica mit sieben Arten vertreten. Sie bewohnen die Tieflandregionen bis hinauf zu den höchsten Bergen. Im karibischen Tiefland leben Doppelzungen- oder Gallwespenschleichen (*Diploglossus* spp.). Mit ihrer glatten und glänzenden Beschuppung sehen sie Skinken sehr ähnlich, von denen sie sich allerdings im Körperbau unterscheiden. Ein Merkmal, das nur mithilfe einer Lupe erkennbar ist, sind schuppenbedeckte Krallen. Eine weitere Schleiche, die nur in hohen Lagen beheimatet ist, ist die Hochlandkrokodilschleiche (*Mesaspis monticola*). Man findet diese Art z. B. auf den gras- und moosbewachsenen Flächen in der Umgebung der Vulkane Irazú und Poás. Männliche Tiere sind grün, gelb und schwarz gesprenkelt, Weibchen zeigen nur eine schwarze Sprenkelung auf braunem Grund. Hochlandkrokodilschleichen besitzen deutliche Hautfalten an den Seiten, was sie von Doppelzungenschleichen und Skinken unterscheidet.

Ungiftige Schlangen

Die meisten ungiftigen Schlangen sind unter den Natternverwandten (Colubridae) zu finden; weitere in der Region vorkommende ungiftige Arten zählen zu den im Verborgenen lebenden Wurm- und Blindschlangen (Familien Anomalepididae, Typhlopidae und Leptotyphlopidae) sowie den Spitzkopfpythons (Loxocemidae), Zwergboas (Ungaliophiidae) und Riesenschlangen (Familie Boidae).

Riesenschlangen aus der Familie Boidae sind mit vier Arten vertreten. Die größte und wohl bekannteste Art ist die bis zu 4,5 m lange Abgottschlange (*Boa constrictor*). Sie ist in nahezu allen Vegetationsformen zu finden, bewohnt allerdings nur die Lagen bis etwa 1.300 m ü. NN. Abgottschlangen sind Würgeschlangen, die es je nach Körperlänge mit Beutetieren bis zur Größe von Agutis und jungen Hirschen aufnehmen. Auf einigen der kleinen Inseln in der Tempisque-Region leben Populationen, die sich überwiegend von den zahlreichen Brutvögeln ernähren. Boas sind zu den Ansitzjägern zu rechnen; anstatt aktiv nach Beute zu suchen, verbringen sie einen Großteil ihrer Zeit damit, auf Beute zu warten, die zufällig vorbeikommt. Es wurde aber auch beobachtet, dass einzelne Tiere sich in der Nähe von Tierbauen mehrere Tage und Nächte aufhielten und den Bewohnern auflauerten. Die Hauptaktivitätsperiode von Abgottschlangen fällt in die Nachtstunden. Den Tag verbringen sie meist zusammengerollt entweder in natürlichen Höhlen oder auf Ästen liegend. Die Art ist lebendgebärend und bringt bis zu 60 Junge zur Welt, die bei der Geburt bereits 40 cm lang sind. Obwohl Abgottschlangen als mächtige und sehr kräftige Tiere gelten, fallen sie selbst zahlreichen Angreifern zum Opfer. Insbesondere Jungtiere werden von Raubvögeln, Nasenbären und Schlangen gefressen. Aber auch recht große Individuen von über 1 m Länge werden von Indigonattern erbeutet.

Gartenboas (Gattung *Corallus*) bleiben mit einer Maximallänge von 1,5–2 m wesentlich kleiner als Abgottschlangen. Beide Arten sind mit Greifschwänzen ausgestattet, was sie dazu befähigt, eine vollständig arboreale Lebensweise

Fauna

Abgottschlange (*Boa constrictor*) Foto: G. Gomez

zu führen und von Ästen hängend ihre Beute wie Echsen und Vögel zu ergreifen. Die Ringelboa (*C. annulatus*) lebt auf der karibischen Seite des Landes, während Ruschenbergers Gartenboa (*C. ruschenbergerii*) ausschließlich die pazifische Seite, und hier insbesondere die Osa-Halbinsel, bewohnt. Eine weite Verbreitung in Costa Rica hat die über 2 m Länge erreichende Regenbogenboa (*Epicrates cenchria*), allerdings ist sie nur sehr selten zu beobachten.

Nattern (Familie Colubridae) besetzen in Costa Rica nahezu alle Nischen, und die Natur hat für alle Herausforderungen mindestens eine speziell angepasste Natter im Zuge der Evolution hervorgebracht. Viele Nattern sind hoch spezialisiert in Bezug auf ihre Nahrung. So leben in Costa Rica schnecken-, schlangen- und spinnenfressende Arten sowie auch solche, die sich ausschließlich von Froschlaich oder Hundertfüßern ernähren.

Die Mussurana (*Clelia clelia*) gehört mit einer Länge von über 2 m zu den größten Schlangen Costa Ricas. Diese Art ist darauf spezialisiert, andere Schlangen zu fressen, wobei sie auch vor Grubenottern und Giftnattern nicht haltmacht. Junge Mussuranas sind am Körper rot gefärbt, gelb am Hals, und sie haben einen schwarzen Kopf. Bei Erreichen der Geschlechtsreife färben sie sich

Fauna

Schneckennatter (*Sibon nebulatus*)
Foto: W. Denzer

Riemennatter (*Imantodes cenchoa*)
Foto: W. Denzer

um und sind im adulten Stadium einfarbig schwarzblau gefärbt. Schneckennattern der Gattungen *Dipsas* und *Sibon* sind reine Baumbewohner und auf Schnecken als Nahrung spezialisiert. Die häufigste Art ist *Sibon nebulatus*, die sich u. a. von Gehäuseschnecken ernährt. Die Schnecke wird dabei im Bereich des Kopfes ergriffen und kann sich dann nicht mehr in ihr Gehäuse zurückziehen. Um Schnecken aus dem Gehäuse zu bekommen, wendet die Natter oftmals einen Trick an: Das Gehäuse wird in die Gabelung eines Zweiges geklemmt, sodass die Schlange auf der anderen Seite mit aller Kraft an der eigentlichen Schnecke ziehen und sie letztendlich aus dem Gehäuse lösen kann.

Die Riemennatter (*Imantodes cenchoa*) ist auf kleine Echsen wie Anolis spezialisiert. Sie ist extrem schlank und mit einem Greifschwanz ausgestattet. Dies erlaubt es ihr, sich, von einem dünnen Ast hängend, an die Beute anzuschleichen und zuzugreifen. Ihr Körper ist derart geformt, dass sie über zwei Drittel ihrer Gesamtlänge waagerecht in der Luft halten kann und sich dabei lediglich mit dem Greifschwanz festhält. Dem Betrachter erscheint sie dann wie ein Ast. Eine ähnlich schlanke Körperform und eine ebenfalls überwiegend braune Färbung besitzt die Gebänderte Katzenaugennatter (*Leptodeira septentrionalis*). Diese Schlange frisst Frösche, scheint aber eine besondere Vorliebe für Froscheier zu haben. Insbesondere Gelege von Rotaugenfröschen (*Agalychnis callidryas*), die ihre Eier auf Helikonienblättern ablegen, werden gern genommen. Hierzu schiebt die Schlange ihren

Fauna

Grüne Dünnschlange
(*Leptophis depressirostris*)
Foto: W. Denzer

Unterkiefer zwischen Blatt und Eimasse und frisst dann das gesamte Gelege nach und nach auf. Degenhardts Skorpionfresser (*Stenorrhina degenhardtii*) aus dem Nordwesten des Landes ernährt sich ausschließlich von Spinnentieren. Sogar Skorpione werden nicht verschmäht. Mit ähnlich giftigen Futtertieren nehmen es auch die kleinen Schwarzkopfnattern (*Tantilla* spp.) auf. Diese halten sich überwiegend im Bodenlaub auf und werden trotz ihrer zum Teil kräftigen Färbung und Zeichnung im Allgemeinen nur selten gesichtet. Über ihre genaue Lebensweise ist nur wenig bekannt, jedoch wurde beobachtet, dass Schwarzkopfnattern auch von ihrer giftigen Beute gebissen wurden, ohne dabei Schaden zu nehmen. Ob dies auf eine Immunität gegen das Skolopendergift zurückzuführen ist oder ob die Schuppenstruktur tiefer gehende Bisse verhindert, ist bisher unerforscht.

Der Artenreichtum an Nattern in Costa Rica ist immens, und man kann auf Exkursionen bestimmte Arten immer wieder beobachten. So sind Spitzkopfnattern (*Oxybelis* spp.) und Schlanknattern (*Leptophis* spp.) oft im Buschwerk unterwegs auf der Suche nach Anolis und Skinken. In Feuchtgebieten begegnet man Strumpfbandnattern (*Thamnophis* spp.) und im offenen Gelände – selbst innerhalb von Städten – der Perlnatter (*Drymobius margaritiferus*). Viele ungiftige Schlangen imitieren mit ihrem Erscheinungsbild Giftschlangen wie die Korallenottern. Hier sind insbesondere die Dreiecksnatter (*Lampropeltis triangulum*) und die Unechten Korallenschlangen (*Erythrolamprus* spp.) zu nennen. Dreiecksnattern gehen mit ihrer Mimikry besonders weit und sind von Allens Korallenotter (*Micrurus alleni*) sowie der Mittelamerikanischen Korallenotter (*M. nigrocinctus*) kaum zu unterscheiden. In den Wäldern des karibischen Tieflandes setzt sich die Zeichnung von Korallenschlangen aus drei verschiedenfarbigen Ringen zusammen – rot, gelb und schwarz –, so auch die der Dreiecksnattern. Auf der pazifischen Seite hingegen sind die Korallenschlangen nur zweifarbig: schwarz mit hellen Ringen.

Spitzkopfnatter
(*Oxybelis aeneus*)
Foto: W. Denzer

99

Fauna

Dieses Zeichnungsmuster findet man dort ebenfalls bei jungen Dreiecksnattern. Einzig die Abfolge der Farben erlaubt es einem Fachmann, schnell zwischen diesen Arten zu unterscheiden.

Die harmlose Braune Riemennatter (*Imantodes inornatus*) besitzt einen dreieckigen Kopf und ist am gesamten Körper gelbbraun gefärbt und gleicht damit oberflächlich der giftigen Schlegels Lanzenotter (*Bothriechis schlegelii*). Potenzielle Angreifer wie Vögel werden durch das Erscheinungsbild der Riemennatter getäuscht, sodass sie sich beim Erblicken der vermeintlich giftigen Schlange schnellstens zurückziehen.

Giftige Schlangen

Giftnattern (Elapidae) zeichnen sich durch recht kurze, unbewegliche Giftzähne und eine runde Pupille aus. In Costa Rica sind sie durch die bunt gefärbten Korallenottern der Gattung *Micrurus* vertreten. Allens Korallenotter (*M. alleni*) sowie die Mittelamerikanische Korallenotter (*M. nigrocinctus*) sind fast über das ganze Land verbreitet. Beide Arten sind schwarz, gelblich und rot geringelt und nur schwer voneinander zu unterscheiden. Im Allgemeinen lässt sich sagen, dass alle costa-ricanischen Schlangen, die an Körper und Schwanz rote und schwarze Ringe aufweisen, potenziell gefährlich sind; allerdings sind, wie oben erwähnt, nicht alle Schlangen mit derartiger Zeichnung giftig. Korallenschlangen leben im Verborgenen unter der Laubschicht am Boden. Ihre bevorzugte Nahrung sind Schlangen, jedoch werden junge Echsen nicht verschmäht. Ihre auffällige Färbung hat zwei wesentliche Bedeutungen. Zum

Die Korallenschlange *Micrurus nigrocinctus mosquitensis* Foto: K. Mebert

Fauna

einen dient sie zur Warnung, und zum anderen ist sie aber auch eine Tarnfärbung, auch wenn dies nicht sofort offensichtlich ist. Bedenkt man jedoch, dass die meisten Fressfeinde wie Vögel nur bedingt Bewegungsfrequenzen optisch auflösen können, so erscheint ihnen eine sich schnell bewegende Korallenschlange als ausgestrecktes, still liegendes Objekt innerhalb eines begrenzten Sichtfeldes. Der Angriff würde in einem solchen Falle an einer Stelle ansetzen, die die Schlange bereits verlassen hat.

Seeschlangen (Hydrophiidae) haben einen ähnlichen Giftapparat wie Giftnattern, werden aber aufgrund morphologischer Unterschiede in eine eigenständige Familie gestellt. Ihnen begegnet man eher zufällig am Strand oder bei Tauch- und Schnorchelexkursionen. Die einzige Art, die in costa-ricanischen Küstengewässern vorkommt, ist die Plättchen-Seeschlange (*Pelamis platurus*), die leicht an ihrer schwarzen Oberseite und einem deutlichen gelben Seitenband zu erkennen ist. Plättchen-Seeschlangen werden nur etwa 90 cm lang und lassen sich typischerweise an der Wasseroberfläche durchs Meer treiben. Sie ernähren sich ausschließlich von Fischen, die sie auf Tauchgängen erbeuten. Im Gegensatz zu vielen anderen Seeschlangen ist die Plättchen-Seeschlange lebendgebärend, sodass sie nicht zur Eiablage an Land kommen muss.

Vipern (Viperidae) besitzen lange Giftzähne, die im Oberkiefer angelegt werden können und erst beim Anbringen eines Bisses aufgerichtet werden. Viele Arten haben vertikale Pupillen, was auf eine nachtaktive Lebensweise hindeutet. Als weiteres, jedoch ebenfalls unsicheres Merkmal zur Identifizierung von Vipern dient der dreieckige, stark vom Hals abgesetzte Kopf. Einige Arten besitzen Warnfärbungen und machen auf diese Weise klar, dass mit ihnen nicht zu spaßen ist; die gefährlichsten Arten sind allerdings sehr gut im Laubwerk getarnt. Im Nordwesten des Landes und auf der Nicoya-Halbinsel lebt die Tropische Klapperschlange oder Cascabel (*Crotalus durissus*). Bei Störung macht diese Art durch lautes Rasseln auf sich aufmerksam. Auch wer niemals eine Klapperschlange in freier Natur gehört hat, weiß sofort, womit er es zu tun hat. Der Cascabel kann mit über 1,8 m recht groß werden und gilt als sehr aggressiv. Diese Art ist recht häufig in offener Weidelandschaft anzutreffen, bleibt aber bei Tage meist träge liegen. Während der Nacht – der Hauptaktivitätszeit – macht sie Jagd auf Nager und andere Beutetiere. Tropische Klapperschlangen sind lebendgebärend und werfen bis zu 35 Jungtiere, die bei der Geburt bereits hoch giftig und etwa 35 cm lang sind. Zwei Arten von Buschmeistern – der Schwarzkopf-Buschmeister (*Lachesis melanocephala*) und der Zentralamerikanische Buschmeister (*L. stenophrys*) – leben in den Tieflandregenwäldern und Nasswäldern Costa Ricas. Aufgrund ihrer Größe von über 3 m sind sie besonders gefürchtet. Beide Arten sind auf Stachelratten (Echimyidae) als Nahrung spezialisiert. Die Schlangen warten nachts in der Nähe der Baue und entlang der Laufwege von Stachelratten, um im günstigen Moment blitzschnell zuzubeißen. Sie sind in der Lage, mehrere Wo-

Fauna

Terciopelo-Lanzenotter (*Bothrops asper*) Foto: G. Gomez

chen ohne Futter auszukommen. Das Gift der Buschmeister ist extrem wirkungsvoll, und ausgewachsene Exemplare können Giftmengen bis zu mehreren Millilitern injizieren. Unter der mittelamerikanischen Bevölkerung ist die Rauschuppige Lanzenotter – auch Fer-de-Lance oder Terciopelo – (*Bothrops asper*) am stärksten gefürchtet. Diese Art kann bis zu 2,5 m lang werden und hält sich tagsüber üblicherweise im Laub verborgen am Boden auf. Dies führt dazu, dass unachtsame Wanderer auf sie treten und sofort einen Abwehrbiss als Reaktion auslösen. Die Tarnung ist derart perfekt, dass man einen Terciopelo, der sich zur Ruhe eingerollt hat, so gut wie gar nicht entdecken kann. Ähnlich wie Klapperschlangen, aber nicht so laut, warnen Terciopelos durch Schwanzvibrationen, bei denen sich die Schuppen gegeneinander reiben und ein deutlich vernehmbares Brummen erzeugen. Ist diese Warnung nicht erfolgreich, stößt die Schlange sofort blitzartig zu. Terciopelos sind für die meisten Giftunfälle in Costa Rica und der gesamten Region verantwortlich. Eine Verwandte der Fer-de-Lance ist die Schlegels Lanzenotter (*Bothriechis schlegelii*). Diese Art ist baumbewohnend und wird nur maximal 80 cm lang. Schlegels Lanzenotter wird im Englischen als „eyelash viper" bezeichnet. Sie bezieht diesen Namen von kleinen Hörnchen, die sich oberhalb des Augenbrauenbogens befinden. Die Art

Fauna

Schlegels Lanzenotter (*Bothriechis schlegelii*) Foto: W. Denzer

ist ein typischer Ansitzjäger, der sich von Insekten über Echsen bis hin zu Fledermäusen von fast allem ernährt, was in Reichweite kommt. Die Schlegels Lanzenotter ist hoch variabel was Färbung und Zeichnung angeht. Einige Tiere sind einfarbig braun, andere wiederum sehen aus wie moosbewachsene Äste. Eine besondere Farbvariante wird von den Einheimischen als „Oropel" bezeichnet und ist des Öfteren in den Tieflandwäldern auf der karibischen Seite zu finden. Ein Oropel ist einheitlich strahlend gelb gefärbt, sodass man annehmen könnte, diese Farbvariante sei leicht im Buschwerk zu entdecken. Dies ist aber leider nicht der Fall, da ein zusammengerollter Oropel derart stark einem gelblichen Blatt ähnelt, dass er kaum zu erkennen ist. Zudem hält sich die Art auch bevorzugt auf Helikonien auf, die gelbe Stängel besitzen, um die sie sich herumwindet. Giftschlangen sind in Costa Rica in fast allen Habitaten beheimatet, jedoch bedarf es schon eines guten Auges, diese Tiere in ihrer natürlichen Umgebung zu finden. Sollten Sie einer extrem bunten Schlange oder einer Schlange mit dreieckigem Kopf über den Weg laufen, ist es ratsam, einen genügend großen Bogen um sie zu machen, falls Sie nicht wissen, um welche Art es sich handelt. Bissunfälle unter Naturreisenden sind sehr selten, und gutes, knöchelhohes Schuhwerk sollte bei Exkursionen ohnehin getragen werden.

Fauna

Amphibien

In den letzten Jahren ist die Taxonomie der Amphibien im großen Stil überarbeitet worden; dies führte dazu, dass viele traditionell gebräuchliche wissenschaftliche Gattungsnamen geändert wurden. In dem vorliegenden Buch werden die neuen Namen benutzt, jedoch, um dem Leser die Suche in älterer Literatur zu erleichtern, mit den „alten" Namen in Klammern ergänzt.

Alle drei Ordnungen der Amphibien sind in Costa Rica vertreten. Neben den unterirdisch lebenden Blindwühlen (Gymnophiona), von denen vier Arten im Land beheimatet sind, setzt sich der überwiegende Teil aus Schwanzlurchen (Caudata) und Froschlurchen (Anura) zusammen.

Die Schwanzlurche Costa Ricas gehören allesamt den Lungenlosen Salamandern (Plethodontidae) an. Wie aus dem Familiennamen bereits zu erkennen ist, fehlt diesen Salamandern eine Lunge. Die Sauerstoffaufnahme geschieht bei diesen Tieren über die Haut und spezielle Schleimhautstrukturen im Innern des Mauls. Die artenreichste Gattung unter den Salamandern Costa Ricas wird von den Schleuderzungensalamandern (*Bolitoglossa* spp.) gestellt. Abgesehen von einigen wenigen Arten sind alle Schleuderzungensalamander nur in sehr begrenzten Gebieten in den hohen Berglagen gefunden worden. Aufgrund ihrer begrenzten Verbreitung, der nächtlichen Aktivität und der Tatsache, dass sich die Tiere zum Teil im Kronendach der Wälder aufhalten, ist über ihre Lebensweise nur sehr wenig bekannt. Die wahrscheinlich häufigste Art ist *Bolitoglossa pesruba* aus den Bergwaldregionen der Talamanca-Kordillere (1.800–3.600 m ü. NN). Diese Art lebt in den niederen Lagen ihres Vorkommens semiarboreal in Bromelien und rein terrestrisch in den Hochlagen, wo sie auf Moospolstern und Mattengräsern zu finden ist. Tagsüber verstecken sich die Tiere unter Laub, Steinen oder Baumstümpfen. Der Lebensraum eines einzelnen Tieres ist etwa 50 m² groß. Schleuderzungensalamander legen ihre Eier in Blattachseln, Bromelientrichter oder unter Steine. Das Gelege wird gewöhnlich vom Weibchen betreut, indem es sich derart um die Eimasse herumlegt, dass Kopf und Schwanz auf den Eiern liegen.

Pilzzungensalamander
(*Bolitoglossa colonnea*)
Foto: K. Mebert

Fauna

Aga-Kröte (*Chaunus marinus*) Foto: W. Denzer

Zwei weitere Salamandergattungen sind in Costa Rica beheimatet: Tropische Wurmsalamander (*Oedipina* spp.) sowie *Nototriton*-Arten. Beide Gattungen unterscheiden sich von den Schleuderzungensalamandern durch einen sehr schlanken, lang gesteckten Körperbau und die wesentlich weniger entwickelten Gliedmaßen. In den letzten Jahren haben Herpetologen sich verstärkt diesen Salamandern angenommen und zahlreiche neue Arten beschrieben. Es scheint, dass die Tiere gar nicht so selten sind, sondern einfach nur sehr im Verborgenen leben.

Über 130 Arten von Fröschen und Kröten sind für das Staatsgebiet von Costa Rica nachgewiesen. Eine der häufigsten Arten aus der Familie der Kröten (Bufonidae) ist die über 20 cm groß und bis 1,25 kg schwer werdende Aga-Kröte (*Chaunus* [*Bufo*] *marinus*). Aga-Kröten sind vornehmlich Insektenfresser, jedoch machen ausgewachsene Tiere auch vor kleinen Nagern und anderen Froschlurchen nicht halt. Die großen Drüsen am Hinterkopf (Parotiden) produzieren eine milchige Substanz, die zur Abwehr gegen Feinde dient. Dieser Stoff ist leicht giftig und verhilft der Kröte zu einem anscheinend unerträglichen Geschmack, der jeden Angreifer zurückschrecken lässt. Adulte Exemplare besitzen keine natürlichen Feinde, was dazu geführt hat, dass sich die Aga-Kröte inzwischen weltweit in den Tropen ausbreitet. Ursprünglich wurde sie als biologischer Schädlingsbekämpfer auf Zuckerrohrplantagen ausgesetzt. Wegen ihrer explosionsartigen Vermehrung ist sie in vielen Ländern – zum Beispiel in Australien und auf den

Fauna

Philippinen – inzwischen selbst zum Schädling geworden. In ihrem natürlichen Verbreitungsgebiet, wozu auch Costa Rica zählt, nehmen die Populationen in Kulturlandschaften zwar zu, jedoch nicht in dem Maße wie in Ländern, in denen sie eingeführt wurde. Vieles spricht dafür, dass diese Art in Mittel- und Südamerika zumindest als Jungtier oder Kaulquappe einen natürlichen Feind besitzt, der eine weitere Ausbreitung verhindert. Die Goldkröte (*Ollotis* [*Bufo*] *periglenes*) hat Weltberühmtheit erlangt, als ihr Aussterben vor etwa 30 Jahren genauestens dokumentiert wurde. Das letzte bekannte Gelege wurde in einer kleinen Wasseransammlung gefunden, die im Laufe der Zeit austrocknete und somit zum Tod der Kaulquappen führte. Ein ähnliches Schicksal scheint die Stummelfußkröten (*Atelopus* spp.) zu ereilen. Die Ursache scheint in einer Pilzinfektion in Verbindung mit anderen nachteiligen Umweltveränderungen zu liegen, was ganze Populationen dahinrafft. In den Tieflandregenwäldern des Landes lebt die Samtkröte (*Rhaebo* [*Bufo*] *haematiticus*), die sich von ihren Verwandten durch eine samtige Haut unterscheidet, die keine der üblichen Krötenwarzen aufweist. Die großen Parotiden machen dem Beobachter allerdings sofort klar, dass es sich um eine Kröte handelt. Samtkröten sind bodenbewohnend und aufgrund ihrer braunen Färbung extrem gut im Falllaub getarnt.

Eine Besonderheit der mittel- und südamerikanischen Tropenwälder sind die Glasfrösche (Centrolenidae). Ihr Name rührt daher, dass die Haut der Bauchseite unpigmentiert ist, sodass man die inneren Organe und zum Teil sogar Knochen erkennen kann. Die häufigste Art Costa Ricas ist Fleischmanns Glasfrosch (*Hyalinobatrachium fleischmanni*), dessen grüner Rücken mit zahlreichen gelben Punkten überzogen ist. Er lebt meist an der Unterseite von Blättern, die über Bächen hängen, und ist ein Meister der Tarnung. Die Weibchen kleben ihre grün gefärbten Eier ebenfalls an der Unterseite von Blättern ab und schützen sie somit vor Fressfeinden wie der Katzenaugennatter, die gewöhnlich nach Froscheiern auf der Oberseite von Blättern

Der Glasfrosch *Hyalinobatrachium valerioi* Foto: K. Mebert

sucht. Alle Glasfroscharten bleiben recht klein, wobei der Geisterglasfrosch (C*entrolene* [*Centrolenella*] *ilex*) mit nahezu 40 mm bereits als Riese zu gelten hat.

Die Pfeilgiftfrösche Mittel- und Südamerikas gehören zur Familie Dendrobatidae (Baumsteigerfrösche) und zählen zu den weltweit farbenprächtigsten Amphibien. Ihren Namen verdanke sie der Tatsache, dass kolumbianische Choco-Indianer mit dem Hautsekret des Gelben Blattsteigerfrosches (*Phyllobates terribilis*, „der Schreckliche Blattsteiger") ihre Blasrohrpfeile vergiften. Die so präparierten Waffen dienen zur Tierjagd und zeigen eine beeindruckende Wirkung. Bei der chemischen Analyse der Froschgifte stellte sich heraus, dass diese zu den gefährlichsten Substanzen im gesamten Tierreich gehören. Die Kombination von Farbenpracht und Giftigkeit bietet den Fröschen einen vollständigen Schutz vor Fressfeinden; außerdem hilft das Hautsekret, Bakterien, Pilzinfektionen und Parasiten abzuwehren. Neue Forschungen haben ergeben, dass die Frösche ihr Gift mit der Nahrung aufnehmen und dann anreichern.

Pfeilgiftfrösche sind für ihr hoch spezialisiertes Brutpflegeverhalten bekannt. Viele Arten leben in den Blattachseln von Bromelien, die in der Regenzeit mit Wasser angefüllt sind. Die Männchen versuchen, mit ihren Rufen paarungsbereite Weibchen anzulocken. Rivalisierende Männchen veranstalten bei einigen Arten Ringkämpfe um die besten Eiablageplätze. Ist ein Männchen erfolgreich, so wird das Weibchen zur Paarung an den vorher ausgewählten Ablageort geführt. Pfeilgiftfrösche legen meist nur wenige, nährstoffreiche Eier. Dies ist ein in der Natur gefährliches Unterfangen, da Fressfeinde oder Larventod die Brut leicht dezimieren können. Daher betreiben die Pfeilgiftfrösche Brutpflege, um die Überlebenschancen ihres Nachwuchses zu erhöhen.

Als Brutpflegeverhalten sind zwei besonders herausragende und faszinierende Varianten zu nennen. Arten wie der Goldbaumsteigerfrosch (*Dendrobates auratus*) legen ihre Eier auf sehr feuchtem Laub am Boden ab. Die Entwicklung der Kaulquappen bis zum Freischwimmerstadium, in dem die Larven

Fauna

Erdbeerfrosch (*Oophaga pumilio*) Foto: W. Denzer
Goldbaumsteigerfrosch (*Dendrobates auratus*) Foto: W. Denzer

die Eier verlassen und Wasser benötigen, erfolgt in den ersten Tagen wie bei den meisten Fröschen in der Gallertmasse. Die Gelege werden immer wieder vom Männchen kontrolliert und gegebenenfalls bewässert. Sind die Kaulquappen schlupfreif, so erklimmen sie den Rücken des Männchens, der sie dann zu einer nahe gelegenen Wasserstelle transportiert. Dies können größere Pfützen, Bäche aber auch wassergefüllte Bromelien sein, die genügend Nahrung für die Weiterentwicklung bieten. In diesen Wasseransammlungen wachsen die Larven bis zur Metamorphose zum Jungfrosch heran. Andere Arten wie das Erdbeerfröschchen (*Oophaga* [*Dendrobates*] *pumilio*) legen ihre Eier gleich zu Beginn auf Bromelienblättern ab. Sind die Larven schlupfreif, befreien sie sich selbstständig aus ihrer Gallerthülle und gleiten in die wassergefüllten Blattachseln. In diesen Minibiotopen herrscht jedoch häufig Nahrungsknappheit. Bei Arten, die diese Eiablageplätze bevorzugen, übernimmt nun das Weibchen die weitere Brutpflege. Es kontrolliert in regelmäßigen Abständen die Bromelien, und die Kaulquappen signalisieren ihre Anwesenheit, indem sie die Wasseroberfläche durch schnelle Schwanzbewegungen in Schwingung versetzen. Das auf diese Weise stimulierte Weibchen legt ein unbefruchtetes, nährstoffreiches Ei das der Wasser gefüllte Bromelie, das der Kaulquappe als Nahrung dient, daher auch der zusammengesetzte lateinisch-griechische Name Oo (Ei) phaga (fressend). Bis zur Metamorphose benötigen die Larven etwa 8–10 dieser Eier, die in meist mehrtägigen Abständen vom Weibchen gelegt werden.

In Costa Rica sind fünf Arten von Baumsteigerfröschen und ein Blattsteigerfrosch beheimatet: der schwarz-grün marmorierte Goldbaumsteiger, die beiden orange gestreiften Blattsteiger (*Phyllobates vittatus* und *P. lugubris*) sowie das Erdbeerfröschchen und der ebenfalls auffällig rot gefärbte Granulierte Baumsteiger (*Oophaga* [*Dendrobates*] *granuliferus*). Die Frösche zeigen regional unterschiedliche Zeichnungs- und Färbungsvarianten. So wurde erst kürzlich eine Population von goldrückigen Granulierten Baumsteigern in der pazifischen Tiefebene gefunden. Alle Arten bewohnen die Tieflandregionen Costa Ricas bis max. 900 m ü. NN. Die besten Aussichten, Erdbeerfröschchen zu beobachten, bieten sich im Carrillo-Sektor des Braulio-Carrillo-Nationalparks sowie in der Umgebung von La Selva, Goldbaumsteiger sind leicht im Carara-Reservat zu entdecken. Blattsteigerfrösche leben im Corcovado-Nationalpark und der Golfito-Region.

Die artenreichste Familie der costaricanischen Amphibien sind die Echten Laubfrösche (Hylidae). Sie zählen über 40 Arten. Ein klassischer Vertreter dieser Gruppe ist der Rotaugenfrosch (*Agalychnis callidryas*). Diese Art führt eine rein arboreale Lebensweise, ist aufgrund seiner strahlend grünen Rückenfärbung extrem gut an seine Umwelt angepasst und hat große rote Augen, die es ihm erlauben, nachts auf Insektenjagd zu gehen. Rotaugenfrösche bewohnen bevorzugt die Tieflandregionen, während der verwandte Gelbaugenfrosch (*Agalychnis annae*) vornehmlich in Hochlandregionen zu finden ist. Frösche der Gattung

Fauna

Agalychnis besitzen zudem hoch entwickelte „Schwimmhäute" zwischen Fingern und Zehen, obwohl sie nur selten im Wasser zu finden sind. Der Grund hierfür liegt in der Tatsache, dass sie bei ihrer baumbewohnenden Lebensweise zum Teil weitere Strecken zurücklegen müssen, um neue Futtergebiete aufzusuchen. Sie tun dies, indem sie von hochgelegenen Ästen springen und im Gleitflug zum nächstgelegenen Baum segeln. Die abspreizbaren Glieder mit den aufgespannten Schwimmhäuten geben ihnen dabei die nötige Stabilität zum Gleitflug. Das Vorhandensein dieser Zwischenhäute unterscheidet sie auch von den ansonsten sehr ähnlich aussehenden Makifröschen *Hylomantis* [*Phyllomedusa*] *lemur*. Diese Frösche haben jedoch sehr lange Finger und Zehen, mit denen sie greifen können und sich auf diese Weise behutsam durch die Vegetation bewegen.

Der Sanduhrlaubfrosch (*Dendropsophus* [*Hyla*] *ebraccatus*) zeigt auf einer rotbraunen Grundfärbung eine dunkelbraune Zeichnung, die einer Sanduhr ähnelt. Diese Art ist zum Farbwechsel befähigt, und nachts geht die Grundfärbung in ein kräftiges Orange über, sodass die dunkle Zeichnung noch stärker kontrastiert. Wie nahezu alle Laubfrösche ist auch er arboreal, zur Paarungszeit jedoch versammeln sich Männchen am Rand regenwassergefüllter Tümpel, wo sie mit lauten Rufen versuchen, die Weibchen aus dem Blattwerk herunterzulocken. Hat sich ein Pärchen gefunden, so klammert sich das Männchen auf den Rücken des Weibchens, welches dann wieder zu höher gelegenen Blättern klettert, wo die Eier abgelegt und befruchtet werden. Sind die Kaulquappen schlupfreif, zerplatzt die Gallerthülle, und sie fallen ins Wasser, wo sie sich bis zur Metamorphose aufhalten. Von einigen Laubfröschen der Region ist bekannt, dass sich selbst noch nicht vollentwickelte Kaulquappen aktiv aus der Gallerthülle befreien können, wenn Gefahr droht. Sie führen dann schnelle Bewegungen mit ihrem Schwanz aus, die das Ei zum Platzen bringen.

Rotaugenfrosch (*Agalychnis callidryas*)
Foto: WILDLIFE/M. Carwardine

Fauna

Bolivianischer Pfeiffrosch (*Leptodactylus bolivianus*) Foto: W. Denzer

Eine besonders effiziente Vermehrungsstrategie hat sich unter den Antillen-Pfeiffröschen (*Eleutherodactylus* spp.) aus der Familie der Kurzkopffrösche (Brachycephalidae) entwickelt. Die Eier werden wie bei den meisten Laubfröschen auf Blättern abgelegt. Allerdings durchlaufen sie alle Stadien bis zum Jungfrosch im Ei. Auf diese Weise wird das gefährliche Kaulquappenstadium vermieden, in dem die Larven vom Blatt ins Wasser gelangen müssen.

Weitere Frösche der Region finden sich unter den Echten Fröschen (Ranidae), Südfröschen (Leptodactylidae), Engmaulfröschen (Microhylidae) und Nasenkröten (Rhinophrynidae). Amphibienbeobachtungen gelingen am besten nachts nahe Bachläufen mit reichlich Ufervegetation. Im Bachbett leben Kröten und Echte Frösche, in der überhängenden Vegetation Greif- und Antillen-Pfeiffrösche. Innerhalb eines kleinen Biotops bei einer Länge von 20 m lassen sich mit etwas Glück und Geduld sicherlich zehn oder mehr Arten beobachten.

Weiterführende Literatur zu diesem Thema:

LEENDERS, T. (2001): A Guide to Amphibians and Reptiles of Costa Rica.
SAVAGE, J.M. (2002): The Amphibians and Reptilians of Costa Rica.

Fauna

Wirbellose Tiere

Unter dem zoologisch nicht ganz korrekten Begriff „wirbellose Tiere" (Invertebrata) werden hier die Abermillionen von Tierarten verstanden, die kein inneres Skelett ausgebildet haben. Im Allgemeinen fallen darunter neben Schwämmen und Nesseltieren beispielsweise Gliederfüßer, Weichtiere und Stachelhäuter. Im Folgenden werden nur Tiere aus den drei großen Klassen der Gliederfüßer (Arthropoda) besprochen, die leicht zu identifizieren sind.

Aus der Klasse der Tausendfüßer (Myriapoda) begegnet man immer wieder zwei Vertretern, den Riesenschnurfüßern und den Bandfüßern. Zoologisch werden die eigentlichen Tausendfüßer als Doppelfüßer (Diplopoda) bezeichnet, da sie pro Körpersegment zwei Beinpaare besitzen. Im Gegensatz dazu haben Hundertfüßer oder Skolopender (Chilopoda) nur ein Gliedmaßenpaar pro Segment und sind mit giftdrüsenbestückten Klauen (Mandibeln) am Kopf ausgestattet.

In Costa Rica leben mehrere Arten von Riesenschnurfüßern aus der Familie Spirostreptidae. Eine der häufigeren Arten (Gattung *Orthoporus*) besitzt einen orange-roten Körper, rote Beine und über 50 sich überlappende Körperringe. Diese Art wird etwa 15–20 cm lang und ist überwiegend an Bäumen oder in verrottendem Laub zu finden. Bei Gefahr rollen sie sich zu einer Spirale zusammen und bleiben so eine Zeit lang bewegungslos liegen. Ein weiterer Doppelfüßer, der ein wenig einer „wandelnden Wirbelsäule" ähnelt, ist überwiegend in bewaldeten Gegenden zu finden. Diese bis zu 10 cm langen Tiere gehören zu den Bandfüßern (Polydesmidae) und sind leicht daran zu erkennen, dass sich ihre wenigen Körpersegmente nicht überlappen. Die häufigste Art ist *Nyssodesmus python*. Während der Paarungszeit sieht

Riesenschnurfüßer (*Orthoporus* sp.)
Foto: W. Denzer

man des Öfteren zwei übereinander sitzende und sich trotzdem fortbewegende Bandfüßer über den Waldboden streifen. Um ihren Paarungserfolg zu sichern, bleiben die Männchen längere Zeit bei den Weibchen und lassen sich auf deren Rücken transportieren.

Während Riesenschnurfüßer recht gemächlich anmutende Tiere sind, die sich lediglich durch einige, zwischen den Segmenten ausgestoßene Chemikalien zu wehren wissen, sind Hundertfüßer (*Scolopendra* spp.) hoch agil und aggressiv. Mit ihren großen kräftigen Mandibeln sind große Exemplare in der Lage, schmerzhafte Bisse beizufügen. Üblicherweise leben Skolopender in Primärwaldgebieten und sind nur nachts unterwegs, sodass sie im Normalfall nur selten gesichtet werden.

Unter die Spinnentiere (Arachnida) fallen u. a. Skorpione (Scorpiones), Geißelskorpione (Amblypygi und Uropygi) sowie die Echten Spinnen (Aranea). Skorpione leben tagsüber meist verborgen in verrottendem Holz oder unter Steinen. Die besten Möglichkeiten, sie zu entdecken, hat man in trockenen Gebieten. Während der heißen Tageszeit verstecken sich die Tiere hier unter Steinen, die groß genug sind, um ein wenig Bodenfeuchtigkeit zu halten. Im Innern des Waldes findet man sie am ehesten, wenn man herabgefallene Äste oder hohle Baumstümpfe etwas näher untersucht. Einige wenige Arten Mittelamerikas sind in der Lage, dem Menschen ernsthafte gesundheitliche Schäden zuzufügen; auch der Stich kleinerer Arten kann recht schmerzhaft sein, und man sollte daher immer genügend Vorsicht walten lassen.

***Centruroides limbatus*, ein in Costa Rica weit verbreiteter Skorpion** Foto: W. Denzer

Centruroides limbatus ist ein weit verbreiteter Skorpion in Costa Rica. Diese Art ist am ganzen Körper beige gefärbt und nur am Giftstachel und dem davor liegenden Glied schwarz. Sie wird bis zu 10 cm groß und gilt als hoch giftig. Die verwandte Art *C. morenoi* ist am Rücken dunkelgrau und mit einem roten Streifen gezeichnet. Wie bei allen Skorpionen ist auch bei diesen Arten die Fortpflanzung höchst interessant. Weibchen locken männliche Exemplare über chemische Duftstoffe (Pheromone) an. Nach einem mehrere Stunden anhaltenden Paarungstanz, bei dem sich die Geschlechter an den Scheren greifen, deponieren die Männchen eine Samenkapsel, die dann vom Weibchen aufgenommen wird. Die Tragzeit beträgt mehrere Monate, und die Jungen werden lebend geboren. Sie wandern dann auf den Rücken des Muttertiers, wo sie so lange verbleiben, bis sie zur selbstständigen Jagd auf Insekten in der Lage sind.

Fauna

Geißelskorpion (*Paraphrynus* sp.)
Foto: W. Denzer

Schwanzlose Geißelskorpione (Amblypygi) haben einen sehr stark abgeflachten Körper, der es ihnen ermöglicht, in Spalten und unter Steinen zu leben. Sie bevorzugen dabei eine feuchte Umgebung und sind dementsprechend oft auch in Höhlen zu finden. In Costa Rica begegnet man des Öfteren dem etwa 6 cm großen *Heterophrynus longicornis*, der sich durch extrem lange Beine und große, stachelbewehrte Pedipalpen auszeichnet. Die langen Vorderbeine sind als Tastorgane ausgebildet, was den Geißelskorpionen hilft, sich auch im Dunkeln sicher zu bewegen.

Vogelspinnen (Theraphosidae) gehören zu den bekanntesten Spinnen weltweit. Ihren Namen verdanken sie Abbildungen in alten zoologischen Büchern, in denen große, haarige Spinnen gezeigt

Vogelspinne aus der Familie Theraphosidae Foto: W. Denzer

werden, die sich an einem Vogel gütlich tun. In Costa Rica findet man u. a. die Kraushaarvogelspinne (*Brachypelma albopilosum*), deren Weibchen bis zu 8 cm groß werden können. Sie ernähren sich überwiegend von Insekten, machen aber auch vor kleinen Nagern nicht halt. Die Kraushaarvogelspinne gräbt sich ihre Wohnbaue selbst und verbringt dort die Tagesstunden. Nachts ist sie meist am Boden auf der Jagd; Beutetiere werden mit den Beißklauen ergriffen und in die Wohnröhre geschafft, wo ihnen dann die giftigen Verdauungssäfte injiziert werden. Zur Paarung bildet das Männchen zuallererst ein kleines Netz, in das es den Samen absetzt. Danach nimmt es den Samen mit den vorderen Beinen nahe den Beißwerkzeugen auf und begibt sich zum Weibchen. Während eines Paarungstanzes wird der Samen dann übertragen, und die Weibchen produzieren in der Folge mehrere Hundert Eier.

Radnetzpinnen der Gattung *Nephila* sind wegen ihrer immensen Gespinste überall leicht zu entdecken. Vor allem in Küstenwäldern sind diese bis zu 5 cm großen Spinnen verbreitet. Ihre Netze haben Durchmesser von über 1 m und sind mit einem sehr stabilen Faden gewoben. Selbst kleine Vögel oder gar Fledermäuse sind nicht in der Lage, sich aus diesen Netzen zu befreien. Die Männchen sind im Vergleich zu den Weibchen verschwindend klein. Man benötigt schon ein sehr gutes Auge, um sie zu entdecken. Ein wesentlicher Grund dieses Größenunterschiedes liegt im Paarungsverhalten. Männchen werden als Beute angesehen und müssen daher sehr vorsichtig vorgehen. Das geringe Gewicht und die geringe Größe erlauben es ihm, sich unentdeckt dem Weibchen zu nähern. Beim eigentlichen Paarungsakt verfällt das Weibchen dann kurzzeitig in eine Art Trance, die es dem Männchen erlaubt, schnell wieder zu verschwinden. Dies gelingt aber oft nicht, und die männliche Spinne wird dann zur proteinhaltigen Speise.

Die wohl auffälligsten Vertreter der Gliederfüßer sind die Insekten oder Kerbtiere (Insecta) mit ihrer Vielzahl an bunten Libellen, Schrecken, Schmetterlingen, Käfern, wie auch Ameisen, Termiten und unzähligen Fliegen, Mücken oder auch Schaben. Wie viele Insektenarten in Costa Rica leben, kann nur geschätzt werden; sicherlich sind es mehrere Tausend, wenn nicht sogar Zehntausende.

Libellen (Ordnung Odonata) werden in zwei Unterordnungen eingeteilt: Kleinlibellen (Zygoptera) und Großlibellen (Anisoptera). Der Unterschied zwischen beiden ist anatomisch begründet. Kleinlibellen klappen ihre Flügel im Ruhezustand zusammen, bei Großlibellen bleiben sie dagegen auch in der Ruhestellung abgespreizt. In Costa Rica findet man besonders häufig Wasserjungfern der Gattungen *Megaloprepus* und *Mecistogaster*. *Megaloprepus coerulatus* wird etwa 10 cm lang und ist leicht an ihren violettfarbenen Flügelenden zu erkennen. Einige Arten von *Mecistogaster* legen ihre Eier in Bromelientrichtern ab, wo sich die Nymphen von Insektenlarven und kleineren Artgenossen ernähren. Einen anderen guten Trick hat sich Natur für die Larven der Libellengattung *Myrmelon* einfallen lassen. Die Eier werden

Fauna

im Boden abgelegt, und die Larven bauen nach dem Schlupf trichterförmige kleine Höhlen, in denen sie ihrer Beute – meist Ameisen – auflauern. An zahlreichen sandigen Stellen findet man diese kleinen Trichter am Boden dicht nebeneinander. Vorbeiziehende Ameisen, die über den Rand des Trichters laufen, werden durch den feinkörnigen Treibsand ins Innere befördert, wo sie von der Larve gefressen werden. Dies hat den Tieren den Namen „Ameisenlöwe" eingebracht.

In der Ordnung Schrecken (Saltatoria) sind Laubheuschrecken (Tettigonioidea), Grillenverwandte (Grylloidea) und Kurzfühlerschrecken (Caelifera) zusammengefasst. Eine recht häufige Art in offenen Habitaten und an Lichtungen ist die grüne Heuschrecke *Drymophilacris bimaculata*. Sie wird etwa 2 cm lang und ernährt sich mit Vorliebe von Nachtschattengewächsen. Eine weite Verbreitung in Mittelamerika hat die bis zu 4 cm groß werdende Gelbstreifen-Heuschrecke (*Osmilia flavolineata*). Eine Besonderheit dieser Art ist, dass sie nicht wie fast alle anderen Heuschrecken striduliert, d. h. typische Zirpgeräusche mit

Heuschrecke *Taeniopoda* sp.
Foto: W. Denzer

den Beinen erzeugt. In den Wäldern findet man zahlreiche Blattschreckenarten, die entweder wie grüne Blätter oder gefallenes, vertrocknetes Laub aussehen. Besonders bei *Orophus conspersus* ist dies bis zur Perfektion entwickelt. Je nach bewohntem Habitat existieren grüne und gelbbraune Farbvarianten.

Außer den Schrecken gehören auch die verwandten Gespenstschrecken (Ordnung Phasmida) zu den sogenannten Geradflüglern (Orthoptera). Unter den Gespenstschrecken findet man viele Arten, die im Laufe der Evolution ihre Tarnung perfektioniert haben. Die Stabschrecken ähneln Zweigen und kleinen Ästen derart, dass sie nur bei genauester Betrachtung von ihrem Untergrund unterschieden werden können. Im Gegensatz zu den Schrecken sind Gespenstschrecken nicht dazu befähigt, zu springen, sondern sie bewegen sich hochbeinig langsam vorwärts. Häufig führen sie dabei Schaukelbewegungen aus, die einen Zweig im Wind vortäuschen sollen. Selbst ihre Feinde, wie Echsen oder auch Vögel, lassen sich auf diese Weise täuschen. Bei Bedrohung lassen sie sich oft einfach von einem Ast fallen, legen die Beine an den Körper an und sind dann im Bodensubstrat nicht mehr auszumachen. In den Trockenwaldregionen des Landes lebt die Guanacaste-Stabheuschrecke (*Calynda bicuspis*), die sowohl in grünen als auch braunen Farbvarianten an entsprechenden Zweigen zu finden ist. Interessanterweise ist dies eine der wenigen Stabheuschrecken, die sich geschlechtlich fortpflanzen. Bei zahlreichen anderen Stabschrecken ist die Jungfernzeugung (Parthenogenese) an der Tagesordnung.

Fauna

Eine große Gruppe von Insekten sind die Schabenverwandten (Blattia). Neben den allgemein nicht sehr beliebten eigentlichen Schaben (Blatteria), die in vielen Waldgebieten, aber auch in einigen Unterkünften zu finden sind, zählen hierzu auch die Fangschrecken (Mantodea) sowie die Termiten (Isoptera).

Die Riesenwaldschabe (*Blaberus giganteus*) wird über 5 cm groß und bewohnt bevorzugt hohle Bäume, oft in Lebensgemeinschaft mit Fledermäusen. Die jungen Nymphen bleiben lange Zeit im Bereich des Guanos; je älter ein Tier wird, desto höher im Baum lebt es. Die Aktivität der Riesenwaldschabe ist auf die Nachtstunden beschränkt, wo sie die Baumhöhlen verlässt und auf Nahrungssuche geht. Ein großer Feind der Waldschaben sind Soldatenameisen, die alles, was ihren Weg kreuzt, zu überwältigen versuchen. Riesenwaldschaben sind in der Lage, sich in den Boden einzugraben und so der Heerschar zu entkommen.

Gottesanbeterinnen (Mantidae) sind in Form und Farbe an die unterschiedlichsten Habitate angepasst. Einige Arten leben in den Blüten von Orchideen, deren Zeichnung sie imitieren, und andere Arten sind in Bäumen, Gräsern und Büschen oder am Boden zu finden. Ihre Tarnung gestattet es den Gottesanbeterinnen, ruhig an einem Ort zu verharren und auf Beuteinsekten zu warten. Durch blitzschnelle Aktionen der zum Fangorgan ausgebildeten Vorderbeine wird die Beute ergriffen und sofort verspeist. Neben den spezialisierten Fangorganen fallen Gottesanbeterinnen auch durch ihre Aufmerksamkeit auf visuelle Reize auf. Der Kopf scheint überwiegend aus dem Augenpaar zu bestehen und ist sehr beweglich. Ein Beutetier oder einen vermeintlichen Angreifer behält eine Gottesanbeterin immer „im Auge".

Gottesanbeterin *Choeradodis* cf. *rhombicollis* Foto: G. Gomez

Trotz ihrer Ähnlichkeit mit Ameisen sind Termiten (Isoptera) viel näher mit den Schaben verwandt. Bereits 100 Millionen Jahre bevor die Ameisen sich entwickelten, lebten Termiten auf der Erde. Ein wesentliches Unterscheidungsmerkmal sind vor allem die Flügel; die eigent-

Fauna

lichen wissenschaftlichen Namen Isoptera (Gleichflügler) für Termiten und Hymenoptera (Hautflügler) für Ameisen und deren Verwandte deuten schon darauf hin. Die meisten Arten leben im Verborgenen in verrottendem Holz, jedoch kann man an zahlreichen Bäumen die Papiernester von Termiten entdecken, die von Weitem eher wie Bienenwaben anmuten. Diese Nester werden von Nasentermiten (*Nasutitermes* spp.) gebaut, bei denen die Arbeiterinnen Holz und Rinde des Wirtsbaumes fermentieren und mit Fäkalien vermischen, um die nötige Stabilität zu erhalten. Das Nest ist im Innern über zahlreiche Gänge mit der Brutkammer verbunden, in der die Königin lebt. Nasentermiten-Staaten bestehen aus drei Kasten, wobei nur die Königin und einige auserwählte Männchen zur Vermehrung beitragen. Arbeiter wie auch Soldaten können weiblich oder männlich sein, bleiben allerdings ihr Leben lang unfruchtbar. Nach den ersten Regenfällen der Saison bilden geschlechtsreife Tiere Flügel und schwärmen aus, um neue Staaten zu bilden.

Käfer (Coleoptera) kommen im Land in allen Formen und Farben vor. Die größte Art ist der Mittelamerikanische Nashornkäfer oder Elefantenkäfer (*Megasoma elephas*), der über 8 cm lang werden kann. Die Männchen dieser Art besitzen ein bis zu 4 cm langes Horn am Kopf, das sie gegen konkurrierende Männchen während der Paarungszeit oder in territorialen Auseinandersetzungen einsetzen. Die Larven leben in umgefallenen oder gefällten Bäumen und benötigen 3–4 Jahre zur Metamorphose. Männliche Nashornkäfer sind meist goldbraun gefärbt, die Weibchen dagegen eher dunkel. Der Harlekinkäfer (*Acrocinus longimanus*) gehört zu den farbenprächtigsten Käfern der Region. Seine Flügeldecken weisen schwarze, rote und gelbe Zeichnungsmuster auf. Ausgewachsene Exemplare können bis zu 7,5 cm groß werden. Trotz seiner Farbigkeit ist der Harlekinkäfer gut getarnt. Sein bevorzugter Aufenthaltsort sind Bäume, die mit Schwämmen und Pilzen besiedelt sind, deren Farben seiner Zeichnung gleichen. Die Weibchen nutzen speziell auch diese Bäume zur Eiablage. Mit ihren kräftigen Mandibeln beißen sie Löcher in die Rinde, um dort ihre Eier zu deponieren.

Mittelamerikanischer Nashornkäfer (*Megasoma elephas*) Foto: W. Denzer

Fauna

Die Zahl der Schmetterlingsarten (Lepidoptera) wird für Costa Rica auf nahezu 1.000 Arten geschätzt. Allein aus den Familien der Schwalbenschwänze (Papilionidae), Weißlinge (Pieridae) und Edelfalter (Nymphalidae) sind bereits über 500 Arten bekannt. Neben den eher unscheinbaren Arten sind es vor allem immer wieder die großen, bunten und schillernden Tagfalter der Waldgebiete, die den Betrachter in Erstaunen versetzen. Eine Identifizierung im Feld ist oft sehr schwierig, aber aufgrund einiger weniger Merkmale lässt sich meist zumindest die Familie ermitteln. Im Folgenden werden einige oft gesichtete und auffällige Formen stellvertretend für die Vielzahl von Arten besprochen.

Relativ einfach sind die meisten Schwalbenschwänze oder Ritterfalter (Papilionidae) zu erkennen, die sich durch ihre schwanzförmigen Auswüchse an den Spitzen der Hinterflügel auszeichnen. Leider beherbergt diese Familie aber auch zahlreiche Arten, die diese Flügelform nicht aufweisen. Eine recht häufige Art ist *Papilio cresphontes*, der dem Europäischen Schwalbenschwanz sehr ähnlich sieht. Die Raupen dieser Art sind derart geformt und gefärbt, dass sie wie Vogelkot auf einem Blatt aussehen. Zudem sind sie mit zwei ausstülpbaren Antennen versehen, die sie bei Gefahr blitzartig herausstrecken. Fressfeinde wie Anolis und Vögel werden dadurch irritiert und lassen die Larve meist in Ruhe.

Der schillernde Blaue Morpho (*Morpho peleides*) gehört zu den Edelfaltern (Nymphalidae). Mit seiner brillanten Färbung und einer Spannweite von über 10 cm ist er zu den beeindruckendsten Arten der Region zu rechnen. Der Blaue Morpho scheint im Flug fast schwerelos durch die Wälder zu gleiten. Er führt nur relativ wenige, kräftige Flügelschläge aus, um sich fortzubewegen. Wenn er die Flügel zusammenklappt, kann man deutlichen Augenflecke erkennen; er sieht dann seinem Verwandten, dem Eulenfalter (*Caligo memnon*), sehr ähnlich. Ebenfalls zu den Edelfaltern gehört der Monarchfalter (*Danaus plexippus*), der eher offene Landschaftsformen bevorzugt. Der Monarchfalter hat eine fast weltweite Verbreitung mit Populationen auf allen Kontinenten. Passionsblumenfalter (*Heliconius* spp.) sind dafür bekannt, dass sie nachts ge-

Monarchfalter
(*Danaus plexippus*)
Foto: W. Denzer

Fauna

Glasflügelfalter (*Cithaerias menander*) Foto: W. Denzer
Augenspinner (*Rothschildia* sp.) Foto: W. Denzer

meinsame Schlafplätze aufsuchen. Passionsblumen sind die ausschließlichen Wirtspflanzen dieser Falter, wobei die Eier immer auf jungen Blättern abgelegt werden. Die am weitesten verbreitete und häufigste Art ist *Heliconius hecale*. Ihre Hinterflügel sind leuchtend orange, die Vorderflügel dagegen überwiegend schwarz mit gelben Punkten.

Glasflügelfalter (*Cithaerias menander*) aus der Familie der Augenfalter (Satyridae) sind leicht an ihren transparenten Flügeln zu erkennen. Sie halten sich bevorzugt auf Lichtungen an niedriger Vegetation auf. Die Männchen dieses Schmetterlings besitzen Reviere, die sie gegen Eindringlinge verteidigen und während einiger Wochen nicht verlassen. Entfernt man ein Männchen aus seinem angestammten Revier, ist dieses schon meist am nächsten Tag von einem anderen Individuum besetzt.

Aus der Reihe der Pfauenspinner (Saturniidae) sind vor allem die Augenspinner (*Rothschildia* spp.) zu nennen. Mit einer Spannweite bis zu 15 cm gehören sie zu den größten Motten weltweit. Sie sind leicht an den transparenten dreieckigen Stellen auf den Flügeln zu erkennen. Die Raupen sind grün gefärbt und können bis zu 8 cm lang werden. Bei der Wahl der Futterpflanzen für ihre Raupen scheinen Augenfalter nicht besonders wählerisch zu sein. Da sie ihre Eier auch an Kulturpflanzen wie Maniok, Rhizinus oder auch Ziercroton ablegen, sind Raupen und Falter regional recht unbeliebt.

Zu den Zweiflüglern (Diptera) gehören Plagegeister wie Mücken und Fliegen. Zwei Arten müssen hier besonders herausgestellt werden, da sie für die Übertragung von Krankheiten verantwortlich sind. Zu den Fieber- oder Gabelmücken gehören die Arten der Gattung *Anopheles*. Sie sind Zwischenwirte für Plasmodien, die Erreger der Malaria. Von allen anderen Stechmücken sind *Anopheles* durch ihre Körperhaltung zu unterscheiden; der Körper steht immer in einem schrägen Winkel zum Untergrund. Die *Aedes*-Stechmücken sind für die Übertragung des gefährlichen Denguefiebers verantwortlich. Sie stammen eigentlich aus dem asiatischen Raum, sind aber inzwischen in Süd- und Mittelamerika auf dem Vormarsch.

Ameisen (Formicidae) gehören zu den Hautflüglern (Hymenoptera) und sind in den Tropen derart häufig, dass sie 50 % der Biomasse aller Insekten und etwa 10 % der gesamten tierischen Biomasse ausmachen. Noch heutzutage werden jährlich neue Arten entdeckt, und das soziale Gefüge, in dem die Staaten existieren, ist noch lange nicht vollständig bekannt.

Nahezu überall in den neuweltlichen Tropen trifft man die auffallenden Blattschneiderameisen (*Atta cephalotes*) an. Manchmal sieht man 5–10 cm breite Straßen von mehreren Hundert Metern Länge, auf denen ein Millionenheer kleiner, roter Ameisen Blattstücke transportiert, die Größe und das Gewicht der einzelnen Tiere um ein Vielfaches übertreffen. Diese Ameisenart verdankt ihren Namen der Eigenschaft, mit ihren Beißwerkzeugen Segmente aus Blättern herauszuschneiden, die dann zum Nest getragen werden. Bei genauerem Hinsehen entdeckt man auf den Blattstückchen,

Fauna

Blattschneiderameisen (*Atta cephalotes*) Foto: W. Denzer

die von den Arbeiterinnen transportiert werden, noch eine weitere, sogenannte „Reiterameise", die dem Betrachter den Eindruck vermittelt, nichts als ein träger Mitreisender zu sein. Die Funktion der Reiter ist bisher noch nicht vollständig geklärt. Man nimmt an, dass sie die Blätter reinigen und die Arbeiterinnen vor parasitären Kleinstinsekten schützen. Der Staat und die Straßen werden von größeren Soldaten bewacht, die an ihren übergroßen Köpfen mit kräftigen Beißzangen zu erkennen sind. Die indianische Urbevölkerung benutzte die Kieferwerkzeuge der Soldaten als Nahtmaterial für Risse und Wunden. Bei Schnittwunden wird die Haut zwischen Zeigefinger und Daumen zusammengepresst. Dann lässt man einen Soldaten sich mit seinen Kieferzangen in der Haut festbeißen. Anschließend wird der Ameisenkörper durch Drehen vom Kopf abgetrennt und der Vorgang sooft wiederholt, bis die Wunde geschlossen ist. Nach einigen Tagen werden die Köpfe der Soldaten aus der abgeheilten Wunde einfach wieder entfernt.

Folgt man den Transportarbeitern bis an das Ende ihres Weges, so gelangt man zum eigentlichen Ameisenstaat, in dem die Königin mit einigen Millionen Arbeiterinnen lebt. In einem Umkreis von 10–20 m um das Nest herum sind alle Pflanzen entlaubt. Das Nest kann mehrere Eingänge besitzen, die zum Teil bis zu 50 m auseinander liegen. Im Innern des Staates sind Arbeiterinnen damit beschäftigt, die Blattsegmente zu zerkauen und auf dem resultierenden Brei Pilzkulturen anzulegen. Jeder Staat besitzt mehrere Pilzkammern; eine Kultur kann bis zu 30 cm Durchmesser erreichen. Die Pilzkulturen werden von den enzymhaltigen Ausscheidungen der Ameisen ernährt. Im Gegenzug ernten die Ameisen die jungen, nährstoffreichen Sprosse der Pilze ab. Ausfliegende Königinnen sind in der Lage, den Pilz in eigens zu diesem Zweck entwickelten Mundtaschen zu transportieren und bis zur weiteren Verwendung bei einer Neustaatenbildung aufzubewahren.

Bei Wanderungen durch die Wälder sieht man hoch in den Bäumen häufig 1–2 m große Papiernester, die von Staaten der Aztekenameise (*Azteca* sp.) stammen. Diese Art bevorzugt grünstämmige, hohle Baumarten der Gattung *Cecropia*, in denen eine kleine Mehlkäferart lebt. Der Ameisenstaat entsteht durch die Einnistung einer Königin in den Hohlräumen des Wirtsbaumes. Mit dem Wachsen der Arbeiterpopulation werden nach und nach die externen Papiernester aus Pflanzenfasern und Sekreten gebaut. Aztekenameisen gelten als aggressive Raubameisen und ernähren sich überwiegend von Insekten, wobei sie auch vor großen Käferarten nicht zurückschrecken, die regelrecht von ganzen Heerscharen gleichzeitig angegriffen werden. Die Staaten anderer Ameisenarten, die versuchen in der Nähe der Aztekenameisen zu siedeln, werden auf Kriegszügen vernichtet. Hierbei verschonen die Krieger interessanterweise die nährstoffreiche Brut im Innern des attackierten Nestes. Ihren Nährstoffbedarf decken die Aztekenameisen vollständig durch die Haltung der Mehlkäfer, deren Exkremente verschiedene Zucker und Aminosäuren enthalten. Welchen Nutzen ziehen die Wirtspflanzen aus dieser Lebensgemeinschaft? Offensichtlich werden sie vor Fressfeinden geschützt, außerdem tragen die kleinen Ameisen noch zum langfristigen Überleben der Pflanze bei. *Crecropia* ist eine schnell

Burchells Wanderameisen (*Eciton burchelli*)
Foto: W. Denzer

Fauna

wachsende Art, die gern auf Lichtungen oder freien Plätzen siedelt. Wegen ihres schnellen Wachstums sind Stamm und Äste brüchig. Es wäre daher fatal für die Pflanze, wenn im Laufe der Zeit epiphytische Schmarotzer auf ihr siedeln würden, deren Gewicht die recht schwachen Äste zerstören würde. Aztekenameisen unterdrücken jeglichen Versuch von Epiphyten, Fuß zu fassen, indem sie die Pflanzen einfach abreißen und zu Boden werfen.

In den trockeneren, nördlichen Zonen des Landes, in denen verschiedenartige Akazien weit verbreitet sind, findet man Akazien-Ameisen (*Pseudomyrmex ferruginea*), die ebenfalls mit ihrer Wirtspflanze eine Symbiose eingehen. Eine befruchtete Königin sucht nach frischen, noch grünen Akaziendornen, beißt mit ihren Mundwerkzeugen einen Eingang in das Ende und höhlt den Dorn aus. Von hier aus beginnt der Staat zu florieren und junge Akaziensprösslinge in der Umgebung in Beschlag zu nehmen. Die Arbeiterinnen ernten Nektar aus Drüsen am Blattstängel sowie aus nährstoffreichen, rundlichen Futterknollen an den Blattenden, den sogenannten Beltischen Körpern. Im Gegenzug beschützen sie ihren Wirt vor Fressfeinden wie Heuschrecken und anderen Pflanzenfressern.

Die Ponerinen- oder Gewehrkugelameise (*Paraponera clavata*) ist mit 25 mm die größte mittelamerikanische Ameisenart. Ihren Namen verdankt sie den schmerzhaften Stichen, die sie Angreifern zuzubringen vermag. Die Arbeiterinnen dieser Art begeben sich meist nachts auf die Suche nach Nektar und Insekten. Obwohl der Bau des Staates im Wurzelgeflecht von Bäumen liegt, suchen die Tiere hoch oben in den Baumkronen nach ihrer Nahrung. Ihre Beute ergreifen sie mit den kräftigen Kieferzangen; danach werden die Insekten mit Stichen getötet. Die Beutetiere können hierbei um ein Vielfaches größer sein als die Ameise selbst. Fühlen sich die Ameisen gestört, geben sie zischende Warnlaute von sich und richten dem Angreifer ihre eindrucksvollen Beißwerkzeuge entgegen. Zudem verbreiten sie einen moschusartigen Geruch, der wahrscheinlich dazu dient, weitere Artgenossen zu alarmieren. Ponerinen-Ameisen sind auf der Atlantikseite weit verbreitet, scheinen aber auf der Pazifikseite zu fehlen.

Eine weitere in vielen Gebieten beheimatete Art ist die Südamerikanische oder Burchells Wanderameise (*Eciton burchelli*), die auf ihren Raubzügen in riesigen Heerscharen durch die Wälder ziehen. Kaum ein Tier ist sicher vor ihnen, da mehrere Ameisen gleichzeitig angreifen und zahlreiche Bisse verabreichen. Falls Sie bei einer Wanderung auf eine dieser meist 1 m breiten Straßen stoßen, sollten Sie versuchen, schnellstens darüber zu springen, bevor eine der Ameisen Ihre „chemische Signatur" aufgenommen hat und sie als Beutetier identifiziert.

> **Weiterführende Literatur zu diesem Thema:**
>
> HOGUE, C.L. (1993): Latin American Insects and Entomology.
> JANZEN, D.H. (1983): Costa Rica Natural History.

Naturschutzgebiete im Norden des Landes

Im Norden Costa Ricas liegen einige Nationalparks, die relativ wenig besucht werden, jedoch mit Attraktionen aufwarten können, die anderswo im Land schwer zu finden sind. An die Strände des Santa-Rosa-Nationalparks kommen alljährlich Tausende von Meeresschildkröten zur Eiablage, die Nationalparks Rincón de la Vieja und Tenorio in der Guanacaste-Kordillere weisen noch einiges an vulkanischer Aktivität auf, und das Caño-Negro-Schutzgebiet im nördlichen Teil der Provinz Alajuela ist das einzige zugängliche Sumpfgebiet des Landes und Rückzugsgebiet für eine Vielzahl von Vögeln. Der Santa-Rosa-Nationalpark und der Guanacaste-Nationalpark bilden zusammen mit dem Rincón de la Vieja und einigen kleineren Gebieten der Region die Guanacaste-Schutzzone.

Die meisten der genannten Schutzgebiete sind direkt über die Interamericana zu erreichen, abgesehen von dem Caño-Negro-Reservat, das besser über die Arenal-Region angefahren wird (siehe S. 179). Von San José aus zieht sich die Interamericana erst eine Zeit lang durchs Hochland der Provinz Alajuela und dann in die Tieflandregion der Guanacaste-Provinz. Liberia ist die Provinzhauptstadt und hat seit einigen Jahren einen internationalen Flughafen, der insbesondere von Charterfluggesellschaften genutzt wird, um Touristen in die Strandregion der Nicoya-Halbinsel zu befördern. Liberia hat eine Reihe von Hotels, die zur Zwischenübernachtung oder als Ausgangsbasis für Ausflüge in die nördlichen Nationalparks genutzt werden können.

> **ACG,**
> **Guanacaste Conservation Area**
> Aptdo 169-5000
> Liberia, Guanacaste
> Tel.: 00506-(0)2666-0630
> www.acguanacaste.ac.cr
> E-Mail: acg@acguanacaste.ac cr

Ein biologischer Korridor entlang der Guanacaste-Kordillere verbindet den Guanacaste-Nationalpark mit dem Rincón-de-La-Vieja-Nationalpark.

Santa-Rosa- und Guanacaste-Nationalpark

Etwa 37 km hinter Liberia führt eine Abzweigung nach links in den Santa-Rosa-Nationalpark und wenige Kilometer später nach rechts in den Guanacaste-Nationalpark. Während die Straße in den Santa-Rosa-Nationalpark bis zum Parkplatz geteert ist, führt der Weg zur Biologischen Station Maritza über eine Schotterpiste, die in der Regenzeit kaum befahrbar ist. Die Ab-

Santa-Rosa- und Guanacaste-Nationalpark

1 Santa-Rosa-Station	4 Santa-Elena-Station	7 Cacao-Station
2 Naranjo-Station	5 Murcielago-Station	8 Pitilla-Station
3 Nancite-Station	6 Maritza-Station	

Übersichtskarte Santa-Rosa- und Guanacaste-Nationalpark Grafik: J. Denzer

zweigung in den Murciélago-Sektor des Santa-Rosa-Parks liegt 48 km nördlich von Liberia in Richtung Cuajiniquil.

Der Santa-Rosa-Nationalpark kann ganzjährig besucht werden. In den Monaten Juni bis Oktober muss man allerdings mit heftigen Niederschlägen rechnen. Während der Santa-Rosa-Nationalpark zu den leicht zugänglichen Parks gehört, gestaltet sich der Besuch des Guanacaste-Nationalparks eher schwierig und bleibt dem mehr abenteuerlustigen Naturreisenden vorbehalten. Letzterer kann wegen seiner schlechten Zufahrtswege eigentlich nur in den trockenen Monaten (Januar bis März) ohne Schwierigkeiten erreicht werden. Trotz der damit verbundenen Umstände sind Reisen in diese Region des Landes besonders zu Beginn der Regenzeit zu empfehlen, weil dann die gesamte Vegetation in voller Blüte steht. Hauptattraktion während der eher regnerischen Monate sind die Eiablagen der Meeresschildkröten. Wer in der Trockenzeit reist, hat den Vorteil, an den wenigen vorhandenen, permanenten Wasserstellen viele Tierbeobachtungen machen zu können.

Im Santa-Rosa-Park gibt es eine kleine Lodge, deren Zimmer hauptsächlich Wissenschaftlern vorbehalten sind. Nach vorheriger Anmeldung ist Übernachten allerdings möglich, sofern genügend Platz vorhanden ist. Campingplätze gibt es bei den Verwaltungsgebäuden am Playa Naranjo und in der Nähe

Santa-Rosa- und Guanacaste-Nationalpark

Blick über den Trockenwald in Richtung Playa Nancite Foto: W. Denzer

des Playa Nancite. Für Besuch und Übernachtung am Playa Nancite wird eine Sondergenehmigung benötigt, die man in der Verwaltung erhalten kann. Die Maritza-Station im Guanacaste-Park besitzt einen Schlafsaal, jedoch ist für die Verpflegung selbst zu sorgen. Melden Sie sich frühzeitig an, falls Sie einen Besuch dieser Region planen.

Diese beiden Nationalparks erstrecken sich beiderseits der Interamericana und bedecken eine Fläche von über 800 km², von denen 495 km² auf den Santa-Rosa-Nationalpark und 325 km² auf den Guanacaste-Nationalpark entfallen. Hinzu kommen noch 780 km² Meeresschutzzone. Wegen der Ausbreitung ins Landesinnere findet man hier eine Reihe unterschiedlicher Vegetationsformen von Küstenwald bis Bergregenwald. Neben seiner biologischen Bedeutung gilt Santa Rosa im Lande als einer der geschichtsträchtigsten Orte der Neuzeit.

Auf der Santa-Elena-Halbinsel wurden einige der ältesten Gesteine der Region entdeckt, die auf 150 Millionen Jahre zurückdatieren. Lavaströme haben Teile des Gebietes vor 2–3 Mio. Jahren mit einer bis zu 300 m dicken Schicht überzogen.

Der Santa-Rosa-Nationalpark weist zwei wesentliche Vegetationsformen auf: Küsten-Mangrovenwald und laubabwerfenden Trockenwald. Außerdem existieren Flächen mit Sekundärbewuchs und Grassavannen, die nach Abholzung

Santa-Rosa- und Guanacaste-Nationalpark

Weißgummibaum (*Bursera simaruba*) Foto: W. Denzer
Ein Volk von stachellosen Bienen Foto: W. Denzer

Santa-Rosa- und Guanacaste-Nationalpark

in vergangener Zeit entstanden sind und nun sich selbst überlassen werden.

Der markanteste Baum des Trockenwaldes ist wohl der sogenannte „Indio Desnudo" („nackter Indianer"). Sein Name resultiert aus der dünnen, papierartigen roten Rinde, die den sonst grünen Stamm überzieht. Von Einheimischen wird er scherzhaft „sunburned gringo" („sonnenverbrannter Ausländer") genannt. Botanisch handelt es sich hierbei um den Weißgummibaum. Während der Monate November bis Mai ist er blattlos, wobei die Photosynthese von Chloroplasten unter der Rinde übernommen wird. Die Blüten erscheinen ab Ende April und sind eintägig. Männliche Blüten sind fünf Mal häufiger und weisen eine höhere Nektarproduktion auf. Die Bestäubung übernehmen stachellose Bienenarten der Gattungen *Trigona* und *Hypotrigona*. Die feigenförmigen Früchte sind während der Trockenzeit Hauptnahrung für Kapuzineraffen, Grauhörnchen sowie eine Reihe von Vögeln.

Der Níspero oder Kaugummibaum ist ein weiterer typischer, bis zu 30 m hoher Baum der trockenen Regionen. In früheren Zeiten, vor der Einführung synthetischer Gummiprodukte, bildete sein Saft die Grundlage für die Herstellung von Kaugummis. Besonders entlang der Versorgungsstraße in Richtung Playa Naranjo findet man viele Bäume dieser Art, die Schnittnarben von früheren Ernten aufweisen. Interessanterweise laubt der Níspero während der Regenzeit, um kurz darauf Blüten auszutreiben.

Der Boden ist an offenen, sonnenbeschienenen Stellen von immergrünen Mimosen überwuchert, die bei Berührung ihre Blätter zusammenfalten und herunterhängen lassen. In den laubabwerfenden Wäldern sind großwüchsige, bodenbewohnende Bromelien der Art *Bromelia penguin* beheimatet. Ihre stacheligen Blätter können eine Länge von 1,5 m erreichen, und die Pflanze kann bis zu einer Höhe von etwa 1 m und einem Umfang von 2,5 m heranwachsen. Eine ausgewachsene Pflanze gleicht einer stacheligen Festung und wird daher von einer Reihe kleiner Tiere als Unterschlupf benutzt.

Im Santa-Rosa-Nationalpark wird der nordamerikanische Einfluss auf die costa-ricanische Tierwelt besonders deutlich. Hier leben Weißwedelhirsche, Pumas, Waschbären und Kojoten. Letztere sind erst seit dem 19. Jahrhundert aus der Region bekannt. Sie besiedeln ausschließlich trockene Gebiete, die ihren traditionellen nordamerikanischen Habitaten sehr ähnlich sind. Weißwedelhirsche bevorzugen offene Habitate, da sie mit ihrem verzweigten Geweih im Regenwald nur schlecht zurechtkommen. Ihre Verbreitung beschränkt sich auf die pazifische Seite des Landes, wobei sich ihr Vorkommen von Meereshöhe bis 2.200 m (Monteverde) erstreckt. Im Santa-Rosa-Park leben mehrere Hundert Tiere, deren Population ständig steigt, da natürliche Feinde wie Pumas eher selten sind. Pumas scheinen keine Habitatpräferenzen zu besitzen. Sie leben im Regenwald, Trockenwald und durchstreifen offenes Terrain auf der Suche nach Beute. Obwohl sie tag- und nachtaktiv sind, gelingen Beobachtungen nur äußerst selten, da die Tiere sehr scheu sind und schon bei der geringsten

Santa-Rosa- und Guanacaste-Nationalpark

Annäherung leise die Flucht ergreifen. Insgesamt leben 115 Säugetierarten im Santa-Rosa-Nationalpark.

Die Vogelwelt ist mit über 250 Arten sehr reichhaltig und wegen der z. T. offenen Vegetation gut zu beobachten. Besonders häufig sieht man Graubussarde, Schwefeltyrannen (Bentevis) sowie Guatemalaspechte. Zu den seltenen Vögeln des Parks zählen Langschwanzpipras und Trogone. Der Schwarzkopftrogon lebt in den Galerie- und Auwäldern entlang der Wasserläufe. Während der Brutzeit von März bis Juli fordern Hinweisschilder der Parkbehörde zu ruhigem Verhalten auf, um die schreckhaften Tiere nicht bei ihrem Brutgeschäft zu stören. Schwarzkopftrogone legen bis zu drei Eier in Nester im Innern von bewohnten Termitenbauen ab. Wer diese Vögel beobachten möchte, benötigt dafür eine Menge Geduld.

Hauptattraktion des Santa-Rosa-Parks ist jedoch unbestritten die Eiablage der Bastardschildkröten während der Monate Juli bis Dezember. Abertausende dieser über 50 cm großen und 40 kg schweren Meeresbewohner suchen den Nancite-Strand des Parks auf. In sogenannten „arribadas" (Massenankünften) erreichen über 100.000 Tiere den nur 1 km langen und 100 m breiten Strand in 4–8 Nächten, d. h. manchmal mehr als 15.000 Schildkröten pro Nacht! Zwischen einzelnen Arribadas liegen oftmals zwei Wochen, in denen nur wenige Einzeltiere zur Ablage kommen. Versuche, den Auslöser dieses Phänomens zu ergründen, sind bisher fehlgeschlagen. Wissenschaftler halten Zusammenhänge mit den Mondphasen oder Gezeitenschwankungen für möglich, konnten jedoch bislang keine plausible Erklärung finden. Die eigentliche Eiablage dauert etwa 50–60 Minuten. Die Weibchen graben hierzu 40–50 cm tiefe Löcher in den Sand und legen darin ca. 100 Eier ab. Das Auffüllen mit Sand nimmt weitere zehn Minuten in Anspruch. Danach verlassen die völlig geschwächten Tiere den Strand und kehren in das offene Meer zurück. Kojoten, Waschbären und Weißrüsselbären beginnen dann, die Eier auszubuddeln und einen Teil der Brut zu vernichten. Bedenkt man allerdings die Menge an abgelegten Eiern, so sollte sich dieses Verhalten nicht schädlich auswirken. Die Jungtiere schlüpfen nach ca. 60 Tagen und haben den kurzen, aber sehr gefährlichen Weg zum Meer zurückzulegen. Auch der Schlupf erfolgt nachts in einer konzentrierten Massenaktion und erhöht somit die Überlebenswahrscheinlichkeit eines Einzeltieres erheblich. Trotzdem erreichen viele Jungtiere das Wasser nicht, da Fressfeinde bereits am Strand lauern. Eiablagen von Meeresschildkröten sind ein besonders beeindruckendes Erlebnis. Beachten Sie jedoch bitte, dass die Tiere

Schlüpfling der Bastardschildkröte (*Lepidochelys olivacea*) Foto: W. Denzer

Santa-Rosa- und Guanacaste-Nationalpark

Die Weibchen der Bastardschildkröte (*Lepidochelys olivacea*) kommen an Land
Foto: Arco Images/NPL Doug Perrine

unter enormem Stress stehen, und verhalten Sie sich dementsprechend ruhig. Jegliche Störung kann zu einem Abbruch des Legevorgangs führen. Folgen Sie daher strikt den Anweisungen des Nationalparkpersonals.

Der Santa-Rosa-Nationalpark ist in drei Sektoren eingeteilt: Santa Rosa, Santa Elena und Murciélago.

Die meisten Touristen besuchen nur den Santa-Rosa-Sektor mit seinem gut ausgebauten Wegsystem. Schon etwa 2 km hinter dem Parkeingang zweigt rechts von der asphaltierten Straße der Sendero Mirador ab. Er führt auf 2,5 km Länge durch den Trockenwald und zu einem Aussichtspunkt, der den Blick auf den Santa-Elena-Sektor freigibt. Die Berge im Hintergrund gehören mit einem Alter von 85 Mio. Jahren zur ältesten geologischen Formation des Landes. 7 km vom Parkeingang entfernt gelangt man zur Gedenkstätte La Casona. Auf dieser Hazienda fanden in den Jahren 1856 und 1955 historisch bedeutende Schlachten statt. Im Innern der Hazienda sind Ausstellungen zur Geschichte und Naturgeschichte Guanacastes zu sehen.

Am Parkplatz vor La Casona zweigt der 900 m lange Sendero Indio Desnudo ab. Hier werden in der Art eines Lehrpfades das Ökosystem des Trockenwaldes und die Lebensweise einiger Tiere und Pflanzen erklärt. Am Ende des Pfades gelangt man wiederum zur Straße nahe dem Ausgangspunkt.

Etwa 500 m bevor die Straße in Richtung La Casona abzweigt führt rechts ein Weg zu den Verwaltungsgebäuden und zum Campingplatz. Hier beginnen die Wanderwege zu den Stränden und Schildkrötenablageplätzen. In der Trockenzeit kann Playa Nancite mit einem Allradfahrzeug angefahren werden. Der Hauptweg zu den Stränden trägt den Namen Sendero Playa Nancite. Dieser Weg führt auf 22 km Länge zu dem gleichnamigen Strand und der Mündung des Quebrada Heradura. Zum Besuch des Playa Nancite ist eine Genehmigung der Verwaltung oder Nationalparkbehörde erforderlich. Folgt man dem Pfad, so zweigt nach 2 km linker Hand der Sendero Los Patos ab. Er ist 1,5 km lang und bietet schöne Ausblicke auf das Valle del Tigre. Durch schattigen Galeriewald führt er zum Río Poza Sa-

Santa-Rosa- und Guanacaste-Nationalpark

Säulenkaktus Foto: W. Denzer

lada herab; Vogelkundlern bieten sich in diesem Waldstück sehr gute Beobachtungsmöglichkeiten. Nach einem weiteren Kilometer entlang des Sendero Playa Nancite biegt rechts der 750 m lange Sendero Mirador Valle Naranjo ab, von dem aus der Strand sowie ein Teil der Mangrovenwälder an der Küste überblickt werden können. Kurz hinter der Abzweigung zum Sendero Playa Mirador beginnt der Abstieg zur Küste. Nach weiteren 2,5 km gelangt man an eine Weggabelung, die rechts zum Playa Nancite und links zum Playa Naranjo führt. Der Sendero Playa Nancite (El Estero) führt zum Campingplatz (4 km) und zum gleichnamigen Strand, der etwa 6 km von der Gabelung entfernt ist. Auf dem Sendero Playa Naranjo wird erst der Río Poza Salada überquert, und nach 6 km erreicht man den Campingplatz am Playa Naranjo. Der Weg zieht sich noch um die Laguna El Limbo zum südlichen Ende des Strandes herum. Etwa 1,5 km vor der Küste zweigt links nochmals ein Pfad ab. Der Sendero Carbonal führt an die Parkgrenze und wird nur sehr wenig begangen. Vom Naranjo kann man zum Nancite-Strand über den Sendero Palo Seco (Trockenwald-Weg) gelangen, der die beiden Hauptwege miteinander verbindet.

Weitere Wege befinden sich in der Umgebung der Parkverwaltung; allerdings sollten Sie sich vorher erkundigen, inwieweit die Trails begehbar sind. Der Sen-

Santa-Rosa- und Guanacaste-Nationalpark

dero Laguna Escondido endet an einem Tümpel, der während der Trockenzeit die einzige Wasserstelle des Gebietes darstellt. Hier finden sich entsprechend viele Tiere ein. Man sollte jedoch beachten, dass der Weg dorthin nach einem kräftigen Regenschauer sehr schlammig werden kann. Zudem führt er lange Zeit durch offenes Gelände, sodass man einen guten Sonnenschutz benötigt.

Der Bahia Punta Blanca im Murciélago-Sektor des Santa-Rosa-Nationalparks ist über eine Schotterstraße von Cuanijiquil zu erreichen. Diese Region ist größtenteils entwaldet und wird in einem Projekt wieder aufgeforstet. Die Strände sind sehr einsam, jedoch bedarf ein Besuch der Genehmigung der Ranger, die etwa 5 km hinter Cuajiniquil in einer kleinen Station leben.

Der Guanacaste-Nationalpark weist im Flachland einen Vegetationstyp auf, der überwiegend aus Trockenwaldpflanzen sowie Brach- und Weideland besteht, das der natürlichen Pflanzenbesiedlung überlassen wird. An den Hängen der Vulkane Orosí und Cacao sind allerdings noch Restbestände von prämontanem Regenwald und Nebelwald vorhanden. Der Park zieht sich von 200 m bis 1.659 m über Meereshöhe hinauf. Schätzungsweise 2.500 verschiedene Pflanzenarten bewohnen die unterschiedlichen Vegetationszonen, jedoch ist die vollständige Inventarisierung aller vorkommenden Spezies noch nicht abgeschlossen. Das Gleiche gilt für die Tierwelt, wobei seltene Arten wie Tapir und Jaguar in den höheren Lagen schon gesichtet wurden. Die Tieflandregion des Guanacaste-Nationalparks ist ein gutes Beispiel für einen biologischen Korridor zwischen zwei überwiegend unberührten Gebieten wie dem Santa-Rosa- und dem Guanacaste-Hochland. Überlässt man dieses Gebiet wie geplant noch für einige weitere Jahre sich selbst, so werden mehr und mehr Arten ihren ursprünglichen Lebensraum zurückerobern.

Die einzigen Wege im Guanacaste-Nationalpark starten an der Biologischen Station Maritza. Man hat die Möglichkeit, an den Hängen des Vulkans Orosí zu wandern oder über die Cacao-Station den Vulkan Cacao zu besteigen. Der Sendero Llano de los Indios führt überwiegend durch Weideland und kleinere Waldgebiete. Bei klarer Sicht hat man einen schönen Ausblick auf den Santa-Rosa-Park und das Guanacaste-Tiefland. Die Wanderung von Maritza zum Vulkan Cacao und zurück sollte frühmorgens angetreten werden, da die Strecke 18 km lang ist und etwa neun Stunden in Anspruch nimmt. Der Sendero Cacao führt durch Bergregenwald und Nebelwald zum Gipfel des Vulkans Cacao in 1.659 m Höhe. An klaren Tagen soll man den Nicaragua-See von hier aus sehen können. Wegen der Länge der Strecke sollten Sie sich über die Wegebeschaffenheit bei den Rangern erkundigen. Die Strecke ist nur erfahrenen Wanderern zu empfehlen! Wer unbedingt den Vulkan Cacao besuchen will, kann dies auch mit dem Allradfahrzeug über den Ort Quebrada Grande tun. Diese Versorgungsstraße ist in sehr schlechtem Zustand und führt zur Cacao-Station; ab hier sind es nur noch etwa 2,5 km zum Gipfel, jedoch müssen ca. 600 Höhenmeter überwunden werden.

Rincón-de-La-Vieja-Nationalpark

Der Nationalpark Rincón de La Vieja ist in zwei Sektoren unterteilt: Las Pailas und Santa Maria, die über Wanderwege miteinander verbunden sind. Ausgehend von der Interamericana, gestaltet sich der jeweilige Anreiseweg etwas unterschiedlich.

Um zum Las-Pailas-Sektor und der Lodge Rincón de La Vieja zu gelangen, verlässt man die Interamericana 5 km hinter Liberia rechts in Richtung Curubandé. Der Weg zu den hier liegenden Lodges und zum Nationalpark ist ausgeschildert und führt über das Gebiet der Hacienda Guachelín, an der eine Durchfahrtsgebühr von 2,50 US-Dollar bezahlt werden muss. Viele Besucher lassen ihr Fahrzeug bereits am Hinweisschild zum Nationalpark stehen und ziehen es vor, die letzten 500 m zu Fuß zu gehen, da die Strecke sehr schlecht ist. An dieser Stelle zweigt rechts der Weg zur Lodge ab.

Die Abfahrt zur Buena Vista Lodge westlich und etwas außerhalb des Las-Pailas-Sektors befindet sich an der Interamericana, 12 km nördlich von Liberia. Die Schotterstrecke führt über die Orte Cañas, Dulces und Buenavista zur Lodge.

Übersichtskarte Rincon-de-La-Vieja-Nationalpark Grafik: J. Denzer

1 Las-Pailas-Station   2 Santa-Maria-Station   C Canopy Tour

Rincón-de-La-Vieja-Nationalpark

Am Fuß des von-Seebach-Kraters befindet sich die Baumgrenze Foto: W. Denzer

Die Santa-Maria-Station erreicht man ab Liberia über den Ort San Jorge. Diese Straße ist in der Regenzeit allerdings nur mit Allradfahrzeugen befahrbar.

Die beste Reisezeit zum Besuch dieses Gebietes ist von Januar bis April, wenn Trockenzeit herrscht. In der Regenzeit ist der Vulkan meist nicht einmal zu sehen und somit ein Aufstieg nicht möglich. Die Nachttemperaturen sinken auf 10–15 °C ab. In der Gipfelregion ist es auch tagsüber nicht wärmer; hinzu kommen häufig starke Winde. Wanderungen sind auch außerhalb der Trockenzeit realisierbar, jedoch muss mit heftigen Schauern gerechnet werden.

Es geschieht ständig, dass sich Besucher in der Gipfelregion verlaufen oder von Regen und dichtem Nebel überrascht werden. Melden Sie sich daher vor dem Aufstieg bei der Parkverwaltung an. Offiziell ist dies ohnehin unerlässlich, wird jedoch leicht vergessen! Sollten Sie einen sehr frühen Aufbruch vor Öffnung des Parks planen, hinterlassen Sie Ihren Namen und den Namen Ihrer Lodge auf einem Zettel an der Parkverwaltung. Nach Ihrer Rückkehr sollten Sie sich wieder abmelden, um unnötige Suchaktionen zu vermeiden. All dies ist nur zu Ihrer eigenen Sicherheit und nimmt nicht mehr als fünf Minuten in Anspruch.

Der Rincón-de-la-Vieja-Nationalpark ist nach dem gleichnamigen Vulkan benannt, der mit 1.806 m zu den höchsten aktiven Vulkanen der Guanacaste-Kordillere gehört. Die Gesamtfläche des Parks beträgt 14.000 ha und erstreckt sich an

Rincón-de-La-Vieja-Nationalpark

Schlammvulkan Foto: W. Denzer

den Hängen des Vulkanmassivs über 1.200 Höhenmeter. Die höchste Erhebung ist der 1.907 m hohe Vulkan Santa Maria, gefolgt von dem von-Seebach-Vulkan mit 1.896 m. Das Rincón-de-La-Vieja-Massiv ist ein Stratovulkan, der aus wahrscheinlich neun aktiven Zentren zu einem großen Vulkan zusammengewachsen ist. Das Massiv bedeckt heutzutage eine Fläche von über 400 km². Der Hauptkrater des Rincón de La Vieja verzeichnete seine letzten Ausbrüche in den Jahren 1991, 1995 und 1997. Beim ersten Ausbruch wurden Teile der Dörfer und der Landwirtschaft am Fuß des Vulkans stark geschädigt. Im Allgemeinen ist die vulkanische Aktivität jedoch auf Fumarolen, heiße Schlammlöcher und Thermalquellen beschränkt. Die kargen Lavafelder sind allerdings Zeugen vergangener Ausbrüche. Nur wenige Pflanzen wie Farne und Klusien haben es geschafft, den Lebensraum in der Gipfelregion zurückzuerobern.

Im Park entspringen 32 Flüsse, die für die Wasserversorgung der trockenen Guanacaste-Region lebenswichtig sind. Viele kleine Bäche haben heiße Quellen, die mit schwefelhaltigem Wasser gespeist werden. Diese Bäche sind lebensfeindlich für eine Vielzahl von Tieren. Immer wieder kann man tote Amphi-

Rincón-de-La-Vieja-Nationalpark

Fumarolen stoßen schwefelhaltigen Dampf aus Foto: W. Denzer

bien entdecken, die sich zu weit in das heiße Wasser gewagt haben.

Für Besucher sind die heißen Quellen dagegen eine willkommene Abwechslung. Auf den Haziendas der Umgebung werden Ausflüge zu den Quellen und Schlammlöchern angeboten, auf denen man eine natürliche Schlammpackung und erfrischende Bäder genießen kann. In den schwefelhaltigen Dämpfen der Fumarolen hat man das Gefühl, in einer „natürlichen" Sauna zu stehen.

Die unteren Regionen des Rincón-de-La-Vieja-Massivs werden überwiegend zur Viehzucht genutzt, sodass man auf der Anfahrt durch Öd- und Kulturland muss. Erst innerhalb des Nationalparks, oberhalb 900 m findet man prämontanen Regenwald, der in höheren Lagen in Nebelwald übergeht. Die Baumgrenze wird bei etwa 1.600 m erreicht. Oberhalb der Baumgrenze, bis in die Nähe der Krater, wachsen meterhohe Gräser und Bambusarten. An den Bächen stehen Klusien (Balsamapfel) und Senezien (Kreuzkrautgewächse), die an die starken Schwankungen des Kleinklimas angepasst sind. Die Wälder des Nationalparks beherbergen eine der größten Populationen der Nationalblume Costa Ricas: *Cattleya skinneri*. Im Bosque Encantado in der Nähe der Santa-

Rincón-de-La-Vieja-Nationalpark

Blauscheitelmotomot (*Momotus momota*)
Foto: W. Denzer

In den Wäldern lebt der schwarze Tuberkelhokko, der bis zu 90 cm groß werden kann. Er sucht am Boden nach Früchten und fliegt nur selten auf Bäume. Bei Störung zieht er es meist vor, wegzurennen. In der Buschvegetation halten sich Blauscheitelmotmots und Brauenmotmots auf. Mit Glück entdeckt man auf den Viehweiden einen Karakara. Dieser bis zu 60 cm große Raubvogel bewegt sich häufig durch die offene Vegetation, wo er nach toten Säugern und Schlangen Ausschau hält. Ebenfalls offenes Gelände bevorzugen Riefenschnabel-Anis und Dohlengrackeln. Goldkinnsittiche und Glatzenköpfe ziehen in großen Gruppen von Baum zu Baum.

Reptilien scheinen in diesem Nationalpark besonders häufig zu sein. So kann man leicht Schwarze Leguane, verschiedene Anolis-Arten und Stachelleguane beobachten. Besucher des Las-Pailas-Trails haben gute Aussichten, Korallenschlangen oder sogar Lanzenottern zu sehen.

Maria-Station ist diese Orchidee, deren Blüte dunkel rosa ist und eine helle Kehle besitzt, häufig anzutreffen.

Pakas und Agutis sind am Berg häufig anzutreffen. Außerdem sind Neunbinden-Gürteltiere am Rincón de La Vieja sowohl im Wald als auch in der offenen Grasvegetation zu finden. Im Gegensatz zu anderen Tieren, die es vorziehen, bei Störung lautlos und unerkannt zu verschwinden, zeichnen sich Gürteltiere durch ihre lautstarke Flucht aus. Sie sind überwiegend nachtaktiv und verbringen den Tag in unterirdischen Bauen. Ihre bevorzugte Nahrung besteht aus Ameisen, Termiten und Insekten, jedoch werden Früchte und Kleintiere nicht verschmäht.

Im Nationalpark gibt es zahlreiche Wege, die 2–8 Stunden Wanderzeit beanspruchen. Außerdem können Touren von den umliegenden Lodges auf deren Gebiet oder in den Park auf Pferden unternommen werden. Die touristisch interessanten Pfade starten ausnahmslos ab der Las-Pailas-Rangerstation, sodass hier nur kurz der Verbindungsweg zwischen beiden Stationen erwähnt wird. Der 9 km lange Sendero a Las Pailas beginnt vor der Hacienda Santa Maria. Nach 750 m zweigt links der Sendero Bosque Encantado („der verwunschene Wald") ab, in dem ein kleiner Wasserfall und zahlreiche Bäche zu besichtigen sind. Hier wachsen große Bestände der Natio-

Rincón-de-La-Vieja-Nationalpark

nalblume „Guaria Morada" (*Cattleya skinneri*). Nach weiteren 2,5 km auf dem Hauptweg zweigt links ein Pfad zu den Thermalquellen (Aguas Thermales) ab, in denen ein Bad erlaubt ist. Besonders an kalten, regnerischen Tagen ist das sehr wohltuend. Folgt man dem Hauptweg noch einmal 4 km, so trifft man auf den Sendero Las Pailas, der letztendlich zur Station führt. Für die gesamte Wanderung mit Besuch des Bosque Encantado und einem eventuellen kurzen Bad in den Aguas Thermales sollten sechs Stunden eingeplant werden. Wer nur auf dem Hauptweg zwischen den beiden Stationen wandert, kann die Strecke in 3–4 Stunden bewältigen. Unterwegs muss der Río Negro überquert werden, was nach lang andauernden Regenfällen ein Abenteuer sein kann. Erkundigen Sie sich daher vor Antritt der Wanderung über die Passierbarkeit der Flüsse.

Hinter der Las-Pailas-Parkverwaltung zweigt rechts der 3 km lange Sendero Las Pailas ab. Der Rundweg führt durch primären Regenwald und offenes Gelände zu Schlammlöchern, Fumarolen und einem Wasserfall. Dies ist der meistbegangene Weg des Parks, da man hier die unterschiedlichen Erscheinungsformen von Vulkanismus besichtigen kann. Kurz nach Beginn des Pfades ist der Río Colorado zu überqueren. In der Trockenzeit ist der Fluss an dieser Stelle nur knietief. Nach Regenfällen reicht er oft bis zur Brust. Aus diesem Grunde ist in Kopfhöhe ein Führungsseil angebracht, das einen sicher über den Fluss geleitet. Nach kurzer Zeit gelangt man an eine Weggabelung, die den Anfang beziehungsweise das Ende des Sendero

Keilschwanzsittich (*Aratinga canicularis*)
Foto: W. Denzer

Las Pailas markiert. Folgt man dem Weg im Uhrzeigersinn (linke Abzweigung), so wird nach wenigen Hundert Metern ein Wasserfall inmitten des Waldes erreicht. Während der Regenzeit ist er ca. 30 m hoch und 10 m breit und ein lohnender Ort, um nach Amphibien Ausschau zu halten. Nach einer weiteren Bachüberquerung, die trockenen Fußes bewältigt werden kann, weisen Hinweisschilder zur Laguna Fumarolica und zu den Fumarolen Pailas de Agua. Die Laguna Fumarolica ist ein schwefelhaltiger Tümpel, in dem es an allen Stellen brodelt. Das Wasser ist kochend heiß, sodass Sie der Versuchung widerstehen sollten, Ihre Finger hineinzustecken. Die Fuma-

Rincón-de-La-Vieja-Nationalpark

rolen sind wie kleine Vulkane, die heißen Wasserdampf produzieren. Ein Wegweiser „Salida" führt Sie wieder auf den Hauptweg zurück.

Die nächste Attraktion ist ein Schlammloch von einigen Metern Durchmesser, das den Namen Volcánito trägt („Kleiner Vulkan"). In unregelmäßigen Abständen wird heißer Schlamm ausgestoßen, der mehrere Meter in die Höhe geschleudert wird. Am Rand des Schlammloches sind zwar Geländer angebracht, die einen Mindestabstand schaffen sollen, trotzdem können die Schlammspritzer Sie hier noch erreichen. Dies kann vor allem für Besucher mit Kameras eine unangenehme Überraschung sein. Auf der Hälfte des Rundganges zweigt links der Weg zur Santa-Maria-Station und den Thermalquellen ab (7 km). Der Sendero Las Pailas führt über teilweise offenes Gelände zunächst zu einer Reihe weiterer Schlammlöcher (Pailas de Barro) und Fumarolen, bis man nach zwei Stunden wieder an der Gabelung ankommt, an der man gestartet ist. Auf dem Rundweg können selbstverständlich auch Tiere beobachtet werden. So sind Sichtungen von bunt geringelten Korallenschlangen, Neunbinden-Gürteltieren, Kapuziner- und Klammeraffen keine Seltenheit.

Ein anderer lohnenswerter Weg startet links hinter der Parkverwaltung und führt zu Wasserfällen bzw. einer 5 km entfernten, romantischen blauen Lagune, die von einem Wasserfall und einer Thermalquelle gespeist wird. Zu Beginn folgt der Weg dem Aufstieg zum Krater und zweigt dann nach 400 m links ab. Zunächst muss der Río Blanco überquert werden. In einer Bucht flussabwärts ist das Baden gestattet, und ein Schild mit der Aufschrift „Poza del Río Blanco" weist den Weg. Eine weitere Bachüberquerung folgt am Quebrada Agria. Kurz darauf zweigt links ein Pfad ab zu den Cataratas Escondidas, den verborgenen Wasserfällen. Der Weg führt zu zwei schönen Wasserfällen, jedoch muss man für deren Besichtigung erhebliche Steigungen und einen teilweise schlammigen Weg in Kauf nehmen. Die Strecke von der Rangerstation bis zu den Wasserfällen beträgt 4,3 km und sollte nicht mehr als 1,5 Stunden beanspruchen. Auf dem Hauptweg folgt man den Wegweisern zum Catarata la Cangreja, der offizielle Name der Blauen Lagune. Nach zwei Stunden hat man die Lagune erreicht, sodass genügend Zeit für ein erfrischendes Bad bleibt, bevor der Rückweg angetreten wird. Die Lagune wird von einem etwa 15 m hohen Wasserfall des Quebrada Zanja Tapada sowie auf der linken Seite vor dem Wasserfall von einer kleinen Thermalquelle gespeist. Das Wasser ist nur etwa 2 m tief, und es kann gefahrlos hier gebadet werden. Es ist möglich, sich hinter den Wasserfall auf den Felsen zu begeben, der wie ein Vorhang hinabfällt.

Eine andere Möglichkeit, die Blaue Lagune zu erreichen, bietet sich per Pferd ab der Buena Vista Lodge an der Westseite des Nationalparks. Der Ausritt dauert 1–1,5 Stunden bis zur Parkgrenze und führt über Weideland sowie durch Trockenwald. An der Parkgrenze werden die Pferde zurückgelassen, und nach 30 Minuten Gehzeit gelangt man an die Lagune. Auf dem Gelände der Buena Vista Lodge gibt es ebenfalls

Rincón-de-La-Vieja-Nationalpark

Blaue Lagune Foto: W. Denzer

Rincón-de-La-Vieja-Nationalpark

Schlammlöcher und Fumarolen. Auf einer Tagestour wird ein Schlammbad mit anschließender natürlicher Sauna in den Fumarolen angeboten. Den Abschluss bildet ein erfrischendes Bad in einem kalten Bergbach. Weiterhin kann man kombinierte Pferde-Trekking-Touren zur Kraterregion des Rincón-de-La-Vieja-Massivs unternehmen. Auf der Farm existiert neben Pferde- und Rinderzucht auch noch ein schönes, mit Regenwald bewachsenes Gebiet, in dem Wanderwege und Aussichtspunkte angelegt wurden.

Höhepunkt des Besuches im Nationalpark ist die Besteigung des Gipfels. Diese Exkursion ist allerdings nur Personen mit guter Kondition zu empfehlen, da Hin- und Rückweg zusammen sieben Stunden in Anspruch nehmen und etwa 1.000 Höhenmeter zu überwinden sind. Pferde werden auf dieser Route nur in der Trockenzeit zugelassen. In der Regenzeit sollten Sie den Anweisungen der Ranger Folge leisten, da diese abzuschätzen vermögen, ob der Gipfel sicher erreicht werden kann oder nicht. Wer ernsthaft den Gipfel besteigen möcht, sollte mindestens zwei Tage Zeit haben, um bei schlechten Wetterbedingungen auf den folgenden Tag ausweichen zu können. Der Aufstieg bis zur Baumgrenze bei Sitio Copelares ist jederzeit möglich, der Gipfelaufstieg ist allerdings stark von den Wetterbedingungen abhängig. Nach Erreichen des Lavafeldes befinden sich die Wegemarkierungen in etwa 50 m Abstand. Bei schlechter Sicht können diese dann nicht mehr erkannt werden und ein Verlaufen ist vorprogrammiert.

Der Pfad zum Gipfel startet links hinter der Parkverwaltung. Nach kurzer Zeit führt er in den Primärwald mit prämontaner Vegetation. Hier sind häufig Weißgesicht-Kapuzineraffen und Agutis zu beobachten. Außerdem kann man eine Reihe von Vögeln entlang des Weges sehen. Die 6 km bis Sitio Copelares sind zwar stetig ansteigend, im Übrigen aber ein angenehmer Waldspaziergang. Bei Sitio Copelares befindet man sich im Bergregenwald, der durch kleinwüchsige Palmen und Bambushaine gekennzeichnet ist. Kurz darauf wird die Baumgrenze und eine Weggabelung erreicht. Hier bietet sich ein schöner Ausblick auf den von-Seebach-Krater und auf die Guanacaste-Ebene. Der Weg zur Linken führt über den Kraterrand des von-Seebach-Kraters zum Rincón-de-La-Vieja-Krater. Der Aufstieg ist mittelschwer und sollte nur bei klarer Sicht angegangen werden. Ein weiterer, unmarkierter Trail führt zur Laguna Jilgueros, an der sich viele Tiere, einschließlich Tapire, regelmäßig einfinden sollen. Dieser Pfad ist aber auf den offiziellen Karten nicht mehr aufgeführt und sollte demnach nur nach vorheriger Absprache mit der Parkverwaltung benutzt werden. Der eigentliche Aufstieg zum Gipfel zweigt rechts ab. Er führt zunächst steil bergab zu einem kleinen Bach, dessen Wasser trinkbar ist. Daraufhin folgt der Weg dem Bergrücken durch teilweise meterhohe Busch- und Bambusvegetation. Am Ende dieses anstrengenden Aufstiegs wird das Lavafeld erreicht. Der weitere Weg ist durch Steinpyramiden und farbige Plastikbänder gekennzeichnet.

Rincón-de-La-Vieja-Nationalpark

Sollten Sie hier bereits in den Wolken sein, so ist eine Umkehr empfehlenswert, weil man bei Nebel schnell die Orientierung verlieren kann. Die Vegetation auf dem Lavafeld ist sehr karg, da kleinere Ausbrüche im Laufe der Jahre immer wieder vorkommen. Am Ende des Weges nach etwa 1 km erreicht man ein kleines Gipfelkreuz, und mit viel Glück kann man von dort aus in den Rincón-de-La-Vieja-Krater herabsehen. Für den Aufstieg sollten 3,5–4 Stunden eingeplant werden. Bei einem frühen Aufbruch erhöht sich die Wahrscheinlichkeit, klare Sichtbedingungen vorzufinden. Üblicherweise ziehen die Wolken in dieser Region in den späten Vormittagsstunden gegen 11.00 Uhr auf. Ein zügiger Aufstieg verhilft einem zudem zu mehr Zeit für Naturbeobachtungen auf dem Rückweg.

Zusätzliche Exkursionen sind auf dem Gebiet des Rincón-de-La-Vieja-Hotels möglich, das nur 2 km von der Parkverwaltung bei Las Pailas entfernt ist. Ein Ausflug etwa führt per Pferd zu einem schwefelhaltigen Tümpel, der in ein kleines Thermalbad umfunktioniert wurde.

> **Hotel Rincón de La Vieja**
> Tel.: 00506-(0)2200-0238
> Fax: 00506-(0)2666-2441
> E-Mail: info@hotelrincondelavieja.com
> www.hotelrincondelavieja.com

Ein weiterer Höhepunkt ist eine Canopy-Tour, bei der man sich an einem Stahlseilsystem zwischen verschiedenen Plattformen im Kronendach des Regenwaldes bewegt. Die einzelnen Bäume, auf denen die Plattformen untergebracht sind, liegen zwischen 25 und 75 m auseinander. Das Seilsystem befindet sich dabei in etwa 15–20 m Höhe. Ob sich auf der abenteuerlichen Tour durch die Baumkronen Tiere beobachten lassen, wird vom Zufall bestimmt. So kann es vorkommen, dass man sich auf gleicher Höhe mit einer Gruppe von Brüllaffen oder Tukanen befindet. Üblicherweise scheucht der Lärm, den die Rollen auf dem Stahlseil erzeugen, jedoch die Tiere frühzeitig auf. Lohnenswert ist diese Exkursion aber allemal, und sei es nur des Vergnügens wegen.

Etwas nördlich des Parks liegt die Buena Vista Lodge (Tel./Fax: 00506-(0)690-2665-7759, www.buenavistalodgecr.com, E-Mail: info@buenavistalodge.cr.com). Auf der Farm existieren eine Reihe von Wanderwegen sowie heiße Quellen und Schlammlöcher. Reitausflüge in das Nationalparkgebiet werden täglich angeboten. Im Umkreis des Parks liegen noch weitere Lodges, die alle ähnlichen Standard aufweisen. Seien Sie aber immer darauf gefasst, dass die Unterkünfte möglicherweise keine Warmwasseraufbereitung besitzen. Nach Rücksprache mit der Verwaltung ist es auch möglich, im Nationalpark zu zelten.

Bei der Santa-Maria-Rangerstation existieren Übernachtungsmöglichkeiten in einfachen Hütten. Dieser Teil des Nationalparks wird erheblich weniger besucht als der Las-Pailas-Sektor. An der Rangerstation beginnt der Sendero el Colibri, der durch den Bosque Encantado zu Thermalquellen und letztendlich in den Las-Pailas-Sektor des Nationalparks führt.

Umgebung von Cañas und Río Corobicí

Folgt man der Interamericana in Richtung Süden, so erreicht man die Orte Río Corobicí und Cañas. Etwa 7 km nördlich von Cañas liegt die Hacienda La Pacifica, ein privates Schutzgebiet am Río Corobicí, das dem künstlich angestauten Arenalsee entspringt (www.pacificacr.com). Auf dem Gelände befinden sich Unterkünfte, Farmland sowie Trockenwald. Das Hotel besitzt eine Bibliothek, die auf Trockenwaldökologie spezialisiert ist. In der Hotelanlage tummeln sich Mantelbrüllaffen; bei genauerem Hinsehen bemerkt man, dass die Tiere mit Halsbändern markiert sind. Dies dient dazu, bei wissenschaftlichen Studien einzelne Individuen identifizieren und den Familiengruppen zuordnen zu können. Im offenen Gelände sieht man die Dohlengrackeln, deren Gefieder im Sonnenlicht glänzt. Langschwanzhäher ziehen in Gruppen lautstark durch die Anlage.

Am Río Corobicí verlaufen zwei Pfade flussaufwärts durch den Galeriewald. Der Las-Garzas-Trail kann auf eigene Faust erkundet werden. Er ist nur etwa 2 km lang, vermittelt allerdings einen ausreichenden Einblick in die Flora und Fauna des Gebietes. In der Ufervegetation sieht man Grüne Leguane und Helmbasilisken. Am Fluss sind verschiedene Reiherarten wie Grün- und Marmorreiher beheimatet. Der Sendero del Chocoacu kann nur mit einem Führer begangen werden. Er führt flussabwärts und als Besonderheit zu den Nistplätzen von Kahnschnäbeln. Eine weitere Tour führt entweder zu Pferd oder per Mountainbike in den Bosque Deciduo Roca Blanca. Hier findet man Trockenwaldvegetation, in der Weißwedelhirsche und Mantelbrüllaffen zu beobachten sind.

Wenige Hundert Meter nördlich der Hacienda La Pacifica liegt Safaris Corobicí (Tel.: 00506-(0)2669-6191). Von hier aus werden mehrstündige Wildwasserfahrten auf dem Fluss unternommen. Nach etwa 500 m entlang der Interamericana in Richtung Cañas zweigt links ein Weg ab, der auf Privatgrundstück führt. Am Ende der Schotterstraße befindet sich das Centro de Rescate Las Pumas (www.laspumas.org; E-Mail: laspumas@racsa.co.cr; Tel.: 00506-(0)2669-6044, Eintritt 5 US-Dollar). Der kleine Zoo beherbergt Jaguare, Pumas und Ozelots. Außerdem werden Jaguarundis, Baumozelots und einige Vögel gehalten. Die Anlage wurde von der Schweizerin Lily Hagnauer aufgebaut, die mit ihrem Mann in den späten 1950er-Jahren nach Costa Rica auswanderte. Die Tiere stammen sämtlich aus Beschlagnahmungen oder wurden krank und hilflos aufgefunden. Das Futter für die Tiere wird durch Eintrittsgelder, Spenden und eine Wellensittichzucht finanziert. Der kleine Zoo bietet sicherlich die beste Gelegenheit, einmal alle Raubkatzen Costa Ricas aus nächster Nähe zu bestaunen. Ein Besuch lohnt sich, und eine Spende hilft dem Projekt sowie dem Tierschutz. Las Pumas ist täglich von 08.00–16.00 Uhr geöffnet.

Ausgehend von Río Corobicí führt die Straße 6 weiter ins Inland und zu den Vulkanen Miravalles und Tenorio. Kurz bevor man den Ort Bijagua erreicht, befindet sich auf der rechten Seite

Umgebung von Cañas und Río Corobicí

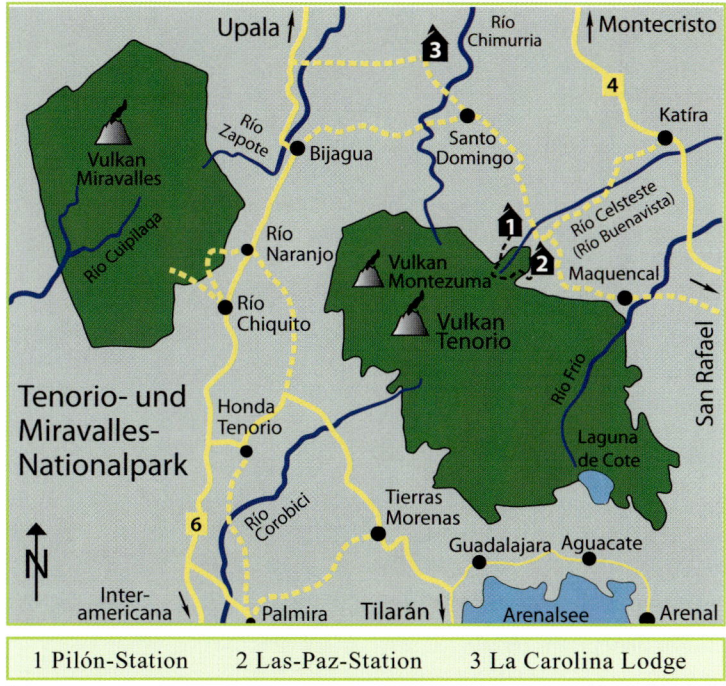

1 Pilón-Station   2 Las-Paz-Station   3 La Carolina Lodge

Übersichtskarte Vulkane Tenorio und Miravalles Grafik: J. Denzer

eine Abfahrt zur Tenorio Lodge, die an den Hängen des Vulkans gelegen ist (www.tenoriolodge.com; E-Mail: info@tenoriolodge.com; Tel.: 00506-(0)2466-8282, Fax: 00506-(0)2446-8461). Der Lodge ist eine große Finca angeschlossen, auf der Trails angelegt wurden. Teile des Gebietes werden wieder aufgeforstet. Die Lodge ist ein guter Ausgangspunkt für Ausflüge in die Umgebung und den Tenorio-Nationalpark.

Die Straße 6 verläuft weiter zwischen den Vulkanen Tenorio und Miravalles bis zum kleinen Ort Bijagua. Etwa 6 km hinter Bijagua zweigt rechts eine Schotterpiste ab, die in den Tenorio-Nationalpark führt. Nach weiteren 4 km erreicht man eine Stelle, an der sich ein kleiner Laden befindet und wo es nach rechts in den Park geht (nochmals etwa 7 km) und geradeaus zur La Carolina Lodge (Tel.: 00506-(0)83801656, E-Mail: info@lacarolinalodge.com, www.lacarolinalodge.com). Alternativ kann die Region ab dem Arenalsee auf der Straße 4 angefahren werden. Im Ort Katira biegt man dann links in Richtung Santo Domingo ab, nimmt dann im Ort den Ab-

Umgebung von Cañas und Río Corobicí

zweig nach rechts und erreicht nach wenigen Kilometern die Lodge.

La Carolina ist eine recht rustikale Unterkunft am Río Chimurria. Auf dem Areal gibt es Pfade, die in den umliegenden Wald führen, sowie die Möglichkeit, auf Pferden die weitere Umgebung der angeschlossenen Ranch in Augenschein zu nehmen. Neben einfachen Unterkünften steht auch ein Bungalow zur Verfügung, der besonders denen zu empfehlen ist, die mehrere Tage vor Ort bleiben wollen. Die Ranch und die Unterkünfte werden von Einheimischen versorgt. Aufgrund der Abgeschiedenheit gibt es keinerlei Getränke oder Snacks zu kaufen. Sie sollten daher etwaige benötigte Rationen vorher besorgen oder den Weg zum oben angeführten Laden auf sich nehmen. Der Guide der La Carolina Lodge, Alexandro Parilla, ist in der Region aufgewachsen und besitzt ausgesprochen gute Naturkenntnisse. Wenn Sie eine Tour in den Tenorio-Nationalpark über La Carolina buchen, werden Sie von ihm begleitet. In direkter Umgebung der Lodge sind eine Vielzahl von Vögeln zu beobachten, darunter Kolibris und Papageien. Am Río Chimurria lohnt es sich, abends nach Amphibien Ausschau zu halten, deren Rufe man überall vernehmen kann.

Tenorio-Vulkan- und Miravalles-Nationalpark

Die Schotterstraße, die zum Nationalparkeingang El Pilón führt, sollte zumindest in der Regenzeit nur mit allradgetriebenen Fahrzeugen befahren werden. Trotz der nur insgesamt 11 km ab der Straße 4 sollten Sie etwa 20–30 Minuten für den Weg einkalkulieren. Die Rangerstation am Parkeingang bei El Pilón ist täglich von 08.00–16.00 Uhr geöffnet, und im Büro ist eine Trailkarte erhältlich (weitere Informationen: E-Mail: tenorio@acarenaltempisque.org; www.acarenaltempisque.org).

Trailmap Tenorio-Nationalpark
Grafik: J. Denzer

Im Nationalpark befinden sich zwei Vulkane. Der Tenorio ist 1.916 m hoch und besitzt mehrere Krater, während der Montezuma 1.507 m hoch ist und Zwillingskrater aufweist. Aufgrund der Höhenlage findet man im Gebiet vorwiegend Berg- und Nebelwald. Nach Aussagen eines einheimischen Führers soll hier die zweithöchste Populationsdichte von Tapiren im Land herrschen. Dies ist nicht auszuschließen, da die Region um die Vulkane Tenorio und Miravalles von landwirtschaftlicher Nutzung in höheren Lagen verschont blieb. Hier wächst

Tenorio-Vulkan- und Miravalles-Nationalpark

die in der Guanacaste-Kordillerre endemische Pflanze „El Jicaro Danto" (*Parmentiera valerii*), deren Früchte zur bevorzugten Nahrung von Tapiren zählen. Tapirsichtungen sind jedoch im Innern des Waldes sehr schwierig und meist auf die Umgebung der Laguna Danta (Tapirsee) beschränkt.

Die Wege ab El Pilón sind gut bezeichnet, teilweise auch beschildert, und ein Rundgang lässt sich in etwa drei Stunden bewältigen. Der Hauptweg beginnt direkt am Parkplatz und führt ein kurzes Stück durch Sekundärwald, bevor er in den eigentlichen Bergwald vordringt. Nach einigen Hundert Metern zweigt rechts ein Pfad ab, der steil abwärts zu einem Wasserfall führt. Besonders nach Regenfällen sind die moosbewachsen Steine sehr glitschig, und man sollte Vorsicht walten lassen. Der Wasserfall ist schon von Weitem zu hören und wird je nach Wegbeschaffenheit nach etwa 5–10 Minuten erreicht. Der Pfad führt zur eigentlichen Attraktion des Nationalparks: dem Río Celeste, dessen offizieller Name auf Karten als Río Buenavista verzeichnet ist. Das mineral-

Río-Celeste-Wasserfall Foto: F. Valverde

Tenorio-Vulkan- und Miravalles-Nationalpark

An einigen Stellen wachsen meterhohe Baumfarne Foto: W. Denzer

haltige Wasser im Auffangbecken unterhalb eines Wasserfalls bricht das Sonnenlicht in strahlendem Türkis. Da dieser Teil des Trails am Wasserfall endet, muss der gleiche Weg zurück gewählt werden, bis man wieder auf den eigentlichen Trail trifft.

Der Hauptweg führt als Nächstes zu einer Aussichtsplattform (Mirador), von der aus man bei klarer Sicht den Tenorio-Vulkan sehen kann. In der Umgebung der Plattform wachsen mächtige Baumfarne, von denen einige bis zu 3 m hoch sind. Der Pfad führt nun wieder ein Stück bergab, und man gelangt an eine Stelle, an der im vorbeifließenden Bach Blasen aufsteigen, die vom vulkanischen Ursprung des Gebietes zeugen. Der schwefelige Geruch ist deutlich wahrnehmbar, allerdings nicht so stark, wie bei einer nahe liegenden Grube, aus der ein sehr unangenehmer Geruch entsteigt. Diese Grube trägt den wohlverdienten Namen „pozo hediondo" („Stinkloch"). Viele Tiere, die in die Grube fallen, sind nicht in der Lage, an den lehmigen Wänden hochzuklettern und sterben einen Erstickungstod oder an einer Schwefelvergiftung.

Der Weg führt nun zur Blauen Lagune, die ebenfalls bei Sonnenschein an einigen Stellen leuchtend türkis erscheint. Im Folgenden müssen zwei Bäche über Behelfsbrücken überquert werden, um zu den sogenannten Teñidores zu gelangen, wo sich der Zusammenfluss von Río Celeste und Río Roble

Caño-Negro-Tierschutzgebiet

befindet. Hier mischen sich, ähnlich wie bei der Blauen Lagune, ein mineralhaltiger, blauer und ein sedimentführender, trüber Fluss. Die blaue Farbe rührt von Kobalt- und Kupfersalzen her.

Ausgehend vom Tenorio-Nationalpark kann man in wenigen Stunden die Arenal-Region oder die nördlich gelegene Laguna Caño Negro besuchen. Man benutzt dabei am besten die Straße von Upala in Richtung Fortuna am Vulkan Arenal, und, um wieder in Richtung Norden zu gelangen, den Abzweig nach Los Chiles bei Muelle. Hier lohnt es sich auf alle Fälle, eine kurze Rast einzulegen. Beiderseits der Brücke über den Fluss haben einheimische Restaurantbesitzer eine Heerschar von Grünen Leguanen angesiedelt. Viele der Tiere sind orangerot gefärbt.

Caño-Negro-Tierschutzgebiet

Die Straße in Richtung Los Chiles ist recht neu und in gutem Zustand. Die Abzweigung nach Caño Negro befindet sich auf der linken Seite und ist ausgeschildert. Hier beginnt eine Schotterstrecke, die jedoch leicht befahrbar ist. Anfänglich zieht sich die Strecke durch Farmland mit hauptsächlich Viehwirtschaft. Da man ohnehin langsam fahren muss, lohnt es sich, nach Vögeln Ausschau zu halten. Sittiche, Anis und Raubvögel sind an der Tagesordnung. Mit einem guten Auge sollten Sie auch eines der vielen Faultiere des Gebietes entdecken, insbesondere wenn die Bäume nur wenig Laub tragen. Je näher man an das eigentliche Schutzgebiet gelangt, desto sumpfiger wird die Landschaft beiderseits der Straße. Die Vegetation wird dichter und ist von Binsen und Schilfgräsern bestimmt.

Das Tierschutzgebiet Caño Negro befindet sich im äußersten Norden des Landes nahe der Grenze zu Nicaragua. Neben dem Palo-Verde-Nationalpark zählt dieses Gebiet zu den vogelreichsten Regionen des Landes. Große Ansammlungen des Rosa Löfflers und des Jabirus sind hier zu finden. Hauptanziehungspunkt für die Wasservogelfauna ist der 800 ha große und nur 3 m tiefe Caño-Negro-See, der während der Trockenzeit von Februar bis Mai fast vollständig austrocknen kann. Die übrigen Monate des Jahres ist er mit Booten befahrbar. Die häufigsten Arten am See sind Schmuckreiher, Grünreiher und Zwergsultanshühner. Aber auch Nacktkehlreiher und Kahnschnäbel kommen vor. Neben den Vögeln sind vor allem Kaimane und Fischotter zu sehen. In den umliegenden Wäldern leben Spießhirsche, Weißwedelhirsche und Raubkatzen. Der durch das Gebiet verlaufende Río Frío endet im Río San Juan an der nicaraguanischen Grenze, wo er alljährlich von Braunhaien bevölkert wird, die zum Ablaichen Binnengewässer aufsuchen. Im Fluss lebt auch der Gar, ein Fisch, der als lebendes Fossil angesehen wird, da die Entstehung dieser Art aufgrund von Knochenfunden bis in das Paläozoikum vor 180 Millionen Jahren zurückdatiert werden kann.

Bootstouren werden von den Lodges organisiert und sind entweder Tages- oder Halbtagesexkursionen. Die Touren

Caño-Negro-Tierschutzgebiet

Laguna Caño Negro Foto: W. Denzer

führen durch das Fluss- und Kanalsystem und zu guter Letzt in die zentrale Lagune. An den Flussufern wachsen Galeriewälder, in denen sich neben den zahlreichen Vögeln vor allem Leguane und Affen tummeln. An vielen Stellen sieht man Hütten, die von Fischern bewohnt werden. Im Gegensatz zu vielen anderen Schutzgebieten, aus denen die Landbevölkerung ausgesiedelt wurde, um Nationalparkprojekte zu verwirklichen, durften einheimische Familien im Caño-Negro-Gebiet verbleiben und dem traditionellen Fischfang in Grenzen weiter nachgehen. Caño Negro ist heutzutage ein Biosphärenreservat und steht unter dem Schutz der Vereinten Nationen.

Unterkünfte sind in der Region rar, und die komfortable Caño Negro Lodge ist somit die beste Wahl (Tel.: 00506 (0)2471-1000; Fax: 00506(0)2471-1100; E-Mail: info@canonegrolodge. com; www.canonegrolodge.com). Auf ihrem Gelände befindet sich ein Freilandterrarium, das mit Erdbeerfröschchen besetzt ist, die sich dort sehr gut zu halten und vermehren scheinen. Die Gartenanlage zieht zahlreiche Vögel an und ist besonders in den Morgen- und Abendstunden einen Rundgang wert.

Caño-Negro-Tierschutzgebiet

Galeriewald am Flussufer des Río Frío Foto: W. Denzer

Tempisque- und Nicoya-Region

Die Pazifikstrände der Nicoya-Halbinsel im Nordwesten des Landes sind in den letzten Jahren mehr und mehr zu einer Hotellandschaft ausgebaut worden. Dieser Boom hat dazu geführt, dass in Liberia inzwischen ein internationaler Flughafen besteht, der fast ganzjährig von Charterfluggesellschaften angeflogen wird. Von diesem Strandtourismus sind allerdings nur die wenigsten Naturattraktionen der Region betroffen. So findet man am Tempisque-Fluss eine der bedeutendsten Sumpflandschaften des Landes, auf der

Übersichtskarte Nicoya-Halbinsel Grafik: J. Denzer

1 Palo-Verde-Nationalpark
2 Barra-Honda Nationalpark
3 Wildschutzgebiet Curú
4 Biologisches Reservat Cabo Blanco
5 Las-Baulas-Meeresnationalpark
6 Ostional-Tierschutzgebiet

Tempisque- und Nicoya-Region

Sumpflandschaft in der Tempisque-Region Foto: W. Denzer

Nicoya-Halbinsel das Höhlensystem des Barra Honda und im südlichen Teil der Halbinsel das Curú- sowie das Cabo-Blanco-Schutzgebiet. Selbst in stark vom Badetourismus besuchten Regionen liegen Meeresschutzgebiete und Schildkrötenablageplätze wie etwa in Tamarindo, Ostional und Nosara.

Die Nicoya-Halbinsel erreicht man entweder über eine gut ausgebaute Straße ab Liberia, via dem Palo-Verde-Park oder per Fähre ab Puntarenas. Je nach besuchter Region sind verschiedene Anreiserouten möglich.

Nach Tamarindo gelangt man entweder mit Kleinflugzeugen ab San José oder mit dem Auto über die Interamericana, indem man in Liberia in Richtung Pazifikküste abzweigt. Playa Tamarindo ist bei den meisten Touristen als Badestrand und Ort zum Windsurfen bekannt. Etwas nördlich des Ortes befindet sich der Las-Baulas-Meeresnationalpark. Neben 22.000 ha Meeresfläche sind auch 500 ha Mangroven und Strandgebiet an der Mündung des Río Matapalo geschützt.

In den Mangroven sind zahlreiche Vogelarten wie Krabbenbussarde, Mangrovenamazilie und Schmuckreiher sowie Krokodile und Kaimane beheimatet. Seinen Namen verdankt der Park jedoch den bis zu 500 kg schweren und 2 m großen Lederschildkröten („baulas"),

Tempisque- und Nicoya-Region

die hier alljährlich in den Monaten Oktober bis März zur Eiablage kommen. Manchmal suchen 100 Weibchen pro Nacht den Playa Grande auf, der zu den wichtigsten Ablageplätzen Costa Ricas gehört. Der Besuch des Strandes bei Nacht ist strikt reglementiert: Er darf nur in Begleitung eines Führers betreten werden, und Lichtquellen jeglicher Art sind untersagt. Inzwischen wurden sogar eigens Beobachtungsplätze eingerichtet, um den Tieren bei der Eiablage nicht zu nahe zu kommen. Ausflüge in die Mangroven und zu den Schildkröten werden von ortsansässigen Hotels organisiert, können allerdings auch auf eigene Faust unternommen werden.

Ostional erreicht man entweder, indem man per Flugzeug nach Nosara fliegt, oder aber mit dem Auto ab Nicoya über die Straße 150. Weitere Ausflüge können zu den beliebten Stränden Playa Samara und Playa Carrillo unternommen werden.

Ostional ist ein kleines Schutzgebiet an der Pazifikküste der Nicoya-Halbinsel. Neben einem Mangrovenwald an der Mündung des Río Nosara liegt das Hauptaugenmerk der Parkverwaltung auf dem Schutz der Bastardschildkröten. Auf einem nur 900 m langen Strandstück versammeln sich in den Monaten Juli bis November Tausende dieser großen Meeresbewohner zur Eiablage. Die Massenankünfte dauern in der Regel 3–7 Tage und finden in der Brutsaison bis zu elf Mal statt. Gelegentlich nisten auch Suppen-, Karett- und Lederschildkröten an diesem Strand. Bei großen „arribadas" werden Hunderttausende von Eiern gelegt. Viele der Nester werden in der Folgenacht von neu ankom-

Einheimische packen die gesammelten Eier der Pazifischen Bastardschildkröte (*Lepidochelys olivacea*) in Tüten Foto: WILDLIFE/S. Muller

menden Weibchen zerstört. Die Bewohner der Umgebung haben daher das Recht, in den ersten 24 Stunden nach einer „arribada" Eier zu sammeln und auf dem Markt zu verkaufen. Das Sammeln ist strikt reglementiert und wird von den Behörden überwacht. Leider ist es nicht möglich, eine derart große Zahl von Eiern künstlich zu bebrüten und somit zur Vermehrung der ohnehin gefährdeten Meeresschildkröten beizutragen. Die im Gebiet lebenden Nasenbären, Waschbären und auch Weißgesicht-Kapuzineraffen machen sich ebenfalls häufig an den Gelegen zu schaffen. Die nährstoffreichen Schildkröteneier sind anscheinend eine sehr beliebte Mahlzeit. Frisch geschlüpfte Schildkrötenbabys sind zudem eine leichte Beute für Fregattvögel, Rotschnabelbussarde und Aztekenmöwen.

Außerhalb des Mangrovengebietes ist die Vegetation des Areals relativ karg und erinnert teilweise stark an die Landschaft des trockenen Nordens. Der Wald ist ein Mischbestand aus immergrünen und laubabwerfenden Pflanzen. An einigen Stellen sind sogar große Säulenkakteen zu finden.

Im Ort Bagaces zweigt eine gute Piste von der Interamericana in Richtung Tempisque-Fluss und Palo-Verde-Nationalpark ab. Für die 28 km bis zum Parkeingang benötigt man bei trockenen Straßenverhältnissen etwa 45 Minuten.

Nur wenige Kilometer vor dem Palo-Verde-Nationalpark liegt das Biologische Reservat Lomas Barbudal. Es ist über einen Korridor mit dem Palo-Verde-Nationalpark verbunden. Lomas Barbudal bedeckt eine Fläche von ca. 2.600

Ein Ranger überwacht die Eiablage der Bastardschildkröten (*Lepidochelys olivacea*) am Strand Foto: WILDLIFE/S. Muller

ha, die überwiegend mit Trockenwald bewachsen ist. Nahezu 70 % des Waldes ist laubabwerfend, wobei die häufigsten Arten Ipé- und Weißgummibaum sind. Während der Blütezeit im März/April sind ganze Landstriche innerhalb des Reservates mit gelb blühenden Ipé-Bäumen überzogen. Das Reservat ist mit zahlreichen kleinen Flüssen durchzogen, an deren Ufern Galeriewälder wachsen. Lomas Barbudal ist bekannt für sein hohes Aufkommen an Insekten und Vögeln. Unter den Insekten sind insbesondere Bienen zu nennen, von denen über 200 Arten im Reservat gefunden wurden, darunter auch die berüchtigten „Killerbienen", eine Kreuzung aus afrikanischen Wildbienen und Honigbienen. Im Reservat gibt es nur ein Verwaltungsgebäude am Río Cabuyo sowie ein kleines Besucherzentrum. Eine bessere Infrastruktur findet man im südlich gelegenen Palo-Verde-Nationalpark.

Palo-Verde-Nationalpark

Der heutige Palo-Verde-Nationalpark war ursprünglich Teil einer großen Farm, die vom Río Tempisque bis an die Hänge des Vulkans Miravalles reichte. Im Jahre 1968 begann die Organisation für tropische Studien (OTS) damit, im Gebiet wissenschaftliche Untersuchungen durchzuführen. Die Einzigartigkeit der Landschaft und Vielfalt der Arten führte schließlich im Jahre 1977 dazu, dass Palo Verde zur Schutzzone erklärt wurde. Der Park hat eine Größe von 18.400 ha und ist an drei Seiten von Flüssen umgeben. Die Marschgebiete des Tempisque-Flusses werden beiderseits von Kreidefelsen aus dem Eozän begrenzt. Saisonale Überflutungen bewirken die Ausbildung großer Sumpfgebiete entlang des Flusses, in denen eine reichhaltige Vogelfauna ihren Lebensraum findet. Die Mangrovensümpfe an der Flussmündung beherbergen zudem viele Fischarten. Trotz der scheinbar genügend vorhandenen Feuchtigkeit ist das Hinterland mit laubabwerfendem Trockenwald bewachsen. Die angrenzende Kreidefelsformation hält die Wassermassen in der Ebene zurück und besitzt selbst nur wenig fruchtbaren Boden. Die markanten Berge wurden schon am

Übersichtskarte Palo-Verde-Nationalpark Grafik: J. Denzer

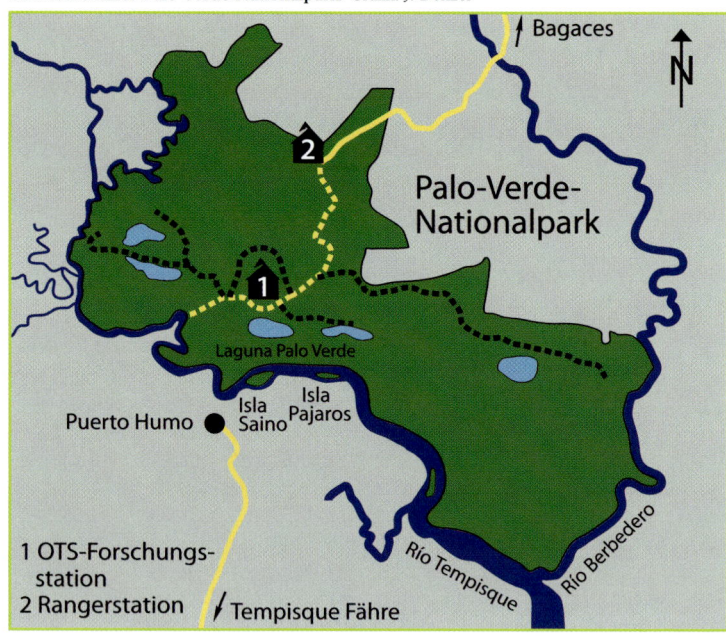

Palo-Verde-Nationalpark

Mangroven und dichte Ufervegetation säumen die Tempisque-Mündung Foto: W. Denzer

Ende der Kreidezeit vor 68 Millionen Jahren gebildet. Klimatisch gehört das Tempisque-Gebiet zu den trockensten Regionen des Landes. Trotzdem sind im Nationalpark mehr als ein Dutzend unterschiedlicher Lebensräume zu finden. Der Park ist eines der wichtigsten Vogelschutzgebiete für costa-ricanische Arten wie auch für nordamerikanische Zugvögel. Während der Monate Januar und Februar findet sich hier die größte Ansammlung von Vögeln in ganz Mittelamerika. Trotz seines Artenreichtums gehört Palo Verde zu den weniger häufig besuchten Nationalparks des Landes.

Palo Verde bedeutet „grüner Stamm" und bezieht sich auf die Farbe einer im Park beheimateten Parkinsonien-Art. Es handelt sich um einen gelb blühenden Dornenbusch, dessen Zweige und Stamm hellgrün gefärbt sind. Die Art ist vornehmlich in den Sumpflandschaften zu finden. Entlang des Tempisque wachsen Mangrovenmischwälder mit Amerikanischer Rhizophore, Knopfmangrove und Schwarzer Mangrove.

Der auf der Kreideformation wachsende Trockenwald ist recht artenarm. Typische Pflanzen hier sind der Weißgummibaum, Stachelzedern und Agaven.

Palo-Verde-Nationalpark

An den Hängen zum Tempisque und am Fuß der Berge ist der Boden durch angeschwemmtes Material fruchtbarer und die Vegetation artenreicher. Eine besonders hervorzuhebende Baumart des Trockenwaldes ist der Gold- oder Ipé-Baum, der wegen seiner aufsehenerregenden Blütenpracht bekannt ist. Am Ende der Trockenzeit, wenn die ersten Regenschauer niedergehen, treibt diese Art binnen kurzer Zeit unzählige gelbe Blüten aus. In einem Zeitraum von nur wenigen Tagen blühen alle Bäume gleichzeitig, sodass man den Eindruck gewinnt, sich in einem Meer gelber Blüten zu befinden. Kleine, stachellose Bienen sind dann damit beschäftigt, emsig Nektar zu sammeln und dabei die Blüten zu bestäuben.

In der Trockenzeit ähnelt der Wald der afrikanischen Dornbuschsavanne. Die Vegetation ist licht, und man kann gut in den Wald hineinschauen. Am Boden wachsen nur wenige Gräser und Sinnpflanzen, die ihre Blätter bei Berührung zusammenfalten und rosafarbene Blüten besitzen. Nach dem ersten Regen verändert sich das Bild vollständig. Nahezu alle Pflanzen beginnen Blüten zu treiben, und der Wald zeigt sich in voller Farbenpracht und saftigem Grün.

Palo Verde zählt zu den wenigen Gebieten in Mittelamerika, in denen noch eine stabile Population von Jabirus lebt. Wenn sich die Vögel in der Nähe ihrer Nester gestört fühlen, beginnen sie laut mit der Schnabel zu klappern. Waldstörche, Schlangenhalsvögel und Rosa Löffler teilen sich den Lebensraum auf der kleinen Isla Pajaros mit Hunderten von Abgottschlangen, die sich von den allzeit vorhandenen Jungvögeln ernähren. Obwohl in der Tempisque-Mündung mehrere Inseln gleicher Größe vorhanden sind, wird nur die kleine Isla Pajaros als Brutplatz genutzt.

In der Trockenwaldvegetation leben Schwarzkopftrogone und Glatzenköpfe. Letztere ziehen meist in Gruppen von 20 Tieren auf der Suche nach Futter über die Ebenen und sind recht scheu. Anders verhält sich mit den überall im Gebüsch lebenden, neugierigen Elsternhähern. Sie fliegen in Gruppen von 5–10 Individuen und ernähren sich überwiegend von Früchten, machen aber auch vor Nestraub nicht halt. In den Trockengebieten Costa Ricas ist dieser Vogel zur häufigsten Art geworden. In den Sumpfwiesen des Palo Verde kann man leicht Salmon- und Schmuckreiher bei der Jagd beobachten. An den Wasserstellen leben Gelbstirn-Jassanas und große Gruppen von Pfeifenten.

Die Mangrovensümpfe des Tempisque werden von vielen Fischen zur Laichzeit aufgesucht. Ökologisch sind Mangroven ein wichtiger Lebensraum, da eine große Zahl von Meereslebewesen einen Teil ihres Lebens in Brackwasserzonen verbringt. Im Palo-Verde-Gebiet sind Tarpun, Schnapper und Meeräschen sehr häufig. Mit sehr viel Glück bekommt man sogar einen Stachelrochen zu Gesicht. Diese imposanten Fische scheinen regelrecht durch das Wasser zu schweben. Das reichhaltige Angebot an Fischen dient einer ansehnlichen Population von Krokodilen als Nahrungsgrundlage. Trotz ihrer Größe von mehreren Metern sind sie nicht leicht auszumachen, wenn sie im Wasser schwimmen und nur Augen und Na-

Palo-Verde-Nationalpark

Oftmals ist nur der Kopf eines Spitzkrokodils (*Crocodilus acutus*) zu sehen Foto: W. Denzer

senlöcher die Oberfläche durchstoßen. Obwohl diese Tiere einen behäbigen Eindruck machen, können sie sowohl an Land als auch zu Wasser große Geschwindigkeiten entwickeln. Wer einmal ein Krokodil bei der Beutejagd beobachtet hat, der weiß, wie schnell die Tiere sich bewegen können. Beutetiere werden blitzartig geschnappt und unter Wasser gezogen. Auf Ästen, die über das Wasser ragen, leben Grüne Leguane. Man kann mit Booten sehr nah an sie herankommen, ehe sie die Flucht ergreifen.

Eine Besonderheit, die der Palo-Verde-Nationalpark mit dem benachbarten Lomas-Barbudal-Reservat teilt, ist der immense Artenreichtum an Bienen. Schmetterlinge sind im Park während der Blütezeit sehr zahlreich. Ein interessantes Verhalten zeigen die Monarchfalter dieser Region: Während sie in den übrigen Landesteilen ihre Fortpflanzungsperiode in der Trockenzeit unterbrechen, vermehren sie sich hier ganzjährig. Dies gelingt ihnen, weil die Futterpflanze der Raupen in den Feuchtgebieten des Tempisque ebenfalls das ganze Jahr über vorhanden ist.

Im Palo-Verde-Nationalpark gibt es eine Reihe von Lehr- und Wanderwegen in der Umgebung der OTS-Forschungsstation. Um dorthin zu gelangen, fährt

Palo-Verde-Nationalpark

Kahnschnabel (*Cochlearius cochlearius*)
Foto: W. Denzer

man 7,5 km auf dem Hauptweg in Richtung Tempisque. Nach etwa 4 km zweigt links eine Piste in den Catalina-Sektor des Parks ab. Dieser Weg ist nur in der Trockenzeit zu befahren und auch dann oftmals für Besucher geschlossen. Der erste Wanderweg beginnt kurz vor der Forschungsstation. Der Sendero Natural la Venada ist etwas mehr als 2 km lang und führt durch Trockenwald sowie sumpfiges Gelände. An dessen Ende gelangt man zu einer Lagune, in der Schmuck- und Salmonreiher nach Fischen jagen.

In einigen Büchern ist ein Wanderweg ab der OTS-Station bis zur Isla Pajaros (Vogelinsel) angegeben, die im Tempisquefluss liegt. Dieser Trail existiert jedoch nicht mehr in seiner ursprünglichen Form, bzw. er ist für den Publikumsverkehr geschlossen. Die einzige derzeit mögliche Variante, die Isla Pajaros zu erreichen, besteht per Boot. Am Ende der Schotterstraße gelangt man an einen Anleger am Río Tempisque, von wo aus private Boote ablegen. Die Abfahrtszeiten sind unbestimmt und richten sich nach der Anzahl der Besucher. In der Regenzeit sind oftmals keine Touristen im Park, sodass man gezwungen ist, das ganze Boot allein zu chartern. Der Preis wird frei ausgehandelt; Sie sollten mit etwa 40 US-Dollar für eine mehrstündige Fahrt rechnen. Wenn Sie Pech haben, hat der Bootsführer bereits die Reservierung eines Reiseveranstalters vorliegen, der dann Vorrang genießt. Es bleibt Ihnen dann nur die Hoffnung, auf deren Tour mitgenommen zu werden. Im Allgemeinen gilt jedoch: wer zuerst kommt ...

Die Fahrt zur Isla Pajaros führt den Tempisque flussabwärts. An beiden Ufern haben Sie die Möglichkeit, Grüne Leguane und eine Reihe von Vögeln zu beobachten. Auf den Uferbänken und im Fluss leben Krokodile. Am Ende der Brutzeit entdeckt man manchmal die nur etwa 30 cm langen Jungtiere in den seichten Buchten. Im Vergleich zu ihren 3 m großen Elterntieren muten sie fast niedlich an. Sie sollten es aber trotzdem unterlassen, die Kleinen zu fangen, da sie bereits über ausgesprochen spitze Zähne verfügen. An einigen Stellen des Ufers sieht man gemischte Gruppen von Biguascharben, Rabengeiern und Waldstörchen, die in der Sonne ihre Flügel ausbreiten, um sie zu trocknen. Rosa

Palo-Verde-Nationalpark

Auf der Isla de Pajaros nisten Rosa Löffler und Störche Foto: W. Denzer

Löffler suchen an den seichten Stellen nach Nahrung, und Mantelbrüllaffen streifen durch die Bäume. In der dichteren Ufervegetation können sie mit etwas Glück Kahnschnäbel entdecken. Die Tiere sind recht scheu, aber die Bootsführer wissen sich, ihnen langsam zu nähern. Am Himmel sieht man immer wieder die in Keilformation fliegenden Biguascharben sowie Waldstörche, die sich von der Thermik aufwärts treiben lassen.

Schon von Weitem ist die Isla Pajaros zu erkennen: unzählige weiße Punkte vor der nahezu blattlosen Mangroven-Vegetation. Bei der Annäherung erkennt man, dass es sich meist um Waldstörche und Schmuckreiher handelt. Die dunklen Schlangenhalsvögel und rosagefärbten Löffler bringen Abwechslung in das Bild. Bei niedrigem Wasserstand ist es nicht möglich, nahe an die Insel zu gelangen, da der Fluss um sie herum versandet ist und man Gefahr läuft, mit dem Boot stecken zu bleiben. Aber selbst aus 50 m Entfernung bietet die kleine Insel bereits ein beeindruckendes Naturschauspiel. Ständig sieht man Elterntiere, die Futter oder Nistmaterial anbringen, oder Jungvögel, die in Erwartung der nächsten Fütterung ihre Hälse weit über den Nestrand herausstrecken.

Auf der Rückfahrt lohnt es sich, ein wenig auf die Umgebung zu achten. Während das östliche Ufer im National-

Palo-Verde-Nationalpark

Eine Gruppe von Amerikanischen Nimmersattstörchen Foto: W. Denzer

parkgebiet liegt, ist das Westufer privates Kulturland. Abgesehen von ein oder zwei Baumreihen am Ufer ist häufig keine Vegetation mehr im Hinterland vorhanden. Die Bewohner des Gebietes bauen Sand von den im Fluss liegenden Sandbänken ab, um ihn beim Hausbau zu verwerten. Ab Puerto Humo, Bebedero wie auch Puerto Moreno werden Bootstouren in den Park und zur Vogelinsel angeboten. Ebenso sind die Park-Ranger bereit, gegen Entgelt – etwa 15–20 US-Dollar pro Person – Besucher in Booten umherzufahren. Tempisque Eco-Adventures & Canopy Tour (Tel. 00506-(0)2665-7759; E-Mail: info@tempisqueecoadventures.com) nahe der Brücke über den Tempisque bietet Halb- und Ganztagestouren in das Gebiet an.

Nach 2–3 Stunden erreichen Sie wieder den Bootsanleger und haben die Möglichkeit, auf dem Rückweg zum Parkeingang noch einige Tierbeobachtungen im Trockenwaldgebiet zu machen. Vielleicht kreuzt gerade ein Weißwedelhirsch oder eine Horde Halsbandpekaris Ihren Weg ...

Im Palo-Verde-Gebiet gibt es eine ausgeprägte Trockenzeit während der Monate Dezember bis März. In dieser Zeit sind auch die großen Vogelansammlungen hier zu finden. Die Monate September und Oktober markieren die Regenzeit; wegen starker Niederschläge kommt es vor, dass der Park für Besucher geschlossen wird.

In der OTS-Forschungsstation (Organisation of Tropical Studies (OTS), Apartado 676-2050 San Pedro; Tel.: 00506-(0)2524-0607; Fax: 00506-(0)2524-0608; E-Mail: infoweb@ots.ac.cr; www.ots.ac.cr) stehen Unterkünfte zur Verfügung, falls diese nicht von Wissenschaftlern oder Studentengruppen belegt sind. Zelten ist in der Nähe der Rangerstation sowie auf ausgewiesenen Flächen innerhalb des Parks gestattet. Als Alternative stehen Hotels und Lodges in Bagaces, Liberia und Umgebung zur Verfügung.

La Ensenada Lodge und Abangaritos

Dieses Gebiet liegt südlich der Tempisque-Mündung am Golf von Nicoya. Ausgehend von Liberia erreicht man die Region mit dem Auto am besten, indem man auf der Interamericana den Zeichen zur Tempisque-Fähre folgt und nach Schildern, die auf die La Ensenada Lodge hinweisen, Ausschau hält. La Ensenada ist eine Farm unter italienisch/costa-ricanischer Leitung. Auf dem Gelände wird Viehzucht betrieben, jedoch existiert noch ein Stück Trockenwald. Etwa 30 % der Farm ist bewaldet und bildet das La Ensenada National Wildlife Refuge (Tel.: 00506-(0)2289-6655; www.laensenada.net). Auf ausgedehnten Sumpfwiesen sind eine Reihe von Wasservögeln zu beobachten. Außerdem besitzt die Lodge einen eigenen Strand mit Mangrovenbewuchs. Touren auf der Farm werden entweder zu Fuß oder per Pferd unternommen. Auf diesen Ausflügen kann man Waldstörche am Himmel kreisen und große Gruppen von Rotschnabel-Pfeifgänsen in den Sumpfwiesen sehen. Die trockeneren Regionen werden von tropischen Klapperschlangen und Indigonattern bewohnt. In den Bäumen sieht man schon aus großer Entfernung die Nester des Montezuma-Stirnvogels.

Etwas nördlich der Farm liegen die Abangaritos-Mangroven. Die Vogelwelt ist hier nahezu so reichhaltig wie im Palo-Verde-Nationalpark. Man hat auch gute Chancen, Krokodile zu Gesicht zu bekommen. Bootstouren ab der Ensenada Lodge dauern 2–3 Stunden und führen durch die Seitenarme des Tempisque-Flusses an die südliche Grenze des Palo-Verde-Nationalparks. Vom Boot aus lassen sich Biguascharben, Silberreiher und Waschbären beobachten. Am Fluss kann man Fischadler bei der Jagd bewundern, und in der Bucht vor der Lodge stürzen sich Pelikane ins Wasser, um Fische zu erbeuten.

Anreise auf die Nicoya-Halbinsel

Während die Strände der Pazifikküste von Liberia über gut ausgebaute Straßen leicht erreichbar sind, gestaltet sich die Anreise zu einigen der Naturschönheiten der Halbinsel teilweise schwieriger. Im Wesentlichen bieten sich zwei Alternativen an, die von Fähren Gebrauch machen. Zum einen ist der Süden über einen regelmäßigen Fährverkehr ab Puntarenas (siehe weiter hinten) erreichbar, zum anderen wird der nördliche Teil von der Tempisque-Fähre bedient. Um dorthin zu gelangen, verlassen Reisende aus Richtung San José die Interamericana etwa 20 km vor dem Ort Cañas und folgen den Hinweisschildern zur Tempisque-Fähre in Puerto Níspero. Die einfache Überfahrt kostet zurzeit 2,75 US-Dollar pro Auto. Die Fähre verlässt Puerto Níspero von 05.00–20.00 Uhr zu jeder vollen Stunde und kehrt aus Puerto Moreno zu jeder halben Stunde zurück. Zwischen 22 Uhr abends und 4 Uhr morgens verkehrt die Fähre nur alle zwei Stunden.

Ab dem Ort Puerto Moreno werden neben Bootstouren in das Tempisque-

Anreise auf die Nicoya-Halbinsel

Gebiet auch Exkursionen in die Mangrovenwälder Abangaritos' angeboten. Am Hafen führt die Straße weiter auf die Nicoya-Halbinsel, wo sie etwa beim Ort Mansion die Nord-Süd-Verbindung trifft, die eine Weiterreise zu den verschiedenen Nationalparks und Stränden ermöglicht.

Verlässt man Puerto Moreno in Richtung Nicoya, so erreicht man über Quebrada Honda eine Abzweigung zum Ort Santa Ana, in dem Hinweisschilder zum Barra-Honda-Nationalpark angebracht sind. Ab Santa Ana führt der Weg weitere etwa 7 km auf einer staubigen Straße zum Haupteingang des Schutzgebietes.

Barra-Honda-Nationalpark

Der 23 km² große Barra-Honda-Nationalpark liegt auf der Nicoya-Halbinsel westlich der Río-Tempisque-Mündung und beherbergt neben seinem laubabwerfenden Trockenwald eines der größten Höhlensysteme in Costa Rica. Der 450 m hohe Cerro Barra Honda besteht überwiegend aus Korallenkalk und erhebt sich etwa 300 m über die angeschwemmte Tempisque-Ebene. Sein geologischer Ursprung reicht bis an das Ende der Kreidezeit zurück (ca. 60 Mio. Jahre). Nur 19 der 42 voneinander unabhängigen Höhlen sind bisher erforscht. In den einzelnen Höhlen wurden mächtige Stalagmiten, Stalaktiten und eine Vielzahl bizarrer Kalkformationen gefunden. In der 30 m tiefen Nicoa-Höhle wurden erst 1970 menschliche Überreste und präkolumbianische Kunstgegenstände entdeckt. Die tiefste bekannte Höhle ist mit 240 m die Santa-Ana-Höhle. Die Tierwelt der Höhlen ist nur wenig erforscht. Neben Fledermäusen wurden bisher nur einige Insekten und Amphibien gefunden. Im Wald, der überwiegend Sekundärvegeta-

Barra-Honda-Nationalpark

tion aufweist, lassen sich Brüllaffen, Gürteltiere und Vögel gut beobachten. Ein Besuch dieses Nationalparks sollte jedoch die Erkundung einer oder mehrerer Höhlen zum Ziel haben.

La Terciopelo („Lanzenotter") ist die am häufigsten von Naturfreunden besuchte Höhle. Ihren Namen verdankt sie der Tatsache, dass bei der Erstbegehung eine tote Lanzenotter am Boden der Höhle gefunden wurde. La Terciopelo ist 60 m tief und besitzt fünf Säle. Über eine Strickleiter und zusätzliche Seilsicherung gelangt man etwa 30 m hinunter in die Haupthöhle. Hier lassen sich bereits mächtige Stalaktiten bewundern. Durch einen schmalen Verbindungsgang erreicht man den „sala de huevos fritos", den Saal der Spiegeleier. Von der Decke abtropfendes Wasser hat vermutlich abgebrochene Stalagmiten ausgehöhlt und kleine Senken in den Stümpfen hinterlassen, die Spiegeleiern ähneln. Auch der Durchgang zum nächsten Saal geht durch einen engen, glitschigen Quergang. Hier findet man Miniaturstalaktiten, die Zähnen ähneln. Von den Einheimischen wird dieser Teil „sala de tiburón"

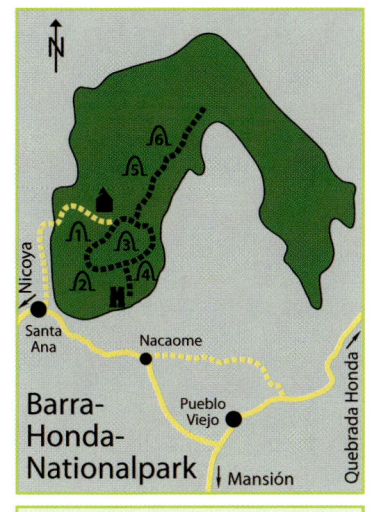

1 La Cuevita	4 Nicova
2 La Trampa	5 Santa Ana
3 Terciopelo	6 Hediondo

Übersichtskarte Barra-Honda-Nationalpark Grafik: J. Denzer

Die Höhlen des Barra-Honda-Nationalparks liegen in einem Berg Foto: W. Denzer

Barra-Honda-Nationalpark

Der Einstieg in die Terciopelo-Höhle erfolgt über eine Strickleiter Foto: W. Denzer
Sala de Huevos Fritos Foto: W. Denzer

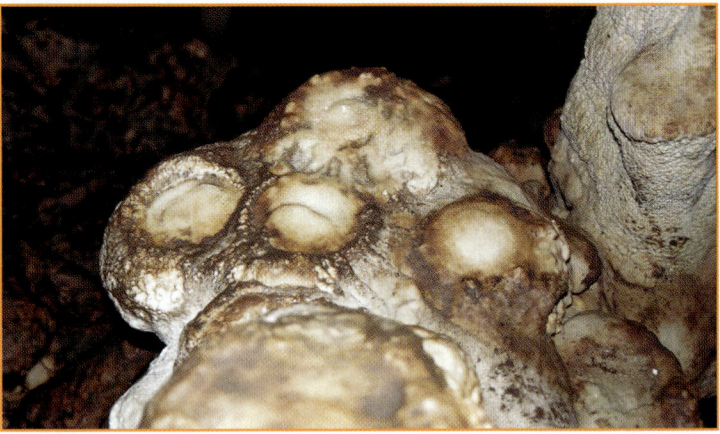

Barra-Honda-Nationalpark

Sala de Tiburon Foto: W. Denzer

("Haifisch-Saal") genannt. In der vierten Kammer stehen hohe Stalagmiten, die als Orgelpfeifen bezeichnet werden, da sie Töne erzeugen, wenn man mit den Fingern auf ihnen trommelt. Um in den letzten Teil der Höhle zu gelangen, muss man an einer Leiter heruntersteigen und rutschiges Gestein überwinden. Hier angelangt, befindet man sich in einem hohen Saal, der 60 m unter dem Einstieg liegt. Der Abstieg bis an diesen Punkt dauert etwa 20–25 Minuten. Im Allgemeinen ist der Zutritt nur zwei Personen plus einem Führer gleichzeitig gestattet, da der Sauerstoffvorrat im Inneren der Höhle nur gering ist.

La Trampa ("die Falle") ist 110 m tief und besteht aus vier Sälen. Die Höhle hat mit 52 m den längsten Abstieg bis zur ersten Rampe und besitzt die größten bisher bekannten Säle. Einer dieser Säle ist übervoll mit glänzenden und schillernden Calcit-Kristallen. Pozo Hediondo ("stinkendes Loch") ist bekannt für seine große Fledermauspopulation, deren am Boden angesammelter, geruchsintensiver Guano der Höhle ihren Namen gab. Sie besteht aus drei Sälen und ist insgesamt 60 m tief, mit einem 35 m langen Einstieg zur ersten Rampe, von der aus die restlichen 25 m zum Boden zurückgelegt werden. Er-

Barra-Honda-Nationalpark

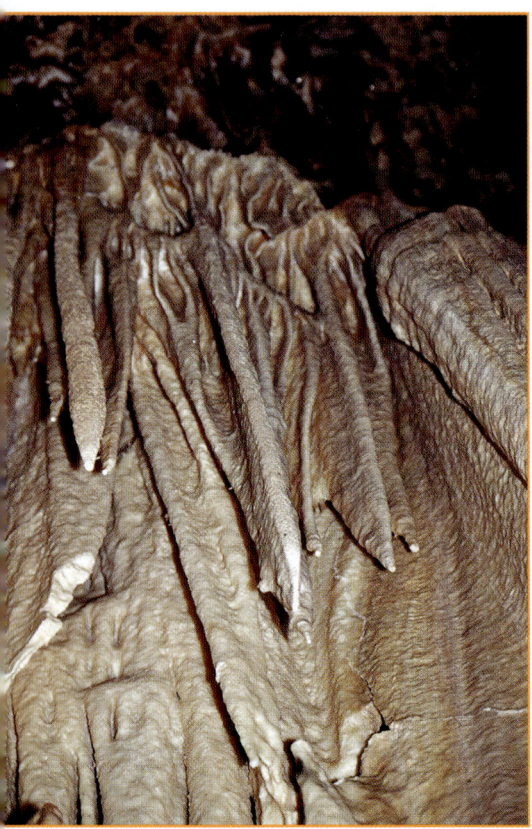

Stalagtiten in der Haupthöhle
Foto: W. Denzer

kundungen sollte man nur mit zusätzlicher Atemhilfe unternehmen. Für kürzere Aufenthalte empfiehlt es sich, ein mit Menthol getränktes Taschentuch vor Mund und Nase zu binden. Santa Ana ist die tiefste und am wenigsten für Amateure geeignete Höhle. Nach einem Abstieg von 30 m erreicht man eine Rampe mit einer angrenzenden Kammer und zwei kleinen Durchstiegen, von denen einer am Seil auf der 45 m tiefer gelegenen zweiten Rampe endet. Von hier aus gelangt man auf 110 m, wo enge Quergänge in zwei große Säle mit Stalagmiten und Stalaktiten führen. Die weiteren Abstiege ziehen sich über 140 m und 170 m zum Grund der Höhle, der auf 240 m Tiefe liegt.

Hinter dem Parkeingang beginnt der 1,7 km lange Sendero Matapalo, der eigentlich nur die Verlängerung des Anfahrtsweges ist. Der Weg schlängelt sich teilweise recht steil aufwärts und ist insbesondere in den Mittagsstunden stark sonnenbeschienen. Häufig hört man lautes Rascheln beiderseits des Weges – in den meisten Fällen ist der Grund ein flüchtender Schwarzer Leguan. Am Ende des Pfades teilt sich der Weg: Nach rechts zweigt der Sendero Mirador ab, links beginnt der Sendero Ceiba. Beide Pfade sind Teil eines Rundweges. Der Sendero Mirador steigt stetig an und führt durch ein Waldgebiet, in dem Brüllaffen und Kapuzineraffen heimisch sind. Mit etwas Glück kann man auch eines der scheuen Pakas entdecken. Nach etwa 1 km zweigt links ein kurzer Pfad zu den Höhlen Nicoa und La Cuevita ab, der jedoch häufig geschlossen ist. Folgt man dem Sendero Mirador für weitere 500 m, gelangt man wiederum an eine Abzweigung, an der der Sendero Terciopelo beginnt. Nach 300 m wird dann ein Aussichtspunkt („mirador") erreicht, der einen schönen Blick auf die Tempisque-Ebene bietet. Bei klarer Sicht kann man den Golf von Nicoya und die Isla de Chira in der Ferne erkennen. Biegt man an der Gabelung nach links ab, so trifft

Barra-Honda-Nationalpark

der Weg nach etwa 200 m auf den Pfad, der zur Terciopelo-Höhle führt. Die Hinweisschilder in diesem Teil des Wegesystems sind peinlich genau, mit exakten Streckenangaben wie etwa „78 m zur Höhle". Der Hauptpfad steigt jetzt nur noch wenig an und beginnt dann, sich abwärts zu schlängeln, wo er nach 500 m rechts auf den Sendero La Trampa trifft, der zur gleichnamigen Höhle führt. Der Sendero Terciopelo endet nach 300 m an einer Weggabelung mit dem Sendero Ceiba und dem Sendero Sabana, der rechts abzweigt und zu weiteren Höhlen führt. Letzterer darf nur mit ausdrücklicher Genehmigung und in Begleitung von Führern begangen werden. Die restlichen 400 m entlang des Rundweges werden auf dem Sendero Ceiba zurückgelegt, der durch ein schönes Waldgebiet mit reichem Vogelbestand führt. Neben drei Kolibri-Arten bewohnen Kupfertrogone, Tyrannen und Langschwanzpipras diese Region. Letztere sind aufgrund der lichten Vegetation in diesem Waldstück besser zu beobachten als an anderen Stellen des Landes.

Der Pfad führt zurück zur Kreuzung mit dem Sendero Matapalo und dann zum Parkeingang. Wer genügend Zeit mitbringt, kann die Erkundung der Terciopelo-Höhle mit dem beschriebenen Rundgang verbinden.

Da das Klima in diesem Landesteil feucht-heiß ist und ein Großteil des Weges im Barra-Honda-Nationalpark bergauf geht, sollten insbesondere Personen mit schwacher Konstitution vorsichtig sein und ausreichend Getränke mit sich führen, um einer Dehydrierung vorzubeugen. Die Trockenzeit fällt in diesem Gebiet auf die Monate Januar bis März, allerdings kann der Park meist bis Juni problemlos erreicht und durchwandert werden. In der Regenzeit ist ein allradgetriebenes Fahrzeug empfehlenswert.

Der Park bietet nur Camping als Übernachtungsmöglichkeit an. Wer sich gut mit den Leuten vor Ort verständigen kann, hat auch die Möglichkeit, bei einem der Ranger oder dessen Bekannten in Santa Ana unterzukommen. Die nächsten Unterkünfte, meist kleine Pensionen, befinden sich in Nicoya.

Der Nationalpark ist täglich von 8.00–16.00 Uhr geöffnet; eine Tour zur Terciopelo-Höhle sollte vor 13 Uhr angegangen werden. Falls Sie vorhaben, die Höhlen zu erforschen, gehen Sie nur in Begleitung erfahrener Führer. Diese werden von der Nationalparkverwaltung gestellt. Um Enttäuschungen zu vermeiden, sollten Sie Ihre Tour bereits einige Tage vor Ihrer Ankunft mit der Parkverwaltung (Tel.: 00506-(0)2659-1551; E-Mail: act.barrahonda@sinac.go.cr) absprechen. Ein Alleingang ist verboten und gefährlich. Die Ausrüstungen können vor Ort gemietet und die Führer angeheuert werden, man muss jedoch mit etwa 50 US-Dollar pro Person als Gebühr rechnen. Tragen Sie langärmelige Hemden und lange Hosen, da einige Formationen im Innern der Höhlen scharfkantig sind. Schützen Sie ihre Kamera vor Stoß- und Feuchtigkeitseinwirkung. Lassen Sie Ihren Partner und den Führer nicht aus den Augen. Zudem ist es hilfreich, eine eigene Taschenlampe mitzubringen. Bei Beachtung dieser Regeln wird der Besuch einer Höhle sicherlich zu einem der Höhepunkte der Reise.

Nationales Wildschutzgebiet Curú

Ein baumbewachsener Fels
im Curú-Wildschutzgebiet
Foto: W. Denzer

Nationales Wildschutzgebiet Curú und Biologisches Reservat Cabo Blanco

Auf dem Landweg werden Curú und das Cabo-Blanco-Reservat von Nicoya oder Paquera aus angefahren. Curú liegt nur wenige Kilometer nordöstlich von Playa Tambor, einem sehr beliebten Strand im Süden der Nicoya-Halbinsel. Wenn man den Barra-Honda-Nationalpark verlässt oder aus Puerto Moreno anreist und der Hauptstraße ins Innere der Nicoya-Halbinsel folgt, trifft man auf die Route 21, die in Richtung Süden zu dem kleinen Hafenort Cabo Blanco (keinerlei Zusammenhang mit dem weiter hinten beschriebenen Reservat) führt. Hier legen auch die Fähren aus Richtung Puntarenas an. Die Straße führt nun weiter über den Ort Parquera nach Curú. Einige Veranstalter bieten Tagesausflüge und Bootstouren von Puntarenas aus an. Die Route führt an den Negritos-Inseln im Golf von Nicoya vorbei, auf denen Prachtfregattvögel, Braune Pelikane und Brauntölpel nisten. Meist verbringt man auf diesen Touren einen Teil des Tages auf der vorgelagerten Isla Tortuga.

Das Curú-Wildschutzgebiet gehört mit 0,84 km² Landfläche zu den kleinsten Parks des Landes. Allerdings haben sich wegen übermäßiger Abholzung in der Umgebung viele Tiere in das Schutzgebiet zurückgezogen. Curú kann ganzjährig besucht werden, allerdings sind Tierbeobachtungen am besten in der Trockenzeit von Januar bis März zu bewerkstelligen. Das Gebiet ist überwiegend mit Mangroven und laubabwerfendem Wald bewachsen. Es zieht sich auf einer Länge von 4,5 km entlang der Küste und ist von Hügeln aus Sedimentgestein flankiert. Das Wildschutzgebiet liegt auf Privatgelände und ist Teil einer Rinderfarm. 10 km² der Farm sind mit Mangoplantagen und Wald bestanden, der selektiv ausgeholzt wird. Die Besitzer des Landes halten die Tiere des Reservats, insbesondere Kapuzineraffen, Nasen- und Waschbären, durch gezieltes Anbieten von Futterpflanzen davon ab, die Mango-Ernte zu vernichten.

Im seichten Wasser an der Küste leben Braunmantel-Austernfischer und Lachmöwen, die in der Gezeitenzone nach Nahrung suchen. Manchmal findet man am Strand eine Plättchen-Seeschlange, die von der Flut angespült wurde. Im Wald leben Rosttäubchen und Inka-Täubchen. Letztere sind erst vor wenigen Jahren in das Gebiet eingewandert und dringen seitdem immer weiter in den Süden des Landes vor.

Folgt man der Straße von Curú weiter parallel zur Küste, gelangt man zuerst nach Playa Tambor und dann nach Cóbano, dem Ausgangspunkt für Ausflüge nach Montezuma und Cabo Blanco. Montezuma ist insbesondere bei Individualreisenden und Rucksacktouristen beliebt, da es noch relativ unberührt vom Massentourismus der weiter im Norden gelegenen Strände ist. Nur 11 km südlich der Stadt Montezuma liegt das Cabo-Blanco-Reservat an der äußersten Spitze der Nicoya-Halbinsel. Die Anfahrt zum Cabo Blanco wird am besten über Cóbano angegangen. Da hierbei ein Fluss durchquert werden muss, ist ein Allradfahrzeug selbst in der Trockenzeit von

Nationales Wildschutzgebiet Curú

Braunpelikane (*Pelecanus occidentalis*) Foto: W. Denzer

November bis April empfehlenswert. Das Reservat ist Mi–So von 8.00–16.00 Uhr geöffnet, der Eintritt kostet 8 US-Dollar pro Person. Das Gebiet wurde wegen seiner einmaligen Vegetation schon 1963 unter Schutz gestellt. Auf 11,7 km² gedeiht hier ein Mischwald aus immergrünem und laubabwerfendem Küstenwald; außerdem gehören etwa 18 km² Meeresfläche zum Reservat. Im Primärwald überwiegen Stachelzedern und Chicle-Bäume. Insgesamt sind über 120 Baumarten nachgewiesen. Vor der Küste liegt in 1,5 km Entfernung die Isla Cabo Blanco („Weißes Kap"), die ihren Namen der Tatsache verdankt, dass sie mit weißem Vogelguano überzogen ist. Auf ihr nisten eine Reihe von Seevögeln wie Brauner Pelikan, Lachmöwe und Braun-

tölpel. Von der letztgenannten Art leben etwa 500 Pärchen in dem Gebiet.

Im Reservat existieren einige Wanderwege, jedoch ist eigentlich nur Sendero Sueco für die Öffentlichkeit zugänglich. Dieser Weg führt durch das Waldgebiet mit Zedern- und Frangipanibestand zur Küste und zum Kap. Er ist ca. 4 km lang, und man benötigt wegen zahlreicher Steigungen 90 min. für eine Strecke. Im Wald sind Grauhörnchen, Affen, Hirsche und sogar Ozelots beheimatet. An Vögeln sind besonders Langschwanzhäher, Brauenmotmots, verschiedene Reiherarten und Tovi-Sittiche in großer Anzahl vertreten. Bei Ebbe kann man in der Gezeitenzone in kleinen Wasseransammlungen Krabben, Seesterne und Fische beobachten.

Monteverde und die Arenal-Region

Die Wälder zwischen dem Arenal-Vulkan und den Monteverde- sowie den Peñas-Blancas-Höhenzügen gehören zu einer der größten zusammenhängenden Schutzzonen Costa Ricas. Neben zwei Nationalparks werden auch nicht-staatliche Schutzgebiete in die sogenannte Monteverde-Arenal Conservation Area einbezogen. Zudem sollen neu geschaffene Korridore in Richtung Rincón de La Vieja und Tenorio-Vulkan helfen, traditionelle Wanderwege von

Übersichtskarte Monteverde/Arenal Grafik: J. Denzer

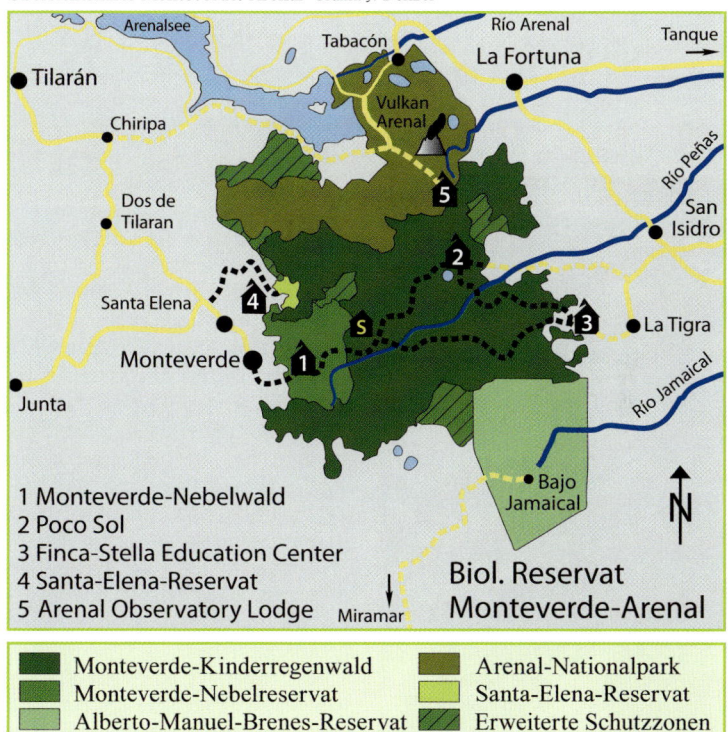

1 Monteverde-Nebelwald
2 Poco Sol
3 Finca-Stella Education Center
4 Santa-Elena-Reservat
5 Arenal Observatory Lodge

- Monteverde-Kinderregenwald
- Monteverde-Nebelreservat
- Alberto-Manuel-Brenes-Reservat
- Arenal-Nationalpark
- Santa-Elena-Reservat
- Erweiterte Schutzzonen

Großtieren wie Raubkatzen und Tapiren zu erhalten und so den Genfluss zwischen benachbarten, aber momentan getrennten Populationen zu ermöglichen.

Monteverde-Nebelwald-Reservat und der Internationale Regenwald der Kinder

Der einfachste Weg nach Monteverde führt über die Interamericana bis zur Brücke am Río Lagarto bei Kilometer 149. Von dort aus zweigt die 35 km lange Schotterstraße nach Monteverde ab. Die Anfahrt dauert ab der Interamericana etwa zwei Stunden. Eine andere, aber noch schlechter ausgebaute Route führt über Tilarán nach Monteverde.

In den Monaten von Dezember bis März herrscht Trockenzeit; Regenzeit ist von Mai bis November mit den höchsten Regenfällen im Oktober. Wegen der Höhe liegt die Durchschnittstemperatur bei nur 18 °C. Die Brutzeit der Quetzals ist in den Monaten März und April.

In Monteverde gibt es eine Reihe von Besichtigungsmöglichkeiten wie Kolibri-Gärten, in denen die Vögel an Fütterungsstationen angelockt werden, eine Käsefabrik sowie die Möglichkeit, Ausritte in die Umgebung zu unternehmen.

Besonders lohnenswert ist ein Ausflug in das nur 6 km entfernte Santa-Elena-Reservat, das im Wesentlichen die gleiche Flora und Fauna aufweist wie das Monteverde-Reservat.

Im Gegensatz zum Monteverde-Nebelwald-Reservat ist das Santa-Elena-Reservat staatlich verwaltet. Es liegt auf der Kontinentalscheide in einer Höhe von 1.700 m ü. NN. Insgesamt sind 12 km gut ausgebaute Trails vorhanden sowie an einer Stelle eine Aussichtsplattform im Kronendach des Waldes.

In Monteverde und Santa Elena gibt es zahlreiche Unterkünfte, von denen aus die Reservate leicht erreichbar sind. Die Schutzhütten im Monteverde-Reservat sind über die Verwaltung zu buchen. Eine interaktive Karte mit Attraktionen und Unterkünften ist im Internet zu finden (www.monteverdeinfo.com/maps/monteverde.htm).

Der Nebelwald von Monteverde gehört wegen zahlreicher Berichte und wissenschaftlicher Veröffentlichungen

Monteverde-Nebelwald Foto: W. Denzer

Monteverde-Nebelwald-Reservat

Blick auf das Peñas-Blancas-Tal Foto: W. Denzer

zu den wohl bekanntesten Naturschutzgebieten der neuweltlichen Tropen. Ursprünglich wurde das Reservat auf die private Initiative des Ehepaares G. & H. Powell gegründet. Zusammen mit Bewohnern des Ortes Monteverde etablierten sie das Reservat auf einer Fläche von 328 ha; durch Zukauf von Land ist das Gebiet auf nun 3.800 ha angewachsen. Das Reservat wird vom Tropical Science Center verwaltet (Tropical Science Center [Centro Cientifico Tropical]; P.O. Box 8-3870-1000 San José; Tel.: 00506-(0)2253-3267; E-Mail: cct@cct.or.cr; www.cct.or.cr).

Der Ort Monteverde verdankt seine Entstehung einer Gruppe pazifistischer Quäker, die sich gegen Ende des 2. Weltkrieges entschlossen, die USA zu verlassen. Insgesamt kamen 44 Siedler 1951 an den Ort, den sie wegen seines angenehmen Klimas und des fruchtbaren Boden ausgewählt hatten. In den Anfängen bestellten sie das Land, begannen Milchvieh zu züchten und Käse herzustellen. Eine moderne Käsefabrik, die etwa 1.000 kg täglich produziert, kann besichtigt werden. Die Quäker-Gemeinschaft hat wesentlich zur Schaffung der Schutzzonen um Monteverde beigetragen.

Monteverde-Nebelwald-Reservat

Das Monteverde-Nebelwald-Reservat (Reserva Bíologica Bosque Nuboso Monteverde Tel.: 00506-(0)22645-5122; Fax: 00506-(0)22645-5034; E-Mail: montever@cct.or.cr; recepcion-mtv@cct.or.cr) liegt exakt auf der Kontinentalscheide Costa Ricas und erstreckt sich somit sowohl auf der karibischen als auch auf der pazifischen Seite des Landes. Hierdurch ergeben sich einmalige klimatische und geologische Bedingungen, die zur Arten- und Biotopvielfalt beitragen. Zahlreiche Flüsse entspringen in dem Reservat und versorgen die tiefer liegenden Regionen mit dem lebenswichtigen Wasser.

Der „Kinderregenwald" (Bosque Eterno de los Niños , BEN, Monteverde Conservation League; Apartado 124-5655 Monteverde, Puntarenas; Tel.:00506-(0)2645-5003/5200; Fax: 00506-(0)2645-5104; E-Mail: info@acmcr.org; www.acmcr.org) grenzt an das Monteverde-Reservat und stellt ein weltweit einmaliges Projekt dar. Initiiert von einer Lehrerin und deren schwedischen Schülern wurden 1987 insgesamt 6 ha natürlichen Regenwaldes gekauft, die den Kern heute immerhin schon 170 km^2 umfassenden Gebietes darstellen. Angeregt durch Erzählungen und Bilder über die Tier- und Pflanzenwelt sowie Umweltzerstörungen, entschlossen sich die Schüler, Geld zur Erhaltung des Regenwaldes zu sammeln. Hierfür fertigten sie Postkarten für den Verkauf an und veranstalteten eine Schulaufführung. Der Erlös wurde an die Monteverde Conservation League geschickt, die mit dem Geld Land in der Region der Tilarán-Berge kaufte. Heute werden innerhalb des Projektes weltweit für 50 US-Dollar Anteile an Kinder verkauft, um den Erhalt des Reservats in alle Zukunft zu sichern. Um diesem Wunsch Ausdruck zu verleihen, wird das Schutzgebiet im Spanischen mit „Bosque Eterno de los Niños" bezeichnet, was übersetzt „Der ewige Wald der Kinder" bedeutet.

Der Bajo-del-Tigre-Sektor des Schutzgebietes (ebenfalls von der Monteverde Conservation League verwaltet; Kontakt s. o.) liegt auf der Pazifikseite in 1.000–1.400 m Höhe in der Übergangszone zwischen prämontanem Feucht- und Nebelwald. Dieser Waldtyp ist mit einer Mischung aus immergrünen und laubabwerfenden Bäumen bewachsen, die früher das gesamte Zentraltal überzog, heute aber nur noch an sehr wenigen Stellen vorhanden ist. Trotz seiner Nähe zum Monteverde-Nebelwald-Reservat weist der Bajo del Tigre eine erheblich lichtere Vegetation auf. An der höchsten Stelle fallen jährlich 2.000 mm Regen, während in den Tälern des umgebenden Canyons nur 1.500 mm Niederschlag verzeichnet werden. Zum Vergleich: Das Monteverde-Reservat erhält durchschnittlich 3.000 mm Regen.

Der Pflanzenreichtum des Monteverde-Nebelwaldes ist überwältigend. Meterhohe Baumfarne und winzige Orchideen sind fast überall zu finden. Die Bäume sind überreichlich mit Guzmania-Bromelien und Tillandsien bewachsen. Stellenweise gibt es regelrechte Helikonien-Haine, in denen auch die gelben Scheinblüten der *Calathea* zu bewundern sind. Wegen ihrer Ähnlichkeit mit der Schwanzrassel von Klapperschlangen, wird sie von den Einheimischen als

Monteverde-Nebelwald-Reservat

"Klapperschlangenpflanze" bezeichnet. Die großen Scheinblüten der Helikonien und *Calathea* locken vor allem Kolibris und Nektar suchende Insekten an. Die eigentlichen Blüten und Früchte sind jedoch unscheinbar und befinden sich am Rande oder im Innern der farbenfrohen Verlockungen.

Der sagenumwobene Quetzal und die Goldkröte sind zum Wahrzeichen des Monteverde-Nebelwaldes geworden. Der Erstere wegen seines häufigen Vorkommens, die Goldkröte wegen ihres vermutlichen Aussterbens.

Quetzals können am ehesten in der Brutzeit von März bis Mai im Monteverde-Gebiet beobachtet werden. Wegen der Vielzahl an Vogelfreunden und durch die Mithilfe der Ranger sind die einsehbaren Brutplätze schnell bekannt. Auf diese Weise bedarf es nur ein wenig Geduld, bis man die Tiere zu Gesicht bekommt. Quetzale zählen nicht zu den bedrohten Vogelarten, sondern sind einfach nur schwer zu finden. Im Monteverde-Reservat lebt eine ansehnliche Population, und Sichtungen gelingen nicht selten sogar Tagesbesuchern.

Während man auf der Lauer liegt, kann man zudem auch die übrige Vogelwelt bewundern. Laucharassaris und Fischertukane sind im Gebiet recht häufig. Die Rufe des Hämmerlings oder Glockenvogels sind über weite Strecken zu vernehmen. Versucht man allerdings, diese schönen Vögel zu Gesicht zu bekommen, wird man schnell eines Besseren belehrt. Sie bewohnen die Baumkronen und sind daher vom Boden aus nur schwer im Pflanzendickicht auszumachen. Das Gleiche gilt auch für die im-

Klapperschlangenpflanze (*Calathea insignis*) Foto: W. Denzer

posanten Nacktkehl-Schirmvögel, deren Männchen an der leuchtend roten Kehle und dem aufblasbaren Kopfschmuck zu erkennen sind. Beide Arten sind am ehesten in den frühen Morgenstunden zu beobachten, wenn sie aus dem benachbarten Peñas-Blancas-Gebiet über das Tal zu ihren Futterplätzen fliegen.

Monteverde-Nebelwald-Reservat

Die Monteverde-Region war Heimat der seltenen Goldkröte. Obwohl sie erst 1966 entdeckt wurde, gilt die Art heute schon als ausgestorben. Seit 1987 ist die Goldkröte zusammen mit 19 weiteren, weniger spektakulären Arten nicht mehr gefunden worden. Die Brutplätze in der Brillante-Region des Schutzgebietes trockneten aus und führten zum Tod der darin lebenden Kaulquappen. Von den etwa 1.500 Exemplaren, die noch 1987 während der Brutperiode beobachtet werden konnten, war 1987 nur noch ein einziges Tier gesichtet worden. Die Austrocknung der temporären Gewässer mag zwar den Rückgang der Goldkröten-Population teilweise richtig erklären, aber nicht, warum auch Arten, die in Bächen oder Bromelien beheimatet sind, ebenso plötzlich verschwanden.

Die Gründe für diese plötzlichen Zusammenbrüche der Amphibienpopulationen gaben den Wissenschaftlern ein schwer zu lösendes Rätsel auf, wurde aber letztendlich auf eine Pilzinfektion (Chytridiomycosis) zurückgeführt. Einige der verschollenen Arten konnten in den Jahren 1991–1994 wiederentdeckt werden, jedoch scheint die Goldkröte für immer ausgestorben zu sein, da nicht – wie bei anderen Arten – Populationen außerhalb des Schutzgebietes existieren, die eine Wiederansiedlung oder Einwanderung ermöglichen.

Insgesamt sind 154 Amphibien- und Reptilienarten im Monteverde-Nebelwald-Reservat beheimatet. Die farblich sehr ansprechenden, aber giftigen Lanzenottern und Korallenschlangen kommen ebenso vor wie riesige Abgottschlangen, Rattennattern und eine Unzahl von kleinen Anolis.

Die Säugetierfauna ist sehr reichhaltig und beinhaltet Bairds Tapir, Jaguar, Ozelot und Puma. Mantelbrüllaffen und Klammeraffen stellen neben Pekaris und Agutis die häufigsten Arten dar.

Tierbeobachtungen fallen ergiebiger aus, wenn Sie die typischen Touristenpfade verlassen und schon in den frühen Morgenstunden das Reservat aufsuchen. Denjenigen Besuchern, die mehrere Tage in Monteverde oder Santa Elena bleiben, sei eine Nachtexkursion in das Gebiet empfohlen. Mit viel Glück kann man auf einer Nachtwanderung einen der nächtlich lebenden Wickelbären ent-

Grüne Rattennatter (*Senticolis triaspis*)
Foto: W. Denzer

Monteverde-Nebelwald-Reservat

An eingen Stellen im Bajo del Tigre kann man den Wald im Tal von oben betrachten
Foto: W. Denzer

decken. Wickelbären gehören zu den Kleinbären und besitzen einen langen Greifschwanz. Sie bewohnen die Baumkronen und ernähren sich hauptsächlich von dem Honig der Wildbienen sowie von Früchten. Viele nachtaktive Insekten werden durch das Taschenlampenlicht angezogen. Besonders beeindruckend sind die 15 cm großen Augenspinner sowie Nashornkäfer. Weiterhin sieht man eine Reihe sonst im Verborgenen lebender Amphibien wie Maki- und Rotaugenfrösche. Die Rufe der Aga-Kröten schallen durch den Wald und erinnern an das Rattern einer Maschinenpistole.

Die Vegetation des Bajo del Tigre ist auf den ersten Blick unscheinbar und nicht so beeindruckend wie im benachbarten Nebelwald von Monteverde, jedoch einzigartig. In den letzten Jahren wurden nicht weniger als 30 Baumarten aus dieser Region neu beschrieben. Von einigen dieser Arten sind nur wenige Exemplare bekannt. Entlang des Weges finden sich Bäume, deren Fruchtstände von Netzen umgeben sind. Dies dient dazu, den Samen vor Fressfeinden zu schützen, um den Bestand der gefährdeten Arten zu sichern und ihren Jungwuchs in einem kleinen Arboretum zur Wiederaufforstung zu gewährleisten. Einige typische Pflanzen des Waldes sind Bromelien, Farne und Helikonien. Würgefeigen und mächtige Fensterblätter

Monteverde-Nebelwald-Reservat

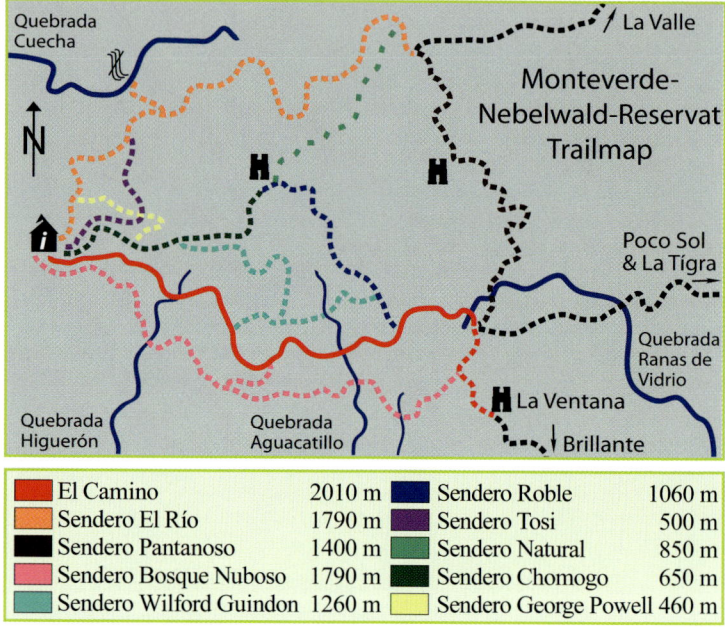

■ El Camino	2010 m	■ Sendero Roble	1060 m
■ Sendero El Río	1790 m	■ Sendero Tosi	500 m
■ Sendero Pantanoso	1400 m	■ Sendero Natural	850 m
■ Sendero Bosque Nuboso	1790 m	■ Sendero Chomogo	650 m
■ Sendero Wilford Guindon	1260 m	■ Sendero George Powell	460 m

Trailmap Monteverde-Nebelwald-Reservat Grafik: J. Denzer

können ebenso bewundert werden wie Orchideen und Brettwurzelbäume. An den Waldrändern findet man überwiegend schnell wachsende Pionierarten des Sekundärwaldes, die eine Ausbreitung des Waldes auf benachbarte, brachliegende landwirtschaftliche Flächen anzeigen. An einigen Stellen sieht man noch Bananenstauden und Kaffeepflanzen. Typische Bäume sind großwüchsige Brenes-Eichen (*Quercus brenesii*) und Stachelzedern.

Aufgrund der eher lichten Vegetation fallen Tierbeobachtungen hier leicht. Unter den Säugetieren sieht man meist Halsbandpekaris, Weißrüsselbären und Agutis. Hörnchen streifen in Gruppen durch das Baumkronendach und zeigen dem Menschen gegenüber keinerlei Scheu. Die Vogelwelt umfasst über 170 Arten, und mit etwas Glück ist sogar ein Quetzal zu entdecken. Wesentlich häufiger sind Kolibris in der Nähe von Helikonien-Blüten zu sehen. Bunte Brauenmotmots sind leicht zu entdecken, und die Rufe des Glockenvogels durchdringen den Wald. Raubvögel wie Rabengeier, Lachhabicht und Graubussard können gut am Aussichtspunkt des Calandria-Trails beobachtet werden, weil hier der Blick auf den Canyon und das Tal freigegeben wird. An sonnenbeschiene-

Monteverde-Nebelwald-Reservat

Violettkronennymphe (*Thalurania colombica*) Foto: W. Denzer

nen Lichtungen sieht man eine Reihe von Echsen wie die kleinen Anolis oder smaragdgrüne Malachit-Stachelleguane. Harmlose, gelborange gefärbte Rattennattern leben im Waldesinnern. Amphibien sind wegen des wenigen Wassers in diesem Gebiet nur selten zu sehen.

Die Wanderwege im Monteverde-Nebelwald sind sehr gut ausgebaut; zum Teil läuft man sogar auf Holzplanken. Alle zugänglichen Wege liegen innerhalb des „El Triangulo" und können ohne Führer erkundet werden. Der Sendero Bosque Nuboso bietet eine gute Einführung in den Nebelwald. Am Eingang zum Park ist eine Broschüre erhältlich, die auf die Besonderheiten entlang des Pfades eingeht. Der Weg ist nur 1,8 km lang und kann in etwa 45–60 Minuten bewältigt werden. Wegen der vielen Touristen hat man jedoch kaum Gelegenheit, Tiere zu beobachten. Am Ende des Sendero Bosque Nuboso zweigt rechts der Sendero Brillante ab, der nach nur 300 m zum Aussichtspunkt „La Ventana" führt. Danach ist dieser Weg für Besucher gesperrt und darf nur mit Genehmigung bewandert werden. Der Brillante-Sektor ist wissenschaftlichen Forschungen vorbehalten und ist eines der Gebiete, in denen früher Goldkröten vorkamen.

Monteverde-Nebelwald-Reservat

Die rot blühende *Razisea picata* wird von Kolibris bestäubt Foto: W. Denzer

Die Verlängerung des Sendero Bosque Nuboso ist der Sendero Pantanoso auf der karibischen Seite des Reservates. Für den 1,5 km langen Weg benötigt man weitere 45 Minuten. Die Vegetation entlang des Weges ist überwältigend, ebenso wie die Vogelwelt. Unter den zugänglichen Teilen des Reservates zählt der Sendero Pantanoso zu den interessantesten. Da nur wenige Besucher hierher gelangen, hat man die Möglichkeit, die Tierwelt in aller Ruhe zu beobachten. Quetzale und Laucharassaris sind häufig, aber nur schwer zu entdecken. Um relativ sicher zu gehen, diese scheuen Vögel zu Gesicht zu bekommen, empfiehlt es sich, mit einem kundigen Führer zu wandern, der die Brut- und Futterplätze der Vögel genau kennt. Häufiger dagegen sind kleine Anolis auf den Ästen der Bäume zu beobachten. Sieht sich ein Anolis-Männchen mit einem Männchen der gleichen Art konfrontiert, so beginnt es sofort, Imponierverhalten zu zeigen, indem es seine gelbliche oder rötliche Kehlfahne in kurzen Intervallen immer wieder aufstellt.

Der Sendero Pantanoso endet an einer Kreuzung, an der links der 1,8 km lange Sendero Narural (anfangs als „Sendero Chomogo" ausgezeichnet) zum Eingang zurückführt und geradeaus der Sendero Río beginnt. Dieser Weg zieht sich auf 1,8 km Länge entlang des Quebrada Cuecha. Nach etwa 1,2 km führt rechts ein Pfad zu einem Wasserfall. Das letzte Stück zurück zum Parkeingang geht überwiegend durch Sekundärwald. Der etwas abenteuerlustigere Naturtourist sollte hier einmal den Boden nach etwa 3 cm großen Löchern absuchen; mit etwas Glück und einer Taschenlampe kann man Vogelspinnen entdecken, die sonst nur nachts unterwegs sind. Man sollte jedoch dabei vorsichtig vorgehen, da die Tiere im gereizten Zustand einem vermeintlichen Angreifer einige ihrer Haare entgegenschleudern, die Hautrötungen und Nesselfieber verursachen können. Der gesamte Rundweg über die angegebenen Trails nimmt etwa 3–4 Stunden Gehzeit in Anspruch.

Längere Trails führen zu den Peñas-Blancas- und El-Valle-Schutzhütten. Diese Regionen des Reservates können nur mit Genehmigungen und in Begleitung von Rangern besucht werden, da sie größtenteils der Forschung vorbehalten sind. Die Wanderung über den Versorgungsweg El Camino nach Peñas Blancas dauert etwa sechs Stunden, sodass dort übernachtet werden muss. Von hier aus sind es nochmals fünf Stunden bis zur Audubon-Station. Auf diesen Wanderungen gelangt man in die wirklich entlegenen Regionen des Reservates und hat daher viel größere Chancen, seltene Tiere zu entdecken. Über den Kinderregenwald-Trail (siehe unten) kann das Reservat auf der karibischen Seite verlassen werden. Informationen über diese Routen sind bei der Reservatsverwaltung erhältlich.

Große Teile des Kinderregenwaldes sind für Besucher unzugänglich. Da das Hauptinteresse an der Erhaltung der Natur liegt, sind kaum Wege innerhalb des Gebietes vorhanden. Nur in einem kleinen Areal am Ortsausgang von Monteverde sind Pfade angelegt, die von Naturtouristen genutzt werden können. Das Waldstück wurde 1988 der Monteverde Conservation League (MCL, siehe S. 176) vom dem Farmer-Ehepaar Scudder gestiftet und wird seitdem zu ökologischen Bildungszwecken genutzt. In dem Büro der MCL können für 2 US-Dollar ein kleiner Führer und eine Karte erstanden werden, die sehr hilfreich und informativ sind. Außerdem gibt es dort für 1 US-Dollar eine Liste der nachgewiesenen Vögel. Der Bajo-del-Tigre-Sektor ist leicht zu Fuß innerhalb von 20 Minuten ab der meisten Unterkünfte in Monteverde zu erreichen. Die Abzweigung befindet sich in der Nähe der Käsefabrik Casem, ein Stück entlang der Straße in Richtung Nebelwald-Reservat.

Das Waldstück trägt den Namen Sendero Bajo del Tigre (Jaguar-Pfad) und liegt in der Nähe der Pension Quetzal, wo ein Wegweiser angebracht ist. Das Informationshäuschen am Parkeingang ist nicht immer besetzt, und es ist daher sinnvoll, Broschüre und Karte schon im Voraus im Ort zu besorgen. Am Eingang angekommen, können zwei mögliche Richtungen eingeschlagen werden: der Murciélago-Pfad zur Linken oder der Toledo-Pfad, der direkt vor einem liegt. Wer die Broschüre mit Erklärungen zur Ökologie gekauft hat, sollte mit dem Murciélago-Pfad beginnen und den dort gegebenen Anweisungen folgen. Obwohl der Eingang auf einer Lichtung liegt, die kaum an Regenwald erinnert, lohnt es sich schon hier, eine kurze Zeit

Monteverde-Nebelwald-Reservat

zu verweilen, da man aufgrund der lichten Vegetation einige Tiere leichter entdecken kann. Am ehesten sieht man auf Holzscheiten und Steinen etwa 15 cm große, smaragdgrüne Malachit-Stachelleguane, die sich in der Sonne erwärmen und Futtertieren nachjagen. An den wenigen blütentragenden Bäumen suchen Erzeremit-Kolibris nach Nektar, und durch die Luft schweben anmutig Blaue Morphofalter. Im Gebüsch beiderseits des Murciélago-Pfades rascheln Halsbandpekaris und Agutis im Laub. Nach kurzer Zeit gelangt man zu einer Reihe großer Würgefeigen, von denen einige innen Hohlräume aufweisen. Hier leben Fledermäuse („murciélagos"), die dem Weg ihren Namen gaben. Fledermäuse machen 50 % der gesamten Säugetierarten des Gebietes aus und sind ein wichtiger Bestandteil des Regenwaldökosystems, da sie als Fruchtfresser zur Verbreitung von Samen beitragen.

Nach 400 m gelangt man an eine Wegkreuzung, die rechts in den Toledo-Pfad und links in den Calandria-Pfad abbiegt. Wer nur an dem in der Broschüre erwähnten Rundgang interessiert ist, sollte den Toledo-Pfad wählen; wer jedoch ein wenig Zeit mitgebracht hat, kann auch noch andere Teile des Areals erkunden, indem er dem Calandria-Trail folgt, der nach dem seltenen Glockenvogel benannt ist, dessen unverkennbare, metallisch klingende Rufe man hier häufig vernimmt. Gegen Ende des Calandria-Pfades geht es ziemlich steil bergab in Richtung eines Aussichtspunktes. Hier bietet sich ein wunderschöner Ausblick auf das Monteverdegebiet und die Hochebene. Um wieder in das eigentliche Gebiet zurückzukehren, muss derselbe Pfad gewählt werden. Nach etwa 100 m zweigt rechts ein Pfad ab, der in einen Sekundärwald mit Helikonienhainen führt, und nach 200 m gelangt man an eine Stelle, die in den Monos-Trail mündet. Dieser führt nach weiteren 600 m auf den Toledo-Pfad, sodass man hier wieder den Beschreibungen in der Broschüre folgen kann. Der Weg ist nach dem Vogel „Toledo" (Langschwanzpipra) benannt, der für seinen Brauttanz berühmt ist. Der Trail geht überwiegend durch Sekundärwald und endet nach 600 m wieder am Eingang.

Noch ein weiterer Teil des Kinderregenwaldes lässt sich besuchen, allerdings nimmt dieser Ausflug mehrere Tage in Anspruch und kann nicht auf eigene Faust durchgeführt werden. Der 24 km lange Monteverde-Kinderregenwald-Trail führt durch das Nebelwald-Reservat in die unberührten und entlegenen Gebiete des Kinderregenwaldes. Hierfür benötigt man einen Führer der Monteverde Conservation League sowie deren Genehmigung. Einer der besten Kenner des Gebietes ist Erick Bello (yeraie@racsa.co.cr; Tel.: 00506(0)26455291). Er wird zusammen mit weiteren Guides auf der folgenden Internetseite vorgestellt: www.cloudforestalive.org/tour/guide_bios.htm.

Während der Regenzeit wird diese Tour nicht angeboten, da unterwegs zwei Flüsse überquert werden müssen, die dann derart angeschwollen sind, dass eine Durchquerung unmöglich ist. Der Weg führt über Eladios (ehemals Audubon-Forschungszentrum), wo übernachtet wird, zu einer Hütte bei Poco Sol innerhalb des Reservates. Für die Hin- und Rückwanderung sollten mindestens drei Tage eingeplant werden. Dieser Ausflug lohnt sich besonders, weil hier auch tiefer liegende Regenwaldregionen der Karibikseite durchwandert werden. Wegen der Abgeschiedenheit sind viele Tiere einfacher zu beobachten, und ein paar Nächte im Regenwald mit seiner Geräuschkulisse zu verbringen, ist eine Erfahrung. Wer den Weg nur in eine Richtung wandern möchte (zwei Tagesmärsche bis Poco Sol), hat dann die Möglichkeit, von der Poco-Sol-Hütte am Folgetag weiter durch den Kinderregenwald und das Peñas-Blancas-Gebiet nach La Tigra de San Carlos zu wandern, wo sich das Finca Steller Education Center befindet (Eintritt: Erwachsene 8 US-Dollar, Studenten 5 US-Dollar; Tel.: 00506-(0)2468-8382). Dies ist das eigentliche Besucherzentrum für das Kinderregenwaldprojekt und besonders auf naturbegeisterte Kinder ausgerichtet. Hier gibt es eine kleine Ausstellung mit Pflanzen und Tieren der Region, Trails, die einfach zu laufen sind sowie eine Baumschule, in der natürlich vorkommende Arten vermehrt und aufgezogen werden.

In Poco Sol befindet sich eine Rangerstation, in der es sich lohnt, einige Tage zu verbleiben. Das Gebiet ist mit zahlreichen Trails durchzogen, auf denen man ungestört die Natur eines prämontanen Regenwaldes genießen kann. Nur wenige Touristen verirren sich hierher, da die lange Anreise für viele zu beschwerlich ist – entweder auf dem dreitägigen Trekk oder per Jeep von Monteverde oder Arenal bis zur Brücke über den Peñas-Blancas-Fluss und dann

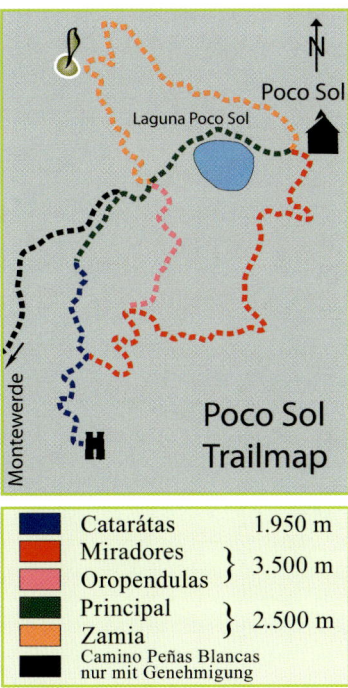

Trailmap Poco Sol Grafik: J. Denzer

zwei Stunden Fußmarsch. Poco Sol bedeutet auf Deutsch „wenig Sonne". Dies ist recht treffend für die Region, da man sich oft innerhalb der Wolken aufhält und nie vor Regenschauern sicher ist. Allerdings ist dies jedoch der Hauptgrund für die märchenwaldähnliche Vegetation mit riesigen Bäumen, die übervoll mit Epiphyten bewachsen sind. An Blütenpflanzen findet man verschiedene Passionsblumen- und Helikonienarten sowie Bärlappgewächse und Greisenbart-Tillandsien. Besonders Amphibien- und Vogelfreunde sollten in dieser Region auf

Monteverde-Nebelwald-Reservat

ihre Kosten kommen. Mittelpunkt des Poco-Sol-Gebietes ist die Laguna Poco Sol, ein kleiner Binnensee nur unweit der Station. Hier sollen sich von Zeit zu Zeit sogar Tapire einfinden.

Die Laguna Poco Sol befindet sich direkt am Camino Principal, der in Richtung Monteverde und Peñas Blancas führt. Folgt man diesem Trail, so gelangt man an eine Kreuzung, an der links der Sendero Oropendulas beginnt und nach rechts der Sendero Zamia abzweigt. Der Sendero Zamia geht zu Beginn ein Stück steil bergauf, dann vorbei an einer Fumarole, die stark schwefelhaltige Schwaden ausstößt. Je näher man kommt, desto kräftiger wird der Geruch. Der Sendero Zamia ist ein Rundweg, der direkt an der Station endet.

Schlägt man den Sendero Oropendulas ein, so bewegt man sich eine Zeit lang oberhalb der Lagune, um dann am Grat auf den Sendero Miradores zu treffen. Hier befindet sich ein Aussichtspunkt, der den Blick auf den Wasserfall des Río Poco Sol freigibt. Während dies in der trockeneren Jahreszeit – das bedeutet hier weniger Regen – ein idyllisches Bild abgibt, stürzt sich der Río Poco Sol in den regenreichen Monaten tosend in die Schlucht. Der Sendero Miradores führt durch ein schönes Waldstück und anschließend durch Sekundärvegetation zurück zur Station.

Die Unterkünfte in Poco Sol sind mit Etagenbetten ausgestattet. Elektrizität gibt es nur in den Morgen- und Abendstunden. Sie sollten sich daher auf einfache Verhältnisse einstellen, jedoch entschädigt die Ruhe und unberührte Natur für alle eventuellen Widrigkeiten.

Laguna Poco Sol – viel Regen, wenig Sonne (poco sol) Foto: W. Denzer

Monteverde-Nebelwald-Reservat

Vulkan Arenal und Arenalsee

Von San José aus fährt man entweder über Ciudad Quesada oder San Ramón nach La Fortuna am Vulkan Arenal. Tourunternehmen machen oft Halt in der kleinen Stadt Sarchí, in der die bunt bemalten Ochsenkarren hergestellt werden. Aus dem Norden kommend, verlässt man die Interamericana bei Cañas und fährt über Tilarán um den Arenalsee herum. Von Fortuna aus lassen sich das Caño-Negro-Schutzgebiet bei Los Chiles und das Indianer-Reservat Guatuso bei San Rafael in Tagesausflügen besuchen.

Die Arenal-Region kann ganzjährig besucht werden. Leider können zu jeder Jahreszeit Wolken am Vulkan aufziehen, sodass eine freie Sicht Glückssache ist. Die beste Zeit zum Surfen auf dem Arenalsee sind die Monate Dezember bis März. Die Trockenzeit fällt in die Monate Dezember bis Mai. Die Durchschnittstemperatur liegt bei 23 °C, jedoch wird es nachts wegen der starken Winde empfindlich kalt.

Das Gros der Touristen kommt in Hotels im Ort Fortuna unter. Weitere Unterkünfte befinden sich rund um den Arenalsee. Eine ausgiebige Liste mit Unterkunftsmöglichkeiten findet man unter www.arenal.net/arenal-costa-rica-map.htm.

Ein imposanter, nächtlicher Ausbruch des Vulkans Arenal Foto: W. Denzer

Vulkan Arenal und Arenalsee

Besonders empfehlenswert ist die Arenal Volcano Observatory Lodge, von der aus man herrliche Ausblicke auf den Vulkan hat und besonders bei Nachtausbrüchen alles aus nächster – aber sicherer Nähe – mitbekommt.

> **Arenal Volcano Observatory Lodge**
> (P.O. Box 13411-1000 San José;
> Tel.: 00506-(0)2290-7011;
> Fax: 00506-(0)2290-8427; E-Mail: info@arenalobservatorylodge.com;
> www.arenalobservatorylodge.com;
> Lodge: Tel.: 00506-(0)2479-1070;
> Fax: 00506-(0)2479-1074;
> La Fortuna).

Der Arenal zählt zu den aktivsten Vulkanen der Erde, und ein nächtlicher Ausbruch bei klarer Sicht gehört sicherlich zu den beeindruckendsten Naturschauspielen in Costa Rica. Tagsüber finden häufig Ausbrüche mit Ascheausstößen statt, die mehrere Hundert Meter in den Himmel reichen. Manchmal kann man beobachten, wie rot glühende Felsbrocken in die Luft geschleudert werden, um dann am Hang herabzurollen. Nachts sieht man nach Ausbrüchen, wie sich die Lava langsam ihren Weg bahnt. Auf Tages- und Nachtwanderungen mit einem Führer können die Lavafelder und Ausbrüche aus nächster Nähe, jedoch sicherer Entfernung, bewundert werden.

Die Lava von ehemaligen Ausbrüchen reicht bis fast an den See Foto: W. Denzer

Vulkan Arenal und Arenalsee

Der 1.635 m hohe Arenal-Vulkan galt lange Zeit als inaktiv und war rundherum mit immergrünem Regenwald bewachsen. 1968 brach er in einer gewaltigen Explosion aus, die in der näheren Umgebung zu Verwüstungen führte und 80 Menschen tötete. Darauf folgte wieder eine Ruheperiode, in der keinerlei vulkanische Aktivität registriert wurde. Seit 1981 ist der Arenal mit kurzen Pausen ständig aktiv und ist zu einer Touristenattraktion geworden. Der letzte große Ausbruch fand 1992 statt und sprengte einen Teil des oberen Kegels ab. Die Lava dieses Ausbruches kann auf dem Gebiet des Nationalparks besichtigt werden. Erst wenn man vor den großen Felsbrocken steht und sich die Entfernung zum Vulkan vergegenwärtigt, wird man sich bewusst, welche ungeheuren Naturgewalten hinter diesem Ausbruch standen.

An der Südseite des Vulkans liegt die Arenal Observatory Lodge, die seit 1987 Wissenschaftlern Beobachtungen ermöglicht. Die Lodge liegt auf einem 347 ha großen Gelände in 800 m Höhe mit leichtem Zugang in die umliegenden Wälder und zu den Lavafeldern des Vulkans. In dem Gebiet werden zudem Macadamia, Eukalyptus und Honduraskiefer angebaut. Auf Wanderungen gelangt man an einen Wasserfall oder den erloschenen Vulkan Cerro Chato.

Ebenfalls südlich des Vulkans befindet sich der Eingang zum 4.000 ha großen Arenal-Nationalpark. Das Gebiet ist größtenteils unzugänglich und schützt die noch vorhandenen Primärwaldreste der Tilarán-Hochebene und die Region um den Vulkan.

Am Fuß des Vulkans befinden sich die Thermalquellen von Tabacón. Hier gibt es eine Freizeitanlage, in der man sich gemütlich in den warmen Schwefelbädern niederlassen und bei einem Getränk den Vulkan beobachten kann. Der Nachbarort Fortuna hat in den letzten Jahren einen wahren Touristenansturm erfahren. Viele Hotels mit Blick auf den Vulkan sind hier angesiedelt.

Der künstlich angestaute Arenalsee besitzt eine Oberfläche von annähernd 80 km², was ihn zum größten Binnensee des Landes macht. Er dient hauptsächlich der Energiegewinnung und Bewässerung der trockenen, nördlichen Landesteile. In letzter Zeit wurde das Gebiet vom Tourismus entdeckt und wird vor allem von wassersportbegeisterten Besuchern aufgesucht. Auf Ausflügen in die nähere und weitere Umgebung können ein Botanischer Garten sowie eine Höhle besucht werden.

In der direkten Nähe des Vulkans ist kaum Wald oder gar Vegetation vorhanden. Die oberen Regionen werden ständig von Lava überschwemmt, sodass kein Leben möglich ist. Am Fuß des Vulkans findet man primären Regenwald, in dem Würgefeigen, Mahagoni und Kapokbäume die häufigsten Arten sind. Der Unterbewuchs besteht aus Farnen, Helikonien und Dieffenbachien. In der Umgebung des Chato-Kratersees existiert noch ein kleines Stück Nebelwald. Große Flächen nahe dem Observatorium dienen zur Wiederaufforstung. Leider wird hier – wie auch an anderen Stellen des Landes – der Fehler begangen, fremdländische Arten wie Eukalyptus anzubauen. Diese Art ist zwar schnell wach-

Vulkan Arenal und Arenalsee

Arenalsee Foto: W. Denzer

send, entzieht dem Boden jedoch genauso schnell die Nährstoffe. Eukalyptus wird immer wieder gewählt, weil schon binnen kurzer Zeit ein „Erfolg" zu sehen ist, indem das frühere Brachland von Weitem wie ein natürlicher Wald aussieht. Inzwischen ist auch bekannt, dass Eukalyptuswälder nur von wenigen Tierarten angenommen werden und somit alles in allem eher schaden als nutzen.

Mehrere Familiengruppen von Mantelbrüllaffen bewohnen die nähere Umgebung zwischen der Observatory Lodge und dem Chato-Kratersee. Wer sie einmal in Ruhe beobachtet, wird feststellen, dass sie sich viel ruhiger und behäbiger bewegen als etwa Kapuzineraffen. Die lauten Rufe der Männchen dienen dazu, das Revier gegenüber anderen Gruppen abzugrenzen. Auf diese Weise ergeben sich manchmal richtige Konzerte rivalisierender Gruppen. Auch junge Männchen und Weibchen sind in der Lage zu Brüllen, allerdings nicht mit der gleichen Stimmgewalt wie der Hordenführer.

Mittelamerikanische Opossums besitzen ein dichtes, dunkelgraues Rückenfell und unterscheiden sich von anderen Arten durch ihre schwarzen Beine. Sie sind Allesfresser und in einigen Landesteilen Kulturfolger. Sie suchen in Hausmüll und Abfall nach Nahrung und leben oft in direkter Nähe zu Menschen. Da viele Besucher des Arenal-Nationalparks auch die Nachtausbrüche des Vulkans auf der Terrasse des Observatori-

Vulkan Arenal und Arenalsee

Eine Gruppe von Kuhreihern hat sich auf einem Baum versammelt Foto: W. Denzer
Grünreiher (*Butorides striatus*) Foto: W. Denzer

Vulkan Arenal und Arenalsee

ums beobachten, haben sie dort eine gute Gelegenheit, Opossums zu Gesicht zu bekommen. Ein weiterer nächtlicher Gast und Kulturfolger ist die große Aga-Kröte, deren Weibchen bis zu 25 cm Körperlänge erreichen können. Sie werden durch das Licht angezogen, wo sie nach Insekten jagen, die sie geschickt mit ihrer Zunge erbeuten

In den Flachwasserzonen des Arenalsees leben Salmonreiher, Schmuckreiher und Gelbstirn-Jassanas. Der Fischreichtum des Sees zieht auch Fischadler und Grünfischer an. Über dem Tal kann man häufig Raubvögel beobachten wie die Schwalbenweihe, die im Flug leicht an ihrem gegabelten Schwanz zu erkennen ist.

Im Arenal-Nationalpark existiert nur ein einziger Wanderweg, der zu den Lavafeldern des letzten großen Ausbruchs von 1992 führt. Der Weg zieht sich überwiegend über offenes Gelände. Nur wenige Pflanzen und Tiere vermögen in dieser unwirtlichen Umgebung zu überleben. Häufig zu sehen sind Ameiven und kleine Stachelleguane, die sich in der Sonne aufheizen. Kurz bevor man zum Lavafeld gelangt, wird ein kleines Waldstück durchquert, das von der Hitze der Lava anscheinend verschont blieb. Hier begegnet man gemischten Gruppen von Tangaren und einzelnen Motmots. Im Übrigen sind nur wenige Tiere zu sehen. Am Lavafeld angekommen, muss man den aufgezeichneten Pfeilen folgen. Es ist ratsam, nicht vom Weg abzuweichen, da dieser als sicher gilt. Auf den großen Gesteinsbrocken siedeln einige Farne, und man erkennt, dass die Pflanzenwelt versucht, sich ihren Lebensraum zurückzuerobern. Je weiter man allerdings auf das Feld wandert, desto spärlicher ist der Bewuchs. Kurz vor Ende des Trails gelangt man an ein kleines Loch zwischen den Steinen, aus dem schwefelhaltiger Dampf austritt. Unter dieser Stelle befindet sich in nur wenigen Metern Tiefe noch ein Teil heißer Lava. Wenn man von diesem Punkt in Richtung Arenalsee schaut, begreift man, wie weit die Lava bei diesem letzten Ausbruch geflossen ist und wie heftig demnach die Eruption gewesen sein muss. Nur wenige Hundert Meter weiter wäre der Lavafluss erst am See zum Stehen gekommen. Nachdem man auf den Hauptweg zurückgewandert ist, kann man diesen noch etwas weiter mit dem Auto befahren, bis man an eine Kehre gelangt, an der sich eine gute Aussicht auf den Vulkan bietet.

Wanderungen zu dem Lavafeld werden auch als geführte Touren auf einer anderen Route ab der Arenal Observatory Lodge angeboten. An manchen Tagen wird die Tour auch nachts durchgeführt. Eine weitere Tour führt ab der Lodge zur „Alten Lava", die von dem großen Ausbruch im Jahre 1968 stammt. Der Weg führt zunächst direkt vor der Lodge steil bergab bis zu einem Fluss. Dieser muss überquert werden, worauf der Weg steil ansteigt. Die Wanderung ist recht anstrengend, jedoch führt sie durch ein schönes Waldstück, in dem viele Brüllaffen leben. Vom Observatorium lässt sich noch ein kleiner Wasserfall und der nahe gelegene Cerro Chato besuchen. Der Cerro Chato ist ein erloschener Vulkan, der von Nebelwald umgeben ist und einen wunderschönen

Vulkan Arenal und Arenalsee

Kratersee hat. Mit Paddelbooten kann man auf den See hinausfahren und die Natur genießen.

Am Fuß des Vulkans befinden sich die Thermalquellen von Tabacón. Hier gibt es verschiedene kleine Pools, die mit Wasser unterschiedlicher Temperatur gefüllt sind. Das Wasser wird aus einem nahen Fluss, der vom Arenal aufgeheizt wird, abgezweigt. Das Thermalbad ist täglich von 10.00–21.00 Uhr geöffnet (Tel.: 00506-(0)2479-8811; E-Mail: eco-thermales@arenal.net). Im Nachbarort Fortuna gibt es einen Wasserfall sowie ein Vulkanmuseum mit Ausstellungen und Diavorführungen zu Vulkanismus (Di–So: 10.00–22.00 Uhr). Von Fortuna aus gelangt man mit dem Auto über Monterrey und Jicarito nach Venado. Auf einer Schotterpiste geht es hinter dem Ort bergauf, bis man am Ende des Weges am Berggipfel ankommt. Dort befindet sich der Eingang zu den Venado-Höhlen, die zu den größten Höhlen Mittelamerikas zählen. Eine Tour in die Höhlen ist nur mit ortsansässigen Führern zu empfehlen, da das System sehr verzweigt ist. Die Gänge sind sehr eng, und es bedarf schon einiger Erfahrung, um in den Höhlen umherzusteigen. In einigen der großen Säle leben Braune Fledermäuse und Amphibien. Mit dem Auto lässt sich ebenfalls die Umgebung des Arenalsees erkunden. Eine typische Fahrt führt von La Fortuna bis nach Tilarán. Auf der Fahrt bieten sich herrliche Ausblicke auf den See. Kurz vor dem Ort Arenal liegt auf der rechten Seite ein Botanischer Garten, in dem Pflanzen aus der ganzen Welt ausgestellt sind. Auf dem Gelände existieren auch einige Pfade in den benachbarten Primärwald. Auf weiteren Ausflügen in der näheren Umgebung von La Fortuna können eine Schmetterlingsfarm und ein Serpentarium besucht werden.

> **Jardín Botánico Arenal**
> Täglich von 09.00–17.00 Uhr
> (Nov. bis April),
> Mo. bis Sa. 9.00–17.00 Uhr
> (Mai bis Okt.)
> Eintritt: Erwachsene 10 US-Dollar,
> Kinder 6 US-Dollar
> Tel. 00506-(0)2694-4305
>
> **El Castillo-Arenal Butterfly Conservatory**
> Täglich von 08.30–16.30 Uhr
> Eintritt: Erwachsene 12 US-Dollar,
> Studenten 10 US-Dollar,
> Kinder 7 US-Dollar; Kinder unter
> 5 Jahren haben freien Eintritt
> Tel. 00506-(0)2679-1149
> E-Mail: info@butterflyconservatory.org
> www.butterflyconservatory.org
>
> **El Castillo Serpentario de Zoological**
> Täglich von 08.30–17.30 Uhr
> Eintritt: 14 US-Dollar (inkl. Führer)
> Tel. 00506-(0)8358-6773

Windsurfing hat sich in letzter Zeit zu einer neuen Tourismusattraktion rund um den Arenalsee entwickelt. An der Straße um den See gibt es zahlreiche Lodges, die Ausrüstungen vermieten. Am Arenalsee herrschen sehr starke Winde, sodass an der Nordwestseite seit einigen Jahren Windkrafträder zur alternativen Energieversorgung installiert wurden.

Von San José in das karibische Tiefland

Der Limón-Highway führt mitten durch den Braulio-Carrillo-Nationalpark und ersetzt eine frühere Eisenbahnlinie. Während des Straßenbaus hat es viele Proteste von Naturschützern gegeben. Wenn man heute durch den Park fährt, sieht man jedoch keine offensichtlichen Umweltbeeinträchtigungen, sondern verschiedene Vegetationsformen von Bergregenwald bis Tieflandregenwald.

Auf Fahrten von der Hauptstadt zur Karibikküste durchquert man den Park in seiner gesamten Ost-West-Ausdehnung. Entlang des Limón-Highways befinden sich an verschiedenen Stellen Aussichtspunkte mit herrlichen Ausblicken auf die umliegenden Wälder und einige Wasserfälle. An zwei Stellen gibt es Rangerstationen, von denen aus Pfade in den Wald führen. Etwa 5 km hinter der Brücke über den Río Sucio erreicht man die Aerial Tram. Auf 1,7 km Länge kann man in einem Gondelsystem durch das Kronendach des Urwalds fahren oder auf speziellen Wegen die Natur in den Urwaldbäumen erkunden. Das Ziel ist es, dem Besucher einen Eindruck von der Artenfülle im Kronendach zu vermitteln und Einblicke aus der Vogelperspektive zu ermöglichen.

An den Nationalpark angegliedert sind das private Schutzgebiete Rara Avis sowie die weltberühmte Biologische Station La Selva im karibischen Tiefland.

Braulio-Carrillo-Nationalpark

Der Braulio-Carrillo-Nationalpark gehört mit einer Fläche von 450 km² zu den größten Schutzgebieten des Landes. Er liegt nur wenige Kilometer von der Hauptstadt San José

Übersichtskarte Braulio-Carrillo-Nationalpark Grafik: J. Denzer

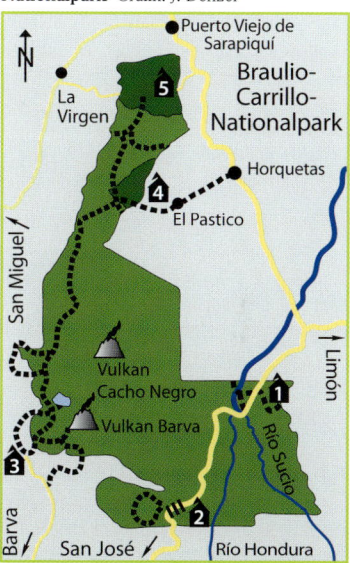

1 Zurqui-Station 4 Rara-Avis-Station
2 Carrillo-Station 5 La-Selva-Station
3 Brava-Station

Von San José in das karibische Tiefland

entfernt und ist innerhalb einer Stunde gut zu erreichen.

Der höchste Punkt des Nationalparks befindet sich am Vulkan Barva (2.906 m), der tiefste Punkt liegt bei 50 m im karibischen Tiefland. Der Barva ist ein Stratovulkan, der sich aus einem Dutzend Kegeln zusammensetzt, dessen zuletzt aufgezeichnete Ausbrüche schon nahezu 400 Jahre zurückliegen. Er besitzt mehrere Kraterseen, von denen der größte einen Durchmesser von 500 m hat. Zwei weitere Vulkane liegen im Gebiet des Nationalparks: der 2.250 m hohe, kegelförmige Cacho Negro und der Zurqui nahe San José. Der Braulio-Carrillo-Nationalpark kann auf kurzen Wanderungen oder mehrtägigen Trekkingtouren erkundet werden. Die Besteigung des Vulkans Barva ist in einem Tag möglich und wird von verschiedenen Tourveranstaltern in San José angeboten.

Im Braulio-Carrillo-Nationalpark findet der Pflanzenliebhaber eine unbeschreibliche Fülle von Bromelien, Tillandsien und epiphytisch lebenden Farnen sowie Orchideen. Die häufigsten Bromelienarten gehören zur Gattung *Guzmania*. Sie zeichnen sich dadurch aus, dass aus der inneren Rosette eine spiralförmige, meist rote Scheinblüte wächst, unter deren Blütenblättern sich weiße oder gelbe Blüten bilden. Verwandte Guzmanien kommen in Europa oft als Zierpflanzen in den Handel. Viele Tillandsien sind daran zu erkennen, dass sie graugrün und etwas pelzig erscheinen. Manche Tillandsien-Arten bringen Blütenstände hervor, die das Aussehen eines Schwertes haben. Auch hier handelt es sich um farbige Scheinblüten, die Bestäuber anlocken sollen. Die eigentlichen Blüten werden klein und unauffällig am Rande der Scheinblüte ausgetrieben. Wieder an-

Im Braulio-Carrillo-Nationalpark sind noch große Flächen unberührten Regenwaldes vorhanden Foto: W. Denzer

Von San José in das karibische Tiefland

dere Arten sehen aus wie Graswuchs an der Baumrinde, und einige wenige Bromelienarten leben gar am Boden, entgegen der landläufigen Meinung, dass es sich dabei um ausschließlich epiphytisch lebende Schmarotzerpflanzen handelt.

Bei genauem Hinsehen fällt auf, dass die jungen Triebe vieler Pflanzen andersfarbig als die reifen Blätter sind. In den meisten Fällen sind die frischen Blätter rötlich oder rosafarben. Dies dient dazu, Pflanzenfresser abzulenken, die vornehmlich auf frische, grüne Triebe spezialisiert sind. Weiterhin sorgen die für die Färbung verantwortlichen Naturstoffe dafür, dass die frischen Triebe vor dem „Verbrennen" durch intensives Sonnenlicht geschützt werden, indem sie eine Filterfunktion ausüben. Erst wenn die Blätter groß und fest genug sind, beginnt der Umfärbungsprozess. Häufig entdeckt man auch Baumarten, die ihre Blüten und Früchte direkt am Stamm treiben. Dieses Wachstum wird als cauliflor bezeichnet und ist z. B. von Kakaopflanzen bekannt.

In den höheren Lagen findet man überwiegend Eichenmischwälder mit starkem Epiphytenbewuchs. Diese Regionen liegen fast täglich im Nebel, was das Wachstum der Pflanzen begünstigt. In den Tieflandregenwäldern sind Fruchtflügelbäume, Mahagoni und Würgefeigen die häufigsten Pflanzen. Die bodennahe Vegetation wird von Helikonien und Zwergpalmen beherrscht. An den feuchten Stellen wachsen Becherpilze, und die verrottenden Baumstämme sind mit großen Baumpilzen übersät.

Der Braulio-Carrillo-Nationalpark beherbergt aufgrund seiner Größe und

Carpotroche platyptera ist ein Stammblüher Foto: W. Denzer

Guzmania nicaraguensis gehört zur Familie der Bromeliengewächse Foto: W. Denzer

Von San José in das karibische Tiefland

unterschiedlichen Lebensräume einen Großteil der costa-ricanischen Tier- und Pflanzenarten. Auf den Wegen in der Nähe der Rangerstationen kann man oft Gruppen von Kapuzineraffen beobachten. Diese Affen leben in Familienverbänden von 30–40 Tieren. Im Gegensatz zu den Mantelbrüllaffen, die immer Sichtkontakt zu den Mitgliedern ihrer Gruppe haben, zerstreuen sich die Kapuziner über große Entfernungen im Wald. Der Kontakt zur Gruppe wird durch Rufe aufrechterhalten.

Auf der karibischen Seite des Parks in der Umgebung der Quebrada-Gonzáles-Station gibt es große Populationen des Erdbeerfrosches. Die Tiere leben überwiegend in Bodennähe und auf niedriger Vegetation. Als Brutplätze bevorzugen sie Guzmanien, in deren Trichtern oft Kaulquappen und rufende Männchen gefunden werden können. Die Populationen in diesem Teil des Landes zeichnen sich durch dunkelblaue Hinterbeine aus, was den Fröschen von den Einheimischen den Namen „Blue Jeans Frog" eingebracht hat. Trotz ihrer auffälligen Warnfärbung sind die Tiere nicht unmittelbar auszumachen. Die Populationen sind sehr lokal, sodass es vorkommen kann, dass man in einem Teil des Waldes innerhalb kurzer Zeit 20 und mehr Exemplare beobachten kann und nur 100 m entfernt kein Tier mehr zu Gesicht bekommt. Nach Regenfällen sind die quäkenden Rufe der Männchen, die darauf hoffen, auf diese Weise Weibchen anzulocken, überall zu vernehmen. Neben den Erdbeerfröschen sind Echsen der Gattung *Anolis* sehr häufig. Die Männchen benutzen ihre bunten Kehlwammen, um Konkurrenten ihr Revier zu signalisieren und paarungsbereiten Weibchen zu imponieren. Einige Tiere zeigen dieses Verhalten auch dem Menschen gegenüber, falls sie sich gestört fühlen.

Die Vogelwelt des Parks ist ebenfalls sehr reichhaltig. Da sich das Gebiet über verschiedene Höhen- und Vegetationszonen erstreckt, sind hier sowohl Flachland- als auch Bergwaldarten beheimatet. Insgesamt sind bisher über 180 Vogelarten nachgewiesen worden. Das Gebiet ist derart gut untersucht, weil alljährlich eine Art Rallye durchgeführt wird, an deren Ende derjenige Vogelfreund, der die meisten Arten beobachtet hat, als Sieger hervorgeht. Neben den spektakulären Arten wie Nacktkehl-Schirmvogel, Quetzal und verschiedenen Tukanen seien vor allem Kolibris (20 Arten), Trogone (fünf Arten) und Tangaren (20 Arten) erwähnt.

Von San José aus kommend, befindet sich auf der rechten Seite, kurz vor der Einfahrt in den Zurqui-Tunnel, die Zurqui-Rangerstation. Etwa 200 m vor der Station führt auf der linken Seite der Sendero Natural Capulin in den Wald oberhalb des Tunnels. Der 2,5 km lange Rundweg geht durch Sekundär- und Primärwald. Typische Pflanzen entlang des Weges sind meterhohe Baumfarne und der „Capulin-Baum", nach dem der Trail benannt ist. Ebenso wie Baumfarne ist er eine Siedlerpflanze und tritt in Lichtungen und in nachwachsendem Sekundärwald auf. Die Früchte ziehen eine Vielzahl von Vogelarten an, insbesondere gemischte Gruppen von Tangaren sind leicht zu beobachten. Der Weg ga-

Von San José in das karibische Tiefland

Zusammenfluss von Río Sucio und Río Hondura Foto: W. Denzer

belt sich nach etwa 200 m; die rechte Abzweigung läuft parallel zur Straße durch Sekundärwald, während der linke Pfad in den Primärwald führt. Beide Wege treffen sich oberhalb der Einfahrt zum Zurqui-Tunnel. Der Rundweg sollte nicht mehr als 90 Minuten in Anspruch nehmen. Wegen der Nähe zur Straße gelingen Tierbeobachtungen im Sekundärwald nur selten.

Der Limón-Highway zieht sich auf den folgenden 20 km durch die höheren Lagen des Braulio-Carrillo-Nationalparks und beginnt dann allmählich in das karibische Tiefland hinabzusteigen. Am Río Sucio überquert er eine große Brücke, von der man einen schönen Ausblick hat. Auf der rechten Seite läuft im Tal der braune, lehmführende Río Sucio mit dem blau schimmernden Río Hondura zusammen. Offiziell ist ein Halten auf der Brücke allerdings untersagt und wegen des zeitweise hohen Verkehrsaufkommens auch nicht sehr ratsam. 2 km nach der Brücke befindet sich auf der rechten Seite die Carrillo-Station. Hinter dem Rangerposten führt der nur 2,5 km lange Rundweg „Sendero Natural" in den Primärwald. Entlang des Weges sind Schmetterlinge wie der Blaue Morphofalter, Glasflügelfalter und Schwalbenschwänze sehr häufig. Die Raupen der

Von San José in das karibische Tiefland

Raupen des Schwalbenschwanzfalters imitieren Vogelkot und zeigen ein ausgeprägtes Schreckverhalten Foto: W. Denzer

Schwalbenschwanzfalter imitieren Vogelkot, um sich so vor Fressfeinden zu schützen. Ebenso wie die hier heimischen Erzeremiten und Braunschwanzamazilien werden sie von den zahlreichen Blütenpflanzen angezogen. An den Bächen gibt es eine Anolisart, die an das Wasserleben angepasst ist. Die nur 15 cm große Echse lebt bevorzugt auf den Steinen in den Bachläufen. Sie jagt nach Insekten auf der Wasseroberfläche, wurde aber auch schon dabei beobachtet, wie sie versuchte, Kaulquappen zu erbeuten. Bei Störung verschwinden sie im nahe gelegenen Dickicht der Ufervegetation. In den Baumkronen sind oft die Rufe von Tukanen zu vernehmen, die aber wegen der dichten Vegetation nur schwer zu beobachten sind. Auf der gegenüberliegenden Straßenseite der Carrillo-Station befindet sich der Sendero Natural Botarama. Der Weg führt auf 1 km Länge durch Bambushaine und Sekundärwald an das Ufer des Río Sucio.

Folgt man dem Siquirres Highway weiter in Richtung Karibikküste, so trifft man nach einiger Zeit auf den Eingang zur Rain Forest Aerial Tram, einer Seilbahn, deren Gondeln durch das Baumkronendach des Waldes fahren. Das Projekt des Biologen Dr. Donald Perry wurde 1994 in Betrieb genommen. Das System umfasst 16 Gondeln für jeweils 4–5 Personen. Die Gondeln werden an verschiedenen Stellen angehalten, um den Besuchern einen näheren Einblick in das Baumkronendach zu ermöglichen. Neben der „Aerial Tram" existieren auch einige gut ausgebaute Wanderwege, auf denen Führer die Ökologie des Regenwaldes erklären. Auf dem Gelände befindeen sich ein Restaurant

Schwalbenschwanzfalter (*Papilio cresphontes*) Foto: W. Denzer

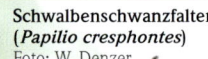

Von San José in das karibische Tiefland

sowie ein Souvenirgeschäft, in dem eine sehr gute Auswahl an Büchern zur Natur und Ökologie Costa Ricas verkauft wird (Rain Forest Aerial Tram, P.O. Box 1959-1002 Paseo de los Estudiantes, Calle 5–7, Av. 7 – Costa Rica; Tel: 00506-(0)2257-5961, Fax: 00506-(0)2257-6053; E-Mail: info@rfat.com, www.rfat.com).

Außer den gerade beschriebenen Wegen entlang des Siquirres-Limón-Highways gibt es auch noch Trails in dem entlegenen östlichen Barva-Sektor des Braulio-Carrillo-Nationalparks. Hinter der Barva-Rangerstation beginnt ein Pfad, der zum Vulkan Barva und dem Lago Barva führt. Der Lago Barva ist ein kleiner See inmitten eines erloschenen Vulkankraters. Die Wanderstrecke ab der Station beträgt nur etwa 3 km. Größtenteils geht man durch einen Nebelwald mit altem Eichenbestand. Das Alter einiger dieser Schwarzeichen wird auf über 500 Jahre geschätzt. Nach 2 km zweigt rechts der Weg zum Kratersee ab; geradeaus führt der Transect Trail nach 35 km und drei Tagen Gehzeit zur Magsasay-Rangerstation, wo sich früher eine Strafkolonie befand. Der Transect Trail ist nur mit Genehmigung der Nationalparkbehörde begehbar; die Exkursion sollte nur mit einem ortskundigen Führer unternommen werden. Auf der Wanderung kommt man durch die unterschiedlichsten Vegetationsstufen, da der Beginn auf 2.900 m Höhe liegt und das Ende der Wanderung auf nahezu Meeresniveau führt. Entlang des Weges gibt es an einigen Stellen Unterstände, in denen übernachtet werden kann. Ab der Magsasay-Station führt ein Weg zur Biologischen Station La Selva, die nördlich an den Braulio-Carrillo-Nationalpark angrenzt. Für den Besuch der La-Selva-Region benötigt man eine Genehmigung der OTS, da das Gebiet nicht von der Nationalparkbehörde verwaltet wird.

Einige Kilometer nachdem man den Braulio-Carrillo-Nationalpark auf dem Siquirres-Limón-Highway verlassen hat, trifft die Straße auf eine Kreuzung, an der es links in Richtung Puerto Viejo de Sarapiquí geht. Hier befinden sich das private Schutzgebiet Rara Avis und die Biologische Station La Selva, die zu den bedeutendsten Forschungsstationen der westlichen Hemisphäre gehört. Nach etwa 17 km wird der Ort Las Horquetas erreicht, in dem Rara Avis ausgeschildert ist. Das Büro (Tel.: 00506-(0)2764-1111; Fax: 00506-(0)2764-1114; Hotel: 00506-(0)2710-8032; E-Mail: info@rara-avis.com; www.rara-avis.com) des Schutzge-

Der Gelbaugenfrosch (*Agalychnis annae*) ist ein typischer Hochlandbewohner
Foto: W. Denzer

Von San José in das karibische Tiefland

bietes liegt nur etwa 500 m links der Straße. Die Anfahrtszeit von San José beträgt etwa 1,5 Stunden. Die Anreise nach Rara Avis startet gegen 9.00 Uhr morgens oder 14.00 Uhr nachmittags in Las Horquetas, von wo aus der restliche Weg entweder per Traktor oder zu Pferd zurückgelegt wird. Die Strecke bis El Plastico nimmt drei Stunden und bis zur Waterfall Lodge vier Stunden in Anspruch. Die Rückfahrt wird von der Waterfall Lodge um 08.00 Uhr oder 14.00 Uhr angetreten, und man erreicht Horquetas um 18.00 Uhr.

Biologische Station Rara Avis

Der amerikanische Biologe und frühere Manager der La Selva Biological Station, Amos Bien, startete das Projekt Ende 1983. Mit einer Gruppe von Investoren wurden 13 km² Land gekauft, mit dem Ziel, ökologische Forschung und Ökotourismus unter einen Hut zu bringen. Donald Perry errichtete hier seine ersten Plattformen im Baumkronendach und startete dadurch ab Mitte der 1980er-Jahre ein völlig neues Forschungsfeld. Das an den Braulio-Carrillo-Nationalpark und La Selva grenzende Areal hat überwiegend Primärwaldbestand und ist Heimat einer reichhaltigen Flora und Fauna. Besucher werden von Mitarbeitern der Station auf mehrstündigen Wanderungen in die Grundlagen der Regenwaldökologie eingeführt und haben die Möglichkeit, mit vor Ort arbeitenden Wissenschaftlern und Studenten über deren Arbeit zu diskutieren.

Die Wälder sind ein typisches Beispiel für karibischen Tieflandregenwald und stellenweise prämontaner Vegetation. Rara Avis liegt auf 700 m Höhe über dem Meeresspiegel, was zu dem angenehmen und konstanten Klima wesentlich beiträgt. Geologisch stellt das Gebiet einen nordöstlichen Ausläufer des Vulkans Barva dar.

Die Vegetation besteht überwiegend aus primärem Regenwald und altem Sekundärbewuchs. In diesem vergleichsweise kleinen Gebiet sind über 500 Baumarten nachgewiesen, d. h. mehr als in ganz Europa. Aufgrund intensiver wissenschaftlicher Forschung wurden in den letzten Jahren neue Pflanzenarten beschrieben und bereits als ausgestorben geltende Arten wiederentdeckt. Ein Beispiel hierfür ist die nur im Innern des Primärwaldes vorkommende Palme *Geonoma epetiolata*. Sie war in früheren Jahren als Zierpflanze gebräuchlich und verschwand mit zunehmender Zerstörung der Wälder vom Markt. Die Wiederentdeckung in der Umgebung von Rara Avis hat zu einem neuen Zuchtprogramm geführt, das ein nochmaliges Übererenten verhindern soll. Ähnliche Programme existieren auch für seltene Bromelien und Orchideen der Region. Typische Pflanzen des Waldes sind Fensterblätter sowie Zungenfarne. Geschnäbelte Helikonien besiedeln Lichtungen und Wegesränder. Oft trifft man auf auffallend rote Blüten, die in Kopfhöhe wachsen. Ihr Aussehen hat ihnen unter der einheimischen Bevölkerung den Namen „Labios de Mujer" eingebracht, was so viel wie „die Lippen einer Frau", gemeint ist der Kussmund, bedeutet.

Biologische Station Rara Avis

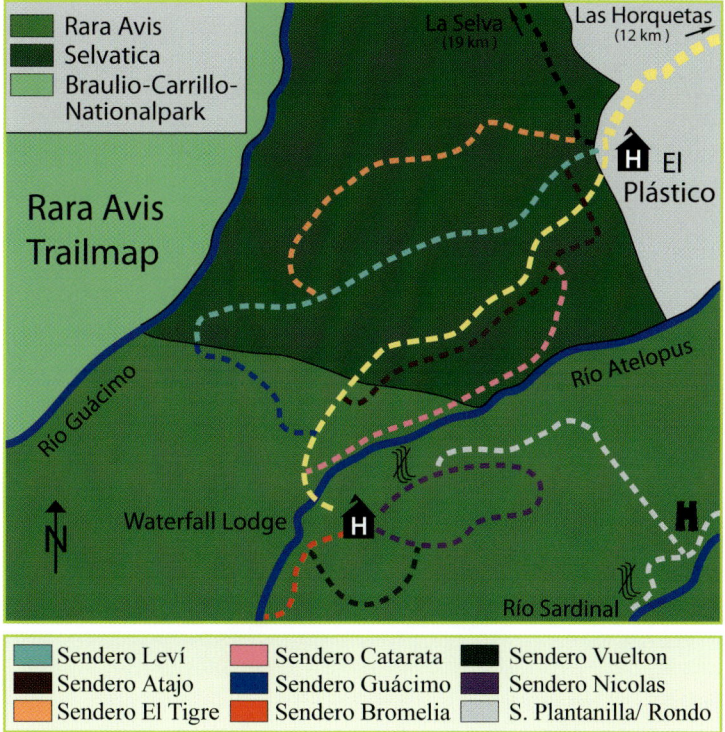

Trailmap Rara Avis Grafik: J. Denzer

Säugetiere sind in Rara Avis nur schwer zu beobachten, da sie sehr zurückgezogen leben und das gesamte Hinterland des Braulio-Carrillo-Nationalparks zur Verfügung haben. Jaguare und Tapire sind hier beheimatet, jedoch werden Sie wahrscheinlich eher Weißrüsselbären und Kapuzineraffen zu Gesicht bekommen. Eine kleine Gruppe von Nasenbären durchstreift nahezu täglich das Areal zwischen den Unterkünften und dem Restaurant. Einfach ist es dagegen, die Vogelwelt zu beobachten. Besonders in den frühen Morgenstunden sind viele Arten aktiv. Mit etwas Glück sieht man am Río Atelopus eine Sonnenralle, die hier nach Kerbtieren sucht. Diese Vögel können ihre Flügel und Schwanzfedern abspreizen, wobei dann ein orangerotes Sonnenrad zum Vorschein kommt. Bischofstangaren und rotschwarze Passerinitangaren sind in der Buschvegetation an der Lodge zu sehen, und Braunschwanzamazilien besuchen Helikonien-Blüten zur Nektaraufnahme.

Biologische Station Rara Avis

Grüner Anolis (*Anolis biporcatus*) Foto: W. Denzer

Gewehrkugelameisen (*Paraponera clavata*) Foto: W. Denzer

Der Wald um Rara Avis weist einen großen Reichtum an Reptilien und Amphibien auf. Schon auf dem Anmarsch von El Plastico zur Waterfall Lodge werden Sie wahrscheinlich auf die knallroten Erdbeerfrösche treffen. Besonders nachts und nach heftigen Regenfällen sind die Rufe der Regenfrösche überall zu vernehmen. Bunte Echsen sind in Form der Anolis allgegenwärtig, und mit etwas Glück entdecken Sie einen der selteneren ca. 25 cm großen Helmleguane. Die Schlangenfauna ist sehr reichhaltig, aber ein Großteil der Tiere lebt zurückgezogen und ist sehr scheu. Bunt geringelte Korallenschlangen leben unter Laub, und die Schlegels Lanzenotter ist meist nur in den Kronenregionen des Waldes zu finden.

Schmetterlinge gibt es in jeder Farbe und Größe. Ein Teil der im Gebiet vorkommenden Arten ist in einer Zuchtanlage zu bewundern. Die Tiere werden hier vom Ei bis zur schlupfreifen Puppe herangezogen und dann über Händler weltweit an Schmetterlingsfarmen und Sammler verkauft. Der Vorteil dieses Projektes ist, dass auf diese Weise nur sehr wenige Zuchtpaare der Natur entnommen werden und somit die natürlichen Populationen nicht gefährdet werden. Ponerinen-Ameisen sind in diesem Gebiet weit verbreitet, sodass es ratsam ist, sehr genau hinzuschauen, bevor man an irgendeinen Ast greift oder sich auf eine Wurzel zum Ausruhen niederlässt. Die Stiche können zu allergischen Reaktionen führen und sind äußerst schmerzhaft.

Die Anfahrt bis El Plastico führt größtenteils durch Weide- und Ödland. Hier kann man sehen, wie sich Viehwirtschaft auf ein ehemals mit Regenwald bedecktes Gebiet auswirken kann. Ab El Plastico beginnt das eigentliche Schutzgebiet. Nach etwa 100 m entlang des Hauptweges biegt rechts der Sendero Atajo ab. Er windet sich parallel zur Versorgungsstraße den Berg hinauf bis nach etwa 1,5 Stunden – wenige Hundert Meter vor der Waterfall Lodge – beide Wege wieder zusammentreffen. Der Sendero Catarata zweigt nach einem Drittel des Weges links vom Atajo-Pfad ab. Er ist schwieriger zu begehen und läuft geraume Zeit parallel zum Río Ate-

Schlegels Lanzenotter
(***Bothriechis schlegelii***) Foto: W. Denzer

lopus bis zum Wasserfall kurz unterhalb der Lodge. Für diese Strecke sollte man 2,5 Stunden Gehzeit einplanen. Beide Wege führen sowohl durch primären als auch sekundären Regenwald. Neben einer Vielzahl von Vögeln sind insbesondere die kleinen, roten Erdbeerfrösche sehr zahlreich.

Eine vierstündige Dschungelwanderung über die Senderos El Tigre, Levi und Guacimo führt ebenfalls von El Plastico zur Waterfall Lodge. Auf dieser Strecke sind verschiedene Bäche zu überwinden, und das Terrain ist ziemlich

Biologische Station Rara Avis

Wasserfall Rara Avis Foto: W. Denzer

schwierig und somit nur erfahrenen Dschungeltrekkern zu empfehlen. In der Umgebung der Station existieren eine Reihe kürzerer Pfade, die 1–2 Stunden Gehzeit in Anspruch nehmen. Ein schöner Rundweg ist der Sendero Nicolas, der links vor der Lodge in den Wald abzweigt und hinter dem Restaurant endet. Wie alle Pfade im Gebiet um Rara Avis ist er gut ausgeschildert. Besonders nach heftigen Regenfällen fällt die Wanderung schwer, da verschiedene Stellen sehr rutschig oder gar schlammig sind. Dafür wird man allerdings mit einer großen Zahl bunter Vögel, Schmetterlinge und Amphibien belohnt. Die Gehzeit beträgt 60–90 Minuten. Der Sendero Vuelton ist ein weiterer Rundweg, der hinter der Lodge beginnt. Das erste Stück des Weges folgt er dem Sendero Bromelia und zweigt nach wenigen Hundert Metern links ab. Dieser Pfad führt in einem Bogen auf den Sendero Nicolas, sodass man an der Kreuzung entweder rechter Hand zur Lodge zurückgehen kann (insgesamt eine Stunde) oder aber dem Nicolas-Pfad folgt. Die Kombination beider Trails nimmt je nach Wetterlage und Bodenbeschaffenheit 2–3 Stunden in Anspruch.

Der Sendero Bromelia führt zur Grenze des Braulio-Carrillo-Nationalparks und zum Río Atelopus, dessen eigentlicher Name Río Villalobos ist. Wegen des früheren, häufigen Vorkommens einer kleinen bunten Stummelfuß-Kröte aus der Gattung *Atelopus* ist der Fluss nach ihr benannt worden. Heutzutage sind diese Tiere in Costa Rica zu einer ausgesprochenen Seltenheit geworden. Der Grund hierfür, wie auch der weltweite Trend abnehmender Amphibienpopulationen, ist bisher noch nicht sicher geklärt. Einzig die Tatsache, dass Umwelteinflüsse eine bedeutende Rolle spielen, ist allgemein anerkannt. Vermutlich ist dabei die Pilzerkrankung Chytridiomycosis von besonderer Bedeutung.

Biologische Station Rara Avis

Trotzdem ist es verwunderlich, dass ganze Populationen selbst aus seit langer Zeit geschützten Gebieten wie Rara Avis verschwinden. Der Sendero Bromelia ist kein Rundweg und muss daher auf derselben Strecke zurückgegangen werden. Das Gleiche gilt für den Sendero Plantanilla, der zu den längsten Pfaden gehört und an einem Wasserfall sowie einem Aussichtspunkt endet (Sendero Rondo). Für Hin- und Rückweg sollten mindestens sechs Stunden eingeplant werden. Außerdem ist es ratsam, vor der Wanderung Erkundigungen über die Wegbeschaffenheit bei den Rara-Avis-Mitarbeitern einzuholen oder besser noch mit einem erfahrenen Mitarbeiter zu gehen. Bei dieser Wanderung sind mehrere Bäche zu überwinden, die besonders nach starken Niederschlägen schnell zu reißenden Gewässern werden.

Nur etwa 20 Minuten Fußweg entfernt von der Lodge liegt inmitten des Waldes am Sendero Catarata ein Baumhaus. Nach vorheriger Absprache mit den Mitarbeitern von Rara Avis kann die Plattform in Begleitung erfahrener Kletterer erklommen werden. Nach einer kurzen Einweisung in die Klettertechnik wird man angegurtet und kann den mühsamen Aufstieg in 30 m Höhe beginnen. Unterwegs bietet sich eine herrliche Aussicht auf das Kronendach, und oben angekommen, begegnet man Tieren und Pflanzen, die nur selten in Bodennähe zu finden sind.

Rara Avis kann ganzjährig besucht werden. Mit Regenfällen muss eigentlich immer gerechnet werden, da es keine regelrechte Trockenzeit gibt. Die jährliche Niederschlagsmenge von 7.500 mm verteilt sich gleichmäßig auf die einzelnen Monate. Die Durchschnittstemperatur liegt bei 22 °C; auch hier existieren kaum Schwankungen.

Waterfall Lodge Foto: W. Denzer

Um Rara Avis zu besuchen, benötigen Sie gute Regenschutzkleidung und wasserfestes Schuhwerk. Im Parkbüro sind Gummistiefel erhältlich; trotzdem sollten Sie darauf gefasst sein, dass Wasser oder Schlamm von oben in die Stiefel eindringt. Nehmen Sie keinesfalls Ihren „Sonntags-Ausgeh-Anzug" mit; nach drei Tagen Rara Avis werden Sie Begriffe wie Feuchtigkeit und Schmutz aus Ihrem Vokabular verbannen.

Dem Reisenden stehen zwei Arten von Unterkünften zur Verfügung: die spartanische El-Plastico-Herberge und die Waterfall Lodge. Erstere liegt am Rande des Schutzgebietes und ist vornehmlich für Studentengruppen und Biologen bestimmt. Man schläft in Etagenbetten und teilt sich einen Duschraum. Das Gros der Naturtouristen wird in der mitten im Wald gelegenen Waterfall Lodge untergebracht. Die Zimmer sind geräumig und besitzen Balkone mit Hängematten. Verpflegung und geführte Touren sind im Preis inbegriffen.

In El Plastico beginnt ein 19 km langer Trail zu der Biologischen Station La Selva. Wer sehr gut zu Fuß ist, schafft die Wanderung an einem Tag. Diese Tour darf nur in Begleitung eines Führers und nach vorheriger Anmeldung unternommen werden. Üblicherweise fährt man allerdings, dem Straßenverlauf nach Puerto Viejo de Sarapiquí folgend, noch etwa 30 Minuten und erreicht kurz vor dem Ort einen Abzweig nach La Selva.

Biologische Station La Selva

Die Biologische Station La Selva nahe Puerto Viejo gehört zu den bekanntesten Tropenforschungsinstituten weltweit. Sie ist neben Las Cruces und Palo Verde eine der drei biologischen Stationen, die von der Organisation für Tropenstudien (OTS) gemanagt wird. In La Selva werden dauerhaft ökologische, botanische und zoologische Studien von zahlreichen Universitäten betrieben, die wertvolle Einblicke in das ungestörte Gefüge eines karibischen Tieflandregenwaldes liefern. Hier wurde z. B. der Rückgang von Amphibien über Jahre dokumentiert, und erstmals stellten die Forscher auch einen Rückgang bei den Reptilien fest. Die Artenlisten für einzelne Tier- und Pflanzengruppen sind sehr umfangreich. Aufgrund der durchgängigen Forschungstätigkeiten über eine Reihe von Jahren sind die Gegebenheiten des La-Selva-Gebietes sehr gut beschrieben. Im Leslie-Holdridge-Arboretum auf dem Gebiet einer ehemaligen Kakaoplantage wird zudem versucht, alle der über 400 Baumarten La Selvas zu ziehen. Bisher sind dort bereits mehr als 250 Baumarten angepflanzt und zur leichten Identifizierung mit Schildern versehen.

Río Puerto Viejo Foto: W. Denzer

Biologische Station La Selva

Verwaltung und Unterkünfte der biologischen Station stehen außerhalb des Waldgebietes auf der östlichen Uferseite des Río Puerto Viejo. Neben dem Verwaltungsgebäude, in dem sich auch ein kleiner Buchladen befindet, liegt die Kantine, in der sich morgens und allabendlich Wissenschaftler, Studenten und Besucher zum gemeinsamen Essen treffen. Zahlreiche Unterhaltungen an den Tischen werden von ökologischen Themen und den Ergebnissen des Tages bestimmt, und bei Interesse kann jeder Besucher bereits nach kurzer Zeit Bekanntschaft mit einem der vor Ort lebenden Spezialisten machen. Hierbei erhält man wertvolle Informationen und Einblicke in das tägliche Treiben der Wissenschaftler. Obwohl La Selva ein relativ kleines Schutzgebiet ist, sollte man für einen Besuch mehrere Tage einplanen. Nirgendwo sonst erfährt man derart detaillierte Einblicke in die Ökologie eines Schutzgebietes wie hier.

Die La Selva Biological Station & Reserve bedeckt eine Fläche von 1.600 Hektar und erstreckt sich von 35 m bis 150 m ü. NN. Das eigentliche Waldgebiet kann nur über eine Brücke über den Puerto-Viejo-Fluss erreicht werden. Auf der westlichen Uferseite stehen noch einige Labore und Pflanzenaufzuchten, aber nach weiteren 100 m erreicht man das Waldgebiet. Tagesbesucher dürfen nur in Begleitung von Führern in das Gebiet, und auch Gäste und Forscher, die länger vor Ort bleiben, müssen beim ersten Besuch an einer Führung teilnehmen, die einen guten Überblick über die Waldstruktur und die einzelnen Habitate gibt.

Schwarzkopftrogon
(*Trogon melanocephalus*)
Foto: W. Denzer

Das gesamte Gebiet ist in Quadrate eingeteilt, die über ein sehr gut ausgebautes Wegenetz verbunden sind. Dies hat den Vorteil, dass Studien sich auf bestimmte lokalisierte Zonen beschränken können und dass man gesichtete Tiere und Pflanzen einem dieser Quadrate zuordnen kann. Auf diese Weise werden lokale Verbreitungs- und Wanderungsmuster klar dokumentiert. Innerhalb des Forschungsgebietes findet man Primärwald, Sekundärwald und alte Plantagen, die der natürlichen Regeneration überlassen werden. Bei Letzteren wird erforscht, welche Pflanzen und Tiere als Erstes siedeln und wie lange es dauert, bis sich ein Ökosystem gebildet hat, das der Biodiversität des Primärwaldes nahe kommt. Rundwege führen durch alle drei genannten Vegetationszo-

Biologische Station La Selva

nen. Abhängig von der Länge des Trails dauert eine Wanderung zwischen einer Stunde und einem halben Tag. Das Trailsystem ist insgesamt über 50 km lang, wobei einige Wege sogar rollstuhlgeeignet sind. Bitte beachten Sie die Zeichen entlang der Wege. Einige Trails werden von Forschergruppen tageweise oder länger gesperrt, um die laufenden Untersuchungen nicht zu stören. Dies wird meist nur durch ein kleines Schild am Trailanfang bekanntgegeben oder durch ein Farbband deutlich gemacht. Zudem ist es untersagt, die Wege ohne Genehmigung zu verlassen. Sollten Sie aus einem bestimmten Grunde in das Innere eines Quadrates vordringen wollen, so sprechen Sie dies bitte mit der Verwaltung oder dem dort zuständigen Forscher ab.

Einige Arten werden nur selten im La-Selva-Gebiet gesichtet, und eine Tafel in der Kantine macht darauf aufmerksam, nach welchen Arten man Ausschau halten sollte. Dabei kann es sich um Vögel wie den Bechsteinara oder auch um Frösche wie z. B. den Goldbaumsteiger handeln. Die Beobachtungen werden abends in ein eigens hierfür ausliegendes Logbuch eingetragen. Mithilfe der Karte, die jeder Besucher und Forscher hat, lässt sich bestimmen, in welchem Quadrat das entsprechende Tier gesichtet wurde. Falls es Ihnen gelingen sollte, eines der gesuchten Tiere zu sichten, notieren Sie sich einfach Ort und Uhrzeit und tragen dies in das Buch ein.

Sobald man den Wald betritt, kann man schon die quakenden Rufe von Erdbeerfröschchen vernehmen. Diese kleinen Baumsteiger scheinen sich hier besonders wohl zu fühlen und haben eine extrem hohe Populationsdichte. Meist halten sich die leuchtend roten Frösche am Bodengrund in der Laubschicht auf. Einige Männchen bevorzugen leicht erhöhte Rufplätze wie Baumstümpfe oder Steine. La Selva ist auch bekannt für ein stabiles Vorkommen der Schlegels Lanzenotter. Diese sind nur sehr schwer zu entdecken, wenn man jedoch einen der Führer nach geeigneten Stellen fragt, wird dieser meist wissen, wo eine Lanzenotter zu finden ist. Da diese Schlangen Ansitzjäger sind, verbleiben sie oft über mehrere Tage an der gleichen Stelle und sind somit leicht wieder aufzufinden. Zahlreiche Vogelarten sind im Innern des Waldes beheimatet. So begegnet man Trogonen, die meist in 3–5 m Höhe auf waagerechten Ästen sitzen, und Motmots, die ständig in den unteren und mittleren Baumregionen hin- und herfliegen. Pekaris streifen in Familienverbänden durch den Wald, und ihre Anwesenheit ist leicht am moschusartigen Geruch zu erkennen. Selbst wenn die Horde schon seit einiger Zeit abgewandert ist, hält sich der Geruch in der Luft. Andere häufige Säugetiere sind Weißrüsselbären und Agutis.

La Selva ist ein guter Ausgangspunkt für Ausflüge in die Sarapiqui-Region und das karibische Tiefland. Da die biologische Station von Reiseveranstaltern nur selten als Übernachtungsmöglichkeit angeboten wird, sollten Sie sich bei Interesse direkt an die Organisation for Tropical Studies richten (www.ots.ac.cr).

Naturschutzgebiete entlang der Karibikküste

Um von San José an die Karibikküste zu gelangen, fährt man über den Braulio-Carrillo-Nationalpark nach Limón. Limón ist ein typischer Hafenort mit allen dazugehörigen Vor- und Nachteilen. Ein Großteil des Überseetransportes läuft über Limón; insbesondere Kaffee, Bananen und Ananas für den europäischen Markt werden von hier aus verschifft. Zudem verläuft die Hauptverbindungstraße in das nordöstliche Panama durch den Ort. Limón wird auch häufig als Ausgangspunkt für Touren in die Naturschutzgebiete entlang der Karibikküste gewählt. Im Norden befinden sich die Sumpfwaldgebiete von Tortuguero und Barra del Colorado, und südlich von Limón gelangt man an die Karibikstrände Costa Ricas sowie in Schutzgebiete, die abseits der üblichen Touristenrouten liegen.

Übersichtskarte Tortuguero-Schutzgebiet
Grafik: J. Denzer

Tortuguero-Schutzzone und -Nationalpark

Der Tortuguero-Nationalpark und das Barra-del-Colorado-Wildschutzgebiet im Nordosten des Landes sind nur per Flugzeug oder auf dem Wasserwege zu erreichen. Die Fluggesellschaft Nature Air fliegt täglich außer sonntags, und SANSA fliegt bis Barra del Colorado, von wo aus der Rest des Weges mit dem Boot zurückgelegt werden muss. Boote nach Tortuguero legen in Moín nördlich von Limón ab. Die meisten Lodges besitzen eigene Boote, um ihre Gäste abzuholen. Die Fahrt durch den Limón-Kanal dauert etwa vier Stunden. Verschiedene Reiseveranstalter wie Camino Travel bieten auch kombinierte Flug-/Bootreisen an.

Tortuguero-Schutzzone und -Nationalpark

Bastpalmen (*Raphia taedigera*) säumen den Caño La Palma Foto: W. Denzer

Das Barra-del-Colorado-Wildschutzgebiet liegt nur wenige Kilometer nördlich von Tortuguero und gilt in Costa Rica als das Angelparadies schlechthin. Für Naturreisende ist Tortuguero zu empfehlen, da Touren erheblich leichter zu organisieren sind und die Artenzusammensetzung der beiden Gebiete sehr ähnlich ist.

In der nordöstlichen Karibikregion gehen jährlich bis zu 5.000 mm Regen nieder, und das bei einer Durchschnittstemperatur von 26 °C. Einzig die Monate Februar bis März gelten als Trockenzeit. Beide Parks können ganzjährig besucht werden, jedoch sollte immer mit Niederschlägen gerechnet werden.

Der Tortuguero-Nationalpark bedeckt eine Landfläche von 189,5 km^2 und schützt zudem 52,65 km^2 Meeresfläche. Die an den eigentlichen Nationalpark angrenzende Tortuguero-Schutzzone bildet einen biologischen Korridor zum nördlich gelegenen Barra-del-Colorado-Wildschutzgebiet. Das gesamte Gebiet ist von Kanälen und Flüssen durchzogen, wodurch sich ein feuchtwarmes Klima ganzjährig hält. Die Strände Tortugueros sind seit 1975 geschützt, da sie zu den bedeutendsten Eiablagestellen der Suppenschildkröte gehören. Zur Schildkrötenbeobachtung sind die Monate August bis November besonders zu empfehlen. Der Herpetologe Archie Carr hat sich seit jeher für den Schutz der Schildkröten eingesetzt und die Caribbean Conservation Corporation (CCC;

Tortuguero-Schutzzone und -Nationalpark

Blüte der Wassernuss (*Pachira aquatica*) Foto: W. Denzer

Kontakt s. Allgemeiner Teil) ins Leben gerufen, die wesentlich zur Schaffung des Parks beigetragen hat.

Der Name des Ortes „tortuguero" bedeutet „Schildkrötenfänger". Schon die indianische Urbevölkerung der Region hatte Schildkröteneier auf dem Speiseplan. Zu Beginn des 20. Jahrhunderts wurden diese als Delikatessen tonnenweise nach Amerika und Europa exportiert. Hinzu kam später noch der Gebrauch des „calipee", einer Knorpelsubstanz des Panzers, als Suppengrundlage. Da hierfür die Tiere getötet werden mussten, schrumpften die Populationen schnell. Zusätzlich fanden die Panzer Verwertung als Schildpatt für Kämme und Brillengestelle. Heutzutage sind alle Meeresschildkröten weltweit unter Schutz gestellt, jedoch kommen Schildkröteneier noch häufig auf den einheimischen Markt.

Die markanteste Pflanze des Sumpfgebietes ist die Raffia- oder Bastpalme, die die Kanalufer säumt und deren Blätter bis zu 15 m lang werden können. Sie besiedelt das gesamte Areal und kann das ganze Jahr über in Blüte oder Fruchtstand angetroffen werden. An der Wasseroberfläche treiben Wasserhyazinthen, von deren Wurzeln sich die seltenen Seekühe ernähren. Weitere häufige Pflanzen sind die hochstämmige Stelzwurzelpalme, der Fruchtflügelbaum sowie die Wassernuss. Die Blüte der Wassernuss bildet sich in einer bohnen-

Tortuguero-Schutzzone und -Nationalpark

ähnlichen Umhüllung, die erst bei abgeschlossener Entwicklung aufplatzt. Schneidet man die Hülle vorsichtig mit einem Messer an und entfernt den oberen Teil der Hülle, so kommt die weiße Blüte in voller Pracht zum Vorschein. Im Küstenbereich ist die Kokospalme neben der Meertraube vorherrschend, und in den küstennahen Wäldern sind Helikonien, Feigenbäume und Bromelien zu finden. Der Park rühmt sich, Heimat für 400 Baumarten und 2.000 weitere Pflanzenarten zu sein.

Unter den Säugetieren dieses Parks sind besonders die Karibische Seekuh (Manati), Geoffroy-Klammeraffen und Fischotter zu erwähnen. Während die beiden Letztgenannten leicht zu beobachten sind, werden Seekühe nur noch sehr selten gesichtet. Die Fischotter sind meistens mit sich selbst oder einem Artgenossen derart beschäftigt, dass man sich ihnen leicht nähern kann. Weitere häufig vorkommende Arten sind Brüllaffen, Dreifingerfaultiere und Fledermäuse. Die Hasenmaul-Fledermaus ist auf Fischfang spezialisiert. Sie erbeutet an der Oberfläche schwimmende Fische im Flug. Mit einer guten Taschenlampe kann man nachts die eindrucksvolle Fangtechnik bewundern.

Tortuguero ist Heimat von etwa 40 Bechstein-Aras, Großpapageien, die an anderen Stellen des Landes nahezu ausgestorben sind. In letzter Zeit ist die Zucht dieser seltenen Vögel gelungen, sodass man auf Wiedereinbürgerung hoffen kann. Auf den Schwimmpflanzen findet man das Gelbstirn-Jassana oder Wasserhuhn. Durch seine gespreizten Zehen ist es in der Lage, über die Pflanzen zu gehen und nach Fischen Aus-

Fischotter (*Lutra longicauda*)
Foto: W. Denzer

Tortuguero-Schutzzone und -Nationalpark

Stirnlappenbasilisk (*Basiliscus plumifrons*) Foto: W. Denzer

schau zu halten. In den Uferbäumen sind Schlangenhalsvögel, Reiher und Raubvögel zu sehen; insgesamt leben 300 Vogelarten im Park. Mit etwas Glück und einem guten Auge entdeckt man in Ufernähe Grüne Leguane und Stirnlappenbasilisken. Während der bis zu 1,5 m große Grüne Leguan sich überwiegend von Pflanzen ernährt, jagt der Stirnlappenbasilisk Kerbtieren nach. Besonders auffällig bei dieser Art sind die hohen Rücken- und Schwanzkämme sowie die stechend gelben Augen der Männchen. Die mächtigen Krokodile entlang des Kanals sind meist nicht zu übersehen, eher schon die scheuen Brillenkaimane, die sich laut ins Wasser fallen lassen und dann längere Zeit abtauchen. Erdbeerfrosch, Rotaugenfrosch und die Aga-Kröte sind die häufigsten Amphibien. Besonders nach heftigen Regenfällen kann man überall das Rufen und Quaken der über 50 vorkommenden Arten vernehmen.

In den Monaten August bis November sind Suppenschildkröten die Hauptattraktion des Parks. Hunderte von Tieren können in derselben Nacht zur Eiablage an den Strand kommen. Es ist bis heute noch nicht geklärt, was die Tiere

Tortuguero-Schutzzone und -Nationalpark

dazu bewegt, nur bestimmte Strände aufzusuchen. Eine mögliche Erklärung ist, dass erwachsene Weibchen an den Ort ihrer Geburt zurückkehren. Sollte sich diese Theorie bewahrheiten, ist es umso wichtiger, die wenigen noch vorhandenen Ablageplätze weltweit zu schützen und nicht nur die Arten als solche!

Der größte Teil der Besucher wird nur kaum etwas von dem eigentlichen Nationalpark zu sehen bekommen. Über Reiseveranstalter gebuchte Touren führen in den meisten Fällen durch die Kanäle der Schutzzone. Tortuguero ist ein Gebiet, in dem man sich überwiegend mit Booten fortbewegt. Kürzere Strecken können mit Paddelbooten zurückgelegt werden. Wer jedoch mehr sehen will, sollte sich einer der von den Lodges angebotenen Touren anschließen. Schöne Ausflüge führen von der Laguna Tortuguero über die Laguna Penitencia in den Caño Palacio. Das erste Stück des Weges bis zur Isla Chira wird oft im Eiltempo zurückgelegt, da wegen des starken Bootsverkehrs nur wenige Naturbeobachtungen möglich sind. Hat man die kleine Insel passiert, so kann man die höchste Erhebung des Gebietes, den Cerro del Tortuguero, erkennen, der die Ebene um 119 m überragt. Kurz darauf zweigt links der Caño de Palacio ab. Von hier bietet sich die Möglichkeit, in die kleineren Seitenarme abzubiegen und in aller Ruhe die Pflanzen- und Tierwelt zu genießen. Sie sollten kurze Pausen an dichtbewachsenen Ufern einlegen und warten, ob vielleicht ein zuvor verscheuchter Kaiman oder Fischotter wieder auftaucht. Außerdem sollte der Blick nicht nur durch das Unterholz streifen, da man sonst Gefahr läuft, die in den Bäumen ruhenden Affen, Faultiere und Vögel zu verpassen. Ein weiterer mit Raffia-Palmen überwucherter Kanal biegt hinter dem Cerro del Tortuguero nach rechts ab. Der Caño de Palma liegt bereits im Barra-del-Colorado-Wildschutzgebiet. Er gehört zu einem Forschungsprojekt der kanadischen Regierung. Die Station hat eine Anlegestelle und heißt Besucher herzlich willkommen. Diese Fahrt wird von der Laguna Lodge angeboten, deren Manager längere Zeit in dem Forschungsprojekt gearbeitet hat.

Wer den eigentlichen Nationalpark per Boot erkunden möchte, muss sich zuerst bei der Parkverwaltung melden und Eintritt zahlen. Die Fahrt geht dann weiter entlang der Parkgrenze auf dem Río Tortuguero mit Abstechern in die Seitenarme. Die Tierwelt in Nationalpark und Schutzzone ist zwar die gleiche, jedoch hat man entlang des Río Tortuguero bessere Beobachtungsmöglichkeiten, da kaum Ausflugsverkehr herrscht. Falls Sie mit dem Boot an- oder abreisen, durchqueren Sie den Nationalpark in Nord-Süd-Richtung auf dem Limón-Kanal („Canal navegable").

Bootsausflüge dauern im Allgemeinen 2–3 Stunden. Einige Lodges bieten Fahrten sowohl in den Vormittagstunden als auch in den Nachmittagstunden an. Die Teilnahme an beiden Ausflügen ist lohnenswert, da man dabei den unterschiedlichen Aktivitätszeiten der Tiere gerecht wird.

In der Umgebung des Ortes Tortuguero gibt es nur wenige Naturpfade. Zur Schildkrötenzeit wandert man nachts am Strand entlang. Am besten

Tortuguero-Schutzzone und -Nationalpark

setzt man sich mit der Nationalparkverwaltung oder den Lodges in Verbindung, die zugelassene und erfahrene Führer vermitteln. Dies erhöht nicht nur die Chancen, Tiere zu Gesicht zu bekommen, sondern trägt auch zu dem geringen Einkommen der nur knapp 500 Einwohner zählenden Ortschaft bei. Es ist strikt untersagt, Taschenlampen oder Blitzlicht zu benutzen. Daher sollten sie darauf gefasst sein, dass der 2-stündige Nachtausflug zu einer regelrechten Stolperpartie wird. Die Führer besitzen Taschenlampen mit Rotfiltern, die zur Suche eingesetzt werden. Grelles Licht würde die ohnehin gestressten Schildkröten irritieren und dazu führen, dass sie wieder ins Meer zurückkehren. Die CCC betreibt eine Schildkrötenforschungsstation und unterhält ein Besucherzentrum nördlich des Ortes.

Ein 2 km langer Naturlehrpfad (El Gavilan) befindet sich direkt hinter dem Nationalparkeingang. Im Büro kann man eine kleine Broschüre mit Erklärungen zur Flora und Fauna erwerben. Die Laguna Lodge bietet außerdem einen Ausflug auf den Cerro del Tortuguero an, von dem man einen guten Ausblick auf den Park und die Umgebung hat.

Beim offiziellen Parkeingang in Parisima am Tortuguero-Kanal befinden sich ein Rangerposten und eine kleine Ausstellung. Hier beginnt auch ein Trail, der entlang der Küste zur Mündung des Río Pacuare führt.

Die meisten Unterkünfte in Tortuguero liegen beiderseits der Laguna Tortuguero. Wer nahe dem Ort und den Schildkrötenstränden bleiben möchte, der sollte Unterkünfte auf der Landzunge aufsuchen, auf der auch der Ort Tortuguero und die Nationalparkverwaltung liegen. Empfehlenswert ist die Laguna Lodge mit schönen Gärten und direktem Zugang zum Strand, jedoch ist von hieraus jeder Besuch des Ortes und seiner Strände mit einer Bootsfahrt verbunden. Einfache Cabinas sind im Ort vorhanden. Etwas südlich davon liegt die Mawamba Lodge. Auf der gegenüberliegenden Seite sind mehrere Hotels zu finden, wie etwa die Jungle Lodge oder das Ilan Ilan Hotel, jedoch ist von hieraus jeder Besuch des Ortes und seiner Strände mit einer Bootsfahrt verbunden. Einfache Cabinas sind im Ort vorhanden.

Laguna Lodge
Tortuguero San José
Tel.: 00506-(0)2272-4943
Fax: 00506-(0)2272-4927
Tortuguero
Tel.: 00506-(0)2709-8082
Fax: 00506-(0)2709-8081
E-Mail: info@lagunatortuguero.co
www.lagunatortuguero.com

Mawamba Lodge
Grupo Mawamba
P.O. Box 10980-1000 San José
Tel.: 00506-(0)293-8181
Fax: 00506-(0)293-7657
E-Mail: info@grupomawamba.com
www.grupomawamba.com

Ilan Ilan Hotel
Tel.: 00506-(0)2296-7378
Fax: 00506-(0)2296-7372
E-Mail: info@ilan-ilanlodge.com
www.ilan-ilanlodge.com

Cahuita-Nationalpark und Aviarios del Caribe

Südlich von Limón befinden sich Strände und Naturschutzgebiete, die dem Massentourismus bisher entkommen konnten. Die Region hat aufgrund einer Vielzahl von Einwanderern ein gewisses karibisches Flair und vermittelt teilweise auch das entsprechende Lebensgefühl. Das Klima ist angenehm subtropisch mit einer Durchschnittstemperatur von 27 °C und 3.500 mm Niederschlägen pro Jahr. Die trockensten Monate sind März und April sowie September und Oktober. Die Region kann ganzjährig besucht werden. In der Regenzeit (April bis November) ist das Meer jedoch stark aufgewühlt, sodass man nur sehr schlechte Unterwassersicht hat und Schnorcheln kaum lohnt.

Ab Limón führt eine Straße entlang der Küste in Richtung panamaischer Grenze. Nach etwa 30 km erreicht man den Ort Penhurst, in dem ein leicht zu übersehendes Schild zu den Aviarios del Caribe angebracht ist. Der Weg in das private Schutzgebiet zweigt direkt von der Hauptstraße ab. Aviarios del Caribe wird von Luis und Judy Arroyo geleitet und bietet Übernachtung mit Frühstück in einer eigenen Lodge an (Aviarios del Caribe P.O. Box 569-7300 Limón; Costa Rica Tel.: 00506-(0)750-0775; Fax: 00506-(0)750-0725; E-Mail: slothsanctuary@gmail.com; www.slothrescue.org). Aviarios del Caribe ist – wie dem spanischen Namen zu entnehmen ist – vor allem für

Übersichtskarte Cahuita und Umgebung Grafik: J. Denzer

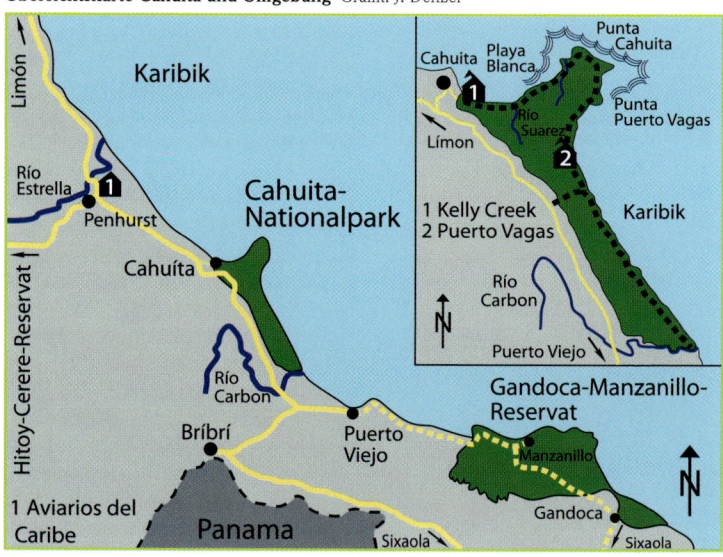

Cahuita-Nationalpark und Aviarios del Caribe

Vogelkundler interessant ist. Das Gebiet liegt an der Mündung des Río Estrella und ist mit natürlichen Süßwasserkanälen durchzogen. Die Vegetation besteht überwiegend aus Marschland und Resten natürlichen Regenwaldes. Neben der Möglichkeit, diverse Vögel zu beobachten, hat man hier gute Chancen, auch Faultiere und Mantelbrüllaffen zu sichten.

In der Umgebung des Haupthauses gibt es einen kurzen Pfad in das benachbarte Waldstück. Entlang des Pfades befinden sich einige Behausungen, in denen Tukane, Erdbeerfrösche und manchmal Schlangen ausgestellt sind. Die Familie Arroyo hat sich in den letzten Jahren darauf spezialisiert, insbesondere erkrankte und als Jungtier verlassene Faultiere zu pflegen. Eines der ersten Pflegetiere wurde „Buttercup" getauft und ist der Namensgeber für die Buttercup Foundation. Man hat in den Aviarios die Möglichkeit, diese Tiere aus nächster Nähe beobachten zu können und mit einer Spende zu deren Erhaltung beizutragen.

Eine weitere Attraktion ist eine Fahrt in einem Stakkahn auf dem Río Estrella und in den Lagunen des Schutzgebietes. Über 300 Vogelarten, Fischotter, Brüllaffen und Faultiere sind in dem Gebiet beheimatet. Wegen der langsamen und auch leisen Fortbewegung in Kähnen kommt man überraschend nah an die Tierwelt heran. Eine Tour dauert im Durchschnitt 3–4 Stunden, wobei ein kurzer Besuch der Karibikküste inbegriffen ist. Hier erwartet Sie jedoch kein Traumstrand, sondern eine mit Strandgut übersäte Küste. Mit großer Wahrscheinlichkeit werden Sie auf Ihrer Bootsfahrt Rosa Löffler, Mantelbrüllaffen sowie verschiedenen Reiherarten begegnen. Im seichten Wasser jagen Braunmantel-Austernfischer, und auf den Bäumen sieht man gemischte Gruppen von Pelikanen und Schlangenhalsvögeln. Auf den Sandbänken sonnen sich Schildkröten und manchmal auch Krokodile. Viele Vögel wie Mangrovereiher, Nacktkehlreiher und der seltene Salmonreiher aus der Gruppe der Tigerdommeln sind im Schilfbewuchs der Uferregion nur schwer auszumachen. Wenn man sich mit dem Boot nähert, fliegen sie häufig erst im letzten Moment auf.

Aviarios del Caribe Foto: W. Denzer

Cahuita-Nationalpark und Aviarios del Caribe

Nachtreiher (*Nyctanassa violacea*)
Foto: W. Denzer

In Penshurt zweigt eine Straße in Richtung Inland ab, die zum Hitoy-Cerere-Reservat führt, das täglich von 8.00–16.00 Uhr geöffnet ist. Dieses Gebiet erhält jährlich zwischen 4.000 und 6.000 mm Regen und ist dementsprechend mit tropischem Nasswald bewachsen. Der Park wird nur selten von Touristen besucht, da er abseits der üblichen Routen liegt. Hitoy Cerere liegt am Fuß der Talamanca-Kordillere inmitten zahlreicher Indianerreservate (Kèköldi, Indianergemeinde Yorquin; www.kekoldi.org).

Am Nationalparkeingang befindet sich ein Verwaltungsgebäude sowie eine Unterkunft, die bis zu zehn Personen Platz bietet. Der Park ist von einigen Trails durchzogen, die zu Wasserfällen am Río Hitoy (Sendero de la Catarata) oder auf den Bobocara, einem mit Prämontanwald bewachsenen Hügel führen. Zwei weitere Trails (Tepezcuintle und Espavel) ziehen sich durch den Regenwald. Hier lassen sich Mantelbrüllaffen, Agoutis sowie zahlreiche Vögel und Insekten beobachten. An Amphibien ist die stellenweise hohe Populationsdichte an Erdbeerfröschen bemerkenswert.

Das Hitoy-Cerere-Reservat und Aviarios del Caribe können in Tagestouren von Limón, Cahuita oder Puerto Viejo besucht werden. Cahuita liegt etwa 10 km südlich von Penshurt entlang der Küstenstraße und ist besonders unter Rucksacktouristen beliebt. Mit seinen Sandstränden und der überwiegend kreolischen Bevölkerung vermittelt er ein gewisses karibisches Flair. Naturtouristen besuchen die Region hauptsächlich wegen des Korallenriffs im Cahuita-Nationalpark. Hier bietet sich eine der besten Möglichkeiten zum Schnorcheln in Costa Rica. Leider wurden Teile des Riffs bei dem großen Erdbeben im Jahre 1991 beschädigt. Das Beben hatte eine Stärke von 7,45 auf der Richterskala und hob dabei das Riff um etwa 1 m an. An der Küste am Punta Cahuita sind überall Korallenteile zu finden, die noch von dieser Naturkatastrophe zeugen. Das Riff hat sich bis heute noch nicht vollständig erholt, jedoch kann man schon wieder einige Teile davon bewundern.

In Cahuita steht eine Reihe von Hotels zur Auswahl. Wegen der wachsenden Popularität des Ortes sind viele Unterkünfte an Wochenenden ausgebucht. Sie sollten daher entweder in der Wochen-

Cahuita-Nationalpark und Aviarios del Caribe

mitte anreisen oder Zimmer reservieren.

Der Cahuita-Nationalpark liegt auf einer Halbinsel mit Regenwald und Mangrovenbewuchs. Wegen der Nähe zum Meer ist die Luft recht salzhaltig und das Wasser zum Teil brackig, sodass die Artenvielfalt unter den Pflanzen nicht so hoch wie in anderen Landesteilen ist. Der Haupteingang zum Nationalpark liegt am südlichen Ende des Dorfes.

Die Vegetation des Cahuita-Nationalparks ist von küstennahem Sumpfwald bestimmt. Ein typischer Baum solch überfluteter Gebiete ist der Fruchtflügelbaum. Er ist leicht an seinen knorrigen Brettwurzeln zu erkennen, die ihm auf der dünnen Erdschicht genügend Halt verschaffen. In den Brackwasserregionen des Park findet man Rote Mangroven. Auffällig ist, dass nur wenige Epiphyten auf den Bäumen siedeln. Dies liegt daran, dass die meisten Arten nicht an die salzhaltige Luft angepasst sind. Diese Anpassung hat in besonders hohem Maße die Meertraube entwickelt, die teilweise sogar in die Gischtregion vordringt. Die bis zu 15 m hohe Pflanze gehört zu den Knöterichgewächsen und ist ursprünglich in Mittelamerika beheimatet. Wegen ihrer hohen Salzresistenz wird sie heutzutage weltweit in Küstenregionen angebaut. Ihren Namen verdankt sie dem traubenförmigen Fruchtstand, dessen Früchte zwar essbar, aber sehr sauer sind.

Das Korallenriff am Punta Cahuita ist recht artenreich. Besonders häufig sind Hirnkorallen, Baumkorallen und Rindenkorallen vertreten. Zahlreiche Seegurken, Diademseeigel, Seeanemonen und Fischarten bevölkern das Riff, darunter so farbenprächtige Tiere wie der Karibenkaiserfisch, der Blaue Papageienfisch und verschiedene Arten von Muränen. Teile des Riffs sind mit Seegras bewachsen, in dem viele Fische Zuflucht finden und das Meeresschildkröten als Futter dient.

An Land sind die auffälligsten Tiere sicherlich die überall in großer Zahl vorkommenden Blaukrabben, die den ebenfalls zahlreichen Krabbenwaschbären und Weißrüsselbären als Nahrung die-

Strandgut im Cahuita-Nationalpark
Foto: W. Denzer

Cahuita-Nationalpark und Aviarios del Caribe

Dreifingerfaultier auf einem *Cecropia*-Baum
Foto: W. Denzer

nen. Auch von den Weißgesichtkapuzinern ist bekannt, dass sie die proteinhaltige Nahrung nicht verschmähen. In den Bäumen sollte man Ausschau nach Dreifingerfaultieren halten, die an der Karibikküste besonders häufig sind. Diese Tiere zu entdecken, ist jedoch nicht einfach und man benötigt ein wenig Erfahrung. Von Weitem sehen sie meist wie am Baum hängende Termitennester aus.

Viele Führer und Naturkundler berichten, dass Faultiere *Cecropia*-Bäume bevorzugen. Dies entspricht jedoch nicht ganz der Wahrheit. Studien haben gezeigt, dass bis zu 100 verschiedene Baumarten aufgesucht werden; einzig die Tatsache, dass *Cecropia* wegen seines schnellen Wuchses oft die andere Vegetation überragt und nur im Kronenbereich Blätter trägt, führt dazu, dass hier die Tiere am ehesten gesichtet werden.

Gelbkopfgeckos und Anolis sind die häufigsten Echsen des Cahuita-Nationalparks. Außerdem findet man Pfeilgiftfrösche, Aga-Kröten sowie die bunten Rotaugen- und Makifrösche. Äußerlich sehen sich die beiden letztgenannten Arten sehr ähnlich. Bei genauerem Hinschauen entdeckt man jedoch Unterschiede in der Seitenzeichnung. Bei Makifröschen ist die Seite schwarz-weiß gestreift und bei Rotaugenfröschen einfarbig blau. In den Bergregionen des Landes gibt es noch eine weitere Art, die stechend gelbe Augen besitzt.

Im Cahuita-Nationalpark existiert nur ein einziger Wanderweg, der um die Halbinsel herumführt und an der Mündung des Río Carbon endet. Der Sendero Natural beginnt am Eingangshäuschen des Parks, nachdem Sie den Río Suarez überquert haben. Der Weg führt durch lichten Wald entlang der Karibikküste und ist sehr gut ausgebaut. Nach etwa 2 km muss die Mündung eines Flusses überquert werden. Bei Ebbe reicht das Wasser gerade mal über die Knie, bei Flut kann es jedoch bis zur Brust reichen. Der beste

Cahuita-Nationalpark und Aviarios del Caribe

Weg führt durch das Meer und nicht über die kürzeste Verbindung durch den Fluss. Wegen des angespülten Sandes ist das Wasser im Meer kurz vor der Mündung etwas seichter. Der eigentliche Fluss ist braun gefärbt, da er sehr viele organische Stoffe gelöst hat. Er entspringt auf der Cahuita-Halbinsel und ist nur etwa 3 km lang. Das Wasser ist leicht brackig, sodass überwiegend junge Meeresfische zu finden sind. Der Weg läuft überwiegend parallel zum Fluss; beiderseits des Weges leben blaue Landkrabben der Gattung *Callinectes*, die bis zu 20 cm Größe erreichen können. An den feuchten Stellen sind mit etwas Glück Goldbaumsteiger und Erdbeerfrösche zu entdecken. Die Populationsdichten dieser beiden Pfeilgiftfrösche scheinen aber außerhalb des Parks erheblich größer zu sein. Dies liegt wahrscheinlich daran, dass nur begrenzt reines Süßwasser vorhanden ist, welches für das Heranwachsen der Jungfrösche unentbehrlich ist.

Nach etwa 5 km erreicht man die Punta Cahuita, ein kleines Kap an der Spitze der Halbinsel. Hier bietet sich die beste Gelegenheit, im davorliegenden Korallenriff zu schnorcheln und die Unterwasserwelt näher zu untersuchen. Aber auch wer nicht am Schnorcheln interessiert ist, kommt hier auf seine Kosten. Man kann weit in das Meer hinauslaufen, baden oder einfach nur in der Sonne faulenzen. Sollten Sie bis an das Riff durchs Wasser waten, so ist dies mit Vorsicht zu tun; zum einen sind die Korallen sehr scharfkantig, was zu Verletzungen führen kann, und zum anderen wird dabei der Korallenbestand beschädigt. Einige Touranstalter in Cahuita

Blaue Landkrabbe (*Callinectes* sp.)
Foto: W. Denzer

bieten Fahrten in Booten zum Korallenriff an, auf denen man das Riff durch einen Glasboden bestaunen kann und die Möglichkeit hat, kurze Schnorcheltouren zu unternehmen.

Hinter der Punta Cahuita führt der Weg wieder in den Wald und erreicht bei Puerto Vargas die südliche Küste der Halbinsel. Im Innern des Waldes sind oft die Rufe von Mantelbrüllaffen zu vernehmen. An den Bäumen leben viele Gelbkopfgeckos; während die Männchen dieser Echsen sich durch einen schwarzen Körper und – je nach Stimmung – mehr oder weniger gelb gefärbten Kopf auszeichnen, sind die Weibchen nur unscheinbar grau-braun gemustert. Etwa 2 km hinter Puerto Vargas zweigt rechts ein Weg zur Hauptstraße ab, die in den Ort Cahuita zurückführt. Folgt man dem Pfad entlang der Küste, so erreicht man nach weiteren 5 km die Parkgrenze an der Mündung des Río Carbon und somit die Hauptstraße nach Limón und Panama.

Gandoca-Manzanillo-Wildreservat

Regenbogen über dem Gandoca-Manzanillo-Strand Foto: W. Denzer

Gandoca-Manzanillo-Wildreservat

Südlich von Cahuita zieht sich die Straße entlang zahlreicher Sandstrände bis zum Ort Hotel Creek. Die Hauptstraße biegt hier ins Inland ab und führt über Bribri nach Sixaola, wo sich der Grenzübergang nach Panama befindet. Folgt man der Straße entlang der Küste, so erreicht man zuerst Puerto Viejo und nach weiteren etwa 10 km auf einer sehr schlechten Piste Manzanillo, den Ausgangspunkt zum Gandoca-Manzanillo-Wildreservat.

Das Reservat dient als Schutzzone für die vorgelagerten Riffe und die angrenzenden Sumpf- und Tieflandregenwaldgebiete. Insgesamt wurden etwa 3.800 ha Waldgebiet und etwas über

Gandoca-Manzanillo-Wildreservat

4.400 ha Meeresschutzzone einbezogen. Die besten Riffe und somit Tauch- bzw. Schnorchelgebiete befinden sich bei Punta Uva und Punta Manzanillo. Die Küste ist mit Kokospalmen und Sandstrand gesäumt; an einigen Stellen sind noch Reste von Mangrovenbestand und Sumpfgebieten vorhanden. Wie im Cahuita-Nationalpark ist auch hier die Blaue Landkrabbe das bei Weitem häufigste Tier. Entlang der Sandstrände kann man oftmals Vögel beobachten, die bei Ebbe nach Krabben und Würmern suchen. Pelikane scheinen besonders häufig zu sein, und ihre Fähigkeit, Fische im Sturzflug hinter einer gerade brechenden Welle zu erbeuten, ist schon besonders beeindruckend.

In den Bäumen entlang der Küste halten sich zahlreiche Dreifingerfaultiere und Gruppen von Mantelbrüllaffen auf. In den Wäldern des Hinterlandes wurden sogar Tapire gesichtet, aber wegen der eher dichten Vegetation gestalten sich Beobachtungen hier sehr schwierig. Aufgrund der verschiedenartigen Habitate im Reservat ist die Vogelwelt sehr reichhaltig. In den Sumpfgebieten findet man viele Stelzvögel und Reiher, während es im Wald Manakins, Tukane und Papageien zu entdecken gibt. Erdbeerfrösche sind wie überall auf der Karibikseite häufig, und die Schlegels Lanzenotter kommt hier in ihrer prächtigsten gelben Farbvariante vor. Trotz des kräftigen Farbtons ist es nicht leicht, diese Schlange zu entdecken.

Rübenschwanzgecko (*Thecadactylus rapicauda*)
Foto: W. Denzer

Nachts kann man mit etwas Glück an Bäumen Rübenschwanzgeckos (*Thecadactylus rapicauda*) beobachten. Diese Echsen verbergen sich tagsüber unter Baumrinde und gehen nachts auf die Jagd nach Waldschaben und anderen Insekten. Mit über 15 cm Länge sind sie die größten Geckos Costa Ricas und entsprechend ihrer Vorliebe für Schaben auch in der Nähe der einen oder anderen Unterkunft anzutreffen.

Eine Besonderheit aus der Pflanzenwelt ist das Vorkommen einer *Dracontium*-Art. Die Blätter dieses Aronstabgewächses können über 1 m groß werden, und die Scheinblüten wachsen auf ebenfalls etwa 1 m hohen Stängeln. Die Blüte verströmt einen aasartigen

Gandoca-Manzanillo-Wildreservat

Die zur Familie der Aronstabgewächse gehörende Art *Dracontium spruceanum*
Foto: W. Denzer

und am einfachsten ist es, vom Strand aus in den anliegenden Sumpf oder Teile des Regenwaldes zu gelangen. In der Umgebung des Ortes Manzanillo starten einige Trails, die sich durch das Gebiet ziehen und einen guten Einblick in die Natur geben. Der Sendero del Bosque führt ins Innere des Waldes und verlässt das Schutzgebiet am Quebrada Milla, einem kleinen Fluss. Parallel zur Küste verläuft der Sendero Punta Mona, der ebenfalls am Quebrada Milla endet und letztendlich auf den Playa Gandoca führt. Auf diesem Weg durchquert man überwiegend Sekundärwald und sumpfiges Gebiet. Man sollte daher mit viel Matsch und Mücken rechnen.

Während der Monate März bis Juni kommen Meeresschildkröten, darunter Lederschildkröten und Suppenschildkröten, zur Eiablage an die Strände des Gandoca-Manzanillo-Reservates. Einige Veranstalter vor Ort bieten Nachtexkursionen an, auf denen der Nestbau und die Eiablage beobachtet werden können. Wer Lust darauf hat, mehr für die Schildkröten zu tun, kann als Volontär mithelfen, die Nester zu bewachen und sie vor Nesträubern zu schützen.

Direkt vor dem Zugang zum Almonds and Corals Hotel (siehe nächste Seite) befindet sich ein kleines privates Schutzgebiet, das nur mit Führern betreten werden darf. Für den sportlich aktiven Reisenden bietet sich hier die Möglichkeit, an einem Drahtseilsystem durch das Baumkronendach zu gleiten, der naturinteressierte Besucher kann hier in eigens abgegrenzten und begehbaren Freiluftkäfigen Pfeilgiftfrösche, Helikoniusfalter und Grüne Leguane besichtigen.

Geruch, der Insekten aus der gesamten Umgebung anlockt. Auf diese Weise erhöht die Pflanze ihre Chancen, dass ihre Pollen weit genug transportiert werden, um eine der wenigen anderen Pflanzen der Art zu befruchten.

Das Wegenetz im Gandoca-Manzanillo-Reservat ist nur schlecht ausgebaut,

Gandoca-Manzanillo-Wildreservat

Zudem ist ein kleines Runddorf der Urbevölkerung nachgebaut worden.

Ein weiterer Teil des Schutzgebietes befindet sich südlich von Playa Gandoca im Grenzgebiet zu Panama. Hier liegen die Mündung des Río Sixaola und die Laguna Gandoca. Mit Glück kann man hier Brillenkaimane und Krokodile im gleichen Habitat beobachten. Des Weiteren werden auch immer wieder Manatis gesichtet, die sich im Delta aufhalten. Dieser Teil des Gandoca-Manzanillo ist nur schwer zugänglich und sollte nur mit einheimischen Führern besucht werden. Einige Bootsführer in Manzanillo und Umgebung bieten Touren an, auf denen die Mangroven aufgesucht werden.

In Puerto Viejo und Manzanillo gibt es zahlreiche Unterkünfte. Besonders empfehlenswert ist das Almonds and Corals direkt im Nationalpark mit Zugang zum Strand und dem privaten Naturpfad (Almonds and Corals Hotel, Tel.: 00506-(0)2759-9056; E-Mail: info@almondsandcorals.com; www.almondsandcorals.com).

Abenteuerlustige Reisende haben die Möglichkeit, über Sixaola nach Panama einzureisen und dort die Naturschutzgebiete des Boca del Toro zu besuchen.

Sackflügelfledermäuse (*Saccopteryx bilineata*)   Foto: W. Denzer

Das zentrale Hochland und die Talamanca-Kordillere

Die Hochlandregionen von Costa Rica sind von Vulkanen geprägt. Zahlreiche Tagestouren führen in die nähere Umgebung von San José, wie zu den Vulkanen Poás, Irazú und Turrialba. In der an das Zentraltal anschließenden Talamanca-Kordillere befinden sich die höchsten Regionen des Landes. Die Interamericana zieht sich hier bis zum Cerro de la Muerte hoch, wo die Vegetation bereits in subalpine Páramo übergeht. Hier befinden sich der neu geschaffene Los-Quetzales-Nationalpark und die Ausläufer des Tapanti-Nationalparks. Die Gegend ist ein Muss für Vogelfreunde, da hier die besten Chancen bestehen, Quetzale zu beobachten. Weiter entlang der Interamericana gelangt man nach einer langen Fahrt hinunter nach San Isidro, dem Ausgangspunkt für einen Besuch des Chirripó-Nationalparks.

Übersichtskarte Vulkan Poás und Umgebung Grafik: J. Denzer

Vulkan Poás und Umgebung

Der Besuch des Vulkan Poás wird von vielen Reiseveranstaltern in San José als Tagestour in Verbindung mit der Besichtigung einer Kaffeeplantage angeboten. Mit dem Auto ist er ab der Hauptstadt leicht zu erreichen, indem man die Autobahn in Richtung Puntarenas nimmt und dann bei Alajuela den Wegweisern zum Vulkan folgt. Die Fahrt dauert unter normalen Bedingungen nur etwa 45–60 Minuten. Der Nationalpark ist von 8.00 bis 15.30 Uhr geöffnet.

Costa Rica und insbesondere die Poás-Region wurden im Januar 2010 von einem Erdbeben der Stärke 6,1 heimgesucht. Dieses Beben war das schwerste in Costa Rica seit 150 Jahren und hat erhebliche Schäden verursacht.

Vulkan Poás und Umgebung

Der Kratersee des Vulkans Poás ist blau gefärbt Foto: W. Denzer

Teile des Vulkan-Poás-Nationalparks wurden zerstört, und im Gebiet um den La-Paz-Wasserfall wurden Schlammlawinen ausgelöst. Die Poás Volcano Lodge (siehe rechts) nahe Varablanca und Poásito wurde arg in Mitleidenschaft gezogen, ist aber weiterhin geöffnet und wird ab Juli 2010 wieder Normalbetrieb aufnehmen. Weiterhin sollte im Frühjahr 2010 noch mit nicht beseitigten Straßenschäden an der Route 126 gerechnet werden. Dies gilt besonders auch für die Straße zum El-Angel-Wasserfall bei La Paz. Recht ausführliche und aktuelle Informationen zur Situation sind auf der Internetseite der Poás Volcano Lodge (siehe rechts) zu finden (Stand März 2010).

Die Poás-Region kann ganzjährig bereist werden. Die Trockenzeit fällt in die Monate Dezember bis April. Der Rest des Jahres ist von heftigen Niederschlägen gekennzeichnet. Die durchschnittliche Niederschlagsmenge liegt bei 2.700 mm pro Jahr. Da die Region hoch gelegen ist, beträgt die Durchschnittstemperatur nur etwa 10 °C. Der Krater ist meist nur in den Morgenstunden zu sehen, da später Nebel und Regen aufziehen.

In der Nähe des Vulkans gibt es eine Reihe von Lodges und Hotels. Östlich des Vulkans nahe dem Ort Varablanca befindet sich die Poás Volcano Lodge (Tel.: 00506-(0)2482-2194, Fax: 00506-(0)2482-2513; E-Mail: info@poasvolcanolodge.com; www.poasvolcanolodge.com), von der aus man herrliche Ausblicke auf die Umgebung hat. Auf dem Gelände befinden sich mehrere Trails, und weitere Wanderungen und Ausritte werden auf der nahe gelegenen El-Cortijo-Farm angeboten.

An der Straße 126 liegen die La Paz Waterfall Gardens. Der Río La Paz entspringt am Vulkan Poás und überwindet

Vulkan Poás und Umgebung

Laguna Botos Foto: W. Denzer

einen Höhenunterschied von 1.400 m in nur 8 km. Der Wasserfall ist schon von der Straße aus sichtbar. Ein kurzer Weg führt hinter die herabstürzenden Wassermassen. Dieses Ausflugsziel ist täglich von 08.00–17.00 Uhr geöffnet (Eintritt Erwachsene 35 US-Dollar, Kinder bis 12 Jahre 20 US-Dollar) und wartet neben Wasserfällen in üppiger Natur mit einem Serpentarium, einem Schmetterlingsgarten und einem Kolibrigarten auf. Weitere Attraktionen sind ein Aviarium mit einheimischen Vögeln, ein Ranarium mit Amphibien sowie ein Orchideengarten. Auf dem Gelände befindet sich die Peace Lodge, die Übernachtungen auf hohem Standard anbietet (Hotel & Park: Tel: 00506-(0)2482-2720; Reservations Office: Tel:00506-(0)2482-2100; Fax: 00506-(0)2482-2720 ext. 408; E-Mail: peacelodgereservations@waterfallgardens.com; www.waterfallgardens.com).

Das Umland des Poás-Nationalparks ist vorwiegend von Kaffeeplantagen umgeben. Viele davon können besucht werden. Hier erfährt man Interessantes über die Kaffeegewinnung und die unterschiedlichen Anbauweisen. 15 km nördlich von Alajuela liegt das Naherholungsgebiet Laguna Fraijanes, das über die Straße 130 erreicht werden kann.

Der Poás-Nationalpark ist das am häufigsten besuchte Schutzgebiet Costa Ricas. Nahezu 500.000 Touristen bestaunen den Krater jährlich. Hauptattraktion des Parks ist der 2.704 m hohe Vulkan

Vulkan Poás und Umgebung

Poás. Der aktive Vulkan bricht in unregelmäßigen Abständen immer wieder aus, sodass der Nationalpark 1989 kurzfristig geschlossen werden musste. Die letzte, längere Aktivitätsperiode wurde in den Jahren 1952–1954 verzeichnet. 1974 stieß er eine Aschewolke aus, die über 10 km hoch war. Heutzutage sind meist nur geysirartige Eruptionen zu beobachten. Die Gasemissionen sind schwefelsäurehaltig. Dies hat zur Folge, dass „saurer" Regen gebildet wird, der in den umliegenden Kaffeeplantagen Schaden an den Pflanzen anrichtet. Der Hauptkrater des Poás misst 1,5 km im Durchmesser und ist 300 m tief. In der Mitte befindet sich ein hellblauer Heißwassersee, der ständig Dampf aus Fumarolen ausstößt. Der See ist nahezu kreisrund und misst 350 m im Durchmesser. In einem erloschenen Nebenkrater hat sich ein Kaltwassersee gebildet, der von Bergregenwald umgeben ist.

Die Entstehungsgeschichte des Poás lässt sich geologisch bis in das Pliozän vor 11 Millionen Jahren zurückverfolgen. Zusammen mit den benachbarten Vulkanen bildet er einen Teil des „Rückgrats" der mittelamerikanischen Landverbindung. Der Vulkan besitzt insgesamt neun Krater, von denen der größte einen Durchmesser von 4 km besitzt. Der heftigste dokumentierte Ausbruch fand am 25 Januar 1910 statt, als der Vulkan eine riesige Aschewolke ausstieß, wobei schätzungsweise 640.000 Tonnen Asche im Zentraltal niedergegangen sein sollen.

Dieser Nationalpark wird zwar meist nur wegen seines Vulkans besucht, jedoch ist auch die Natur bemerkenswert. Die unteren Regionen des Vulkans sind fast ausnahmslos abgeholzt und mit Kaffee bepflanzt. Innerhalb des Parks gibt es aber noch Flächen mit natürlichem Regenwald und Hochmooren. Unterhalb des Gipfels existiert ein kleiner Nebelwald, in dem Zwergbambus, Klusien und Schwarzeichen wachsen. Die Zweige der Bäume sind mit epiphytischen Bromelien und Orchideen überwuchert. Die roten *Neoregelia*-Bromelien fallen am ehesten ins Auge. Bei genauerem Hinsehen erkennt man vollständig mit Moosen und Flechten überwachsene Bäume.

In der Umgebung der Laguna Boto findet man Farnvegetation und die großblättrige *Gunnera insignis*. Mehrere Arten sind in dieser Region erstmals entdeckt worden. So gibt es die Magnolienart *Magnolia poasana*, die nur in den vulkanischen Hochgebirgsregionen Costa Ricas vorkommt, sowie die Zwergzypresse *Escallonia poasana*, die in ihrer Form einer chinesischen Pagode gleicht. In der Nähe des Kraters wachsen Blaubeeren, Zungenfarne und viele Korbblütler. An der Straße, die in den Park führt, gibt es noch an einigen Stellen Hochmoore, die an die Páramo-Vegetation des Chirripó erinnern.

Auf der karibischen Seite sind noch Bergregenwälder mit großen Palm- und Baumfarnbeständen zu finden. In den höheren Lagen geht dieser Wald in Bergnebelwald über. Im Nebelwald sind Quetzals und Laucharassaris beheimatet, allerdings nicht in den leicht zugänglichen Gebieten. Eher sieht man schon Weinkehlkolibris, Bergjuwel- und Dickschnabelkolibris, die leicht an ihren langen Schnäbeln zu erkennen sind. Großfußfinken und Maskenclarinos sind an die Anwesenheit der Besucher gewöhnt und zeigen keine Scheu. In der dichten Farnvegetation kann man Zaunkönige bei ihrer Suche nach Spinnen und Kleintieren beobachten. In der Luft jagen Schwalben und Bentevis den Fluginsekten nach. Insgesamt sind am Poás 79 Vogelarten nachgewiesen.

Die übrige Tierwelt lebt recht zurückgezogen. Einzig Grauhörnchen sind überall zu finden. Sie ernähren sich von den Früchten und von Futter, das ihnen von Touristen zugeworfen wird. An die Höhenlage und die zum Teil starke Sonneneinstrahlung hat sich eine Reihe von Reptilien angepasst. So kann man Stachelleguane und mit Glück Gebirgsschleichen entdecken. Auf der karibischen Seite des Parks leben im Regenwald noch Raubkatzen, Wiesel und Skunke. In den offenen Habitaten kann man manchmal Kojoten beobachten, die nach kleinen und mittelgroßen Nagern suchen.

Bei der Ankunft im Nationalpark findet man ein Besucherzentrum mit Ausstellungen und Souvenirshops vor. Von hier aus sind es noch etwa 500 m auf einer asphaltierten Straße bis zum Krater. Am Kraterrand befinden sich verschiedene Besucherplattformen, von denen man bei klarer Sicht herrliche Ausblicke genießen kann. Die Luft in der Nähe des Kraters reizt zum Husten, da die Nebel, die vom Kratergrund aufsteigen, schwefelsäurehaltig sind. An manchen Tagen kann es vorkommen, dass die Aussichtspunkte vollständig in diese Nebel gehüllt sind und eine Besichtigung des Kraters aus gesundheitlichen Gründen untersagt ist. Der Kratersee „Laguna Poás" ist wunderschön hellblau gefärbt, was ihn von der sonst kargen Landschaft absetzt. Kurz bevor man zu den Aussichtspunkten gelangt, zweigt rechts ein Pfad ab, der zur Laguna Botos führt. Der Weg zieht sich durch einen Wald, in dem deutlich der Zwergwuchs der Pflanzen zu sehen ist. Die Pflanzen

Hochlandkrokodilschleiche (*Mesaspis monticola*)
Foto: W. Denzer

sind auf Extrembedingungen wie Kälte, starke Sonneneinstrahlung und säurehaltige Luft eingestellt. Die häufigste Pflanze ist eine dickblättrige Klusienart, die auch in anderen Hochlandregionen vorherrscht. Die Poás-Magnolie ist eine endemische Art, deren Vorkommen nur auf einige vulkanische Regionen des Landes begrenzt ist. Auf dem Weg zur Lagune sieht man viele Hörnchen und Vögel, die wegen des hohen Besucheraufkommens keinerlei Scheu dem Menschen gegenüber zeigen. Am Ende des Weges gelangt man zu einer Aussichtsplattform, die einen schönen Blick auf den Kratersee bietet.

Ein weiterer kurzer Pfad beginnt in der Nähe des Besucherzentrums und führt zu einem Picknickplatz am Kraterrand. Der Sendero Escalonia trägt seinen Namen nach einem Baum: *Escallonia poasana* ist eine Zypressenart, die typischerweise nur oberhalb der Frostgrenze zu finden ist. Entlang des Weges kann man mit etwas Glück den Vulkankolibri beobachten. An das kühle Klima ist auch die Hochlandkrokodilschleiche (*Mesaspis monticola*) angepasst. Diese seltenen Echsen sind mit den europäischen Blindschleichen verwandt, jedoch besitzen sie voll ausgebildete Gliedmaßen.

In der Umgebung des Poás-Nationalparks befinden sich noch eine Reihe weiterer interessanter Ausflugsziele. Die Laguna Hule liegt am Fuß des erloschenen Congo Vulkans nördlich des Poás. Sie bedeckt eine Fläche von 54 ha und ist 130 m tief. Umrahmt von primärem Regenwald ist dieser hübsche Kratersee besonders an Wochenenden Anziehungspunkt für die lokale Bevölkerung. Neben Wald-

Rotschwanzhörnchen (*Sciurus granatensis*)
Foto: W. Denzer

spaziergängern findet man auch viele Angler rund um den fischreichen See. Um zur Lagune zu gelangen, benötigt man ein allradgetriebenes Fahrzeug, da die letzten 9 km ab dem Ort Cariblanco über eine Schotterstrecke führen.

Die Laguna Río Cuarto kann vollständig auf asphaltierten Straßen erreicht werden, falls man von der Straße 126 kurz vor dem Ort San Miguel auf die 140 abbiegt, die direkt in dem Ort Río Cuarto endet. Die Lagune liegt nur etwa 1 km vom Ort entfernt. Mit 29 ha Fläche und 15 m Tiefe ist sie nicht so groß wie die Laguna Hule, jedoch nicht minder reizvoll. Der von einem Feuchtwald um-

Vulkan Poás und Umgebung

gebene Kratersee ist nur von Osten aus erreichbar; an einigen Stellen verhindern steile Klippen den Zugang. Die Vogelwelt hier ist recht artenreich, insbesondere können häufig große Ansammlungen von Kuhreihern beobachtet werden.

Die gesamte Anfahrt zur Río Cuarto Lagune beläuft sich auf etwa 60 km ab Alajuela (45 km bis Laguna Hule), jedoch führt die Strecke durch eine landschaftlich sehr reizvolle Gegend und eine Kombination mit einem Besuch des Vulkan Poás ist zeitlich durchaus in einer Tagestour möglich.

Vulkan Irazú und Umgebung

Nur 54 km und etwa 90 Autominuten östlich der Hauptstadt San José entfernt befindet sich der Vulkan Irazú. Das Gebiet ist von Cartago über die Straße 8 (sehr kurvenreich und stellenweise ausgesprochen schmal) mit Mietwagen oder Taxi zu erreichen; eine Busverbindung zum Irazú existiert nicht. An einigen Stellen entlang der Anfahrtsroute bieten sich sehr schöne Ausblicke auf das Zentraltal und die umliegenden Berge. Geöffnet wird der Park um 8.00 Uhr; die Gipfelregion muss um 15.30 Uhr verlassen werden. Der Irazú ist mit 3.432 m der höchste Vulkan Costa Ricas. Insgesamt sind von der Spitze fünf Krater auszumachen. Der Hauptkrater hat einen Durchmesser von 1.050 m und ist 300 m tief. Auf seinem Grund befindet sich ein gelbgrüner Kratersee, der seine Farbe dem hohen Schwefelgehalt verdankt. Daneben liegt der 690 m große und 80 m tiefe Diego-de-la-Haya-Krater. Im Gegensatz zum Hauptkrater ist er jedoch nicht mehr aktiv und nur in der Regenzeit mit Wasser gefüllt. Seine letzte Ausbruchsperiode verzeichnete der Irazú in der Zeit

Vulkan Irazú und Umgebung

„Mondlandschaft" am Kraterrand des Vulkans Irazú Foto: W. Denzer

von 1963–1965. Die Aktivität ging damals mit Dampf- und Asche-Ausstoß einher und überschwemmte die umliegenden Farmen und Ansiedlungen mit Schlammlawinen. An einigen Stellen in Cartago können auch heute noch Schäden ausgemacht werden. Wegen seiner Aktivität ist am Irazú nur spärliche Vegetation vorhanden.

Bei der Anfahrt zum Kratergebiet erreicht man oberhalb 2.000 m eine Region, die hauptsächlich mit Eichenwäl-

Vulkan Irazú und Umgebung

Der Kratersee des Irazú ist durch Algen und Schwefelverbindungen grüngelb gefärbt
Foto: W. Denzer

dern bewachsen ist. Die Gipfelregion vermittelt eher den Eindruck einer Mondlandschaft, jedoch lohnt es sich auch hier, genauer hinzuschauen. Fast das ganze Jahr über sieht man rot blühende Büsche. Es handelt sich dabei um eine Art, die am Irazú entdeckt wurde und daher den wissenschaftlichen Namen *Castilleja irasuensis* trägt. An diesen Blüten können häufig Bergjuwel-Kolibris bei der Nektaraufnahme beobachtet werden. Da die Temperaturen nachts stark absinken, verfallen diese kleinen Vögel in Torpor (einen Ruhezustand), um ihren sonst sehr hohen Stoffwechsel zu verringern. Weitere typische Vögel sind der Streifenjunko und die Zeledonie. Mit etwas Glück zeigt sich einer der hier oben verbreiteten Kojoten. An sonnigen Tagen kann man auf den aufgeheizten Steinen smaragdgrüne Stachelleguane entdecken. Die Flora ist an die extremen Höhen- bzw. Temperaturverhältnisse angepasst und meist von niedrigem Wuchs.

Es hält sich stetig das Gerücht, dass an klaren Tagen beide Ozeane sowie der Nicaragua-See vom Irazú aus sichtbar seien, jedoch war uns dieser Anblick bisher nicht vergönnt. Die Kraterlandschaft ist schon beeindruckend genug. Wer einen Besuch plant, sollte versuchen, in den Morgenstunden in der Gipfelregion anzukommen, da sich die Wolken im weiteren Tagesverlauf zuziehen, manchmal so dicht, dass nicht einmal mehr der

Vulkan Irazú und Umgebung

Castilleja irasuensis ist ein endemisches Sommerwurzgewächs der Hochregionen
Foto: W. Denzer

Grund des Hauptkraters zu sehen ist. Trotz der Größe von 2.309 ha sind im Irazú-Nationalpark nur wenige, kurze Pfade vorhanden.

Nur unweit des Vulkan Irazú, an der Straße zwischen Cartago und Turrialba, liegt das Guayabo-Nationalmonument. Die Entfernung von San José beträgt etwa 80 km, und man sollte mit ca. zwei Stunden Anreisezeit rechnen. Der Park öffnet um 8.00 Uhr und schließt gegen 15.00 Uhr. Gegenüber dem Parkeingang ist ein Besucherzentrum eingerichtet worden, in dem Ausgrabungsstücke und Vertreter der Tier- und Pflanzenwelt ausgestellt sind.

Guayabo ist die bedeutendste archäologische Ausgrabungsstätte Costa Ricas. An den Hängen des Turrialba-Vulkans existierte hier von etwa 1.000 v. Chr. bis in das frühe 14. Jahrhundert ein Zentrum präkolumbianischer Kultur. In seiner Blütezeit ab dem 3. bis 7. Jahrhundert lebten hier schätzungsweise 10.000 Einwohner. Archäologen halten Guayabo für eine bedeutende religiöse Stätte und Marktplatz im Durchzugsgebiet von Nord- nach Südamerika. Die Stadt wurde Ende des letzten Jahrhunderts von dem Naturforscher Don Anastasio Alfaro entdeckt. Wissenschaftliche Ausgrabungen werden bis in die heutige Zeit durchgeführt, und eine Reihe von archäologischen Funden ist im Nationalmuseum in San José ausgestellt. In Guayabo können auf Rundgängen Aquädukte, Straßen

Vulkan Irazú und Umgebung

sowie Pteroglyphen (Steininschriften) und Monolithen bewundert werden. Etwa 20 % des 217 ha großen Parks sind mit prämontanem Regenwald und Sekundärwald überzogen. Pfade führen durch den Wald und zu einem nahe gelegenen Fluss. Wer die Ausgrabungsstätten besichtigen möchte, benötigt dafür einen Führer; die restlichen Wege können auf eigene Faust erkundet werden. Die Tier- und Pflanzenwelt ist typisch für Höhenlagen um 1.000 m. Man findet Bromelien, Orchideen und Farne ebenso wie Kolibris, Tukane und einige Säugetiere. Montezuma-Stirnvögel („Oropendolas") und ihre bis zu 60 cm großen hängenden Nester können oft entlang des Weges gesichtet werden.

Ein halbtägiger Ausflug reicht aus, um die Umgebung zu erkunden, und lässt sich sehr gut mit einem Besuch des Lankester-Orchideengartens kombinieren. Einige Reiseagenturen in San José bieten diese Kombination in Tagestouren an. Wegen seiner Nähe zur Interamericana sollte man auf einer Fahrt in Richtung Süden dieses Kleinod in seine Reiseplanung einbeziehen.

Der englische Botaniker Charles Lankester sammelte Bromelien und Orchideen, um sie zu züchten und auf diese Weise seltene Arten vor dem Aussterben zu retten. Der Lankester-Orchideengarten wird heute von der University of Costa Rica fortgeführt. Der Garten ist nur 7 km von Cartago entfernt und leicht mit Auto oder Bus zu erreichen, und die Anlage ist täglich von 8.30 Uhr bis 15.30 geöffnet. Die meist einheimischen Pflanzen sind sowohl entlang einiger schön angelegter Pfade als auch in Gewächshäusern zu besichtigen. Die beste Zeit für einen Besuch ist während der trockenen Monate Februar bis Mai, wenn viele der etwa 1.000 Orchideenarten in Blüte stehen. Aber auch in den übrigen Monaten lohnt sich ein Besuch, der einem einen wertvollen Einblick in die costa-ricanische Pflanzenwelt bietet. Besonders informativ sind geführte Rundgänge, die halbstündig durchgeführt werden. In den Gärten leben zudem über 150 Vogelarten, die von der Blütenpracht angezogen werden.

Tapantí-Nationalpark

Südlich von Cartago liegen das Orosí-Tal und der Tapantí-Nationalpark, der das nördliche Teilstück des La Amistad Internationalpark darstellt. Von Cartago fährt man zuerst nach Paraíso und dann auf der Straße 224 über Orosí nach Tapantí. Ab dem Ort Río Macho (9 km vor dem Parkeingang) beginnt die Straße recht schlecht zu werden. In der Regenzeit kann man hier nur mit Allradfahrzeugen fahren. Wer bei der An- oder Abfahrt etwas mehr Zeit mitbringt, kann von Paraíso nach Río Macho den Umweg um den Cachí-Stausee fahren. Auch diese Straße weist die Nummer 224 auf! Auf der Fahrt bieten sich schöne Ausblicke auf den See und das Tal des Río Reventazón.

Tapantí gehört zu den regenreichsten Regionen des Landes und erhält im jährlichen Mittel 6.500 mm Niederschläge. Die Jahresdurchschnittstemperatur liegt bei nur 20 °C, ist allerdings stark von der besuchten Höhenregion

Tapantí-Nationalpark

abhängig. Die niederschlagsreichsten Monate sind Mai bis Oktober und die trockensten Monate Januar bis April. Auch in der Trockenzeit muss ständig mit kurzen Schauern gerechnet werden!

Im Park stehen keine Unterkünfte zur Verfügung. Nach vorheriger Absprache mit der Verwaltung wird Campen am Eingang meist erlaubt. Die nächsten Hotels befinden sich in Cartago, allerdings gibt es eine Reihe kleinerer Herbergen entlang der Straße 224 und in Orosí. Der Nationalpark ist täglich von 8–16 Uhr geöffnet. Die Parkranger sind Vogelkundler gewohnt, sodass Sie auch schon früher anreisen und Ihren Eintritt bei der Abfahrt bezahlen können.

Der Tapantí-Nationalpark schützt große Flächen von Primärwald beiderseits des Orosí-Flusses. Das Nationalparkgebiet hat eine Größe von nahezu 61 km^2 und ist zudem vom Río-Macho-Waldschutzgebiet umgeben. Der Park erstreckt sich in den Talamanca-Bergen von 1.220 m bis auf 2.560 m. Dementsprechend sind zwei verschiedene Vegetationstypen, nämlich prämontaner Regenwald und Bergregenwald (Nebelwald) ausgeprägt. Der Orosí-Fluss mit seinen 150 großen und kleinen Seitenflüssen wird an verschiedenen Stellen zur Energiegewinnung bzw. Wasserversorgung angestaut und endet in dem nahe gelegenen Cachí-Stausee. Tapantí gehört zum nördlichen Teil des La Amistad Internationalpark, der sich über biologische Korridore und den Zusammenschluss mehrerer Schutzzonen bis nach

Trailmap Tapantí-Nationalpark Grafik: J. Denzer

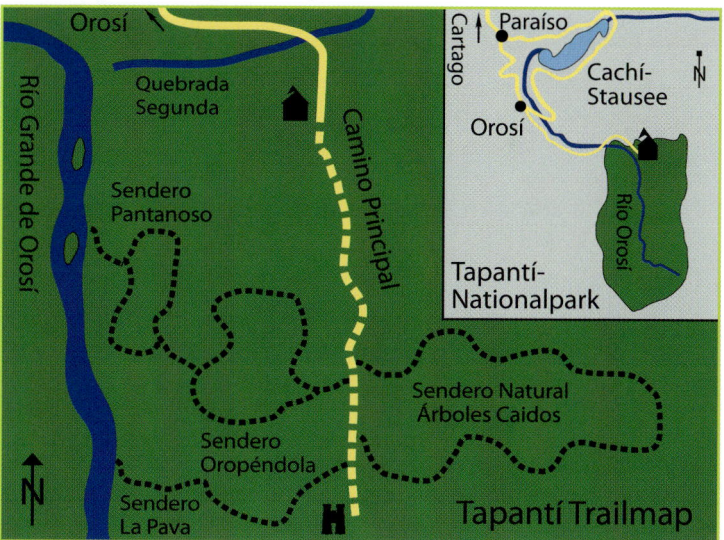

Tapantí-Nationalpark

Blick in das Orosí-Tal Foto: W. Denzer

Panama zieht. Da Tapantí ein sehr junger Nationalpark ist (Gründung April 1992) und abseits der üblichen Touristenrouten liegt, sind sehr gute Tierbeobachtungen auf den gut gepflegten Wegen möglich, was vor allem Vogelkundler in das Gebiet zieht.

Die Wälder des Tapantí-Nationalparks weisen einen üppigen Bewuchs auf. Besonders häufig sind Schwarzeichen zu finden, die für mittlere bis hohe Lagen typisch sind.

Die Orchidee *Epidendrum radicans* Foto: W. Denzer

Viele Bäume sind von Orchideen und Bromelien überwuchert. In den Bergregionen werden sie teilweise von Flechten und Greisenbärten abgelöst. 18 verschiedene Baumfarnarten, z. T. von beachtlicher Größe, prägen das Bild ebenso wie die großblättrige *Gunnera insignis*, die von den Einheimischen „sombrillo de pobre" („Regenschirm der armen Leute") genannt wird. 60 cm große Blätter und etwa gleich große, dunkelrote Blütenstände sind keine Seltenheit. Die Blattform erinnert stark an Rhabarber, und bei heftigen Regenfällen sind sie ein wirklich guter Schutz. Die Pflanze siedelt meist an erodierten Hängen in höheren Regionen und ist, wie auch die vorkommenden Baumfarnarten, ein Indikator für Sekundärbewuchs. An den Wegesrändern siedeln rot blühende Orchideen, *Epidendrum radicans*, und im Innern des Waldes prägen Eichen und Lianen das Bild. Auffallend ist der gelbe Blütenstand der Calathea, die wegen ihres Aussehens von den Einheimischen „Klapperschlangen-Pflanze" genannt wird.

Etwa 45 Säugetierarten leben im Park. Neben häufigen Arten wie Kapuzineraffen und Waschbären, gibt es auch Tapire und Raubkatzen. Sichtungen von Säugetieren sind allerdings recht selten und beschränken sich in den meisten Fällen auf Hörnchen, Halsbandpekaris und Weißrüsselbären. Am Fluss leben Fischotter, die nach den reichlich vorkommenden Forellen jagen. Mit sehr viel Glück entdecken Sie sogar Tamanduas oder Zwergameisenbären. Im Tapantí-Nationalpark wurden bisher 260 Vogelarten nachgewiesen, was das Gebiet zu einer der vogelreichsten Region des Landes

Regenschirm der Armen (*Gunnera insignis*) Foto: W. Denzer

Tapantí-Nationalpark

Halsbandwaldsänger (*Myioborus torquatus*) Foto: W. Denzer

macht. Allein zehn Tangarenarten stehen auf der Liste häufig zu beobachtender Vögel, darunter so farbenprächtige Arten wie die Goldkopftangare und Dows Tangare. In den Bäumen leben 60 cm große Schwarzbauchguane, Verwandte des Tuberkelhokkos. Üblicherweise sind diese Hühnervögel Einzelgänger, die nur während und nach der Brutzeit (Mai bis Juni) in Familiengruppen auftreten. Sie sind typische Vertreter der Hochlandregionen und aufgrund Überjagung nur noch in Schutzgebieten anzutreffen. Laucharassaris oder Smaragdtukane ziehen meist in Gruppen von 5–10 Individuen auf der Suche nach Früchten durch die höheren Baumregionen. Sichtungen dieser hübschen Vögel fallen nicht schwer; wer sie allerdings etwas länger beobachten möchte, muss schon sehr gut zu Fuß sein. Die Tiere bleiben meist nur wenige Momente auf einem Ast sitzen, um aufgeregt mit dem Schwanz zu wippen und sofort weiter zum nächsten Baum zu fliegen. Nur in Futterbäumen halten sie sich etwas länger auf. Mit viel Glück entdeckt man während der Brutzeit (März bis Juli) Tiere am Eingang ihrer Nisthöhlen. In den weitgehend unzugänglichen Bergregionen des Hinterlandes leben ansehnliche Populationen des Quetzals und des Hämmerlings.

Wegen der andauernden starken Feuchtigkeit fühlt sich eine Reihe von

Tapantí-Nationalpark

Amphibien in diesem Gebiet sehr wohl. Mit viel Glück bekommt man gar die in den Bromelien lebenden Tropen- und Schleuderzungensalamander zu sehen. Einige Arten sind derart spezialisiert, dass sie nur in den Wipfelregionen des Waldes zu finden sind. Wissenschaftler gehen davon aus, bei ihren Untersuchungen noch weitere Arten entdecken zu können, die zurückgezogen in den Bromelien der Baumkronen leben und daher vielleicht bisher den Blicken der Forscher verborgen blieben.

Unzählige Insekten tragen zur Artenvielfalt dieses Parks bei. Nur schwer zu entdecken sind die im Gebiet beheimateten Heuschrecken. Stabheuschrecken leben an Bäumen und sind nicht von kleinen Ästen zu unterscheiden. Blattschrecken leben dagegen im grünen Dickicht. In Form und Farbe ähneln sie Blättern, sodass sie eigentlich nur zu entdecken sind, wenn sie sich bewegen.

Tapantí kann auf einer Schotterstraße, dem „Camino Principal", mit dem Auto befahren werden. Beiderseits dieses Weges zweigen Pfade in den Wald ab. Etwa 1,5 km hinter der Parkverwaltung beginnt auf der linken Seite der Sendero Árboles Caidos. Der Trail ist 2,5 km lang und führt überwiegend durch Sekundärwald, stellenweise aber auch durch Bergregenwald. Am Anfang dieses Pfades ist ein steiler Aufstieg auf einen Bergrücken zu bewerkstelligen. Dieser Teil des Weges kann bei anhaltenden Niederschlägen sehr schwer zu begehen sein. Der Grat ist mit Eichenwäldern bestanden, die starken Epiphytenbewuchs aufweisen. Wegen der Höhe von etwa 1.400 m hüllen oftmals Wolken dieses Gebiet in Nebel. In den Nachmittagsstunden halten sich hier viele Vögel auf, wenn dieser Teil des Waldes in der Sonne liegt. Besonders farbenprächtig sind gemischte Gruppen von gelben Silberkehltangaren und blau-grün gezeichneten Grüntangaren. Die Hauptnahrung dieser Vögel besteht aus allerlei Beeren. Manchmal kann man sie aber auch dabei beobachten, wie sie die Unterseiten moosbewachsener Äste nach kleinen Insekten absuchen. Der Trail folgt jetzt eine Zeit lang dem Bergrücken, bevor er fast ebenso steil wie zu Beginn nach etwa zwei Stunden Gehzeit wieder auf den Hauptweg führt. Die häufigsten Pflanzen am Hang sind Baumfarne und die großblättrige *Gunnera insignis*. Stellenweise ist gut zu sehen, wie ständige Regenfälle den Boden auswaschen und erodierte Abhänge zurücklassen.

Auf halbem Wege zwischen Anfang und Ende des Sendero Árboles Caidos zweigt auf der rechten Seite der Sendero Oropéndola ab, der in den Sendero Pantanoso und letztlich zum Ufer des Río Grande de Orosí führt. Nach einem kurzen Abstieg auf dem Oropéndola-Trail kann man entweder rechts in den Sendero Pantanoso einbiegen oder auf einem Rundweg wieder zum Ausgangspunkt zurückgelangen. Wer genügend Zeit mitbringt, sollte erst zum Fluss wandern und die zweite Hälfte des Sendero Oropéndola auf dem Rückweg gehen. Der Pantanoso-Trail ist ein Rundweg, der entlang des Flusses führt. Auf der Hälfte des Weges befindet sich ein Picknickplatz. Bei sonnigem Wetter ist dies ein ruhiger Ort, an dem es sich lohnt, eine Zeit lang zu verweilen. Der Fluss wird von vielen Vögeln überflogen, um auf die jeweils andere Seite des Tales zu gelangen. Am Ufer lassen sich Helmbasilisken beobachten, die in der Lage sind, bei Gefahr auf den Hinterbeinen über das Wasser zu laufen. Diese Fähigkeit hat den Echsen den Namen „Jesus-Christus-Echse" eingebracht.

Widerstandsfähigen Urlaubern sei ein Bad im Río Grande de Orosí empfohlen. In der Mitte des Flusses befindet sich eine Kiesbank, zu der man bei flachem Wasserstand auch waten kann. Flussabwärts wird die Strömung durch diese Kiesbank erheblich reduziert, sodass hier Baden möglich ist. Vergessen Sie aber nicht, dass Sie sich in 1.200 m Höhe befinden und der Fluss aus den Bergen kommt. Die Wassertemperatur ist daher sehr „gewöhnungsbedürftig". Im Fluss leben Forellen, und nach Rücksprache mit der Parkverwaltung ist Angeln erlaubt. Trinkwasser, sanitäre Einrichtungen und der Fluss machen diesen Ort zu einem idealen Zeltplatz inmitten fast unberührter Natur.

Hinter dem Picknickplatz führt der Weg durch mit Zwergpalmen bestandenen Wald wieder zurück zum Sendero Oropéndola. Der Boden ist wegen der Flussnähe sehr feucht, stellenweise sogar sumpfig. Wie in unseren Breiten ist dies damit ein bevorzugter Standort von Erlen.

Wegen des dichten Kronendaches ist dieser Teil des Waldes bei trübem Wetter sehr dunkel, sodass es schwer ist,

Raupe eines *Automeris*-Falters Foto: W. Denzer

Tiere zu beobachten. An sonnigen Tagen ist hier in der Mittagszeit jedoch eine Reihe von Vögeln zu sehen. So konnte ich in nur einer Stunde nicht weniger als zehn Laucharassaris, verschiedene Tangaren- und Kolibriarten sowie Schwarzbauchguane entdecken.

Leider können derartige Sichtungen nicht garantiert werden, aber das Beispiel zeigt, dass dieses Areal in dieser Hinsicht sehr ergiebig sein kann.

Nach weiteren 2,5 km entlang des Camino Principal führt auf der rechten Seite der Sendero La Pava zum Río Grande de Orosí. Dieser kurze Trail nimmt nur etwa 30 Minuten in Anspruch und unterscheidet sich nur unwesentlich von den oben vorgestellten Wegen. Abenteuerlustige Besucher können versuchen, entlang des Ufers bis zum Picknickplatz am Sendero Pantanoso zurückzulaufen. Es gibt keinen Pfad – schon gar keinen offiziellen –, und man muss sich den Weg schon selber suchen; aber mit dem Wissen, dass man wieder an einen anderen Trail gelangt, kann hier einmal eine „echte" Dschungelwanderung geprobt werden. Der eigentliche Pfad führt auf demselben Weg wieder zur Schotterstraße zurück. Von hier aus erreicht man nach 2 km das Ende des Camino Principal, wo sich der Sendero Al Mirardor befindet, der zu einem erhöhten Aussichtspunkt führt. Bei klarer Sicht bietet sich ein wunderschöner Blick auf das Orosí-Tal, in dem der Río Grande de Orosí in der Ferne zu erkennen ist, sowie auf die gegenüberliegende Seite des Tales. Dort sind verschiedene Wasserfälle sichtbar, die teilweise 50 m tief hinabstürzen. Je heftiger es in den vorangegangenen Tagen geregnet hat, desto mehr Wasserfälle sind zu sehen. Die Schotterstraße ist an dieser Stelle zwar nicht zu Ende, darf jedoch nicht weiter von der Öffentlichkeit befahren werden. Sie führt noch einige Kilometer weiter, bis sie an einem Stausee endet.

Los-Quetzales-Nationalpark und das Savegre-Tal

Das Tapantí-Schutzgebiet ist von den Río-Macho- und Los-Santos-Waldreservaten umgeben, welche in südlicher und westlicher Richtung an die Interamericana angrenzen. Hier befinden sich zwischen den Kilometern 60 und 80 einige Lodges, von deren Gebiet aus weitere Wege in den sonst unzugänglichen Teil der Region führen.

Zwischen Providencia und San Gerardo de Dota befindet sich der im Jahre 2006 neu eröffnete Los-Quetzales-Nationalpark, der an die Talamanca-Kordillere und das Savegre-Tal angrenzt. Insgesamt sind etwas über 500 ha unter Schutz gestellt. Die Vegetation setzt sich aus Eichenwäldern, Nebelwald und subalpiner Páramo zusammen. Touristischer Anziehungspunkt ist sicherlich der Quetzal, jedoch leben in den dichten Wäldern auch Jaguare, Tapire und Pumas. Bisher ist noch keine Infrastruktur im Nationalpark etabliert. Einzig ein Verwaltungsgebäude an der Interamericana (Kilometer 74) macht auf den Park aufmerksam. Zurzeit kann das Gebiet nur auf einer einzigen Schotterstrecke mit dem Auto befahren werden, allerdings ist der Bau eines Wegenetzes in der Planung.

Los-Quetzales-Nationalpark und das Savegre-Tal

Am Kilometer 80 befindet sich ein kleiner Laden neben dem eine Schotterstraße ins Savegre-Tal führt, wo zahlreiche Unterkünfte liegen. Besonders erwähnt sei das Savegre Mountain Hotel am Savegre-Fluss (P.O. Box 482 Cartago, Tel: 00506-(0)2740-1028, Fax: 00506-(0)2740-1027; www.savegre.co.cr). Das Hotel hat ein kleines privates biologisches Reservat (400 ha) mit ausgedehntem Eichenwaldbewuchs, wo auch ansehnliche Populationen des Quetzals leben. Während dieser Vogel im Tapantí-Schutzgebiet nur schwer zu beobachten ist, sind Sichtungen in den höheren Lagen während der Monate November bis Februar nahezu sicher. Eine morgendliche Exkursion entlang der Straße sollte eigentlich von Erfolg gekrönt sein. Meist sieht man an bestimmten Futterstellen, die den Führern der Region bekannt sind, Gruppen von Touristen, die mit Ferngläsern umliegende Bäume absuchen. Hier lohnt es sich, zu halten und nach Quetzals Ausschau zu halten. Als weiterer Abstecher lohnt sich ein Besuch des Savegre-Wasserfalls nahe dem Hotel. Auf der Hotelterrasse sind zahlreiche Futterplätze für Kolibris aufgehängt, an denen man bei gutem Wetter ohne Weiteres fünf oder sechs verschiedene Hochlandformen beobachten kann. Andere häufig gesichtete Vögel sind Smaragdtukane, Waldsänger und Tangaren.

Am Cerro de La Muerte („Todesberg") erreicht die Interamericana ihren höchsten Punkt. Bei klarer Sicht bieten sich herrliche Ausblicke auf die Talamanca-Kordillere. Obwohl hier einige kleine Pfade in die nähere Umgebung führen, sollten Sie Abstand davon nehmen, Ihr Auto unbeobachtet zu lassen. Leider passiert es immer wieder, dass man bei der Rückkehr zum Auto platte Reifen vorfindet sowie jemanden, der einem sofort Hilfe anbieten kann. Dies ist oft mit der Fahrt in den nächsten Ort verbunden und erheblich kostenintensiver als sonst üblich. Ab dem Cerro de la Mu-

Quetzal (*Pharomachrus mocinno*)
Foto: W. Denzer

Los-Quetzales-Nationalpark und das Savegre-Tal

Bromelienbewachsene Eichen prägen das Bild des Los-Quetzales-Nationalparks
Foto: W. Denzer

erte windet sich die Interamericana bis nach San Isidro El General hinab. Hier zweigt zum einen eine Straße in Richtung Küste nach Dominical und Quepos ab, und zum anderen eine Straße, die über Rivas nach San Gerardo de Rivas in die Talamanca-Kordillere zum Chirripó-Nationalpark führt. Die Parkverwaltung befindet sich auf der linken Seite am Ortseingang von San Gerardo. Sie ist täglich von 5.00–17.00 Uhr geöffnet.

In San Gerardo gibt es einige kleine Herbergen, in denen man die Nacht vor dem Aufstieg verbringen kann. Wer ein wenig Zeit mitbringt, sollte die Chirripó-Tour über die Talari Mountain Lodge buchen und dort zu Beginn und Ende der Tour einen Ruhetag einlegen (Talari Albergue de Montaña, PO Box 517-8000; Tel./Fax: 00506-(0)2771-0341; E-Mail: talaricostarica@gmail.com; www.talari. co.cr). Die Talari Mountain Lodge befindet sich auf der linken Seite, 8 km hinter San Isidro kurz vor dem Ort Rivas. Auf dem Gelände leben eine Vielzahl von Vogelarten. Die Besitzer sind in der Lage, beide Aufstiegsrouten zu organisieren. Der Preis für die San-Gerardo-Route beläuft sich auf 600–700 US-Dollar und beinhaltet neben zwei Übernachtungen in Talari die Mahlzeiten und Unterkünfte am Berg sowie Führer und Träger, der das Kochgeschirr und Teile des Gepäcks zum Basislager befördert. Der Preis verringert sich mit jeder weiteren Person (450–500 US-Dollar pro Person bei vier Teilnehmern). Die Tour kann auch ohne die Nächte in der Lodge gebucht werden; außerdem werden die Preise günstiger, wenn man die Tour ohne einen Führer bucht.

An den Grenzen des Chirripó-Nationalparks liegt das private Cloudbridge Project (E-Mail: jenny@cloudbridge.org; www.cloudbridge.org). Um dorthin zu gelangen, verlässt man San Gerardo in nördlicher Richtung vorbei an der Albergue Uran und dem Einstieg zum Chirripó-Trail. Die Schotterstraße führt letztendlich zur Casa Amanzimtoti, die der Ausgangspunkt für Exkursionen in das Cloudbridge Project ist. Das Gebiet wurde mit privaten Geldern gekauft und hat neben der Erhaltung der noch vorhandenen Primärvegetation auch die Wiederaufforstung zum Ziel. Leider ist der Gründer Ian Giddy im Juni 2009 verstorben, jedoch wird das Project von seiner Frau weitergeführt. Die Arbeit wird ausschließlich von Volontären durchgeführt, es ist aber auch geplant, universitäre Forschungsprojekte anzusiedeln. Cloudbridge wird von zahlreichen Trails durchzogen, die einen guten Einblick in die verschiedenen Vegetationsformen der Talamanca-Kordillere vermitteln. Der Pizota Trail startet an der Casa Amanzimtoti und führt dann bergauf zum eigentlichen Parkeingang auf ca. 1.650 m ü. NN. Hier beginnt der durch offenes Gelände ziehende Bridge Trail, der über den Río Chirripó führt. An dessen Ende geht es bergauf entlang des Ridge Trails, der an einem Unterstand am Rande des Waldes endet. Von hier aus hat man eine sehr schöne Aussicht auf die umliegenden Berge. Cloudbridge ist derzeit noch in zwei unterschiedliche Zonen eingeteilt: Cloudbridge Nord und Süd. Der Uran Trail verbindet diese beiden Gebiete. Er zweigt vom Bridge Trail ab und führt über den Río Uran zur Don-Victor-Schutzhütte, von der aus weitere Wege in den nördlichen Teil des Projektes führen.

Chirripó-Nationalpark

Der 3.819 m hohe Chirripó ist die höchste Erhebung des Landes und somit eine Herausforderung für naturbegeisterte Bergwanderer. Um es gleich vorwegzunehmen: Die Besteigung ist kein Tagesausflug und keineswegs ein leichter Spaziergang!

Der Chirripó ist ein Teil des La-Amistad-Biosphärenreservates und liegt in der Talamanca-Kordillere, deren Ursprung bis in das Eozän (35 Mio. Jahre) zurückreicht. Neben Zeugnissen vulkanischen Ursprungs fanden Geologen Hinweise auf Gletscher früherer Zeiten. Moränen und U-förmige Täler deuten darauf hin, dass noch bis vor etwa 10.000 Jahren Gletscher existierten und beim Schmelzen gewaltige Erosionen verursachten. Durch diese eiszeitlichen Aktivitäten sind die Täler leicht gewellt. Die Talamanca-Kordillere erfährt auch heute noch die Auswirkungen der Verschiebungen von Kontinentalplatten. Jährlich nimmt die Höhe um etwa 3–5 mm zu. Während eines verheerenden

Chirripó-Nationalpark

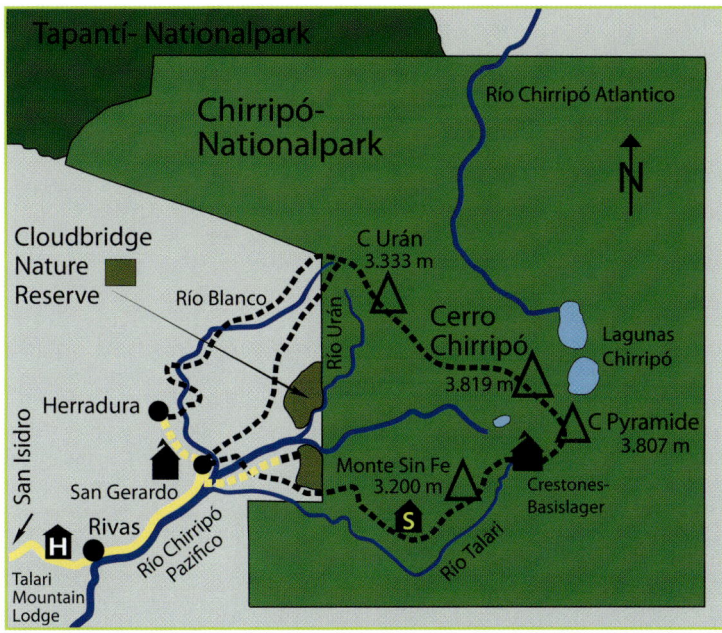

Übersichtskarte Chirripó-Nationalpark und Umgebung   Grafik: J. Denzer

Erdbebens im April 1991, das eine Stärke von 7,45 auf der Richter-Skala erreichte, wurde das Gebiet um nahezu 2 m angehoben. Die Bewohner der umliegenden Siedlungen mussten zeitweilig die Region verlassen, und die Infrastruktur und Landwirtschaft erlitt große Schäden. Ein Hurrikan im Juli 1996 löste Schlammlawinen aus und ließ Flüsse über die Ufer treten. Viele Zeugnisse dieser Naturkatastrophen kann man auch heute noch entlang des Weges erkennen. Trotz der Widrigkeiten ist der Chirripó ein äußerst lohnenswertes Ziel. Beim Aufstieg durchwandert man die unterschiedlichsten Vegetationszonen und bewältigt insgesamt ein Höhenunterschied von etwa 2.300 m. Diejenigen, die nach 8–12 Stunden das Basislager in 3.400 m Höhe bei strahlendem Sonnenschein erreichen, werden es nicht bereuen!

Obwohl der Chirripó-Nationalpark meist wegen seiner Bergwelt besucht wird, ist die Tier- und Pflanzenwelt nicht minder interessant. In den Höhenlagen bis 2.000 m sind die Hänge mit prämontanem Regenwald bewachsen. Besonders auffällig sind die roten *Neoregelia*-Bromelien, die epiphytisch auf vielen Bäumen leben. Diese Gattung treibt nicht wie andere Bromelienarten Blütenstände aus, sondern trägt ihre Blüten in-

Chirripó-Nationalpark

mitten der inneren Rosette. Zwergpalmen und Bambus bilden den Unterbewuchs dieses Teils des Waldes. Stellenweise findet man regelrechte Haine mit Zwergbambus. Die Vogelwelt ist mit über 150 Arten sehr reichhaltig. An Blütenpflanzen sieht man häufig Schatten- oder Eremitkolibris der Gattung *Phaethornis*, die sich von den übrigen Kolibris Costa Ricas durch ihre langen, gebogenen Schnäbel unterscheiden. Ihr bevorzugter Lebensraum liegt im Unterholz entlang kleiner Bäche, die mit Helikonien und anderen Futterpflanzen bewachsen sind.

Zwergzypresse Foto: W. Denzer

Ab etwa 2.000 m bilden Eichenwälder mit Schwarz- und Weißeichenbewuchs die Vegetation. In dieser Region ist auch die Futterpflanze des Quetzals, der „Ira", beheimatet. Je nach Höhenlage und klimatischen Verhältnissen fruchten diese Bäume zu unterschiedlichen Jahreszeiten, sodass die Quetzals auf ihrer Suche nach der bevorzugten Nahrung in den unterschiedlichen Höhenlagen umherwandern. Wegen der hohen Luftfeuchtigkeit innerhalb des Nebelwaldes sind Amphibiensichtungen an der Tagesordnung. Schleuderzungensalamander, Rotaugenfrösche und Regenfrösche sind die häufigsten Vertreter. Obwohl diese Tiere eine überwiegend nächtliche Lebensweise führen, können Sie nach Regenfällen oft entlang der Wege in der Buschvegetation beobachtet werden. Tagsüber verstecken sich viele Amphibien in den Blattachseln von Bromelien, sodass hier eine genauere Untersuchung lohnenswert sein kann.

In den höheren Bergregionen oberhalb etwa 3.200 m findet man Páramo-Vegetation, die leider durch ein Feuer im Jahre 1978 stark geschädigt wurde. Kennzeichnend für diese Vegetationsform, die ihren Ursprung in den südamerikanischen Anden hat, sind Kleinwüchsigkeit der Bäume sowie Hochmoore. Einige Pflanzen ähneln stark Arten, die wir aus den mitteleuropäischen Breiten kennen. So findet man Blaubeeren, Wilde Erdbeeren, Lupinien und Sträucher, die unserem Ginster ähneln. Dickblättrige Klusien und gelb blühende Senezien bilden den Hauptteil der Buschvegetation.

Dem unwirtlichen Klima des Hochgebirges sind nur wenige Pflanzen und

Chirripó-Nationalpark

Eichenwald am Chirripó Foto: W. Denzer

Tiere angepasst. Der bronzegrüne Weinkehlkolibri ist oft an den roten Blüten von Fuchsien zu sehen. Streifenjunkos ähneln unseren einheimischen Spatzen und halten sich vorwiegend im Gebüsch auf, wie auch die Zeledonie. In einigen Büchern findet man diesen Vogel unter dem Namen „wrenthrush", weil er wegen seines Aussehens lange Zeit als Bindeglied zwischen Zaunkönig und Drosseln angesehen wurde, jedoch konnten anatomische und biochemische Untersuchungen zeigen, dass es sich um einen Waldsänger handelt. Der scheue Bergzaunkönig ist ebenfalls in den oberen Regionen des Nationalparks beheimatet. In der Nähe des Basislagers lassen sich häufig Morgenammern beobachten, die nach Brotkrumen der Wanderer suchen.

Die Besteigung des Chirripó ist prinzipiell auf zwei unterschiedlichen Routen möglich, jedoch ist allgemein nur der Aufstieg über das Crestones-Basiscamp im Rahmen einer selbst geplanten Exkursion zu empfehlen. Im Folgenden wird daher diese Route näher besprochen und nur im Anschluss auf den alternativen Aufstieg über Herradura eingegangen.

Für die 16 km lange Strecke von San Gerardo de Rivas bis zum Crestones-Basislager sind 8–12 Stunden zu veranschlagen, je nach Kondition und Wegebeschaffenheit. Vor dem Abmarsch muss das Nationalparkbüro in San Gerardo de Rivas informiert werden. Von hier aus folgt man dem Weg durch das Dorf, bis man nach 3 km an den Anfang des Trails gelangt. Der erste Anstieg führt durch

Chirripó-Nationalpark

Sekundärwald und über Viehweiden. Auf den offenen Flächen sieht man häufig kleinere Gruppen von Riefenschnabelanis. Sie folgen meist grasenden Rindern und versuchen, die aufgescheuchten Insekten zu erbeuten.

Nach weiteren 4 km kommt man zur Grenze des Nationalparks und somit in den Wald. In den unteren Regionen herrscht prämontaner Regenwald vor, in dem Schwarzbauchguane und verschiedene Tangaren zu beobachten sind. Trotz ihrer Größe bemerkt man Schwarzbauchguane meist erst, wenn sie aufgescheucht in den Ästen hin- und herspringen. Die nun folgenden 2 km gehen stetig bergauf, bis man an einen Wegweiser gelangt, ab dem es noch etwa 2 km bis zum ersten Unterstand „Llano Bonito" auf 2.450 m Höhe sind. Diese Strecke ist in der Regenzeit und nach kräftigen Niederschlägen sehr matschig. Versuchen Sie erst gar nicht, den Schlammlöchern auszuweichen, da Sie im weiteren Verlauf des Aufstieges ohnehin mindestens bis zur Wade im Schlamm einsinken werden. Kurz bevor „Llano Bonito" erreicht wird, kommt man an einer kleinen Höhle vorbei, in der Geißelskorpione und manchmal auch Fledermäuse zu finden sind. Die Höhle und die Hütte sind nur als Schutz bei einbrechender Dunkelheit oder plötzlichen Unwettern gedacht. Bei „Llano Bonito" befindet sich die erste Trinkwasserstelle nach Beginn des Aufstieges. Bis zu dieser Stelle sollten Sie etwa 4–6 Stunden benötigen. An der kleinen Lichtung vor der Hütte sind oft Halsband-Waldsänger und gemischte Gruppen von Rotschenkelpitpits und Glanzfleckentangaren zu beobachten. Laucharassari und Quetzal sind hier be-

Die Mattenregion ist ein Hochmoor
Foto: W. Denzer

Chirripó-Nationalpark

heimatet, aber nur schwer zu Gesicht zu bekommen. In den frühen Morgenstunden kreuzen Agutis und Pakas die Lichtung. Mit etwas Glück begegnet Ihnen einer der seltenen Schleuderzungensalamander. Wegen der nur knappen Zeit bis zum Sonnenuntergang sollte die Rast am „Llano Bonito" nicht zu lange ausgedehnt werden und Naturbeobachtungen besser auf dem Rückweg erfolgen.

500 m nach der Schutzhütte zweigt links ein weiterer Pfad zu einer Wasserstelle ab. Im Allgemeinen ist die Wasserleitung an der Hütte jedoch intakt, sodass frisches Wasser für den Rest des Aufstieges abgefüllt werden kann. Der nächste Abschnitt ist ein Aufstieg, der durch Nebelwaldvegetation mit überwiegend Schwarzeichenbewuchs führt. In diesem Teil des Parks lebt eine der größten Populationen des Quetzals. Meist bekommt man allerdings nur die schemenhaften Umrisse dieses Vogels zu sehen, da diese Region schon ab den späten Vormittagsstunden vollständig in den Wolken liegt. In den niederschlagsreichen Monaten muss hier ständig mit Regenfällen gerechnet werden. Der Pfad wird dann sehr schlammig und der Aufstieg bei niedrigen Temperaturen schnell zur Qual.

In 3.200 m Höhe wird beim „Monte Sin Fe", dem Berg ohne Hoffnung, die Waldgrenze erreicht, und man betritt das Gebiet subalpiner Páramo-Vegetation. Diese Form der Pflanzengemeinschaft ist in den Anden Südamerikas heimisch und in Costa Rica nur im Hochgebirge der Talamanca-Kordillere zu finden. Leider wurde ein Großteil der bizarr und knöchrig anmutenden Bäume bei einem Brand im Jahre 1978 vernichtet. Wegen

Lupine Foto: W. Denzer

der unwirtlichen Klimaverhältnisse hat sich die Baumvegetation bis heute noch nicht wieder von dieser Katastrophe erholt. Einige Arten wurden wahrscheinlich für immer ausgelöscht. Die nächsten 1,5 km wandert man auf einem leicht begehbaren, ebenen Weg fast ausschließlich durch das waldbrandgeschädigte Gebiet. Die Sträucher und Blütenpflanzen beginnen bereits wieder zu siedeln. Vor allem *Castelleja*-Arten, Lupinen und

Chirripó-Nationalpark

Pantoffelblumen sind besonders erfolgreich. An den Blüten ist häufig der Weinkehlkolibri bei der Nektaraufnahme zu beobachten. Diese kleinen Vögel verfallen bei Nacht in den Torpor, um ihren Energieverbrauch zu senken.

Am Ende des Tales wird ein Bach erreicht, an dem ein Wegweiser die letzten 1,5 km bis zum Basislager ankündigt. Wegen des zum Teil extremen Anstiegs benötigt man für dieses Teilstück noch etwa 1–1,5 Stunden. Am Grat angekommen, hat man bei klarer Sicht einen wunderschönen Ausblick auf das Tal, in dem das Crestones-Basislager liegt, sowie auf die Crestones-Formation auf der gegenüberliegenden Seite. Ein kurzer Abstieg führt zu den Hütten und mit etwas Glück zu einem heißen Getränk, zu dem Sie von bereits eingetroffenen Wanderern eingeladen werden. Das Basislager besteht aus drei Hütten: In der ersten befindet sich ein Posten der Nationalparkverwaltung, der allerdings nur in den Monaten von Dezember bis März ständig besetzt ist; zwei weitere Hütten bieten Schlafplätze und eine Küche.

Vom Basislager aus lässt sich die Umgebung auf einer Reihe von Wegen erkunden. Der Weg zum Gipfel des Chirripó führt über das Valle de Conejos („Tal der Kaninchen") vorbei am Cerro Pyramide (3.807 m) zur 3.819 m hohen Spitze. Bei klarem Wetter sollen beide Küsten, der Vulkan Irazú und die umliegenden Berge zu sehen sein. Dies ist allerdings nur sehr selten der Fall und dann auch nur in den frühen Morgenstunden. Weitere Ausflüge führen zur Laguna Ditkevi und den Lagunas Chirripó, einer Gruppe kleiner Seen inmitten der sonst eher kargen Landschaft. Die Vegetation wird von klein bleibenden knorrigen Bäumen aus der Heidekrautfamilie, Zwergbambusarten und Sumpfwiesen beherrscht. Neben Kaninchen leben in dieser Höhe noch einige Vogelarten wie Maskenclarino und Streifenjunko. Unter den Reptilien hat die seltene Hochlandkrokodilschleiche (*Mesaspis monticola*), eine vierbeinige Verwandte der europäischen Blindschleiche, es geschafft, sich den Lebensbedingungen in dieser Höhe anzupassen.

Der Crestones-Gipfel ist einer der wenigen Orte in Costa Rica, an denen „free-climbing" möglich ist. Wer vorhat, den Gipfel auf diese Weise zu erklimmen, benötigt die entsprechende Ausrüstung und eine Genehmigung der Parkverwaltung in San Gerardo. Deren Mitarbeiter sind angehalten, die Kletterfähigkeiten und Ausrüstungsgegenstände der Besucher zu überprüfen. In der Hochsaison ist es möglich, sich einheimischen Gruppen anzuschließen, die meist an Wochenenden zu diesen Klettertouren aufbrechen. Bedenken Sie aber dabei, dass das nächste Krankenhaus einen Tagesmarsch entfernt ist, und lassen Sie daher genügend Vorsicht walten!

Chirripó-Nationalpark

Eine alternative Aufstiegsroute führt über den Ort Herradura nur wenige Kilometer von San Gerardo entfernt. Dieser Weg darf ohne Führer nicht begangen werden und ist nur kleineren Gruppen zu empfehlen, die ausreichend Erfahrungen im Bergwandern besitzen. Beim Aufstieg ist mehrmals der Río Blanco zu überqueren, sodass diese Route nur in der Trockenzeit (Dezember bis März) sicher begangen werden kann. Der erste Tag führt über einige Nebengipfel zum Cerro Uran, an dem Zelte errichtet werden. Am folgenden Tag wandert man entlang des Cerro Cupula (3.699 m) und des Cerro Nudo (3.762 m) zum Hauptgipfel des Chirripó und wandert über das Valle de Conejos zum Crestones-Basislager. Der Abstieg am dritten Tag folgt der oben beschriebenen Aufstiegsroute über Monte Sin Fe und Llano Bonito.

Die beste Zeit für einen Besuch des Gebietes und einen eventuellen Aufstieg ist die Trockenzeit, die hier in die Monate Dezember bis April fällt. Der Berg ist auch zu anderen Jahreszeiten zu besteigen, jedoch ist der Aufstieg dann wegen der schlechten Weg- und Wetterverhältnisse noch anstrengender als er ohnehin schon ist. Das Wetter am Berg ist extrem: die niedrigste gemessene Temperatur liegt bei –8 °C, die höchste bei 27 °C. Die jährliche Niederschlagsmenge beträgt durchschnittlich etwa 3.000 mm. Außerdem wurden Windgeschwindigkeiten von bis zu 80 km/h gemessen.

Crestones Foto: W. Denzer

Die pazifische Küstenregion

Ausgehend von San José wählt man die Hauptverbindungsstraße 27 in Richtung Puntarenas, um über Orotina und dann entlang der Küstenstraße 34 in die pazifische Küstenregion zu gelangen. Hier befinden sich von Norden nach Süden der Carara-Nationalpark, der Manuel-Antonio-Nationalpark und der Marino-Ballena-Nationalpark. Die pazifische Küstenregion kann ganzjährig besucht werden, wobei die trockeneren Monate März und April sind. Die jährliche durchschnittliche Niederschlagsmenge liegt bei 2.800 mm und die Durchschnittstemperatur bei 27 °C, Unterkünfte stehen in keinem der genannten Schutzgebiete zur Verfügung, jedoch gibt es eine Vielzahl von Hotels und Lodges entlang der Küstenstraße in der Umgebung von Jáco, Quepos und Dominical.

Blüte des Wilden Ingwers (*Costus laevis*) Foto: W. Denzer

Unweit von Orotina befindet sich der Turu Ba Ri Tropical Park (www.turubari.com), der täglich (außer Montag) von 8.30–17.00 Uhr geöffnet ist (kein Einlass nach 15.00 Uhr). Turu Ba Ri ist eine typische costa-ricanische Touristenattraktion mit Gondel- und Drahtseilsystemen durch das Kronendach des Waldes. In speziell eingerichteten Gärten kann man die Vielfalt an einheimischen Orchideen und Bromelien bewundern sowie im Butterfly Garden bunte Schmetterlinge beobachten. Zudem gibt es eine Reihe von Trails, die behindertengerecht ausgebaut sind und einen Einblick in die Natur des Gebietes nordöstlich von Carara gewähren.

Biologisches Reservat Carara

Ab Orotina sind es ca. 25 km bis das Carara-Reservat erreicht wird. Die Parkverwaltung befindet sich etwa 3 km hinter der Brücke über den Río Tárcoles auf der linken Seite. Reisende aus Richtung Süden nehmen die Küstenstraße über Jáco. Ab hier sind es noch 17 km zum Parkeingang. Der Parkplatz am Río Tárcoles und am Eingang zum Sendero Meandrica ist recht beliebt bei Dieben. Sie sollten daher sicherstellen, dass ihr Auto während der Tour bewacht ist. Entweder sollten Sie einen der Busfahrer bitten, auf Ihr Auto zu achten,

Biologisches Reservat Carara

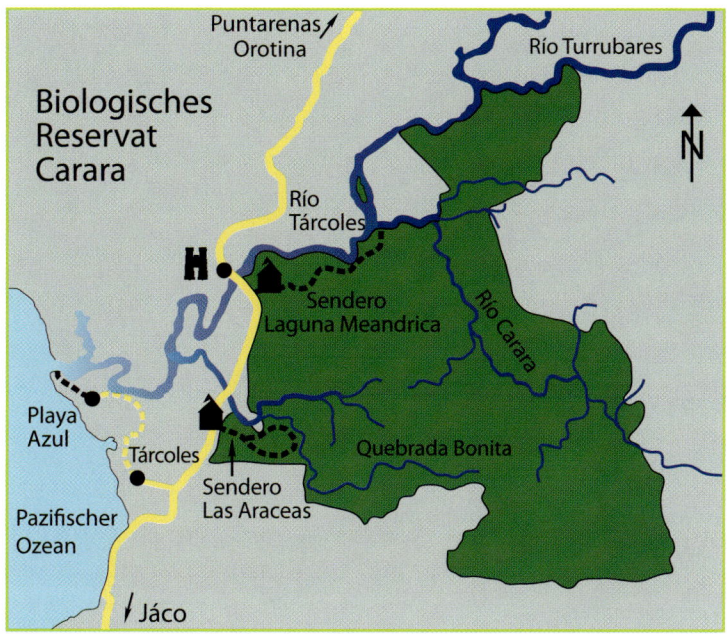

Trailmap Carara Grafik: J. Denzer

oder es am Parkplatz der Reservatsverwaltung stehen lassen.

Carara ist täglich von 7.30–15.30 Uhr geöffnet, jedoch sind die frühen Morgenstunden die beste Zeit, das Gebiet zu besuchen, da dann weniger Besucher im Reservat unterwegs sind. Die größten Chancen, Hellrote Aras zu beobachten, hat man allerdings in den späten Nachmittagsstunden, wenn sie zu ihren Schlafplätzen zurückkehren.

Das Carara-Reservat am Río Tárcoles schützt eine Fläche von 47 km² und ist nur etwa 100 km von San José entfernt. Wegen seiner leichten Zugänglichkeit gehört der Park zu den beliebtesten des Landes. Viele Touristen besuchen dieses Gebiet auf Tagestouren oder auf der Fahrt zu den Stränden an der Pazifikküste. Der Begriff „carara" ist indianischen Ursprungs und soll Krokodilfluss bedeuten. Der Grund für die Namensgebung sind die reichlich vorhandenen Krokodile im Río Tárcoles. Neben den Krokodilen stellen die sonst nur im Süden des Landes zu beobachtenden Arakangas einen weiteren Höhepunkt des Besuchs dar.

Außer der interessanten Flora und Fauna gibt es auch noch einige präkolumbianische Ausgrabungen im Gebiet des Reservates. Diese sind leider für Besucher nicht oder nur mit vorheriger Genehmi-

Biologisches Reservat Carara

gung der Behörden zugänglich. Archäologische Studien haben gezeigt, dass Carara während zwei verschiedener Perioden besiedelt war: der Pavas-Periode (300 v. Chr. bis 300 n. Chr.) sowie der Cartago-Periode (800–1.500 n. Chr.). Aus dieser Zeit wurden Zeugnisse landwirtschaftlicher Kultivierung und religiöser Stätten gefunden.

Das Carara-Reservat liegt im Übergangsgebiet von tropischem Trockenwald im Norden und den Regenwäldern der südlichen Pazifikküste. Hierdurch konnte sich im Gebiet eine große Artenvielfalt ausbilden. Insgesamt 750 Pflanzenarten sind bisher nachgewiesen, und neue Studien werden diese Zahl sicherlich erhöhen. Die Vegetationsformen umfassen Marschland, Galerie- und Primärwald. Da das Gebiet von einer Reihe großer und kleiner Flüsse durchzogen ist, erfährt der Boden keine Austrocknung wie in den nördlicher gelegenen Regionen. Folglich sind überwiegend immergrüne Pflanzen zu finden, mit Ausnahme von laubabwerfenden Stachelzedern und *Calycophyllum candidissimum* in den trockeneren Landstrichen des Parks. In den Galeriewäldern entlang des Río Tárcoles wachsen *Espave* und *Nargusta*-Bäume. Der Fluss ist größtenteils mit Wasserhyazinthen überwuchert.

Arakangas sind eine der Hauptattraktionen des Reservates. Im Carara leben noch etwa 100 Paare, die die Küstenwälder an der Río-Tárcoles-Mündung zur Nahrungssuche nutzen. Man hat recht gute Möglichkeiten, diese beeindruckenden Vögel am Morgen beim Ausflug und am Nachmittag bei ihrer Rückkehr in den Nationalpark zu beobachten.

Krokodile sind eine weitere Attraktion des Reservats, und schon bei der Anreise werden Sie viele Touristen und Einheimische auf der Brücke über den Río Tárcoles treffen, die versuchen, Krokodile auf den Sandbänken zu entdecken. In den meisten Fällen ist dieses Vorhaben aber nicht von Erfolg gekrönt, da alle Tiere, die sich in Wurfweite der Passanten befinden, ohnehin durch Steinewerfer verscheucht werden. Nur an der Biegung etwa 100 m flussaufwärts (außerhalb der Reichweite) halten sich vereinzelt Krokodile auf. Um sicherzustellen, diese Tiere zu Gesicht zu bekommen, sollten Sie dem Pfad entlang des Flusses folgen, der an einigen Stellen einen guten Blick auf die Sandbänke freigibt.

Die übrige Tier- und Pflanzenwelt setzt sich aus Arten zusammen, die auch in anderen Gebieten angetroffen werden können. Es kommen seltene Arten wie das Ozelot und Tamanduas ebenso vor wie verschiedene Tukan- und Affenarten. Vögel und Insekten weisen wie die Pflanzenwelt einen großen Artenreichtum auf, da Arten aus dem Trockengebiet mit Regenwaldformen zusammentreffen. Verhältnismäßig oft kann man die schwarzgrünen Goldbaumsteigerfrösche entdecken, die sich bevorzugt in der Nähe von Brettwurzelbäumen aufhalten.

Am Eingang zum Reservat startet der etwa 3 km lange Sendero Las Araceas, ein Rundweg, der 60–90 Minuten in Anspruch nimmt. Der Weg ist sehr einfach zu begehen, da er erstens gut ausgebaut ist und zweitens nur wenige Steigungen aufweist. Vom Hauptquartier kommend, wird allgemein im Uhrzeigersinn gewandert. Der Unterbewuchs ist recht licht, sodass man Tiere auch in größerer Entfernung entdecken kann. Besonders Weißnasen-Rüsselbären durchstreifen das Gebiet auf der Suche nach Nahrung. Manchmal sieht man Gruppen von bis zu zehn Tieren. Carara ist ein Gebiet, in dem regelmäßig Raubkatzen gesichtet werden. Baumozelots (Langschwanzkatzen) machen ihrem Namen alle Ehre. Sie sind wahre Kletterkünstler, die Kleinsäuger in den Baumkronen erbeuten. Vom Ozelot sind sie nur durch ihre geringere Größe zu unterscheiden, da Farbe und Fellmusterung identisch sind. Da sie tag- und nachtaktiv sind, hat man gute Chancen, diese wunderschönen Katzen in freier Natur zu beobachten. Sollten Sie Gelegenheit dazu bekommen, verhalten Sie sich sehr ruhig und bewegen Sie sich nicht. Schon das Auslösen der Kamera kann diese Tiere verschrecken.

Nach wenigen Hundert Metern gelangt man an eine Stelle mit einigen etwa 50 m hohen Bäumen, die sämtliche Vegetation überragen. In den Bäumen rechts des Weges ist meist ein lautes Krächzen zu vernehmen, das von Arakangas stammt. In den Baumkronen befinden sich Nistkästen, die von den Papageien in der Brutzeit (Dezember bis März) anscheinend gerne angenommen werden. Wer einmal das soziale Verhalten dieser großen Vögel eine Zeit lang beobachtet hat, der wird nicht mehr verstehen, wie diese Tiere in Gefangenschaft überhaupt überleben können, zumal Tiere dann häufig einzeln gehalten werden. Arakangas bleiben nur selten ruhig sitzen; meist fliegen sie Runden über der Lichtung, um dann wieder mit einem anderen Tier der Gruppe Kontakt aufzunehmen und soziale Bindungen zu stärken. Gegen Abend kehren die Papageien zu ihren Schlafplätzen in den Mangroven entlang der Küste zurück. Hierbei können nicht selten zehn oder mehr Tiere gleichzeitig beobachtet werden.

Nachdem Sie nun den Höhepunkt dieses Rundganges erlebt haben, sollten Sie sich Zeit nehmen und auch den anderen Tieren und Pflanzen etwas Aufmerksamkeit schenken. Neben reichlichem Helikonien- und Palmenbestand, gibt es eine Reihe interessanter Pflanzen. Der Purpurbaum trägt seinen Namen wegen der Farbe seines Holzes. Das Holz ist recht hart und wird dementspre-

Purpurholz Foto: W. Denzer

Biologisches Reservat Carara

Die Helikonie *Heliconia latispatha*
Foto: W. Denzer

Eulenfalter (*Caligo memnon* **)**
Foto: W. Denzer

chend teuer gehandelt. Purpurbäume sind Vertreter der südamerikanischen Flora, und das Carara-Reservat stellt den nördlichen Rand seiner Verbreitung dar. Auf den Bäumen siedeln zahlreiche Epiphyten wie Orchideen, Tillandsien und Bromelien.

Der Weg folgt nun eine Zeit lang dem Verlauf des Quebrada Bonita, um dann in einer Schleife zum Ausgangspunkt zurückzuführen. Der Bach führt während der Trockenzeit stellenweise kein Wasser, verläuft aber unterirdisch weiter. Im Unterbewuchs leben hier kleine Echsen der Gattung *Anolis*, und schwarz-grün gezeichnete Goldbaumsteigerfrösche sind kaum zu übersehen. Die Blüten der Geschnäbelten Helikonie werden von Erzeremit-Kolibris und Helikonia-Faltern aufgesucht. Unter den Schmetterlingen sind Eulenfalter und

Biologisches Reservat Carara

der Blaue Morpho am beeindruckendsten. Mit zusammengeklappten Flügeln sind sie kaum voneinander zu unterscheiden. Wer etwas Zeit mitbringt, sollte sich nicht scheuen, denselben Weg zwei Mal zu gehen. Besonders in den frühen Morgenstunden, wenn nur wenige Touristen den Park besuchen und die lauten Rufe der Mantelbrüllaffen durch den Wald schallen, kann dies sehr ergiebig sein.

Ein weiterer Weg befindet sich etwa 2 km entfernt kurz vor der Brücke über den Río Tárcoles. Der 4 km lange Sendero Laguna Meandrica (Sendero Río Tárcoles) führt entlang des Flusses und bietet gute Beobachtungsmöglichkeiten für Vögel und Reptilien. Da dieser Weg manchmal von den Rangern mit Autos befahren wird, ist er zu Beginn stellenweise recht breit. Dies hat den Nachteil, dass der Pfad insbesondere in den Mittagsstunden vollständig in der Sonne liegt. Guter Sonnenschutz und ein Hut sind mitzubringen, ebenso sollten Sie an die Mitnahme von Wasser denken, denn Hin- und Rückweg können bis zu vier Stunden dauern. Die hohe Sonneneinstrahlung und relative Trockenheit dieses Teils des Reservates sind während der Trockenzeit für zahlreiche Waldbrände verantwortlich. Gerade in einem solchen Klima fühlen sich einige Tiere besonders heimisch. Entlang des Weges sind Hunderte von Schwarzen Leguanen zu sehen. Während die Jungtiere eine grüne Tarnfarbe besitzen, sind die Alttiere grau-schwarz gebändert. Schwarze Leguane sind Allesfresser und schrecken auch nicht davor zurück, den eigenen Nachwuchs zu verzehren. Daher halten sich die jüngeren Exemplare vorwiegend im grünen Unterbewuchs auf, bis sie aufgrund ihrer Größe davor geschützt sind, ihren Artgenossen zum Opfer zu fallen. Gefahr droht zusätzlich noch aus der Luft durch die reichlich vorkommenden Lachbussarde, die eigentlich auf Schlangen spezialisiert sind, aber einen jungen Leguan nicht verschmähen.

An einigen Stellen gibt der Wald den Blick auf den Fluss frei, der so stark von Wasserhyazinthen überwuchert sein kann, dass nicht einmal mehr Wasser zu sehen ist. Auf den Sandbänken können Krokodile meist beim Sonnenbad entdeckt werden. Sichtungen von 3 m großen Tieren sind dabei nicht selten. Es empfiehlt sich außerdem, mit dem Fernglas einmal genau das Dickicht von Wasserhyazinthen zu untersuchen. Oftmals er-

Anolis limifrons
bei der Paarung
Foto: W. Denzer

kennt man dann untergetauchte Krokodile, von denen nur noch der Kopf zu erkennen ist.

Bei Hochwasser bildet der Fluss Lagunen, in denen sich zahlreiche Wasservögel aufhalten. Beobachtungen fallen allerdings wegen der dichten Vegetation schwer. Mit etwas Glück können Rosa Löffler und Kahnschnäbel gesichtet werden, jedoch bleiben die meisten Sichtungen auf Gelbstirn-Jassanas und Silberreiher beschränkt. Am Ende des Weges gelangt man an einen Aussichtspunkt, an dem die U-förmige Lagune überblickt werden kann. Der Weg führt zwar weiter, ist dann aber als Privatweg ausgewiesen, und das anschließende Gelände darf nur mit vorheriger Genehmigung betreten werden. Um zur Straße zurückzugelangen, muss man den gleichen Weg einschlagen, den man gekommen ist. Weitere Privatwege befinden sich im unzugänglichen Hinterland des Reservates. Sollten Sie vorhaben, Ausflüge dorthin zu unternehmen, setzen Sie sich mit der Nationalparkverwaltung in Verbindung.

Sehr gute Vogelbeobachtungen gelingen an der Río-Tárcoles-Mündung. Dieses Gebiet zählt offiziell nicht mehr zum Reservat, beherbergt aber eine Reihe von großen Populationen an Wat- und Wasservögeln. Um dorthin zu gelangen, biegt man kurz hinter der Parkverwaltung links in die Straße nach Tárcoles ein und fährt an der Abzweigung im Dorf in Richtung Playa Azul. Hierbei durchquert man ein kleines Mangrovengebiet, in dem Grünreiher, Mangrove-Amazilie und Mangrovenbussarde beheimatet sind. Wegen ihrer kürzeren Flügel werden die in den Mangroven lebenden Bussarde als eigenständige Art von dem herkömmlichen Krabbenbussard unterschieden. Interessanterweise besiedeln jedoch sowohl lang- als auch kurzflüglige Bussarde das Gebiet, was einige Wissenschaftler dazu veranlasst, beide Arten als artgleich aufzufassen. Der Beweis der Arteigenständigkeit kann nur geführt werden, falls sich zeigen lässt, dass die beiden Arten keinen zeugungsfähigen Nachwuchs miteinander produzieren. Die Straße endet an der Flussmündung, und je nach Tidenhub ist eine Reihe von Watvögel zu beobachten. Üblicherweise halten sich auf den Sandbänken Aztekenmöwen, Braunpelikane und Seeschwalben auf.

Manuel-Antonio-Nationalpark

Der Park liegt nur wenige Kilometer südlich des Ortes Quepos, der von San José mit dem Flugzeug oder Bussen und Autos über die Küstenstraße 34 erreichbar ist. Der Manuel-Antonio-Nationalpark zählt sowohl bei der einheimischen Bevölkerung als auch unter Naturtouristen zu den beliebtesten Ausflugszielen. Besonders an Wochenenden zieht er zahlreiche Besucher an. Der Grund hierfür liegt in seiner einfachen Zugänglichkeit und der schönen Lage direkt an der Pazifikküste. Hier findet der Besucher mit Palmen bewachsene, weiße Sandstrände sowie eine reichhaltige Tier- und Pflanzenwelt auf kleinstem Raum.

Der Park ist täglich, außer montags, von 8–17 Uhr geöffnet, und Besucherzahlen sind typischerweise auf 600 Per-

Manuel-Antonio-Nationalpark

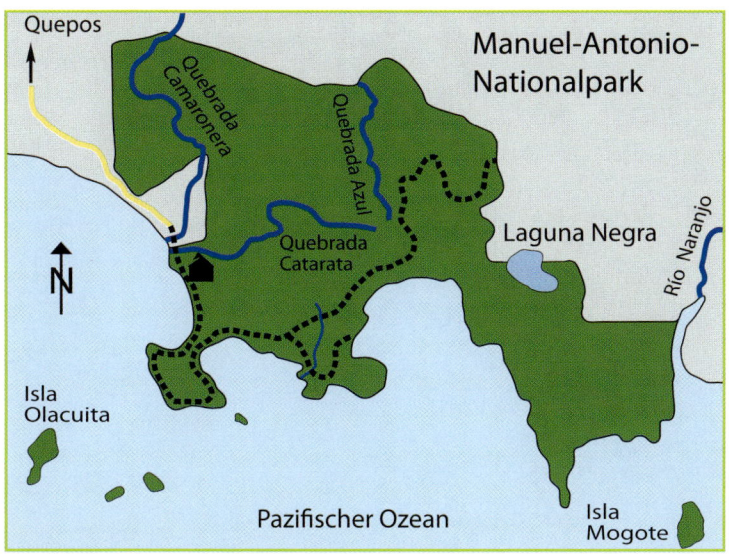

Übersichtskarte Manuel-Antonio-Nationalpark Grafik: J. Denzer

sonen pro Tag (800 an Wochenenden) beschränkt. Es kann hilfreich sein, sich bereits am Vortag des Besuches ein Ticket zu besorgen. Um in den Nationalpark zu gelangen, muss man die Mündung des Quebrada Camaronera durchwaten. Bedenken Sie, dass die Wassertiefe bei Ebbe nur 20 cm, bei Flut jedoch bis etwa 1,5 m betragen kann. Besonders an Wochenenden bieten geschäftstüchtige Einheimische Überfahrten mit einem kleinen Boot an; da das Wasser nicht besonders sauber ist, lohnt es sich, von dem Angebot Gebrauch zu machen. In der Woche sollten Sie allerdings darauf gefasst sein, bis zu den Schultern nass zu werden. Auf der anderen Seite angekommen, finden Sie das Eingangshäuschen, an dem der Eintritt zu bezahlen ist und wo ein großes Schild auf die Wege und Besonderheiten des Parks hinweist.

Das Nationalparkgebiet bedeckt 6,82 km² Landfläche und 550 km² Meeresfläche inklusive einiger kleiner vorgelagerter Inseln. Das Gebiet steht seit 1972 unter staatlichem Schutz; zu dieser Zeit bedrohten eine Reihe von Hotel- und Tourismusprojekten die Region südlich des Ortes Quepos, da man dort nicht mehr in der Lage war, den ständig steigenden Ansturm an Touristen aufzufangen. Glücklicherweise wurde die Bedeutung der verbliebenen Waldstücke um Manuel Antonio rechtzeitig erkannt und führte zur Gründung des Nationalparks. Heutzutage stellt der Park eines der letzten Rückzugsgebiete für die Tiere der Region dar.

Manuel-Antonio-Nationalpark

Landzunge an der Bucht im Manuel-Antonio-Nationalpark Foto: W Denzer

An einigen Stellen können interessante geologische Formationen aus dem Paläozän (60–65 Mio. Jahre) besichtigt werden. Die Punta Catedral war einst eine Insel, die dem Festland vorgelagert war. Durch Strömungen, die parallel zur Küste verlaufen, haben sich im Laufe der Zeit Sedimente abgelagert und zu einer Verbindung mit dem Festland geführt. Der schmale, sandige Verbindungsstreifen mit dem Playa Manuel Antonio und Playa Espadilla wird „tombolo" genannt. Am Puerto Escondido kann bei Flut ein sogenanntes Fontänenloch bewundert werden. Das einkommende Wasser wird durch eine Öffnung in den Felsen gepresst und schießt in Form einer Fontäne hoch in die Luft. In den überwiegend aus Kalk aufgebauten Gesteinen werden Fossilien aus dem Paläozän gefunden.

Das Gebiet umfasst verschiedene Vegetationsformen wie Küstenwald, Mangrove sowie sekundären und primären Regenwald. An den Stränden wachsen überwiegend Kokospalmen und Manzanillobäume. Die Früchte des Manzanillobaumes sehen Äpfeln sehr ähnlich, sind allerdings ebenso wie auch ein von der Pflanze produzierter Saft hochgiftig. An verschiedenen Stellen warnen Schilder den Besucher vor dem Verzehr der Früchte. Die Feuchtgebiete des Parks besitzen Bestände von Roten, Weißen und Knopf-Mangroven. Im Primärwald sind Zedern und Guacimobäume weit verbreitet. Trotz seiner geringen Größe

Manuel-Antonio-Nationalpark

Gelbes Totenkopfäffchen (*Saimiri oerstedii*) Foto: W Denzer

leben im Manuel-Antonio-Nationalpark 138 verschiedene Baumarten.

Im Park kommen über 100 Säugetierarten vor. Weißgesicht-Kapuzineraffen sind besonders häufig und manchmal ebenfalls recht aufdringlich. An die Besucherströme gewöhnt und gern von Kindern gefüttert, zeigen sie keinerlei Scheu dem Menschen gegenüber. Seltener dagegen sieht man Totenkopfäffchen, die hier eines ihrer letzten Rückzugsgebiete gefunden haben. Diese Art ist nur noch in den südlichen, pazifischen Wäldern Costa Ricas und einigen Stellen Panamas verbreitet. Manchmal kann man Gruppen von 30 und mehr Tieren entlang der Straße zum Nationalpark beobachten, wo sie besonders gern Mangobäume aufsuchen. Da der größte Teil ihres natürlichen Lebensraumes abgeholzt ist, ist diese Art vom Aussterben bedroht und streng geschützt. In den Bäumen sind Hoffmann-Zweifinger-Faultiere manchmal schon vom Strand aus zu erkennen. Diese Tiere ernähren sich von Blättern und verlassen nur einmal wöchentlich ihre Bäume, um zur Kotabgabe auf den Boden herabzusteigen. Aufgrund ihrer langsamen und trägen Lebensweise sind Faultiere mit zahlreichen Parasiten und Algen befallen, jedoch scheinen die Tiere hierunter nicht zu leiden. Weitere häufig zu beobachtende Säugetiere sind Waschbären, Agutis, Weißrüsselbären sowie Delfine, die vor der Küste umherziehen.

Manuel-Antonio-Nationalpark

Die Vogelwelt des Manuel-Antonio-Nationalparks ist mit über 350 Arten sehr reichhaltig, jedoch leben diese wegen des hohen Besucheraufkommens meist sehr zurückgezogen. Häufig sind Graubussarde und Fischadler zu sehen, wenn sie am Himmel ihre Kreise ziehen. In den Feuchtgebieten leben Grünfischer, Rotbrustfischer und Schmuckreiher. Die zwölf vorgelagerten, überwiegend vegetationslosen Inseln dienen als Brutplätze für Seevögel wie Brauntölpel und Braune Pelikane sowie als Rückzugsgebiet für Prachtfregattvögel. Schon am Parkeingang kann man große baumbewohnende Grüne Leguane und bodenbewohnende Schwarze Leguane sehen. Gelegentlich suchen Suppen-, Karett- und Lederschildkröten die Strände zur Eiablage auf. Besonders häufig kommen bunt gefärbte Land- und Geisterkrabben in diesem Gebiet vor.

Manuel Antonio weist ein gut ausgebautes Wegenetz auf, das direkt hinter dem Eingangshäuschen beginnt. Zuerst folgt man dem Hauptweg, der am Strand Playa Espadilla Sur vorbeiführt und in einer Kreuzung endet. Zur Rechten beginnt der Punta-Catedral-Rundweg, der durch alten Waldbestand auf die kleine Halbinsel führt. Der Rundweg dauert etwa eine Stunde und besitzt verschiedene Aussichtspunkte, die den Blick auf die vorgelagerte Isla Olocuita freigeben. Am höchsten Punkt des Weges kann man an der Steilklippe herunterschauen, und mit etwas Glück sieht man vorbeiziehende Delfine. In Innern des Waldes begegnet man verschiedenen Krabben wie der Roten Krabbe und der mundlosen Krabbe (*Cardisoma crassum*). In den Bäumen leben Brüllaffen und beide Faultierarten.

Der Pfad führt zurück zum Hauptweg und weiter zu einer Bucht, in der Playa Blanca oder Playa Manuel Antonio liegt. Hier sind oftmals größere Gruppen der Weißgesicht-Kapuzineraffen anzutreffen, die damit beschäftigt sind, Besuchern Teile ihres Picknicks streitig zu machen. Nach etwa 100 m gelangt man an eine weitere Kreuzung, an der links der Sendero Perezoso („Faultierpfad") abzweigt. Hierbei handelt es sich um die eigentliche Versorgungsstraße des Parks. Der Weg ist breit und liegt besonders in der Mittagszeit in der prallen Sonne. In den Bäumen beiderseits des Weges leben Faultiere. Achten Sie auf offensichtlich in den Boden gesteckte Stöcke oder Zeichen am Wegesrand. Diese werden

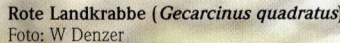

Rote Landkrabbe (*Gecarcinus quadratus*)
Foto: W Denzer

Manuel-Antonio-Nationalpark

Sonnenuntergang im Manuel-Antonio-Nationalpark (Isla Olacuita) Foto: W Denzer

manchmal von Mitarbeitern des Parks und wohlgewogenen Touristen an Stellen angebracht, an denen Faultiere gesichtet wurden. Weitere häufig gesichtete Tiere entlang des Weges sind Grüne Leguane und Ameiven. Am Ende des Weges angelangt, werden Sie sich fragen, warum Sie die Flussmündung überhaupt durchquert haben, denn Sie stehen nun vor einem Tor, das den Park über eine kleine Brücke mit dem Parkplatz auf der anderen Seite des Flusses verbindet. Für den Hin- und Rückweg sollten etwa 1,5 Stunden eingeplant werden.

Wieder an der Kreuzung angelangt, führt der zweite Weg auf den Sendero Mirador (zu Beginn identisch mit dem Sendero Puerto Escondido), an dessen Ende sich ein Aussichtspunkt mit Blick auf die Punta Serrucho befindet. Der Pfad windet sich größtenteils durch Sekundärwald bergauf; außer einigen Vögeln wie Riefenschnabelanis und Dohlengrackeln sind vielleicht ein paar Krabbenwaschbären sowie viele Landkrabben zu sehen. Je nach Bodenbeschaffenheit benötigt man etwa 20–30 Minuten zum Aussichtspunkt. Besonders nach morgendlichen Regenfällen kann es sehr schlammig sein. Nach etwa einem Drittel des Weges biegt rechts der Sendero Puerto Escondido ab, der hinunter zur Bucht führt. Von dort aus lässt sich der einsame Playa Escandida erreichen. Hierfür muss allerdings über steinigen Grund durch das Wasser gewatet werden. Bei einlaufender Flut kann dies wegen Unterströmungen gefährlich sein. Obwohl alle Strände des Parks zum Baden einladen, sollte man eine gewisse Vorsicht walten lassen, da an mehreren Stellen starke Strömungen auftreten können.

Dominical und Umgebung

Die südliche Küstenregion um den Ort Dominical erreicht man entweder ab der Interamericana, von der aus in San Isidro die Straße 22 abzweigt, oder ausgehend von Manuel Antonio und Quepos über die 45 km lange und teilweise mit Schlaglöchern übersäte Küstenstraße 34. Große Teile der Straße sind bereits im Bau befindlich und zeugen davon, dass der Tourismus immer weiter entlang der Pazifikküste voranschreitet. Es ist geplant, die Straße zwischen Quepos und Dominical im Laufe des Jahres 2009 fertigzustellen. Glücklicherweise ist die Küstenregion, die sich südlich an den Manuel-Antonio-Nationalpark anschließt, als Waldschutzgebiet (Refugio da Vida Silvestre Portalon) ausgewiesen und bleibt hoffentlich von Bauaktivitäten verschont.

Nur wenige Kilometer vor Dominical liegt das private Schutzgebiet der Hacienda Baru (www.haciendabaru.com). Neben der Lodge befinden sich ein Drahtseilsystem und zahlreiche Trails auf dem Gelände. Die Hacienda Baru war ehemals eine Viehfarm, die fast ausschließlich auf Weideland reduziert war. Nur der Weitsicht seiner Besitzer ist es zu verdanken, dass sich hier heutzutage wieder ein Waldgebiet befindet, in dem eine Vielzahl von Tieren anzutreffen ist. Die Hacienda hat Zugang zum Strand und gilt unter Vogelkundlern als ausgesprochen ergiebiges Areal. Als weitere Besucherattraktionen gibt es eine Schmetterlings- sowie einen Orchideengarten zu besichtigen.

Dominical ist ein kleiner Küstenort mit derzeit noch recht wenigen Hotels und einem schönen Strand; allerdings sind Wellenbildung und Strömungen derart stark, dass Baden nicht möglich ist. Dies ist sicherlich der Hauptgrund, warum vor allen Surfer den Ort aufsuchen. An der Straße 22, die ins Inland nach San Isidro führt, liegt Parque Reptilandia, ein mit Terrarien und Freilandbecken ausgestattetes Gelände, auf dem Reptilien und Amphibien zu besichtigen sind.

Folgt man der Küstenstraße weiter in Richtung Süden, gelangt man etwa 18 km nach Dominical zuerst zum Oro Verde Private Nature Reserve (www.costarica-birding-oroverde.com) und bei Punta Uvita zur Rancho La Merced (www.ranchola merced.com). Diese beiden privaten Schutzgebiete bieten neben guten Unterkünften Möglichkeiten für Vogelbeobachtungen, Ausritte und Touren in den nahe gelegenen Marino-Ballena-Nationalpark an.

Marino-Ballena-Nationalpark und La Cusinga Lodge

Der Marino-Ballena-Nationalpark war zur Zeit seiner Gründung im Jahre 1972 der erste Meeresnationalpark Mittelamerikas. Heutzutage sind etwa 170 ha Küstenregion sowie nahezu 5.200 ha Meeresfläche geschützt. Neben dem Schutz der Mangroven und Korallenriffe gilt das Hauptaugenmerk dem Vorkommen von Walen („ballenas"). In den ruhigen, küstennahen Gewässern halten sich Buckelwale auf, die hier auf ihrer Nord-Südwanderung vorbeiziehen. Insbesondere Weibchen mit recht jun-

Marino-Ballena-Nationalpark und La Cusinga Lodge

Gewitterstimmung im Marino-Ballena-Nationalpark Foto: W Denzer

gen Tieren suchen die Bucht auf. Einige Weibchen kalben sogar in der Region, da sie hier in aller Ruhe ihre Jungen ans Stillen gewöhnen können und vor Feinden sicher sind. Im offenen Meer leben zahlreiche Große Tümmler und Gewöhnliche Delfine. Einige Meeresschildkrötenarten suchen die Sandstrände des Marino-Ballena-Parks zur Eiablage auf. Vor der Bucht liegen die Inseln Tres Hermanas („die drei Schwestern") und Isla Ballena. Die Inseln sind Rückzug- und Brutgebiete für Fregattvögel und Tölpel. Auf Bootsfahrten werden die Inseln umfahren, sodass man gute Aussichten hat, einige der Vögel zu entdecken. Bootstouren zur Erkundung der Gewässer und Schnorchel- sowie Tauchtouren können nahe Punta Uvita über Dolphin Tour SA gebucht werden (Tel.:00506-(0)2743-8013; E-Mail: dolphintourscr@yahoo.com; www.dolphintourcostarica.com).

Direkt am Rande des Nationalparks liegt erhöht die La Cusinga Lodge (km 166/167 Costa Bahia Ballena de Osa; Tel.: 00506-(0)2770-2549; Fax: 00506-(0)2770-4611; E-Mail: info@lacusingalodge.com; www.lacusingalodge.com),

Marino-Ballena-Nationalpark und La Cusinga Lodge

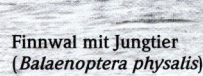

Finnwal mit Jungtier
(*Balaenoptera physalis*)
Foto: W Denzer

von der aus fast das ganze Marino-Ballena-Gebiet überblickt werden kann. Die Lodge wird von der Familie Guzman betrieben, die sich dem Naturschutz und Ökotourismus gewidmet hat. Insbesondere der Schutz der Wale liegt den Mitarbeitern nahe. Von der Terrasse überschaut man eine Bucht, in der sich häufig Buckelwale aufhalten. Die Mitarbeiter und Familienangehörigen der Lodge sind mit Ferngläsern ausgestattet und registrieren die Sichtungen, die der Nationalparkbehörde per Funk mitgeteilt werden. Auf diese Weise hat der Besucher der Lodge die Chance, als Erster auf eventuell vorbeiziehende Wale aufmerksam zu werden und sie auf einer umgehend organisierten Bootstour (siehe oben) zu beobachten.

La Cusinga ist ein privates Schutzgebiet mit etwa 250 ha ursprünglichen Waldes. Auf dem Areal der La Cusinga Lodge befindet sich eine Reihe von Wegen, die entweder selbst erkundet werden können oder mithilfe eines Führers besucht werden. In der natürlichen Gartenanlage fühlt sich eine Vielzahl von Tieren geborgen. Auf den *Cecropia*-Bäumen sieht man zahlreiche Tukane, die sich an den Früchten genüsslich tun. Die Blütenpflanzen werden von verschiedenen Kolibriarten aufgesucht, und eine Mantelbrüllaffengruppe zieht täglich an der Lodge vorbei. Ein einzelnes Männchen kann oft direkt in der Nähe der Unterkünfte gesichtet werden. In den frühen Morgenstunden sind auf dem kleinen Weidegebiet Nasenbären und Agoutis unterwegs.

Ein besonders ergiebiger Weg für Naturbeobachtungen führt hinter dem Haupthaus zum Arco Beach, einer einsamen Bucht mit sehr schönem Strand. Eigentlich bedarf es nur etwa 15 Minuten, bis man an den Strand gelangt. Wegen der üppigen Vegetation und der darin lebenden Tierwelt sollte man sich jedoch erheblich mehr Zeit lassen. Entlang des Weges sieht man viele Vögel und mit etwas Glück Mantelbrüllaffen. Am Boden, besonders in der Umgebung von Brettwurzelbäumen, leben Goldbaumsteigerfrösche. Auf den Felsen am Rande der Bucht tummelt sich eine beachtliche Population von Basilisken, und am Strand leben unzählige Geisterkrabben sowie Einsiedlerkrebse. In den strandnahen Bäumen sind oftmals Assaris („cusingas") zu beobachten.

Marino-Ballena-Nationalpark und La Cusinga Lodge

Arco Beach Foto: W Denzer
Feuerschnabelarassaris (*Pteroglossus frantzii*) Foto: W Denzer

Osa-Halbinsel und Schutzgebiete im Süden

Die Osa-Halbinsel und ihre Schutzgebiete zählen zu den am schwierigsten zugänglichen Regionen Costa Ricas. Auch heute noch ist ein Großteil der Halbinsel mit Primärwald bewachsen und bietet seltenen Arten ein Rückzugsgebiet. Weltweit gehört der Corcovado-Nationalpark in die Gruppe der Schutzgebiete mit der höchsten Artenvielfalt. Die Terraba de Sierpe, die sich im Norden an die Halbinsel anschließen, bilden eine undurchdringliche Sumpfwald- und Mangrovenzone. Große Teile der Osa-Halbinsel sind unzugänglich und bleiben bis heute weitestgehend unerforscht. Unter naturbegeisterten Reisenden gilt ein Besuch der Region als unverzichtbar.

Das Klima auf der Osa-Halbinsel ist feuchtwarm mit häufigen Niederschlägen (über 5.000 mm im Jahresmittel) und Temperaturen, die im Mittel bei 27 °C liegen. Die trockensten Monate sind Januar bis März. Die Region kann ganzjäh-

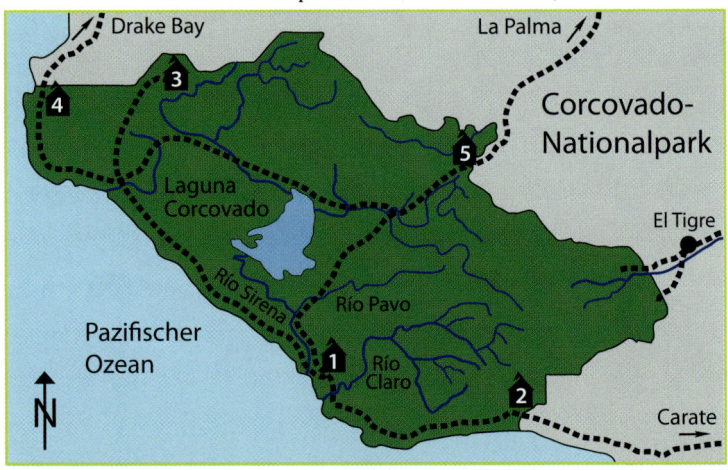

Übersichtskarte Corcovado-Nationalpark und Osa-Halbinsel Grafik: J. Denzer

1 Sirena-Station 3 Los-Planes-Station 5 Los-Patos-Station
2 La-Leona-Station 4 San-Pedrillo-Station

Osa-Halbinsel und Schutzgebiete im Süden

Río Sierpe Foto: W. Denzer

rig bereist werden, jedoch sollten Sie Kulanztage in Ihre Reiseplanung einbeziehen. Bei heftigen Regenfällen können die Kleinflugzeuge weder starten noch landen, sodass man schon einmal einen Tag in Puerto Jiménez zu überbrücken hat.

Puerto Jiménez ist sehr beliebt bei Rucksacktouristen, die eine Trekkingtour auf der Osa-Halbinsel planen. Da An- und Weiterreise meist nicht an einem Tag zu bewältigen sind, lohnt es sich, hier einen Tag zu verbringen, gemütlich in einem Café zu sitzen und die vorbeiziehenden Arakangas zu bewundern oder sich an den Stränden in der Nähe zu erholen.

Die Anreise in das Corcovado-Gebiet richtet sich danach, welche Region besucht werden soll. Der überwiegende Teil der Besucher wird entweder per Bus, Auto oder Kleinflugzeug über Puerto Jiménez anreisen. Von dort aus sind es noch einmal 40 km bis Carate, von wo aus gewandert werden muss. Der Weg zur Los-Patos-Station beginnt in La Palma etwas nördlich von Puerto Jiménez. Alternativ kann auch ein Boot gemietet werden; hierbei sollten Sie jedoch

Osa-Halbinsel und Schutzgebiete im Süden

Gedenkstein im Drake Bay Foto: W. Denzer

beachten, dass aufgrund der Gezeiten und der etwa 4-stündigen Anfahrt Corcovado oftmals nur zwei Mal pro Tag angefahren werden kann. Der Norden des Parks ist am besten mit Booten ab Sierpe oder Drake Bay zu erreichen. Egal, welche Route Sie wählen, die Anreise ist schon ein Abenteuer für sich!

Außerhalb des Corcovado-Nationalparks liegen im Norden Drake Bay und das Río Claro Wildlife Refuge, manchmal auch als Punta Marenco Biological Station bezeichnet. Als Unterkünfte bieten sich die Marenco Beach & Rainforest Lodge sowie die La Paloma Lodge an (www.drakebay.info). Die Region um Drake Bay ist nur per Boot über den Sierpe-Fluss ab Sierpe zu erreichen. Die je nach Bootstyp 60–90 Minuten dauernde Fahrt führt durch die mangrovenbewachsene Flussmündung auf das offene Meer und dann entlang der Küste, bis man dort ankommt, wo auch Sir Francis Drake anlandete. Seien Sie darauf gefasst, dass die See besonders bei einkommender Flut sehr rau sein kann, und schützen Sie daher ihre Ausrüstung in wasserfesten Seesäcken.

Ein von der Stadt Plymouth gestifteter Gedenkstein erinnert an die Landung des britischen Seefahrers Sir Francis Drake im Jahre 1579. Heutzutage befindet sich an eben dieser Stelle ein kleiner Fischerort, der trotz seiner Abgeschiedenheit ein idealer Ausgangspunkt für Exkursionen auf der Osa-Halbinsel ist. In Drake Bay findet man komfortable Unterkünfte mit Meeresblick. Tourangebote, etwa in das Mangrovengebiet der Isla Violin, Tauch- oder Schnorchelausflüge zur Isla del Caño und Trekkingtouren in den San-Pedrillo-Sektor des Corcovado-Nationalparks sind vor Ort leicht zu organisieren. Viele Besucher empfinden es aber auch als angenehm, in der Zurückgezogenheit einfach ein paar Tage auszuruhen.

Von Drake Bay aus führen Pfade in die nähere und weitere Umgebung. So können Sie den einsamen Cocalito Beach aufsuchen oder über eine Hängebrücke den Río Aguajitas überqueren, um entlang des Flusses durch den Regenwald zu wandern. Mit Kajaks können Sie flussaufwärts fahren oder auf die offene See hinaus. Längere Wanderungen führen zur Mündung des Río Claro, zur Biologischen Station Marenco oder gar in den Corcovado-Nationalpark. Besonders auf Touren entlang der Küste bieten sich gute Möglichkeiten zur Vogelbeobachtung. Es vergeht eigentlich kaum ein Tag, an dem man nicht Arakangas vorüberfliegen sieht. Wer Lust hat, auch einmal die Tiere der Nacht zu Gesicht zu bekommen, dem sei eine geführte Nachttour empfohlen (Tel: 00506-(0)8867-6143; E-Mail: eyeshine@racsa.co.cr; www.thenighttour.com). Mit Taschen- und Kopflampen bewaffnet, führt die Tour auf Tiersuche ins Innere des Waldes. Zahlreiche Tiere, die tagsüber im Verborgenen leben, können auf Nachtwanderungen beobachtet werden, darunter Kinkajous, Amphibien und eine Vielzahl von Insekten.

Ein weiterer Höhepunkt ist sicherlich eine Tour zum Río Claro. Zuerst führt eine etwa 30-minütige Bootsfahrt entlang der Küste zum privaten Schutzgebiet der Biologischen Station Marenco. Von hier aus wandert man durch den Regenwald zum Fluss. Dort angekommen, legt man Schwimmwesten und Flossen an, um flussaufwärts zu schwimmen. Es ist wirklich eine einmalige Erfahrung, sich im Wasser treiben zu lassen und die Tier- und Pflanzenwelt zu bewundern. In den hohen Bäumen entdeckt man Regenbogentukane sowie Würgadler, die nach Schlangen und kleinen Säugern Ausschau halten. Entlang des Flusses jagen Grünfischer und Amazonasfischer nach Nahrung, und auf den Baumstämmen sonnen sich Wasserschildkröten.

Das Biologische Reservat Isla del Caño liegt etwa 15 km vor Drake Bay und wird von verschiedenen Veranstaltern mit Booten angefahren. Die eigentliche Insel weist eine Größe von etwas über 320 ha auf, darf allerdings nur mit Genehmigung betreten werden, da hier archäologische Artefakte sowie Gräber aus präkolumbianischer Zeit entdeckt wurden. Insbesondere Steinkugeln mit einem Durchmesser von bis zu 1 m sind erwähnenswert, von denen man bis heute noch nicht weiß, welchen Zweck sie erfüllten. Die ca. 2.700 ha Meereszone um die Insel herum bilden das eigentliche Schutzgebiet und gelten als Tauch- und Schnorchelparadies. An mehreren Stellen existieren intakte Korallenriffe, die eine Vielzahl von Fischen beherbergen. Auf einer Unterwassertour kann man vielleicht Mantarochen sichten, die in diesem Gebiet recht häufig sind. Auf den Bootstouren zur Insel können Delfine und Wale beobachtet werden, die vor der Küste vorbeiziehen.

Corcovado-Nationalpark

Der Corcovado-Nationalpark liegt auf der Osa-Halbinsel im Südwesten des Landes und weist eine Fläche von 510 km^2 auf. Abgesehen von den auf das Hochland und die Trockenzonen spezialisierten Arten kommen fast alle übrigen Pflanzen und Tiere Costa Ricas in dieser Region vor. Wegen seiner Einbettung in das Golfo-Dulce-Waldreservat ist der Corcovado auch an seinen Grenzen geschützt, und Tiere können über biologische Korridore in verschiedene Gebiete ein- und auswandern.

Der Corcovado-Nationalpark hatte eine bewegte Geschichte hinter sich, bis er endlich zum heute bestehenden Schutzgebiet wurde. In der 1930er-Jah-

Corcovado-Nationalpark

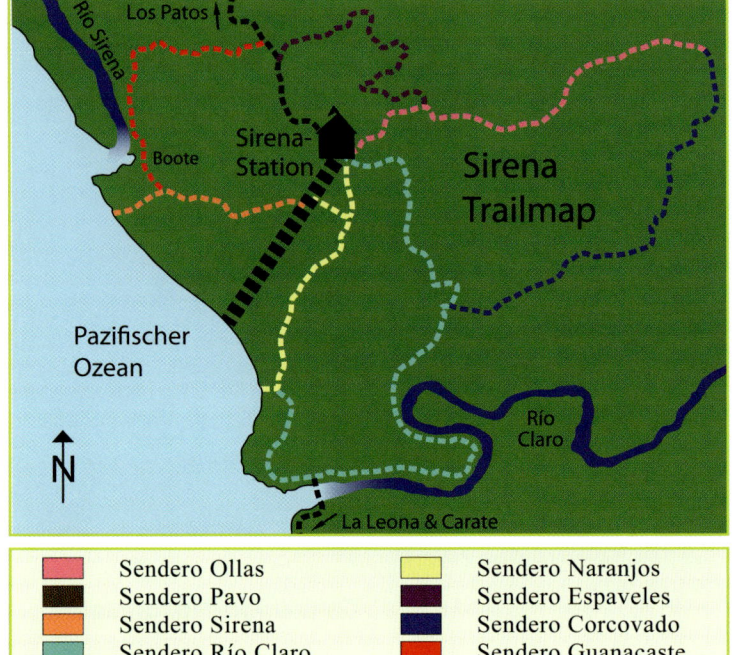

■	Sendero Ollas	■	Sendero Naranjos
■	Sendero Pavo	■	Sendero Espaveles
■	Sendero Sirena	■	Sendero Corcovado
■	Sendero Río Claro	■	Sendero Guanacaste

Trailmap Sirena-Station Grafik: J. Denzer

ren wurden Goldgräber am Río Madrigal fündig, was zu einem kleinen Goldrausch führte. Als der Park 1975 gegründet wurde, schürften noch über 1.000 Goldgräber am Río Claro nach dem Edelmetall. Hierbei wurde auch Quecksilber als Lösungsmittel eingesetzt, das der Natur großen Schaden zufügte. 1986 wurde das Gebiet mithilfe der Polizei endgültig geräumt. Neben Goldsuchern haben auch Siedler in den 1970er-Jahren versucht, im Gebiet des Nationalparks Fuß zu fassen. Außerdem bedrohten schon vergebene Einschlagsrechte den primären Regenwald. Nur durch den persönlichen Einsatz des damaligen Präsidenten Daniel Oduber Quirós konnte das Gebiet gerettet werden. Für sein Engagement wurde er 1977 mit dem Albert-Schweitzer-Preis ausgezeichnet. Heutzutage gilt das Gebiet des Corcovado-Nationalparks als eine der artenreichsten Regionen der Erde und ist ein Anziehungspunkt für Naturtouristen aus aller Welt.

Die biologische Vielfalt des Corcovado-Nationalparks ist unschätzbar, daher sollen hier erst einmal die bisher bekannten Artenzahlen aufgezeigt werden: 500 Baum-, über 150 Orchideen-, 140 Säugetier-, 370 Vogel-, 120 Reptilien- und Amphibien-, 40 Süßwasserfisch- sowie über 6.000 Insektenarten. Aufgrund dieser Fülle an Pflanzen und Tieren werden im Folgenden nur diejenigen angeführt, die in den übrigen Landesteilen sehr schwer oder gar nicht zu beobachten sind.

Im Corvocado können noch echte „Urwaldriesen" bestaunt werden. Besonders augenfällig ist dies an Lichtungen oder an den Waldrändern zur Küste. 50–70 m hohe Kapok-Bäume, Mahagoni und Purpurholzbäume sind sicherlich am beeindruckendsten. Mahagoni ist wegen seines wertvollen Holzes außerhalb – und zum Teil auch innerhalb – der meisten Nationalparks nicht mehr zu finden. Purpurholz wird glücklicherweise nur von den Einheimischen geschätzt, sodass noch eine Reihe großer Bäume existieren. Äußerlich ist diese Art unscheinbar und kann oft nur mithilfe eines sachkundigen Führers gefunden werden. Schneidet man ein kleines Stück der Rinde ab,

Kussmund (*Psychotria elata*)
Foto: W. Denzer

so kommt ein kräftig purpurfarbenes Holz zum Vorschein. Gewaltige Würgefeigen umschließen manchmal einige der Riesenbäume und führen nach langer Zeit unweigerlich zu deren Absterben. Am Ende bleibt nur noch die hohle Würgefeige übrig, die an einigen Stellen im Corcovado groß genug sind, dass man

Río Sirena Foto: W. Denzer

Corcovado-Nationalpark

Zwergameisenbär (*Cyclopes didactylus*) Foto: W. Denzer

sie begehen kann. In diesen Hohlbäumen siedeln sich dann Fledermäuse, Spinnen und Insekten an. Den Unterbewuchs im Innern des Waldes bilden vornehmlich Zwergpalmen („holillos") und Helikonien verschiedener Arten. An den Stränden von Carate bis Llorona wächst die Meer- oder Strandtraube, deren Früchte Arakangas als Nahrung dienen.

Je weiter man in den Nationalpark vordringt, desto unberührter ist die Natur. Wer einige Tage im Sirena-Gebiet bleibt, hat sogar die Chance, ein Bairds Tapir oder einen Jaguar zu sehen. Beide Arten leben in großen Revieren, die sie immer wieder auf Pfaden ablaufen. Tapire sind am ehesten in den frühen Abendstunden und nachts zu beobachten, wenn sie den Wald verlassen, um auf Lichtungen nach Futter zu suchen. Man kann sich den Tieren zwar nähern, sollte aber einen Sicherheitsabstand von etwa 10–20 m einhalten. Insbesondere Weibchen mit Jungtieren können aggressiv werden und trotz ihrer Größe und des hohen Gewichts ziemlich schnell sein. Jaguare sind ebenfalls reine Waldbewohner, die meist am Boden nach Pekaris, Agutis und anderen Säugern jagen. Die Raubkatzen wurden aber auch schon dabei beobachtet, wie sie Meeresschildkröten, die zur Eiablage den Strand

Corcovado-Nationalpark

Geoffroy-Klammeraffe (*Ateles geoffroyi*) Foto: W. Denzer

aufsuchten, erbeuten. Ihre Reviere sind zum Teil über 100 km² groß, sodass selbst Schutzgebiete von der Fläche des Corcovado nur eine beschränkte Anzahl dieser Großkatzen beherbergen können. Von Umweltschutzorganisationen und staatlicher Seite geförderte Projekte im Corcovado-Nationalpark versuchen, den Bestand dieser beiden besonders beeindruckenden Arten zu erhalten.

Der Corcovado-Nationalpark war im November 2005 kurzfristig für Touristen geschlossen, da zahlreiche Todesfälle unter der dort lebenden Population von Geoffroy-Klammeraffen auftraten. Anfänglich wurde davon ausgegangen, dass die Tiere an einer Infektion leiden, die unter Umständen auf Menschen übertragbar sei. Genauere Untersuchungen ergaben hingegen, dass alle Tiere einen Hungertod starben. Der Grund hierfür waren die andauernden Regenfälle im November, der eigentlich den Beginn der Trocken- und Blütezeit darstellt. Die Regengüsse hatten Blüte und Fruchtproduktion einer Feigenbaumart verhindert und auf diese Weise zum Sterben der Affen beigetragen. Während andere Arten wie Kapuzineraffen sich zusätzlich von Insekten ernähren, sind Geoffroy-Klammeraffen auf Feigen und ähnliche Früchte spezialisiert.

Corcovado-Nationalpark

Regenwald am Río Madrigal Foto: W. Denzer

Der auffallendste Vogel des Corcovado ist sicherlich der Hellrote Ara oder Arakanga. Besonders an den Stränden ist diese Art tagsüber leicht zu beobachten, wenn die Tiere nach den Früchten der Meertraube suchen. Häufig sieht man Gruppen von 4–6 Tieren, allerdings können bei Sonnenuntergang große Verbände von 30 und mehr Tieren beobachtet werden, wenn sie sich zu ihren Schlafplätzen zurückziehen. Während die großen Vögel bei der Nahrungsaufnahme nahezu keine Geräusche machen, sodass man sie gar übersehen kann, schallt ihr Krächzen Hunderte von Metern durch den Wald, sobald sie auffliegen. Dieses Verhalten erleichtert die Beobachtung erheblich, da man sich nur einprägen muss, wo sich die Vögel zum Fressen niederlassen, um sich dann langsam anzuschleichen. Arakangas zeigen keine große Scheu und lassen den Beobachter bis auf etwa 10–20 m herankommen. Vogelfreunde können sich mehrere Stunden damit beschäftigen, Arakangas zu bestaunen, und die Zeit vergeht dabei wie im Flug, da die Tiere immer neue Facetten ihres Sozialverhaltens offenbaren.

Der Corcovado-Nationalpark gilt auch als eines der letzten Rückzugsgebiete der Harpyie, die zu den größten Raubvögeln der Erde zählt. Ausgewachsene Weibchen erreichen eine Größe von über 1 m. Harpyien leben im Innern des Primärwaldes, wo sie sich von Faultieren und Affen ernähren. Die Beute wird dabei von der Seite oder von unten ergriffen. Leider ist die Lebensweise der Harpyien weitgehend unerforscht, und wird es wohl für immer bleiben, da dieser mächtige Vogel vom Aussterben bedroht ist.

Aus der Reihe der Amphibien seien vor allem zwei Arten erwähnt: 25 mm große Gestreifte Blattsteigerfrösche, die eine orange Streifenzeichnung beiderseits des schwarzen Rückens haben, sowie die seltenen Samtkröten. Die Gestreiften Blattsteigerfrösche (*Phyllobates vittatus*) bevorzugen die Vegetation in der Nähe kleiner Waldbäche, wo sie nach allerlei Kleinstinsekten und Spinnen jagen. Die Rufe dieses attraktiven Frosches erinnern an das Trällern von Kanarienvögeln. Am Waldboden ist mit gutem Auge die Samtkröte (*Rhaebo haematiticus*) auszumachen. Im Gegensatz zu unseren Erdkröten besitzt sie eine samtartige Haut. Ihre Färbung und Form lässt sie regelrecht mit dem Laub verschmelzen. Diese Art der Tarnung wird als Blattmimese bezeichnet.

Im Corcovado-Nationalpark existiert eine Vielzahl von Wegen, die zwischen wenigen Stunden und mehreren Tagen Wanderzeit in Anspruch nehmen. Der meistbenutzteste Trail führt von der La-Leona-Station im Süden zur Sirena-Station inmitten des Nationalparks. Die Strecke ist 13 km lang und lässt sich in etwa sechs Stunden bewältigen. Der Sendero a Sirena führt überwiegend über den Strand, allerdings gibt es an einigen Stellen auch Abzweigungen zu interessanten Stellen oder Alternativrouten durch den Wald. Vor Antritt der Wanderung müssen bei der Rangerstation in La Leona Informationen über die Gezeitenströme eingeholt werden, weil unterwegs zwei Flüsse den Weg kreuzen, deren Überquerung nur bei Ebbe möglich ist. In La Leona hat man gleich zu Beginn der Wanderung die Möglichkeit, zwischen dem Weg über den Strand Playa Madrigal oder einem Pfad durch den Sekundärwald zu wählen. Da sich der Sand in den späten Morgenstunden sehr stark aufheizt und die Sonne

Samtkröte
(*Rhaebo haematiticus*)
Foto: W. Denzer

Corcovado-Nationalpark

Passionsblumenblüte (*Passiflora vitifolia*) Foto: W. Denzer

direkt über einem steht, ist es ratsam, möglichst viel durch den Wald zu wandern, um Überhitzung und Dehydrierung vorzubeugen. Der Waldweg führt überwiegend durch Sekundärwald mit starkem Helikonien- und Bananenbewuchs. Hier sind eine Reihe unterschiedlicher Vögel zu beobachten wie Veilchentrogone, Zaunkönige und Zwergeremiten. Verschiedene Anolis- und Ameivenarten jagen den zahlreichen Insekten nach. Der Weg trifft nach etwa 4 km wieder auf den Strand, und man gelangt an den Río Madrigal. Auf der Wanderung entlang des Strandes ist die Wahrscheinlichkeit, Arakangas zu sehen, sehr groß. Wer bei Sonnenaufgang aufbricht, sieht vielleicht noch einige Meeresschildkröten, die sich nach der Eiablage wieder ins Meer zurückziehen. Bei Ebbe sind zur Brutsaison häufig noch die Spuren von Bastardschildkröten im Sand zu sehen. Am Río Madrigal zweigt rechts vor dem Fluss ein unmarkierter Pfad ab, der im Wald parallel flussaufwärts führt. Hier leben Schwarzkopftrogone und Tropfentangaren. Mit etwas Glück finden Sie einen der kleinen schwarz-orange gestreiften Blattsteigerfrösche. Der Pfad endet an einer Flussbiegung an einem schattigen Platz, der zu einer Pause einlädt. Bei Niedrigwasser kann man auch durch den Fluss zum Strand zurückwandern und ihn dabei gleichzeitig überqueren. Nach dem Río Madrigal geht es eine Zeitlang weiter entlang des Strandes. Von hier aus kann man sehr gut einige der über 50 m hohen Bäume sehen. Am Ende des Playa Madrigal führt der Weg in den Wald, um die Strecke um eine Landzunge herum abzukürzen. Auf der felsigen Landzunge sind in der Ferne noch die Reste eines vor wenigen Jahren gesunkenen Schiffes zu erkennen. Der Weg durch den Wald ist zunächst einfach zu gehen, um dann, nach der zweiten Bachüberquerung, für kurze Zeit steil anzusteigen. Dieses Gebiet ist bei den Einheimischen als „Las Chanchas" bekannt. Hier sind häufig Halsbandpekaris anzutreffen. Sollten Sie in die Situation kommen, diesen Tieren zu begegnen, suchen Sie möglichst schnell den nächsten Baum auf und warten Sie ab, bis die Tiere wieder im Wald verschwinden; Pekaris sind zwar aggressiv, aber glücklicherweise kurzsichtig. Auch dieser Waldweg endet an einem Strand, an dem sich etwa 5 km vor der Sirena-Station der Punta Salsipuedes befindet. Hier gibt es eine kleine Höhle mit Stalagmiten und Stalaktiten, in der Braune Fledermäuse leben. Der Eingang ist nur bei Ebbe zu erreichen. Sie sollten daher die Gezeitentabelle genauestens kennen, bevor Sie versuchen, die Höhle zu ergründen; besser noch ist es, einen Ranger von der Sirena-Station um Begleitung zu bitten. Am Ende des Strandes mündet der Río Claro, dessen Überquerung wiederum nur bei Niedrigwasser möglich ist, in den Pazifischen Ozean. Je nach zur Verfügung stehender Zeit und Kondition können Sie nun zwischen dem Sendero Río Claro entlang des Flusses oder dem Weg am Strand wählen. Der Sendero Río Claro führt zur Sirena-Station durch ein schönes Primärwaldgebiet, in dem sich häufig Tapire aufhalten. Der Strandweg mündet nach wenigen Hundert Metern in den Sendero Los Naranjos, der ebenfalls an der Station endet.

Eine weitere Route führt vom Norden in den Corcovado-Nationalpark. Von Drake Bay gelangt man entweder zu Fuß oder per Boot über die Biologische Station Marenco zur 18 km entfernten San-Pedrillo-Station des Nationalparks. In der Umgebung der Station gibt es zwei Trails in den Primärwald. Eine kurze Wanderung entlang des Río San Pedrillo führt zu einem 30 m hohen Wasserfall, in dessen Auffangbecken Baden erlaubt ist. Der Weg beginnt hinter der Rangerstation und geht über rutschiges Terrain teilweise steil aufwärts. Der Wasserfall ist innerhalb von 30–40 Minuten zu erreichen. Kurz hinter dem Anfang des Trails zweigt links ein Pfad ab, der aus dem Nationalpark herausführt und an der Casa Corcovado endet. Dies ist der öffentliche Weg (Camino Publico), der bis nach Drake Bay zurückführt. Die Grenze des Nationalparks kann kaum eindeutiger gekennzeichnet sein, als dies kurz vor der Casa Corcovado der Fall ist. War man gerade noch inmitten scheinbar unberührter Natur, so findet man sich augenblicklich am Waldrand in einer Plantage wieder. Auf der Hälfte des Weges zwischen der San-Pedrillo-Station und der Parkgrenze befindet sich ein abgestorbener, hohler Baum, in dessen Inneren Fledermäuse, Geißelskorpione und Riesenwaldschaben leben.

Corcovado-Nationalpark

Um von der San-Pedrillo-Station an den Trail zur Sirena-Station zu gelangen, muss erst der Río San Pedrillo durchwatet werden. Auf der anderen Uferseite gabelt sich der Weg in einen Strandtrail und einen Weg durch den Wald. Am Río Pargo treffen diese beiden Wege wieder aufeinander. Während die Strandwanderung nur 30–40 Minuten in Anspruch nimmt, sollte man für die Strecke durch den Regenwald etwa 90 Minuten einrechnen; dafür sind hier jedoch Tierbeobachtungen wahrscheinlicher. Nach insgesamt 10 km Wanderung auf dem Sendero Playa Llorona erreicht man die Llorona-Station; dieser Ort bietet sich zum Zelten und Ausruhen an. Ein 10 km langer Trail führt von der Llorona-Station zu dem wenig besuchten Rangerposten bei Los Planes. Nach etwa einem Kilometer auf diesem Pfad kann man den vermutlich größten Baum des Nationalparks bewundern. Es handelt sich dabei um einen etwa 70 m hohen Kapokbaum, dessen Brettwurzeln allein schon 10 m hoch sind!

Der Aufbruch in Llorona richtet sich nach der Gezeitentabelle, da schon kurz nach der Station der Río Llorona überquert werden muss. Nach weiteren 7 km entlang des Strandes folgen der Río Corcovado und wiederum 7 km weiter am Ende einer Landzunge der Río Sirena. Eine alternative Route von Llorona nach Sirena führt um die Laguna Corcovado herum. Der Weg geht ausschließlich durch Primärwald. In dem See leben Kaimane, Krokodile und verschiedene Wasservögel. Der 20 km lange Trail darf nur mit Genehmigung der Parkverwaltung benutzt werden.

Die dritte Variante, die Parkstation Sirena zu erreichen, bietet sich ab der Los-Patos-Station im Osten des Corcovado-Nationalparks, 14 km vom Ort La Palma entfernt. Dieser Trail ist während der Regenzeit oftmals geschlossen. Es ist daher ratsam, sich bei der Nationalparkverwaltung in San José oder Puerto Jiménez zu erkundigen, ob die Route geöffnet und begehbar ist. Der 18 km lange Weg von Los Patos nach Sirena führt ausschließlich durch den Wald. Nach 5 km zweigt rechts der oben angeführte Trail um die Laguna Corcovado ab. Kurz darauf ist der Río Sirena zu überqueren, der durch die Laguna Corcovado fließt und dessen Mündung an der Sirena-Station liegt. Der Weg führt nun in das Flachland, und 4 km vor Erreichen der Sirena-Station liegt als letztes Hindernis der Río Pavo. Wegen der Länge der Strecke ab La Palma ist es sinnvoll, am ersten Tag bis Los Patos und am zweiten Tag bis zur Sirena-Station zu wandern. Es ist für erfahrene Dschungeltrekker möglich, die Station in einem Tag zu erreichen, aber man sollte mit 10–12 Stunden Gehzeit rechnen. Daher ist ein sehr früher Aufbruch angebracht, und die endgültige Entscheidung, ob ein Weitergehen zeitlich realisierbar ist, sollte erst an der Los-Patos-Station gefällt werden.

Wer ein paar Tage Zeit mitbringt, sollte diese auf der Sirena-Station verbringen und die Umgebung genauer erkunden. Unter den Vögeln sind Raubvögel besonders häufig. Am Himmel kreisen manchmal sogar Königsgeier, und in Strandnähe sieht man Rotschnabel- und Krabbenbussarde. Auf Nachtwanderungen kann man Brillenkäuze und Ziegenmelker entdecken.

Corcovado-Nationalpark

Passionsfrucht (*Passiflora vitifolia*) Foto: W. Denzer

In der Umgebung der Sirena-Station existieren zahlreiche Wege. Der 3,5 km lange Sendero Río Claro führt zum gleichnamigen Fluss und zum Strand. Nach Regenfällen kann man hier Fußspuren von Tapiren und Raubkatzen entdecken. „Big Mama" ist ein Tapir, der dieses Waldgebiet durchstreift und in unregelmäßigen Abständen in der Umgebung der Station gesichtet wird. Arakangas sind in beachtlicher Zahl vorhanden, werden aber meist nur beim Überflug aufgrund ihres lauten Krächzens gehört. Die beste Gelegenheit, sie zu beobachten, hat man am Strand, wo Strandtrauben wachsen, deren Früchte als Futter bei Arakangas sehr beliebt sind. Auf einer Wanderung entlang des Sendero Río Claro sieht man zudem oftmals Weißrüsselbären und Agoutis im Unterholz. Nordöstlich der Station befindet sich der etwa 4 km lange Sendero Ollas, der von den Rangern als bester Pfad für Raubtiersichtungen angepriesen wird. Zumindest der moschusartige Geruchsstoff, den Pumas oder Jaguare zur Markierung ihres Reviers benutzen, liegt an verschiedenen Stellen in der Luft. Der Trail führt erst durch ein Sekundärwaldgebiet und dann in den Primärwald. Auf dieser Route müssen immer wieder kleine Bäche überquert werden. In der

Corcovado-Nationalpark

Becherpilze Foto: W. Denzer

Regenzeit kann der Trail mit Unterbewuchs überwuchert sein. Es existiert zwar eine Farbmarkierung, jedoch sind markierte Bäume zum Teil so weit auseinander, dass es schwierig sein kann, die genaue Wegführung auszumachen. Weitere Trails sind der Sendero Estero Río Sirena, der zur Flussmündung führt, und der etwa 3 km lange Rundweg Sendero Espabeles. Entlang dieser Wege sind Geoffrey-Klammeraffen und Weißgesicht-Kapuzineraffen häufig zu beobachten. In Wassernähe leben die scheuen Amazonasfischer und viele Amphibienarten. Während der Gestreifte Blattsteigerfrosch bachnahe Biotope bevorzugt, ist der Goldbaumsteigerfrosch meist in der Nähe großer Brettwurzelbäume zu finden. An der Mündung des Río Sirena in den Pazifischen Ozean lebt eine ansehnliche Population von Krokodilen. Bei Ebbe sind sie leicht auf Sandbänken und am Ufer manchmal sogar am Strand zu beobachten. Einige Exemplare weisen beachtliche Größen auf und sollten daher nur aus sicherer Entfernung beobachtet werden. In kleinen Lagunen kann man mit Glück Jungkrokodile und Brillenkaimane entdecken. Die Mündung des Río Sirena ist dafür bekannt, dass sie während der Flut von Bullenhaien aufgesucht wird. Allerdings sei angemerkt, dass – falls man überhaupt etwas sieht – sich Sichtungen auf Haifischflossen beschränken, die ein paar Sekunden aus dem Wasser ragen. Bullenhaie haben eine Toleranz für Brackwasser entwickelt und nutzen diesen Vorteil, um nach Fischen in diesen Flussdeltas zu jagen. Der Sendero Río Sirena geht in den Sendero Guanacaste über, der erst eine Zeit lang entlang des Flusses läuft und am Ende auf den Trail nach Los Patos oder zurück zur Station führt. Am Flussufer liegt eine Reihe von Booten, die nach Absprache mit den Rangern genutzt werden können, um den Río Sirena zu erkunden. In der Ufervegetation beiderseits des Flusses leben zahlreiche Reiher und Watvögel, die auf einer Bootstour besonders gut zu beobachten sind. Kurz hinter dieser Wegkreuzung des Sendero Guanacaste und des Los Patos Trail in Richtung Sirena beginnt der Sendero Espavel. Im diesem fast unberührten Waldstück sieht man oftmals Tinamous und Tuberkelhokos, die am Boden nach Früchten suchen. Der Trail endet auf dem Sendero Ollas und führt dann direkt zurück zur Biologischen Station in Sirena.

Südlich des Parks, nur etwa 800 m von der La-Leona-Station entfernt, liegt das Corcovado Tent Camp. Durch seine Nähe zum Park ist es ein beliebter Ausgangspunkt für mehrtägige Wanderungen. Auf dem Gebiet des ebenfalls privaten Reservates führen Trails in den Primärwald. Eine Attraktion des Camps ist die in etwa 30 m Höhe gelegene Plattform im Kronenbereich des Waldes, auf die man mithilfe einer Seilwinde hinaufbefördert wird. Oben bietet sich eine schöne Aussicht, und manchmal fliegt ein Regenbogentukan vorbei oder macht gar Rast auf einem der benachbarten Bäume. Entlang des 5 km langen Rundweges „Loop Trail" gibt es zudem einen Aussichtspunkt, von dem aus man in Richtung Playa Carate blickt. Auf dem Pfad begegnet man vielen Pakas und seltener Agutis.

Die Strände des Corcovado-Nationalparks laden zum Baden geradezu ein. Besonders Playa Carate und Playa Madrigal locken zusätzlich mit den überaus häufigen Arakangas. Leider trügt der Schein: Die so verlockenden Wellen weisen oftmals eine gefährliche Unterströmung auf. Außerdem leben in Küstennähe zahlreiche Stachelrochen. Wenn Sie barfuß ins Meer gehen, laufen Sie Gefahr, auf einen dieser im Sand verborgenen Fische zu treten, was sehr schmerzhafte Folgen hat. Wer Interesse an Meeresschildkröten hat, sollte nachts den Playa Carate nach Einsetzen der Flut ablaufen. Die Chancen, diese Tiere zu Gesicht zu bekommen, sind recht gut, und in den Monaten September bis Dezember landen pro Nacht mehrere Tiere am Strand an. Mit viel Glück können Sie sogar den Schlupf eines Geleges beobachten. Bei all diesen Aktionen werden Sie nicht wie an anderen Orten des Landes routinemäßig von Rangern oder Führern begleitet, die darauf achten, dass die Schildkröten nicht zu stark gestresst werden. Lassen Sie den Tieren zuliebe aber trotzdem Ihr Blitzlicht im Zelt und versuchen Sie, die Eiablage möglichst nicht zu stören.

Sowohl die Sirena-Station als auch die La-Leona-Station besitzen begrenzte Unterkunftsmöglichkeiten in Schlafsälen, und in der Nähe der Rangerstationen darf gezeltet werden. Sirena bietet auch Verpflegung an, die jedoch im Voraus mit der Unterkunft gebucht werden sollte. Das Essen ist recht einfach, aber schmackhaft und wiederholt sich bei einem längeren Aufenthalt. Bitte beachten Sie, dass es keinerlei Getränke oder Snacks zu kaufen gibt, sodass Sie für die Dauer Ihres Aufenthaltes entweder auf Wasser (plus Limonade und Tee oder Kaffee zum Essen) angewiesen sind oder genügend andere Getränke und Vorräte mit sich führen. Es wird erwartet, dass Sie den Müll am Ende Ihres Aufenthaltes wieder mit sich aus dem Park nehmen und so zur Sauberkeit des Parks beitragen. Im Corcovado-Nationalpark gibt es keine Telefonverbindungen, sondern nur Funk. Für Fragen bezüglich der Verfügbarkeit von Unterkünften sollten Sie sich direkt an die Nationalparkverwaltung in San José oder an das Büro in Puerto Jiménez (Tel.: 00506-(0)8735-5036/ 5580; E-Mail: corcovado@minae.go.cr) wenden.

Südlich des Parks existieren eine Reihe von Lodges und Zeltcamps, die zum Teil zusätzliche Wanderwege durch private Regenwälder besitzen. Dem Park am nächsten ist das Corcovado Tent Camp (Tel.: 00506-(0)8384-1679; www.corcovado.com), das zu Costa Rica Expeditions (Costa Rica Expeditions, P.O. Box 6941-1000 San José, Tel.: 00506-(0)2257-0766) gehört. Die Betreiber der Lodge fliegen ihre Gäste mit Chartermaschinen nach Carate, von wo aus sie mit einem Pferdewagen abgeholt werden. Es ist aber auch möglich, direkt vor Ort ein Zelt sowie die Mahlzeiten und Ausflüge zu buchen. Zwischen Puerto Jiménez und Carate befinden sich noch einige weitere Lodges, Privatreservate und Strandhotels.

Golfito-Wildschutzreservat

Die Region um Golfito ist sehr regenreich und erhält im Jahresmittel 4.800 mm Niederschlag. Nur in den Monaten Januar bis März gibt es eine Trockenzeit. Die Tagestemperaturen liegen häufig um die 28 °C, in der Trockenzeit sogar noch höher. Nach Golfito gelangt man in Kleinflugzeugen ab San José oder per Auto über die Interamericana. Bei Kilometer 37 im Ort Villa Briceño weisen Schilder auf die nur 4 km entfernte Esquinas Lodge hin. Für die Strecke ab San José (300 km) sollten sechs Stunden eingeplant werden.

Golfito liegt an der Ostseite des „Golfo Dulce" gegenüber der Osa-Halbinsel. In früheren Zeiten herrschte hier ein reger Schifffahrtsverkehr, da im Umland die großen Bananenplantagen des Landes angesiedelt sind. Der Export wurde dann in späteren Jahren auf die Karibikseite nach Puerto Limón verlegt, was zu erheblichen sozialen Problemen in der Golfito-Region führte. Heutzutage ist der Ort eine Freihandelszone, in der die Ticos ihre Luxusgüter und Elektroge-

Golfito-Wildschutzreservat

1 Las Esquinas Lodge,   2 Playa Cacao,   3 Radio Tower Trail

Übersichtskarte Golfito und Piedras-Blancas-Nationalpark Grafik: J. Denzer

räte kaufen können; außerdem erlebte der Ort einen Aufschwung durch den stetig steigenden Ökotourismus in die benachbarten Schutzgebiete. Von Golfito aus können Abstecher auf die Osa-Halbinsel oder dem Botanischen Garten Las Cruces gemacht werden. Bootsfahrten ab Golfito gehen in die nahe gelegenen Mangrovengebiete und zu einsamen Stränden. In direkter Nähe zu Golfito liegen das Golfito-Wildschutzreservat sowie der Piedras-Blancas-Nationalpark und die Esquinas Lodge.

Die Waldgebiete der Golfito-Region weisen eine Reihe unterschiedlicher Vegetationszonen auf. In den Küstenregionen wachsen an den Stränden Kokospalmen und Meertrauben. In der Brackwasserzone gibt es gemischte Mangrovenwälder mit Knopfmangroven sowie Weißer und Roter Mangrove. Die Gebiete im Landesinneren sind mit primärem Regenwald bestanden. Fruchtflügel-, Kaschu- und Purpurholzbäume sind die häufigsten Arten. Außerdem wachsen riesige Kapokbäume, Wilder Muskat und stellenweise Kanonenkugelbäume. Die Blüten des Baumes sitzen an kleinen Ästen, die am Stamm getrieben werden. Das Heranreifen der Früchte dauert manchmal bis zu einem Jahr, sodass es vorkommen kann, dass noch unreife Früchte und bereits frische Blüten gleichzeitig am Baum zu finden sind.

Golfito-Wildschutzreservat

Morphofalter Foto: W. Denzer

Mahagonibäume sind zwar noch zu finden, jedoch sind die größten Exemplare bereits lange Zeit ausgeholzt.

Eine Besonderheit der Region ist das Vorkommen von Palmfarnen aus der Gattung *Cycas*, die zu den erdgeschichtlich ältesten Pflanzen gehören. Die männlichen Palmfarne treiben ihre Staubblätter in großen Zapfen aus und erzeugen mehrere Millionen Pollen.

Häufigste Blütenpflanzen der Region sind Geschnäbelte und Wagnersche Helikonie. Helikonien sind Futterpflanzen für verschiedene Schmetterlingsraupen. So leben in den Blattachseln grüne Raupen von Faltern aus der Gattung *Opsiphanes* und an den dunklen Stielen die Raupen eines Eulenfalters der Gattung *Caligo*. Trotz ihrer Größe von etwa 8 cm sind sie wegen ihrer perfekten Tarnung nur aus nächster Nähe zu entdecken. Mit etwas Glück findet man Wilden Ingwer, der an den roten Blütenknospen am Ende eines langen Stiels zu erkennen ist. Die eigentliche Blüte ist röhrenförmig und etwa 5 cm lang. Die Pflanze wird von kleinen Bienen der Gattung *Euglossa* bestäubt, und verschiedene Ameisenarten ernten den Nektar.

Die Tierwelt der Golfito-Region ähnelt stark der des Corcovado-Nationalparks. Die meisten seltenen Arten wie Raubkatzen und Tapire leben zurückgezogen in den entlegenen Gebieten des Piedras-Blancas-Nationalparks. Ein immer seltener werdender Bewohner ist das Weißbartpekari, das in den nördlichen Landesteilen schon fast verschwunden ist. Ebenso wie das verwandte Halsbandpekari streift diese Art in Verbänden von manchmal 50 Exemplaren umher. Weißbartpekaris sind etwas größer als Halsbandpekaris und weisen einen weißen Fleck auf der unteren Gesichtshälfte auf. Jungtiere besitzen eine rötliche Grundfärbung mit einem dunklen Streifen über den Rücken.

In der Golfito-Region sind zwei Arten von Tukanen vertreten: Feuerschnabel-Arassari und Braunrückentukan. Beide Arten ziehen in kleinen Gruppen von 5–10 Tieren durch die Wälder. Schon am Flugbild sind sie voneinander zu unterscheiden. Während sich Arassaris mit schnellen Flügelschlägen geradlinig durch die Lüfte bewegen, machen Braunrückentukane nur kurzzeitig mehrere Flügelschläge, um sich dann nach unten gleiten zu lassen, sodass der Flug wellenförmig erscheint. Arassaris sind derart gesellig, dass sich bis zu fünf Vögel

Golfito-Wildschutzreservat

***Opsiphanes*-Raupe** Foto: W. Denzer

die gleiche Schlaf- und Bruthöhle teilen, wozu sie verlassene Spechtbauten aufsuchen. Braunrückentukane ziehen ihre Jungen paarweise in natürlichen Baumhöhlen auf. Die Partner wechseln sich beim Brutgeschäft ab und füttern sich gegenseitig. Obwohl Tukane vorwiegend Fruchtfresser sind, ergänzen sie ihren Speisezettel gern um Insekten und kleine Echsen.

Helmleguane leben an den Stämmen kleiner bis mittelgroßer Bäume. Bei Störung verschwinden sie sofort auf die dem Betrachter abgewandte Seite des Baumes. Nähert man sich den Echsen sehr langsam, so verlassen sie sich auf ihre Tarnung und bleiben bewegungslos sitzen. Diese Art besitzt die Fähigkeit, ihre Farbe zu wechseln. Dies dient allerdings nicht der Tarnung, sondern spiegelt die Stimmung des Tieres wider. In der Paarungszeit zeigen die Männchen prächtige Färbungen mit schillernden Blau- und Grüntönen im Bereich des Vorderkörpers. Trächtige Weibchen sind überwiegend braun gefärbt, um den Blicken der Feinde zu entgehen. Da die Eier in den Boden gelegt werden, sind gerade die Weibchen den größten Gefahren ausgesetzt.

Das Golfito-Wildschutzreservat bedeckt eine Fläche von 1.300 ha, die überwiegend mit Primärwald bestanden ist. Es ist über biologische Korridore mit dem benachbarten Piedras Blancas verbunden. Obwohl an verschiedenen Stellen leicht zugänglich, wird das Reservat nur wenig besucht. In direkter Nähe des Ortes Golfito sieht man die Folgen illegalen Holzeinschlages, je tiefer man jedoch in den Wald vordringt, desto unberührter ist die Natur. Einige Wege führen an die Strände am Golfo Dulce, sodass man Naturbeobachtungen mit Badevergnügen kombinieren kann.

Im Golfito-Wildschutzgebiet stehen zahlreiche Wege zur Verfügung, die teilweise sogar mit dem Auto befahren werden können. Das Schutzgebiet erreicht man, indem man der Beschilderung zum Flughafen folgt und dann der Straße über die Landepiste hinweg folgt. Diese windet sich den Berg hinauf, wo die Verwaltung zu finden ist. Der Radio Tower Trail zieht sich über 8 km. Nur der letzte Kilometer muss zu Fuß zurückgelegt werden. Entlang des Weges sieht man viele gemischte Tangarengruppen sowie manchmal Rotstirnamazonen und Jungferntrogone. Im Gebüsch und auf dem Boden leben Katzenaugen- und Spitzkopfnattern, die Anolis und Waldskinken auflauern. Oben angekommen, hat man eine herrliche Aussicht auf den umliegenden Wald. Nördlich des Ortes beginnt der Weg zum palmenbewachsenen Playa Cacao, der ein beliebter Erholungsort der einheimischen Bevölkerung ist. Auf dem Weg kann man die schöne Aussicht auf den Golfo Dulce genießen. An einigen Stellen verzweigt der Weg und führt in das Waldesinnere beziehungsweise an die pazifische Küste. Der Playa Cacao kann auch mit Booten von Golfito aus angefahren werden. An Wochenenden sollten Sie den Strand meiden, da er manchmal überfüllt ist.

Am Ortsausgang von Golfito führt eine Schotterstraße direkt durch das Wildschutzgebiet in Richtung Las Esquinas. Hier sind zwar kaum Wege vorhanden, aber die Vegetation ist stellenweise licht, sodass man auf eigene Faust den Wald in Augenschein nehmen kann. Die Esquinas Lodge (siehe rechts) bietet Wanderungen in diesen Teil des Golfito-Wildschutzgebietes an, auf denen man zu Wasserfällen und sonst unzugänglichen Stellen inmitten des Waldes gelangt.

Las Esquinas und der Regenwald der Österreicher

An den Grenzen des Golfito-Schutzgebietes und des Piedras-Blancas-Nationalparks befindet sich ein Waldstück von 13 km² Größe, das mithilfe privater Gelder aufgekauft wurde und von dem Verein „Regenwald der Österreicher" verwaltet wird (Verein „Regenwald der Österreicher", A-1180 Wien, Währingerstraße 182/24; Tel.: 0043-(0)1-470 1935; Fax: 0043-(0)1-470 1935-20; E-Mail: info@regenwald.at; www.regenwald.at).

Durch den Kauf von Land wird der Waldbestand vor weiteren Holzeinschlägen geschützt und das Gebiet des Nationalparks ständig vergrößert. Wissenschaftlich wird das Projekt von der Universität Wien betreut, die hier Studien zur Tropenökologie, Waldbewirtschaftung und Soziologie anstellt. Die Einwohner des nahe gelegenen Ortes La Gamba waren traditionell eine Gruppe von Holzfällern, die heute versucht, ihr Einkommen mit Ökotourismus zu erwirtschaften. Die Esquinas Rainforest Lodge liegt auf einer von primärem Re-

Las Esquinas und der Regenwald der Österreicher

genwald umrahmten Lichtung und passt sich in ihrer naturbelassenen Bauweise der Landschaft an. Die Anlage ist auf einige wenige Bungalows beschränkt; eine weitere Erhöhung der Kapazität ist nicht geplant, um nicht das ökologische und sozio-ökonomische Gleichgewicht zu stören. Gebaut wurde die Esquinas Rainforest Lodge mit Finanzmitteln aus dem Österreichischen Entwicklungshilfeprogramm.

Von der Esquinas Lodge (Tel./Fax: 00506-(0)2741-8001; E-Mail: esquinas @racsa.co.cr; www.esquinaslodge.com) aus können ein- bis dreistündige Wanderungen auf gut ausgebauten Wegen in die nähere Umgebung unternommen werden. In den Morgenstunden sind sehr gute Vogelbeobachtungen auf der Lichtung um die Bungalow-Anlage möglich. Viele Vögel wie Regenbogen-Tukane, Bischofstangaren und Passerinitangaren überqueren dann die Freifläche, um in die sonnigen Regionen auf der Westseite des Parks zu gelangen. Kurz hinter dem Eingangstor liegt ein kleiner Tümpel, an dessen Rändern sowie im Wasser Kaimane, Wasserschildkröten und Helmbasilisken leben. Die Mitarbeiter der Lodge haben oft eine Reihe verwaister Tiere zur Aufzucht in ihrer Obhut, die später wieder in die freie Wildbahn entlassen werden.

Ein etwa zwei- bis vierstündiger Rundweg durch das Esquinas-Gebiet beginnt hinter dem Bach. Er führt erst zu einer Wegkreuzung, an der man sich entscheiden muss, welche Dauer die Exkursion haben soll. Links beginnt der Sendero Selva Virgen (Ozelot Trail), der durch Primärwald nach einer Stunde

Trailmap Las Esquinas Grafik: J. Denzer

zum Ausgangspunkt zurückführt. Rechts hat man die Möglichkeit, entlang eines Baches mit mehreren kleinen Wasserfällen auf dem Sendero Catarata (Waterfall Trail) zu den Hütten zurückzugelangen. Geradeaus führt der Sendero Fila in einem großen Bogen um das Gebiet herum. Hierbei durchwandert man Primär- sowie Sekundärwald und endet auf Kulturland in der Nähe des Ortes La Gamba. Auf allen drei Pfaden können

Las Esquinas und der Regenwald der Österreicher

Der Tieflandregenwald im Piedras-Blancas-Nationalpark weist starken Unterbewuchs auf
Foto: W. Denzer

Wasserfall im Regenwald der Österreicher Foto: W. Denzer

Las Esquinas und der Regenwald der Österreicher

zahlreiche Tiere beobachtet werden, jedoch ist der Weg zu den Wasserfällen der landschaftlich reizvollste. In den Bäumen sieht man die metergroßen Netze von Radnetzspinnen, in denen sich selbst große Schmetterlinge verfangen. Am Boden und im verrottendem Holz leben Tausendfüßer und Termiten. Entlang der Bäche findet man besonders nach Sonnenuntergang die großen Ochsenfrösche und die fast durchsichtigen Glasfrösche. Nachts sind hier auch die gefährlichen Buschmeister und Lanzenottern unterwegs.

Eine Wanderung über die Biologische Station La Gamba führt in den Piedras-Blancas-Nationalpark. Diese Tour darf nur mit einem Führer unternommen werden, da der Nationalpark bisher für den Tourismus noch nicht erschlossen ist. Der Pfad führt anfangs über offenes Gelände und dann über einen Berggrat in den Primärwald. Der Anstieg ist teilweise recht anstrengend, sodass man nur wenig Zeit für Naturbeobachtungen hat. Es bleibt einem selbst überlassen, welche Richtung eingeschlagen werden soll, da es ohnehin keine vorgegebenen Wege gibt. Eine solche Tour ist recht abenteuerlich und in sonst keinem Park ohne Genehmigung durchführbar. Die Führer sind ausgezeichnete Kenner der Region und beantworten bereitwillig alle Fragen zur Natur. Da in dem Projekt überwiegend Einheimische aus dem Dorf La Gamba arbeiten, sollten Sie jedoch darauf vorbereitet sein, dass nur Spanisch gesprochen wird.

Tovisittich
(*Brotogeris jugularis*)
Foto: W. Denzer

Der Piedras-Blancas-Nationalpark ist etwa 5.000 ha groß und war bis 1992 ein Sektor des Corcovado-Nationalparks; das Las-Esquinas-Projekt wurde nach und nach in den Nationalpark eingegliedert und weitere zurzeit noch landwirtschaftliche Flächen werden ständig dazu gekauft. Die Gebiete sind mit Küstenwald, Mangroven sowie sekundärem und primärem Regenwald bewachsen. Im Nordwesten grenzt das Gebiet an die Golfo-Dulce-Schutzzone an. Über diesen Korridor besteht eine direkte Verbindung zum Corcovado-Nationalpark auf der Osa-Halbinsel.

Der Piedras-Blancas-Nationalpark ist im Allgemeinen für den Publikumsverkehr geschlossen und kann nur mit kundigen Führern besucht werden. Das Gebiet ist nur schwer zugänglich, und es existieren kaum Wege. Gerade dies macht den Park aber für einige Naturliebhaber interessant, da „echtes" Dschungeltrekking möglich ist.

Biologische Station Las Cruces

Ab Golfito oder Las Esquinas lassen sich Tagestouren in die Bergregionen an der panamaischen Grenze organisieren. Hier liegt auf 1.200 m Höhe die Biologische Station Las Cruces im äußersten Süden des Landes, nur 6 km südlich des Ortes San Vito. Das Gebiet ist Teil des La Amistad Internationalparks und besteht aus dem Botanischen Garten Robert & Catherine Wilson sowie einem 250 ha großen Waldreservat der OTS. Der botanische Garten macht etwa 8 ha der Fläche aus und hat eine reichhaltige Sammlung tropischer Pflanzen. Darunter befindet sich eine der weltgrößten Ausstellungen von Palmen. Nahezu 700 Arten sind hier zu bestaunen. Daneben werden vor allem Pflanzen der mittel- und südamerikanischen Region wie Bromelien, Tillandsien und Orchideen gezeigt.

Der Garten und die umliegenden Waldgebiete ziehen viele Vogelarten an. Besonders auffällig ist das Vorkommen von verschiedenen Tyrannen. So leben hier der Oliv-Breitschnabel und der Gelbbauch-Spateltyrann sowie acht weitere Arten aus dieser Gruppe. Finschsittiche und Glatzenköpfe sind häufige Gäste im Garten, ebenso wie Tangaren und Zaunkönige. Ein anderer hübscher Vogel ist der Bananaquit, der an seinem leicht gebogenen Schnabel zu erkennen ist. Seine Nahrung sucht er sich an Blüten. Da sein Schnabel nur sehr kurz ist, kommt er oft an den begehrten Nektar nicht heran. In einem solchen Fall sticht er die Blüte von der Unterseite an, um sich Zugang zu verschaffen.

Das Gebiet ist täglich von 8–16 Uhr geöffnet, und der Eintritt beträgt derzeit 24 US-Dollar inklusive einer geführten Tour. Es besteht die Möglichkeit, auf der Station zu übernachten und den Besuch etwas auszudehnen. Gäste können sich im Garten umsehen oder auf den Wegen im Waldreservat nach Pflanzen und Tieren Ausschau halten. Außerdem steht eine Bibliothek mit Bestimmungsbüchern zur Verfügung.

Tintenfischorchidee (*Encyclia cochleata*)
Foto: W. Denzer

Biologische Station Las Cruces

Nachtorchidee
(*Brassavola* cf. *nodosa*)
Foto: W. Denzer

Praktische Hinweise für Naturreisende

Formalitäten und Visa

Für Aufenthalte bis zu 90 Tagen benötigen Deutsche, Österreicher und Schweizer lediglich einen mehr als 6 Monate gültigen Reisepass (Stand Februar 2010). Schon vor der Landung werden im Flugzeug Landekarten und Zollerklärungen ausgeteilt, die bei der Einreise ausgefüllt abzugeben sind. Wer einen längeren Aufenthalt plant oder über Drittländer einreist, sollte vorher Informationen bei der zuständigen Botschaft einholen. Visa-Verlängerungen können allerdings auch in San José beantragt werden.

Bitte beachten Sie: Bei Anreise über die USA kann momentan (Frühjahr 2010) selbst im Transit (z. B. bei Reiseende in Mexiko oder der Karibik) ein Visum notwendig sein. Reisende müssen bei Transit im Voraus eine ESTA-Bescheinigung einholen (Electronic System for Travel Authorisation). Diese Bestimmungen unterliegen ständigen Änderungen, und es ist daher unabdingbar, sich vor einer Reise mit Zwischenstopp in den USA über die Formalitäten zu informieren.

Adresse der für Deutschland zuständigen Vertretung:
Botschaft der Republik Costa Rica
Dessauer Straße 28/29, 2. Etage,
10963 Berlin
Tel.: 0049-(0)30-26398990
Fax: 0049-(0)30-26557210
E-Mail: emb@botschaft-costarica.de
www.botschaft-costarica.de
Öffnungszeiten: Mo.–Fr. 9.30–13.00, 14.00–16.30 Uhr
Amtsbezirk: Bundesgebiet

Adressen der für Österreich zuständigen Vertretung:
Botschaft der Republik Costa Rica
Hadikgasse 32/3, A-1040 Wien
Tel.: 0043-(0)1-8040537
E-Mail: embajadaaustria_costa.rica@chello.at
Öffnungszeiten: Mo.–Fr. 9.00–16.00 Uhr
Amtsbezirk: Österreich

Adressen der für die Schweiz zuständigen Vertretung:
Botschaft der Republik Costa Rica
Schwarztorstraße 11, 3007 Bern
Tel.:0031-(0)372-7887
Fax:0031-(0)372-7834
E-Mail: embajada.costa.rica@bluewin.ch
Öffnungszeiten: Mo.–Fr. 9.00–16.00 Uhr
Amtsbezirk: Schweiz

Praktische Hinweise für Naturreisende

Adresse der Deutschen Vertretung:
Botschaft der Bundesrepublik Deutschland
Embajada de la República Federal de Alemania
Torre La Sabana, 8. Etage, 300 m westlich von ICE, Sabana Norte, Apartado 4017-1000, San José, Costa Rica
Tel.:00506-(0)2290-9091
Fax: 00506-(0)2231-6403
Notnummer: 00506-(0)83817968
E-Mail: info@embajada-alemana-costarica.org
www.san-jose.diplo.de
Öffnungszeiten:
Mo.–Fr. 9.00–11.30 Uhr
Amtsbezirk: Costa Rica

Adresse der Österreichischen Vertretung:
Honorarkonsulat
(ohne Passbefugnis,
ohne Sichtvermerksbefugnis)
Rohrmoser, Carretera a pavas de euromobilia, 50 m nördlich, gegenüber Octubre 54
Apartado Postal 683-1007 Centro Colón, San José Costa Rica
Tel.:00506-(0)2291-6142
Fax: 00506(0)2291-6246
E-Mail: consulado.austria@cr4a.com
Öffnungszeit: Mo.–Fr. 8.00–16.00 Uhr

Österreichische Botschaft Mexiko
(zuständig auch für Costa Rica)
Sierra Tarahumara Pte.420 Col.
Lomas de Chapultepec 11000
México, D.F

Tel.:0052-(0)5251-0806
Fax: 0052-(0)5245-0198
E-Mail: mexiko-ob@bmeia.gv.at
www.aussenministerium.at/mexiko
Öffnungszeiten: Mo.–Fr. 9.00–12.00 Uhr
Amtsbezirk: Mexiko, Belize, Costa Rica, El Salvador, Guatemala, Honduras, Nicaragua

Adresse der Schweizer Vertretung:
Botschaft San José
Embajada de Suiza
Apartado 895, Centro Colón, 1007
San José Costa Rica
Tel.:00506-(0)2221-4829
Fax.: 00506-(0)2255-2831
E-Mail: sjc.vertretung@eda.admin.ch
www.eda.admin.ch/sanjose
Öffnungszeiten: Mo.–Do. 7.30–16.00, Fr. 7.30–13.00 Uhr
Amtsbezirk: Costa Rica, Nicaragua, Panama

Zoll

Bei der Einreise können alle Artikel des persönlichen Gebrauchs eingeführt werden sowie die international üblichen Mengen an zollfreien Gütern (200 Zigaretten, 1 Liter Spirituosen, Parfüm etc.). Geschenke sind zu deklarieren.

Bei der Ausreise ist darauf zu achten, dass keine Kunstgegenstände oder Antiquitäten mitgenommen werden. Hierfür werden Ausfuhrpapiere benötigt. Wer Kunstgegenstände (nicht Kunsthandwerk) oder Antiquitäten in offiziellen Galerien kauft, wird wahrscheinlich eine Ausfuhrgenehmigung erhalten.

Praktische Hinweise für Naturreisende

Tiere, Pflanzen und Teile davon unterliegen oft dem Washingtoner Artenschutzabkommen und sollten sich keinesfalls im Gepäck befinden!

Zollbestimmungen sind häufig Änderungen unterworfen; daher sollten Sie sich über die aktuellen Gegebenheiten bei der Botschaft von Costa Rica, Dessauer Straße 28/29, 10963 Berlin (www.botschaft-costarica.de) erkundigen.

Anreise

Der überwiegende Teil an Touristen reist über den internationalen Flughafen Juan Santamaria in der Nähe von Alajuela ein oder über den meist von Chartergesellschaften und amerikanischen Gesellschaften genutzten Daniel-Oduber-Quiros-Flughafen in Liberia. Zahlreiche Fluggesellschaften bedienen die Route nach Costa Rica, jedoch muss in den meisten Fällen mindestens ein Zwischenstopp in Kauf genommen werden. Iberia fliegt über Madrid, und die meisten amerikanischen Gesellschaften landen in Miami oder anderen Flughäfen an der amerikanischen Ostküste zwischen. Condor bietet Flüge ab Deutschland zwei Mal pro Woche an (Mo. und Mi.) mit einem Zwischenstopp in Santo Domingo (Dominikanische Republik). Die Reisezeit beläuft sich auf etwa 14 Stunden.

Condor Flugdienst GmbH
Am Grünen Weg 1–3, 65451 Kleisterbach
Tel.: 0049-(0)0671-65-3602
E-Mail: reservation@condor.com
www.condor.com

Condor Reisemarkt Frankfurt
Tel.: 0049-(0)6907-4059
Fax: 0049-(0)6907-3885
E-Mail: frankfurt6@tc-rsb.de

Iberia Deutschland
Iberia L.A.E, S.A.
Wilhelm-Leuschner-Straße 79,
60329 Frankfurt
Tel.: 0049-(0)69-71660
Fax: 0049-(0)69-7166149
www.iberia.com
Iberia telefonische Reservierungen
Tel.: 01805-442900 (nur innerhalb Deutschlands)

Flughafen Frankfurt,
Terminal 2, Abflug E,
Schalter 922, 60549 Frankfurt
Fax: 0049-(0)69-69071859
Reservierungen täglich von
06.00–08.30 Uhr
10.30–15.00 Uhr
17.00–19.30 Uhr
Flughafen Tegel, gegenüber
Flugsteig 1, 13405 Berlin
Fax: 0049-(0)30-41012766
Reservierungen täglich von
9.00–22.00 Uhr

Iberia Costa Rica
Río Segundo Alajuela Costa Rica
Tel.: 00506-(0)2431-5633
Fax: 00506-(0)2431-5632
Öffnungszeiten: Mo.–Fr. 8.00–12.00 und 13.00–17.00 Uhr
Juan Santamaria Int. Airport
Reservierungen:
Tel: 00506-(0)2443-0454
Fax: 00506-(0)2441-2591

Praktische Hinweise für Naturreisende

Eine weitere Möglichkeit, Costa Rica anzureisen, bietet sich auf dem Landwege entweder von Norden (USA, Mexiko, Nicaragua) oder aus dem Süden (Panama, Südamerika). Touren entlang des Interamerican Highways sind allerdings aufgrund der politischen Lage in einigen Anrainerstaaten derzeit nicht zu empfehlen.

Wer etwas mehr Zeit und Geld mitbringt, kann auch auf dem Seewege nach Costa Rica gelangen. Es ist möglich, auf Frachtschiffen von Hamburg und Antwerpen dorthin zu gelangen, allerdings ist der Preis für eine einfache Strecke erheblich teurer als ein Linienflug. Auskünfte erteilen Reisebüros und Schifffahrtslinien in Hamburg.

Veranstalter

Zahlreiche Veranstalter bieten organisierte Reisen nach Costa Rica an. Meist sind dies Gruppenreisen, die sogar in den Katalogen großer Reiseunternehmen aufgeführt sind. Aber auch Individualtouren lassen sich über Unternehmen organisieren; eine entsprechende Suche im Internet wird genügend Ergebnisse von geeigneten Reiseveranstaltern liefern. Für das vorliegende Buch wurde mit Camino Travel vor Ort zusammengearbeitet.

> **Camino Travel**
> P.O. Box: 1049-2050 San Pedro,
> San José, Costa Rica
> E-Mail: info@caminotravel.com
> www.caminotravel.com
> Tel.: 00506-(0)2234-2530
> Fax: 00506-(0)2225-6143

In Deutschland haben sich u. a. Colibri Umweltreisen, Santana Travel und travel-to-nature auf Costa Rica spezialisiert.

> **Colibri Umweltreisen GmbH**
> Bahnhofstr.154 d, Postfach 1105,
> 14624 Dallgow-Döberitz bei Berlin
> Tel.: 0049-(0)3322-1299-0
> Fax: 0049-(0)3322-1299-10
> E-Mail: info@colibri-berlin.de
> www.costarica.de
>
> **Santana Travel GmbH**
> Pöltnerstr. 12, 82362 Weilheim
> Tel.: 0049-(0)881-41452
> Fax: 0049-(0)881-41454
> www.santanatravel.de
>
> **travel-to-nature GmbH**
> Franz-Hess-Str. 4, 79282 Ballrechten
> Tel.: 0049-(0)7634-50550
> Fax: 0049-(0)7634-505529
> E-Mail: info@traveltonature.de
> www.costa-rica.com

Ankunft

Am Flughafen Juan Santa Maria sind Autovermietungen und Bushaltestellen vorhanden, im Allgemeinen wird man jedoch bereits hier vom beauftragten Reiseunternehmen oder Hotel abgeholt. Wer direkt weiterreist, muss je nach gebuchter Fluggesellschaft von dort weiterfliegen (SANSA) oder den Weg zum nationalen Flughafen Tobias Bolaños (Nature Air) per Taxi zurücklegen (siehe Abschnitt „Reisen im Land"). Ab Liberia gibt es Shuttleservices nach z. B. Tamarindo, San José, Arenal,

Manuel Antonio und Monterverde. Zudem stehen zahlreiche Taxis zur Verfügung. Genauere Informationen inklusive Preise und Buchungsmöglichkeiten findet man unter http://www.liberiacostarica.com/transportation.html.

Zeitverschiebung

Die costa-ricanischen Uhren richten sich nach der Central American Standard Time, die sieben Stunden hinter unserer Zeit zurückliegt. Daraus ergibt sich, dass 00.00 Uhr Mitternacht in Costa Rica bereits 7.00 Uhr am folgenden Tag in Deutschland entspricht. Nach Umstellung auf Sommerzeit in Deutschland (März–September) beträgt der Zeitunterschied acht Stunden.

Währung und Geld

Die offizielle Währung ist der Colón. Es gibt Münzen von 1, 2, 5, 10 und 20 Colónes sowie Scheine zu 50, 100, 500, 1.000 und 5.000 Colónes. Der Kurs ist an den Dollar angelehnt und kann demnach recht stark variieren. Im Frühjahr 2010 entsprach 1 Euro (ca. 1,35 US-Dollar) etwa 725 Colónes. Die inoffizielle, aber gern gesehene Währungseinheit ist der US-Dollar. Es empfiehlt sich daher, US-Dollar-Reiseschecks und Bargeld mitzunehmen. Kreditkarten werden in vielen Hotels, Restaurants und Reiseagenturen akzeptiert. In größeren Orten ist es möglich, Bargeld mittels Cirrus (oft auf EC-Karten) oder Kreditkarten aus Bankautomaten zu erhalten.

Reisen im Land

Mit dem Auto

Die größtmögliche Unabhängigkeit bietet sicherlich ein Mietwagen. In San José sind eine Reihe weltweit operierender Unternehmen wie auch kleinere Anbieter tätig. Ein Preisvergleich lohnt sich allemal. Typischerweise ist mit etwa 50 US-Dollar pro Tag für einen Kleinwagen zu rechnen. Es muss jedoch bedacht werden, welche Orte zu welcher Jahreszeit angefahren werden sollen, da häufig ein normales Fahrzeug nicht ausreicht. Allradgetriebene Autos liegen im Preis häufig 20 US-Dollar pro Tag höher. Hinzu kommt noch eine unumgängliche Versicherungsgebühr von über 10 US-Dollar pro Tag und 2 US-Dollar täglich für jeden weiteren eingetragenen Fahrer. Saisonal werden Zuschläge von etwa 10 US-Dollar erhoben.

Bei der Wagenübernahme wird ein Protokoll mit bereits vorhandenen Schäden angefertigt. Es ist daher ratsam, sich genügend Zeit zu nehmen und das Fahrzeug genauestens zu überprüfen, da sonst damit zu rechnen ist, dass man bei der Rückgabe für eventuelle Altschäden zur Kasse gebeten wird.

Praktische Hinweise für Naturreisende

Avis
Flughafen San José Costa Rica
Cruce San Antonio De Belen, Alajuela Costa Rica
Tel.: 00506-(0)2442-1321
Öffnungszeiten:
Mo.–So. 05.30–22.15 Uhr
Hotel Melia Corobicí, Sabana Norte
Central, San José Costa Rica
Tel.: 00506-(0)2232-9922
Öffnungszeiten:
Mo.–So. 08.00–17.00 Uhr
www.avis.com

Budget
Flughafen San José Costa Rica
Tel.: 00506-(0)2436-2000
Öffnungszeiten: Mo.–So. 24 Std.
San José Costa Rica,
Paseo Colon Calle 30, San José
Tel.: 00506-(0)2223-3284
Öffnungszeiten: Mo.–Sa. 08.00–18.00 Uhr, So. 08.00–16.00 Uhr
www.budget.com

Adobe
Flughafen San José Costa Rica
Sieben Blocks östlich des Hampton Inn Hotels
Tel.: 00506-(0)2442-2422
Öffnungszeiten: 06.00–19.00 Uhr
San José
12th Avenue, 28th Street,
Plaza Aventura Commercial Center, Office 10
Öffnungszeiten: 08.00–19.00 Uhr
Tel.: 00506-(0)2258-4242
Online-Reservierung:
www.adobecar.com
E-Mail: info@adobecar.com

Mit dem Taxi
Nahezu in jedem Ort sind Taxis zu finden, die sowohl innerörtlichen Verkehr als auch Langstreckentransporte anbieten. Im Allgemeinen sind die Fahrzeuge mit Taxametern ausgerüstet, jedoch ist es auf längeren Strecken günstiger, einen Pauschalpreis vorab auszuhandeln. Taxis können auch tage- oder halbtageweise angemietet werden, sodass man Ausflüge in die nähere Umgebung machen kann, bei denen der Taxifahrer entweder auf Ihre Rückkehr wartet oder Sie zu einer bestimmten Zeit wieder abholt. Die Fahrer haben sich als sehr zuverlässig erwiesen, um absolut sicher zu gehen, sollten Sie den gesamten Tourpreis erst am Ende bezahlen.

Mit dem Bus
Costa Rica hat ein reichhaltiges Angebot an Busgesellschaften und -verbindungen. Von San José aus ist es möglich, im Laufe eines Tages selbst in recht entlegene Ecken des Landes zu gelangen. Für weniger befahrene Strecken empfiehlt es sich, Fahrkarten im Voraus zu reservieren. San José besitzt keinen zentralen Busbahnhof, wie dies in den meisten anderen Orten üblich ist. Eine Zusammenstellung der verschiedenen Abfahrtsorte sowie Fahrpläne erhält man beim Touristenbüro (ICT, www.visitcostarica.com). Die Fahrpreise sind für europäische Verhältnisse ausgesprochen günstig, jedoch sollte man nicht unbedingt einen Luxusbus erwarten.

Internationale Routen (Inerbus, Ticabus) verbinden Costa Rica mit anderen mittelamerikanischen Ländern wie Nicaragua und Mexiko im Norden sowie Panama im Süden.

Praktische Hinweise für Naturreisende

Mit dem Flugzeug

Fliegen ist sicherlich die zeitsparendste und manchmal einzige Methode, in abgelegenere Gebiete zu gelangen. Geflogen wird meist mit kleinen Maschinen, die zwischen sechs und 20 Passagiere befördern können. Das Fluggepäck ist typischerweise auf 10 kg beschränkt, sodass man sich vor Tourbeginn genau überlegen sollte, was wirklich benötigt wird. Das restliche Gepäck kann im Hotel in San José zurückgelassen werden. Neben kleineren Charterfirmen sind die staatliche SANSA sowie die private Nature Air Hauptanbieter von Inlandsflügen. Nahezu alle touristisch interessanten Gebiete lassen sich per Kleinflugzeug erreichen. Die SANSA fliegt ab dem internationalen Flughafen Juan Santamaria, Nature Air fliegt ab dem nationalen Flughafen Tobias Bolaños bei Pavas. Die Flugpreise für ein einfachen Inlandsflug liegen bei Nature Air und SANSA zwischen 75 bis 125 US-Dollar. Hinzu kommen noch einmal 20 US-Dollar an Steuern. Flüge werden entweder direkt bei den Fluggesellschaften oder über eine Reiseagentur gebucht. Aufgrund der geringen Größe der Maschinen sollte eine Buchung in der Hochsaison möglichst frühzeitig erfolgen. Viele Flugrouten innerhalb Mittelamerikas werden zusätzlich von TACA bedient. Nature Air und SANSA bietet täglich Flüge von San José u. a. zu folgenden Reisezielen an:

Tamarindo, Quepos, Manuel Antonio, Arenal Volcano, Barra del Colorado, Golfito, Palmar Sur, Puerto Jiménez und Tortuguero.

SANSA
Reservierungen:
Tel.: 00506-(0)2290-4100
Fax: 00506-(0)2290-3543
E-Mail: info@flysansa.com
www.flysansa.com
San José Administration
Edificio TACA La Uruca,
San José – Costa Rica
Tel.: 00506-(0)2290-4400
Fax: 00506-(0)2290-3538
Mo.–Fr. 08.00–17.00 Uhr
Sa. 08.00–13.00 Uhr

Nature Air
Flughafen Tobias Bolaños, San José
Costa Rica
E-Mail: reservations@natureair.com
Rufen Sie kostenlos an
(USA/Canada): 800-235-9272
Reservierungen: 00506-(0)2299-6000
www.natureair.com

TACA
San José Juan Santamaria International Main Lobby
Reservierungen: Mo.–So. 24 Std.:
00506-(0)2299-8222
TACA Centers
San José, Nordöstliche Ecke des Parks La Sabana, 100 m östlich der Nissan-Agentur
Mo.–Fr. 08.00–20.00 Uhr
Sa. 08.00–17.00 Uhr
So. 09.00–17.00 Uhr
www.taca.com

Praktische Hinweise für Naturreisende

Aus- und Weiterreise

Bei der Ausreise wird am Flughafen eine Steuer von derzeit 26 US-Dollar erhoben, die bar oder per Kreditkarte gezahlt werden kann. Die Schalter hierfür befinden sich in der Eingangshalle und sollten als Erstes aufgesucht werden. Eine Bescheinigung über das Entrichten der Steuer wird zum Einchecken benötigt.

Karten

Kartenmaterial ist bereits vor der Anreise bei zahlreichen Buchhändlern oder im Internet erhältlich. Zudem liegen am Flughafen, in costa-ricanischen Reisebüros und den meisten Lodges Karten kostenfrei aus.

> **Neben den diesem Reiseführer beiliegenden Karten können wir noch folgendes Kartenmaterial empfehlen:**
>
> „Costa Rica National Parks and other Protected Areas Map" (Fundacion Neotropica, 1:500.000)
> „Costa Rica Autokarte" (Freytag & Berndt, 1:400.000)
> Sehr detailliert ist das „Costa Rica Nature Atlas Guide Book" (Incafo S. A., 1:200.000), das neben Kartenmaterial auch mit Beschreibungen einzelner Naturschutzgebiete aufwartet.

Aktivitäten

Trekking und Wanderungen

Regelrechtes Trekking ist in Costa Rica nur begrenzt möglich. Die besten Touren führen in den Corcovado-Nationalpark, auf den Chirripó oder von Monteverde nach Arenal. Während Chirripó und Corcovado im Alleingang angegangen werden können, bedarf es für den Monteverde-Arenal-Trekk eines Führers.

Die begleitenden Führer haben nicht nur sehr gute Ortskenntnisse, sondern besitzen auch wertvolle Informationen über die Natur und Geologie der Region. Einige Hotels und Lodges, die nahe den Schutzgebieten angesiedelt sind, bieten häufig eintägige Touren in die Umgebung an. Sollten Sie ein Gebiet selbst erkunden wollen, empfiehlt es sich für alle Fälle, eine gute Karte sowie einen kleinen Sprachführer in der Tasche zu haben. Nur ein geringer Teil der Landbevölkerung kann Ihnen auf Englisch Auskünfte über Orte oder Richtungsbeschreibungen geben.

Strände

Während der Hochsaison sind die Strände recht voll. Außerhalb dieser Zeit kann es einem aber auch passieren, dass man weit und breit keine Menschenseele sieht. Für den Tourismus sind die Regionen auf der pazifischen Seite (Nicoya-

Praktische Hinweise für Naturreisende

Halbinsel sowie zwischen Jáco und Manuel Antonio) am besten ausgebaut. Insbesondere englische und amerikanische Touristen bevorzugen diese Region für einen Badeurlaub. Weitere Planungen existieren, die Küstenregion um Uvita und Dominical für den Strandtourismus auszubauen. Karibisches Flair findet man in Orten südlich von Limón, wo derzeit noch keine Hotelburgen und Apartmentanlagen hochgezogen wurden.

Wer sich auf eine längere Reise durch Costa Rica begibt, sollte ruhig einige Tage zur Erholung mittendrin oder am Ende der Tour einplanen – um einfach nur zu entspannen oder vielleicht auch um zu tauchen oder zu schnorcheln (siehe unten). Der Erholungswert ist ausgesprochen hoch, und die Gastfreundschaft lässt keine Wünsche offen.

Schnorcheln und Tauchen

Die Beobachtung der Unterwasserwelt ist in Costa Rica meist an den Besuch eines Nationalparks (Cahuita oder Gandoca Manzanillo) oder an eine Überfahrt auf eine der vorgelagerten Inseln (Marino Ballena) gebunden. Costa Ricas Korallenriffe zählen nicht gerade zu den bedeutendsten Tauch- und Schnorchelgründen Mittelamerikas, und Sie sollten daher nicht zu hohe Erwartungen daran setzen. Einzige Ausnahme ist die mitten im Ozean liegende Isla de Coco mit atemberaubenden Korallengärten und einer hochdiversen Tierwelt. Touren dorthin müssen monatelang im Voraus gebucht werden und sind nur erfahrenen Tauchern zu empfehlen.

Beim Schnorcheln und Tauchen gelten die gleichen Regeln wie überall auf der Welt: Korallen dürfen nicht angefasst und Fische nicht angefüttert werden. Taucher benötigen einen international gültigen Tauchschein. Wer länger nicht getaucht hat, sollte bereits im Heimatland, spätestens aber vor dem ersten richtigen Tauchgang einen Auffrischungskurs besuchen. Schnorcheln kann in einigen Gegenden recht anstrengend sein, da die Riffe weit draußen liegen und die Strömung dementsprechend stark sein kann. Man sollte sich vorher darüber im Klaren sein, in welche Richtung die Strömung vom Boot fortführt und zwischendurch immer wieder einen Blick zurück zum Boot werfen. Unerfahrene Schnorchler sollten nur mit einem erfahrenen Begleiter auf die ersten Exkursionen gehen. Dies ist nicht nur sicherer, sondern auch viel ergiebiger. Man kann sich auf diese Weise vollständig auf die Unterwasserwelt konzentrieren, ohne auf die äußeren Umstände besonders achtgeben zu müssen.

Sport

Raum für sportliche Aktivitäten gibt es in Costa Rica genügend. Neben den bereits angesprochenen naturverbundenen Aktivitäten wie Trekking und Tauchen sind dies vor allem Wassersport und Mountainbiking. Einige Hotels besitzen Tennisplätze oder Squashcourts, und in den Hochlandregionen findet man Golfplätze. Eigentlich sollte jeder, der etwas sportliche Betätigung sucht, in der Lage sein, das Richtige zu finden.

Fotografieren

Wohl jeder Reisende möchte den einen oder anderen Schnappschuss machen oder wird versuchen, qualitativ hoch-

Praktische Hinweise für Naturreisende

wertige Natur- und Landschaftsaufnahmen zu ergattern. Die jeweiligen Ausrüstungen dafür fallen sehr unterschiedlich aus. Unabdingbar für jegliche Kamera sind UV-Filter, Sonnenblenden, ein Blitzgerät sowie gute Schutzhüllen gegen Staub und Feuchtigkeit.

Typischerweise werden unzählige Natur- und Tieraufnahmen gemacht. Selbst kleine Kameras liefern gute Bilder, vorausgesetzt, es werden genügend langbrennweitige Objektive benutzt. Nicht immer kommt man an ein Tier auf wenige Meter heran. Eine Brennweite von 200–300 mm ist dann sehr hilfreich. Für Landschaftsaufnahmen sind kurze Brennweiten von etwa 35 mm ausreichend. Somit ist eine Kleinbildkamera mit einem Zoom von 35–200 mm bereits sehr gut ausgerüstet, um nahezu alle Situationen beherrschen zu können.

Für hochwertige Aufnahmen bedarf es einer etwas aufwändigeren Ausrüstung. Die gleichzeitige Mitnahme zweier Kameras mit unterschiedlichen Zoomobjektiven hat sich bei vielen Fotografen sehr bewährt. Eine Kamera wird mit einem Objektiv von 28–80 mm ausgestattet und dient vorwiegend zur Aufnahme von Landschaftsbildern, die andere sollte ein Zoomobjektiv von 80–400 mm haben, um auch weiter entfernt sitzende Tiere in einem sinnvollen Bildausschnitt abzulichten. Spezialobjektive wie Makrolinsen können sehr für Pflanzenaufnahmen und Bilder kleiner Tiere hilfreich sein. Keinesfalls sollte ein Blitzgerät fehlen, um besondere Belichtungseffekte erzielen zu können. Einige neuerdings erhältliche Digitalkameras weisen die meisten der gerade genannten optischen Zooms bereits auf. Diese haben sich in letzter Zeit als sehr zuverlässig erwiesen und keinerlei Probleme – selbst bei hoher Luftfeuchtigkeit – aufgeworfen. Bei Naturaufnahmen sollte mit mindestens 6 Megapixeln gearbeitet werden, um eine hohe Bildqualität sicherzustellen.

Als Filmmaterial haben sich in den offenen Landschaften Filme der Empfindlichkeit 100 ASA sehr bewährt. Für bewölkte Tage sollte man einen kleinen Vorrat an 200-ASA-Filmen bei sich haben. Im Gegensatz dazu gestalten sich Aufnahmen in Regenwaldgebieten bereits etwas schwieriger. Hier benötigt man entweder höher empfindliches Filmmaterial (400 ASA aufwärts), das allerdings bereits eine gewisse Grobkörnigkeit aufweist, oder gute Blitzgeräte. Die Farbwiedergabe von ungeblitzten Aufnahmen kann je nach Filmtyp sehr unterschiedlich ausfallen. Häufig wird man später von einem Blaustich enttäuscht, obwohl das fotografierte Waldstück eigentlich im herrlichsten Grün erleuchtete. Bezüglich der Filmauswahl ist es sehr hilfreich, verschiedene Materialien an trüben Tagen in den Gewächshäusern botanischer Gärten zu testen.

Vergessen Sie nicht, genügend Filme und Batterien mitzunehmen. Insbesondere einige neuere Kameras benötigen

Spezialbatterien, die nicht ohne Weiteres bzw. nur zu hohen Preisen in Costa Rica erhältlich sind. Auch bei den Filmen lohnt es sich, diese bereits zuhause zu erwerben, da Filme vor Ort erstens teurer sind und zweitens häufig nicht sorgfältig gelagert wurden. Für eine „erfolgreiche" Tour sollten Naturbegeisterte pro Tag 1–3 Filme einplanen. Wer Digitalkameras benutzt, sollte eine (oder besser zwei) Speicherkarten mit entsprechend hoher Kapazität mit sich führen. Es ist sehr zu empfehlen, immer mit höchster Auflösung zu fotografieren. Die Weiterbearbeitung der Fotos gestaltet sich dann am Computer erheblich einfacher, und Ausdrucke haben eine viel bessere Qualität.

Verglichen mit dem Reisepreis sind Filme, Speicherkarten und Batterien recht günstig, und nach Ihrer Rückkehr werden Ihnen die Aufnahmen noch einmal die tolle Reise ins Gedächtnis rufen. Also, nicht sparen, sondern alles fotografieren, was den Weg kreuzt!

Reisezeit

Es ist recht schwierig, eine allgemeingültige Reisezeit für Costa Rica anzugeben, da in den verschiedenen Regionen, Regen- bzw. Trockensaison zu unterschiedlichen Zeiten stattfinden kann. Bei der Beschreibung der einzelnen Reiseziele ist daher das entsprechende Klima für die jeweilige Region angegeben. Weitere Informationen können der Klimatabelle im einführenden Teil des Buches entnommen werden. Die meisten europäischen Touristen sind während der Monate Juni bis August anzutreffen, da zu dieser Zeit in vielen Ländern Sommerferien sind. Die Hochsaison in Costa Rica erstreckt sich von Oktober bis Ende April, wenn eine recht lang anhaltende „Trockenperiode" an beiden Küsten vorherrscht.

Reiseliteratur

Der vorliegende Naturreiseführer kann und will einen traditionellen Reiseführer nicht ersetzen. Informationen über die zahlreichen Übernachtungsmöglichkeiten, Restaurants und Verkehrsanbindungen unterliegen stetigen Änderungen, die von anderen Reiseführern in immer ergänzten und revidierten Auflagen schnell aufgegriffen werden. Die natürlichen Begebenheiten dagegen, wie sie in diesem Buch beschrieben werden, sollten sich hoffentlich längerfristig nicht ändern.

> **Als Reiseliteratur seien hier die folgenden Bücher empfohlen:**
> NATIONAL GEOGRAPHIC TRAVELER (2009): Costa Rica. Alle Highlights – Exclusive Tipps – Unvergessliche Erlebnisse. – National Geographic Deutschland, 288 S.
> KIRST, D. (2009): Costa Rica: Das komplette Handbuch für individuelles Reisen und Entdecken im Naturparadies Mittelamerikas. – Reise-Know-How Verlag Rump, 660 S.
> REICHARDT, J. (2007): Stefan Loose Travel Handbücher Costa Rica: Aktuelle Reisetipps. – Falk, Ostfildern, 444 S.

Praktische Hinweise für Naturreisende

Reisen als Frau

Prinzipiell ist Costa Rica problemlos bereisbar; dies gilt auch für allein reisende Frauen. In den touristisch orientierten Küstenregionen kann es wie überall auf der Welt zu unangenehmen Begegnungen mit aufdringlichen Männern kommen. Sollten Sie dort nachts unterwegs sein, schließen Sie sich am besten mit anderen Reisenden zusammen. Außerhalb der Großstädte können einige Hygieneartikel Mangelware sein. Nehmen Sie daher auf Touren in entlegene Regionen einen genügend großen Vorrat mit.

Kleidung

Die Kleiderfrage muss jeder für sich selbst entscheiden. Abhängig von der jeweiligen Tour kann die Zusammenstellung sehr unterschiedlich ausfallen.

Als Erstes sei erwähnt, dass es trotz des tropischen Klimas saisonal und regional recht kühl werden kann. Dies gilt insbesondere für die Hochlandregionen. Ein Pullover oder Ähnliches sollte in keinem Koffer fehlen. Typischerweise ist Sommerkleidung eine gute Wahl. Natürliche Materialien wie Baumwolle sind synthetischen dabei vorzuziehen. In Gebieten mit großem Aufkommen an Mücken sollten Sie trotz der Wärme lange Hosen und langärmelige Hemden tragen. Sie haben dann wesentlich mehr Zeit, sich auf das Wesentliche zu konzentrieren, anstatt ständig zu versuchen, die Plagegeister abzuwehren.

Bei Regenwaldtouren sind atmungsaktive, wasserdichte Jacken und Rucksäcke unerlässlich. Man muss immer mit einem kurzen Schauer rechnen und hat dann die Möglichkeit, zum einen selbst einigermaßen trocken zu bleiben und zum anderen seine Kamera vor der Feuchtigkeit zu schützen. Bei diesen Wanderungen sind knöchelbedeckende Trekkingschuhe mit rutschfesten Sohlen ebenfalls sehr vorteilhaft.

Für die Trekkingtouren werden zusätzliche Kleidungsstücke benötigt. Neben gut eingelaufenem Schuhwerk gehören dazu regenabweisende Kleidung (Regenponcho und evtl. -hose) sowie, wenn man höher hinaus möchte, auch die entsprechenden Bergschuhe und Winterkleidung. Bei niedrigen Temperaturen hat sich besonders Fleecematerial als Kälteschutz bewährt.

Gesundheit

Für Europäische Reisende sind keine Impfungen vorgeschrieben. In Costa Rica besteht ein geringes Malariarisiko in einigen Gebieten im Norden des Landes und entlang der Küsten. Da Mückenstiche nicht zu verhindern sind, sollte bei längeren Aufenthalten in Risiko-Regionen eine Malariaprophylaxe eingenommen werden, ansonsten ist die Mitnahme einer Behandlungsdosis sicherlich ausreichend. Während die Malaria übertragenden *Anopheles*-Mücken in den Dämmerungs- und Abendstunden unterwegs sind, treibt die *Stegomyia*-Mücke, die für Denguefieber verantwortlich ist, ihr Unwesen tagsüber.

Denguefieber ist in Costa Rica auf dem Vormarsch, eine medikamentöse Prophylaxe gibt es allerdings nicht.

Empfehlenswert sind weiterhin Hepatitis-A-Schutz sowie Tetanus-Impfungen. Weitergehende Auskünfte können entweder über den Hausarzt oder das nächstgelegene Tropeninstitut eingeholt werden.

Wer spezifische Medikamente benötigt, sollte diese von zu Hause mitbringen. Ein kleines Erste-Hilfe-Set mit Verbandszeug, Antibiotika, Antiallergika und Schmerzmitteln kann auf längeren Ausflügen sehr hilfreich sein.

Obwohl es eine Reihe von Gifttieren (Schlangen, Skorpione und einige Spinnen) gibt, sind Bissunfälle eher selten. Als Regel gegen Schlangenbisse sollte gelten, niemals barfuß oder in offenen Schuhen durch den Wald zu wandern, sondern eher knöchelhohes Schuhwerk zu tragen. Antiseren gegen Schlangenbisse werden nur in den Krankenhäusern vorrätig gehalten.

Die medizinische Versorgung in Costa Rica ist recht gut, und in San José sowie den meisten Touristenzentren gibt es englisch- und deutschsprachige niedergelassene Ärzte.

Gefahren

Die Touristenpolizei ist in großen Touristenzentren wie Jacó, Tamarindo oder San José Zentrum zu finden und über die kostenlose Rufnummer 911 (auch englischsprachig) erreichbar. Aufgrund der häufigen Passdiebstähle ist es ratsam, den Reisepass im Hotelsafe sicher zu verwahren und sich gegenüber den costa-ricanischen Behörden mit einer beglaubigten Passkopie auszuweisen, die neben der Passseite mit den personenbezogenen Angaben auch die Seite mit dem costa-ricanischen Einreisestempel beinhalten muss. An einigen Stellen im Land scheinen Taschendiebe häufiger vertreten zu sein als an anderen. So sollten Sie in der Umgebung der Parkplätze am Río Tárcoles, Cerro de la Muerte und Manuel Antonio etwas achtsamer sein. Besonders am Cerro de la Muerte werden Autoreifen zerstochen, um dann hochbezahlte Hilfe anzubieten. Ansonsten ist es in Costa Rica nicht wesentlich gefährlicher als in einigen Gegenden großer europäischer Städte.

Geschäftszeiten

Behörden und Ämter sind zwischen 8 und 16 Uhr geöffnet, Banken in der Regel von 9–16 Uhr. Private Unternehmen und Geschäfte öffnen häufig schon um 8 Uhr und schließen gegen 18 Uhr. Besonders in San José wird es mit Ladenschlusszeiten nicht sehr genau genommen. Man kann hier gar Geschäfte finden, die durchgehend geöffnet sind. In den Mittagstunden muss man damit rechnen, dass wegen der Siesta geschlossen wird.

Strom

Das Spannungsnetz ist in Costa Rica auf 110 Volt ausgelegt. Einige abgelegenere Lodges produzieren ihren eigenen Strom und bitten oftmals ihre Gäste, auf die Benutzung von Elektrogeräten wie etwa einem Fön abzusehen. Adapter – wie sie in den USA benutzt werden – für europäische Stecker sollten schon vor der Reise angeschafft werden.

Telefon und Internet

Die Vorwahl von Costa Rica ist 00506 gefolgt von der Anschlussnummer. Für Gespräche nach Europa gelten die üblichen Nummern: Deutschland: 0049; Österreich: 0043; Schweiz: 0041, gefolgt von der Ortsvorwahl (ohne die „0").

Die meisten großen europäischen Netzbetreiber haben mit costa-ricanischen Anbietern Roaming-Abkommen geschlossen, sodass das costa-ricanische GSM-Netz mit europäischen Mobiltelefonen genutzt werden kann. Informationen erhält man bei den entsprechenden deutschen Netzbetreiber-Anbietern.

Mobiltelefone können in vielen Landesteilen benutzt werden, sind aber in abgelegenen Gebieten nur begrenzt oder gar nicht einsetzbar. Viele Autovermietungen bieten Mobiltelefone an, die nur auf costa-ricanischem Netz arbeiten, aber dafür eine bessere Flächendeckung gewährleisten.

Internetzugang findet man in den meisten Unterkünften sowie in zahlreichen Internetcafés. Die Preise für eine Stunde im Web können sehr unterschiedlich ausfallen und sind gewöhnlich in den Internetcafés billiger als in Hotels. Die Verbindung kann recht langsam sein, sodass die Übertragung von größeren Datenmengen manchmal unmöglich ist.

Verwendete Kartensymbole

Symbol	Bedeutung	Symbol	Bedeutung
▬	Asphaltstraße	△	Berg
▪ ▪	Schotterstraße	▲	Vulkan
▮ ▮	Tunnel	♪	Fumarolen
4	Straßennummer	∞	Fluss
■ ■	Wanderweg (Trail)	🕳	Höhle
●	Stadt, Ortschaft	≋	Korallen
▲	Rangerstation	↯	Wasserfall
🏠	Unterkunft, Hotel	H	Aussichtspunkt
S	Schutzhütte	②	Besucherpunkte

Internetressourcen

Im Internet gibt es zahlreiche Informationen über die Fauna und Flora Costa Ricas sowie über die Nationalparks des Landes. Die im Folgenden aufgelisteten Internetseiten bieten eine sinnvolle Ergänzung zu den im Literaturteil angeführten Büchern.

Fauna und Flora

Allgemeine Infos zu gefährdeten Tierarten:
 http://www.animalinfo.org/country/costa_ri.htm
Amphibia Web:
 http://elib.cs.berkeley.edu/aw/
Amphibian Species of the World:
 http://research.amnh.org/vz/herpetology/amphibia/index.php
Biodiversity Portal Costa Rica:
 http://crbio.cr/portalCRBio/
BirdNet, the Ornithological Council:
 http://www.nmnh.si.edu/BIRDNET/index.html
Checklists of Birds:
 http://www.birdlist.org/cam/central_america.htm
Encyclopedia of Life: http://www.eol.org/
Endangered Species Database:
 http://eelink.net/EndSpp/
Freshwater Fishes of Costa Rica:
 http://fish.mongabay.com/data/Costa_Rica.htm
Mammal Species of the World, Smithsonian Institution: http://vertebrates.si.edu/mammals/msw/
National Biodiversity Institute Costa Rica:
 http://www.inbio.ac.cr/en/default.html
Primate Info Net, International Directory of Primatology:
 http://pin.primate.wisc.edu/
Reptile Database:
 http://www.reptile-database.org/
Zoologie allgemein mit Links zu einzelnen Tiergruppen:
 http://www.biosis.org/

Nationalparks und Schutzgebiete

http://www.worldheadquarters.com/cr/protected_areas/
http://www.costarica-nationalparks.com
http://en.wikipedia.org/wiki/National_Parks_of_Costa_Rica
http://www.costaricabureau.com/nationalparks.htm
http://costaricadictionary.com/nature
http://www.corcovado.org/ (Corcovado-Nationalpark)
http://www.ots.ac.cr/ (Organisation for Tropical Studies: La Selva, Palo Verde, Las Cruces)
http://www.acarenaltempisque.org/ (Area de conservacion Arenal-Tempisque: Lomas Barbudal, Abangares, Tenorio, Arenal-Monteverde)
http://www.acguanacaste.ac.cr/ (Area de conservacion Guanacaste: Santa Rosa, Guanacaste, Rincon de la Vieja; in Spanisch)
http://www.tortugueroinfo.com/ (Tortuguero-Nationalpark)
http://www.monteverdeinfo.com/ (Monteverde- und Santa-Elena-Reservate)
http://www.sinac.go.cr/areassilvestres.php

Literatur

ALBERT, R., G. AUBRECHT, W. HUBER, G. KRIEGER, N. SAUBERER, G. TEBB & A. WEISSENHOFER (2007): The Birds of the Golfo Dulce Region Costa Rica. – Verein zur Förderung der Tropenstation La Gamba, University of Vienna, 80 S.

ALBERT, R., W. HÖDL, W. HUBER, M. RINGLER, P. WEISH & A. WEISSENHOFER (o. J.): The Amphibians & Reptiles of the Golfo Dulce Region Costa Rica. – Verein zur Förderung der Tropenstation La Gamba, University of Vienna, 62 S.

ARITIO, L. BLAS (Hrsg. 2002): Guia de los Parques Nacionales – Costa Rica National Parks Guide. – Incafo, Ediciones San Marcos S. L., 224 S. (in Englisch und Spanisch)

BOZA, M. (1992): Parques Nacionales Costa Rica National Parks. – Editorial Incafo, S. A., Madrid, 333 S. (in Englisch und Spanisch)

DE VRIES, P.J. (1987): The Butterflies of Costa Rica and their natural history. Papilionidae, Pieridae, Nymphlidae. – Princeton University Press, New Jersey, 327 S.

DRESSLER, R.L. (1993): Field Guide to the orchids of Costa Rica and Panama. – Comstock Publ., Cornell University Press, Ithaca, 374 S.

EMMONS, L.H. (1997): Neotropical Rainforest Mammals. A Field Guide. 2nd Edition. – University of Chicago Press, Chicago, 298 S.

FOGDEN, S.C.L. (2005): A photographic guide to Birds of Costa Rica. – New Holland, 144 S.

FRANKE, J. (2009): Costa Rica's National Parks and Preserves. – Mountaineers Books, Seattle, 269 S.

GARGIULLO, M.B., B. MAGNUSON & L. KIMBALL (2008): A field guide to the plants of Costa Rica. – Oxford University Press, 494 S.

HABER, W.A., W. ZUCHOWSKI & E. BELLO (2000): An Introduction to Cloud Forest Trees: Monteverde, Costa Rica. 2nd Edition. – Mountain Gem Publikations, San Josè, Costa Rica, 208 S.

HENDERSON, C.L. (2002): Field Guide to the Wildlife of Costa Rica. – University of Texas Press, 559 S.

HOGUE, C.L. (1993): Latin American Insects and Entomology. – University of California Press, Los Angeles, 536 S.

JANZEN, D.H. (1983): Costa Rican Natural History. – University of Chicago Press, Chicago, 832 S.

LEENDERS, T. (2001): A Guide to Amphibians and Reptiles of Costa Rica. – Zona Tropical, Miami, 305 S.

MCDADE, L.A., S. BAWA, H.A. HESPENHEIDE & G.S. HARTSHORN (Hrsg., 1994): La Selva Ecology and Natural History of a Neotropical Rain Forest. – University of Chicago Press Ltd., London, 486 S.

MORALES, J.F. (2000): Bromelias de Costa Rica – Bromeliads. 2nd Edition – INBIO, 182 S.

SAVAGE, J.M. (2002): The Amphibians and Reptilians of Costa Rica. A Herpetofauna between two Continents, between two Seas. – University Chicago Press, 934 S.

STILES, F.G. & A.F. SKUTCH (1989): A Guide to the Birds of Costa Rica. – Cornell University Press, Ithaca N.Y., 511 S.

WEBER, A., W. HUBER, A. WEISSENHOFER, N. ZAMORA & G. ZIMMERMANN (2001): An Introductory Field Guide to the flowering plants of the Golfo Dulce Rain Forests Costa Rica. – Biologiezentrum des OÖ Landesmuseum (Hrsg.), Stapfia 78, 573 S.

ZUCHOWSKI, W. (2007): Tropical Plants of Costa Rica – A Guide to Native and Exotic Flora. – Cornell University Press, 529 S.

Tier- und Pflanzennamen

Deutsch | English | Español | *Wissenschaftlicher Name*
Die fettgedruckten Seitenzahlen weisen auf eine Abbildung hin.

Säugetiere

Baumozelot, Langschwanz-Katze | Margay | Tigrillo, Caucel | *Felis (Leopardus) wiedii* 50, 259
Dreifingerfaultier | Three-toed Sloth
  | Perezoso de tres Dedos | *Bradypus variegatus* 47, 149, **222**, 214, 219, 222
Finnwal | Fin Whale | Ballena boba | *Balaenoptera physalis* **270**
Fischotter | Southern River Otter | Nutria | *Lutra longicauda* 149, **214**, 219, 241
Gelbes Totenkopfäffchen | Central American Squirrel Monkey | Mono Titi | *Saimiri oerstedii* 21, 45, **265**
Gelbohr-Fledermaus | Tent-making Bat | Murciélago | *Uroderma bilobatum* 43, 214, 252, 278
Geoffroy-Klammeraffe | Central American Spider Monkey | Mono Arana | *Ateles geoffroyi* 44, 214, **279**
Grauhörnchen | Variegated Squirrel | Chizas | *Sciurus variegatoides* 129, 172, 232
Halsband-Pekari | Collared Peccary | Saino | *Pecari tajacu* **53**, 162, 180, 283
Hasenmaul-Fledermaus | Fishing Bulldog Bat | Murciélago Pescador | *Noctilio leporinus* 214
Hoffmann-Zweifinger-Faultier | Hoffmann's Two-toed Sloth
  | Perezoso de dos Dedos | *Choloepus hoffmanni* 47, 65, 149, 219, 265
Jaguar | Jaguar | Tigre | *Felis (Panthera) onca* **4**, 49, 144, 278
Jaguarundi | Jaguarundi | Yaguarundi, león breñero | *Herpailurus (Puma) yaguaroundi* 50, 144
Karibische Seekuh | Carribean Manatee | Manati | *Trichechus manatus* 214, 227
Kinkajou | Kinkajou | Marta, oso mielero | *Potos flavus* 52, 275
Kojote | Coyote | Coyote | *Canis latrans* 20, 53, 129, 232
Krabbenwaschbär | Crab-eating Raccoon | Mapache Cangrejero | *Procyon cancrivorus* 53, 221, 267
Mantelbrüllaffe | Mantled Howler Monkey | Mono Congo | *Alouatta palliata* **43**, 144, 191, 219
Mittelamerikanische Wollbeutelratte | Derby's Woolly Opossum
  | Filandro centroamericano, Zorro de balsa | *Caluromys derbianus* **40**
Mittelamerikanischer Tapir | Baird's Tapir | Chancha, Danta | *Tapirus bairdii* **55**, 146, 285
Mittelamerikanisches Agouti | Central American Agouti
  | Guatusa | *Dasyprocta punctata* **48**, 220, 270, 285
Mittelamerikanisches Opossum | Common Opossum
  | Raposa, Zorro Pelon | *Didelphis marsupialis* 40, 191, 193
Nacktschwanz-Gürteltier | Northern Naked-tailed Armadillo | Armadillo Zopilote | *Cabassous centralis* 40
Neunbinden-Gürteltier | Nine-banded Armadillo | Cusuco, Armadillo | *Dasypus novemcinctus* 46, 138
Nordamerikanischer Waschbär | Northern Raccoon | Mapache | *Procyon lotor* 53
Nördlicher Tamandua | Banded Anteater | Oso Jaceta, Hormiguero | *Tamandua mexicana* **46**, 241, 258
Ozelot | Ocelot | Manigordo | *Felis (Leopardus) pardalis* 50, 144
Paka | Paca | Tepezcuinte | *Agouti paca* 40, 49, 138, 168
Puma, Berglöwe | Cougar, Mountain Lion | Puma | *Felis (Puma) concolor* **51**, 129, 144
Roter Spießhirsch, Großamazama | Red Brocket | Cabro de Monte | *Mazama americana* **54**
Sackflügel-Fledermaus | Sac-wing bat | Murciélago de saco | *Saccopteryx bilineata* 43, **227**
Tayra | Tayra | Tolumuco, Gato de monte | *Eira barbata* 50
Vampirfledermaus | Vampire Bat | Vampiro | *Desmodus rotundus* 42
Vieraugen-Opossum | Gray Four-eyed Opossum | Zorro de cuatro ojos | *Philander opossum* 41
Weißbart-Pekari | White-lipped Peccary | Cariblanco | *Tayassu pecari* 54, 290

Tier- und Pflanzennamen

Weißgesicht-Kapuzineraffe | White-throated Capuchin | Carablanca | *Cebus capucinus* **44**, 265, 266, 279
Weißrüssel- oder Nasenbär | White-nosed Coati | Pizote | *Nasua narica* 50, **52**, 221, 259
Weißwedelhirsch | White-tailed Deer | Venado | *Odocoileus virginianus* 50, 54, 129
Wickelbär | Kinkajou | Martilla | *Potos flavus* **52**, 179
Zwergameisenbär | Silky Anteater | Serafin de Plantanar | *Cyclopes didactylus* 46, **278**

Vögel

Amazonasfischer | Amazon Kingfisher | Martín Pescador Amazónico | *Chloroceryle amazona* **74**, 275, 286
Amerikanischer Nimmersatt | Wood Stork | Cigueñón | *Mycteria americana* 60, **162**
Anhinga, Schlangenhalsvogel | Anhinga | Pato Aguja o Aninga | *Anhinga anhinga* **59**
Arakanga, Hellroter Ara | Scarlet Macaw | Guacamayo Rojo | *Ara macao* 21, **22**, 67, **68**, 257
Arassari | Fiery-billed-Aracari | Arasarí pipuinaranja | *Pteroglossus frantzii* **271**
Aztekenmöwe | Laughing Gull | Gaviota Reidora | *Larus atricilla* 155, 162
Bananaquit, Zuckervogel | Bananaquit | Reinita Mielera | *Coereba flaveola* 296
Bechsteinara, Großer Soldatenara | Great Green Macaw | Guacamayo Verde Mayor | *Ara ambigua* 68, 214
Bentevi, Schwefeltyrann | Great Kiskadee | Bienteveo Grande | *Pitangus sulphuratus* 130
Bergzaunkönig | Timberline Wren | Soterrey del Bambú | *Thryorchilus brownii* 232, 251
Biguascharbe | Olivaceous Cormorant | Cormorán Neotropical | *Phalacrocorax olivaceus* 59
Bischofstangare | Blue-gray Tanager | Tangara Azuleja | *Thraupis episcopus* 78
Blauscheitelmotmot | Blue-crowned Motmot | Momoto Común | *Momotus momota* 74, **138**, 210
Brachvogel | Whimbrel | Zarapito Trinador | *Numenius phaeopus* 57
Brauenmotmot | Turquoise-browed Motmot | Momoto Cejiceleste | *Eumomota superciliosa* 172, 180
Brauner Pelikan | Brown Pelican | Pelícano Pardo | *Pelecanus occidentalis* 57, **172**, 262
Braunflügelguan | Plain Chachalaca | Chachalaca Olivácea | *Ortalis vetula* 66
Braunmantel-Austernfischer | American Oystercatcher
 | Ostero Americano | *Haematopus palliatus* 171, 219
Braunrücken-, Swainson-Tukan | Chestnut-mandibled Toucan
 | Tucan de Swainson | *Ramphastos swainsonii* **75**, 290
Braunschwanz-Amazilie | Rufous-tailed Hummingbird | Amazilia Rabirrufa | *Amazilia tzacatl* 39, 72
Brauntölpel | Brown Booby | Piquero Moreno | *Sula leucogaster* 58, 172
Braunweißer-Ameisenvogel | Bicolored Antbird | Hormiguero Bicolor | *Gymnopithys leucaspis* 76
Brillenkauz | Spectacled Owl | Buho de Anteojos | *Pulsatrix perspicillata* 284
Dickschnabelkolibri | Magnificent Hummingbird | Colibrí Magnífico | *Eugenes fulgens* 231
Dohlengrackel | Great-tailed Grackle | Clarinero o Zanate Grande | *Quiscalus mexicanus* 56, 138, 144, 267
Dow's Tangare | Spangled-cheeked Tanager | Tangara Vienticastaña | *Tangara dowii* 242
Erzeremit | Bonzy Hermit | Ermitaño Bronceado | *Glaucis aenea* 72, 250
Feuerschnabel-Arassari | Fiery-billed Aracari | Tucanillo Piquianaranjado | *Pteroglossus frantzii* **271**
Finschsittich | Crimson-fronted Parakeet | Perico Frentirrojo | *Aratinga finschi* 296
Fischadler | Osprey | Aguila Pescadora | *Pandion haliaetus* 64, 163, 193
Fischer-, Regenbogentukan | Keel-billed Toucan | Tucan Pico Iris | *Ramphastos sulfuratus* 75, 177, 225
Fledermausfalke | Bat Falcon | Halcón Cuelliblanco | *Falco rufigularis* 66
Gelbbauch-Spateltyrann | Common Tody-Flycatcher | Espatulilla Común | *Todirostrum cinereum* 296
Gelbnackenamazone | Yellow-Naped Parrot | Lora de Nuca Amarilla | *Amazona auropalliata* 69
Gelbstirn-Blatthühnchen, Jassana | Northern Jacana | Jacana Centroamericana | *Jacana spinosa* **63**
Glanznaschvogel | Shining Honeycreeper | Mielero Luciente | *Cyanerpes lucidus* 79
Glatzenkopf | White-Crowned-Parrot | Loro Coroniblanco | *Pionus senilis* 138, 158, 296
Goldkinnsittich, Tovisittich | Orange-chinned Parakeet
 | Periquito Barbinaranja | *Brotogeris jugularis* 69, **295**
Goldkopftangare | Golden-hooded Tanager | Tangara Capuchidorada | *Tangara larvata* 242
Graubussard | Gray Hawk | Gavilán Gris | *Buteo nitidus* 130, 180, 266

Tier- und Pflanzennamen

Graukopfguan | Grey-Headed Chachalaca | Chachalaca Cabecigrís | *Ortalis cinereiceps* — 66
Großes Steißhuhn | Great Tinamou | Tinamú Grande | *Tinamus major* — **56**, 287
Grünfischer | Green Kingfisher | Martin Pescador Verde | *Chlorceryle americana* — 193, 266
Grüntangare | Bay-headed Tanager | Tangara Cabecicastaña | *Tangara gyrola* — 243
Grünveilchenohr-Kolibri | Green Violetear | Colibrí de Orejas Azules | *Colibri thalassinus* — **71**
Guatemala-Specht | Pale-billed Woodpecker | Carpintero Picoplata | *Campephilus guatemalensis* — 130
Halsbandarassari | Collared Aracari | Tucanillo Collajero | *Pteroglossus torquatus* — 75
Halsband-Waldsänger | Collared Redstart | Candelita Collareja | *Myioborus torquatus* — **242**
Hämmerling, Glockenvogel | Three-wattled Bellbird
 | Campanero Tricarunculado | *Procnias tricarunculata* — 76, 177
Harpyie | Harpy Eagle | Aguila Arpia | *Harpia harpyja* — 65, 280
Inka-Täubchen | Inca Dove | Tortolita Colilarga | *Columbina inca* — 20, 171
Jabiru | Jabirú-Stork | Jabirú | *Jabiru mycteria* — 60, 158
Jungferntrogon | Collared Trogon | Trogón Collajero | *Trogon collaris* — 73, 292
Kahnschnabel | Boat-billed Heron | Pico-Cuchara | *Cochlearius cochlearius* — 160, 161, 262
Kappennaschvogel | Green Honeycreeper | Mielero Verde | *Chlorophanes spiza* — **79**
Karakara | Crested Caracara | Caracara Cargahuesos | *Polyborus plancus* — 66
Kleine Tinamou | Little Tinamou | Tinamú Chico | *Crypturellus soui* — 57
Königsgeier | King Vulture | Zopilote Rey | *Sarcoramphus papa* — 64, 284
Krabbenbussard | Common Black-Hawk | Gavilán Cangrejero | *Buteogallus anthracinus* — **65**
Kuhreiher | Cattle Egret | Garcilla Bueyera | *Bubulcus ibis* — 60, **192**
Kupfertrogon | Elegant Trogon | Trogón Elegante | *Trogon elegans* — 72
Lachfalke | Laughing Falcon | Guaco | *Herpetotheres cachinnans* — 66
Lachmöwe | Laughing Gull | Gaviota Reidora | *Larus atricilla* — 171
Langschwanzhäher | White-throated Magpie-Jay | Urraca Copetona | *Calocitta formosa* — 144, 172
Langschwanzpipra | Long-tailed Manakin | Saltarín Toledo | *Chiroxiphia linearis* — 77
Lauch-Arassari | Emerald Toucanet | Tucanillo Verde | *Aulacorhynchus prasinus* — 75,177, 231
Mangrove-Amazilie | Mangrove Hummingbird | Amazilia Manglera | *Amazilia boucardi* — 262
Mangrovenbussard | Mangrove Hawk | Gavilán Manglera | *Buteogallus subtilis* — 262
Mangrovereiher, Grünreiher | Green-backed Heron | Garcilla Verde | *Butorides striatus* — 60, 149, 262
Marmorreiher | Rufescent Tiger-Heron | Garza-Tigre de Selva | *Tigrisoma lineatum* — 60
Maskenclarino | Black-faced Solitaire | Solitario Carinegro | *Myadestes melanops* — 232
Montezuma-Stirnvogel | Montezuma Oropendola
 | Oropéndola de Montezuma | *Psarocolius montezuma* — **77**, 163, 238
Morgenammer | Rufous-collared Sparrow | Chingolo | *Zonotrichia capensis* — 251
Nacktkehlreiher | Bare-throated Tiger Heron | Garza-tigre Cuellinuda | *Tigrisoma mexicanum* — **61**, 149
Nacktkehl-Schirmvogel | Bare-necked Umbrellabird
 | Pájaro-sombrilla, Cuellinudo | *Cephalopterus glabricollis* — 76,177
Nacktstirn-Ameisenvogel | Bare-Crowned Antbird | Hormiguero Calvo | *Gymnocichla nudiceps* — 76
Passerinitangare | Scarlet-rumped Tanager | Tangara Lomiescarlata | *Ramphocelus passerinii* — 78
Prachtfregattvogel | Magnificent Frigatebird | Rabihorcado Magno | *Fregata magnificens* — **58**, 266
Purpurdegenflügel | Violet Sabrewing | Colibrí Ala de Sable Violáceo | *Campylopterus hemileucurus* — **70**
Quetzal | Resplendent Quetzal | Quetzal | *Pharomachrus mocinno* — 73, 177, **246**, 253
Rabengeier | Black Vulture | Zopilote Negro | *Coragyps atratus* — **64**
Riefenschnabel-Ani | Groove-billed Ani | Garrapatero Piquiestriado o Tijo | *Crotophaga sulcirostris* — 138
Rosa Löffler | Roseate Spoonbill | Espátula Rosada | *Ajaia ajaja* — 59, 61, 149, **161**
Rosttäubchen | Ruddy Ground-Dove | Tortolita Rojiza | *Columbina talpacoti* — 171
Rotbrustfischer | Ringed Kingfisher | Martín Pescador Collajero | *Ceryle torquata* — 266
Rotbrustguan | Crested Guan | Pava Crestada | *Penelope purpurascens* — 66, **67**
Rotschenkelpitpit | Scarlet-thighed Dacnis | Mielero Celeste y Negro | *Dacnis venusta* — 252

Tier- und Pflanzennamen

Rotschnabelbussard | Roadside Hawk | Gavilán Chapulinero | *Buteo magnirostris* 155
Rotschnabel-Pfeifgans | Black-bellied Whistling Duck | Pijije Común | *Dendrocygna autumnalis* **62**,163
Rotschopfpipra | Red-Capped Manakin | Saltarín Cabecirrojo | *Pipra mentalis* 77
Rotstirnamazone | Red-lored Parrot | Loro Frentirrojo | *Amazona autumnalis* **69**
Salmonreiher | Fasciated Tiger-Heron | Garza-Tigre de Río | *Tigrisoma fasciatum* 160, 193, 219
Schmuckreiher | Snowy Egret | Garceta Nivosa | *Egretta thula* 60, 266
Schneekrönchen | Snowcap | Copete de Nieve | *Microchera albocoronata* 70
Schopfkarakas | Crested Caracara | Caracara Cargahuesos | *Polyborus plancus* 66
Schwarzbauchguan | Black Guan | Pava Negra | *Chamaepetes unicolor* 242, 252
Schwarzer Tuberkelhokko | Great Curassow | Pavón Grande | *Crax rubra* 138
Schwarzkehltrogon | Black-Throated Trogon | Trogón Cabeciverde | *Trogon rufus* 72, **209**
Schwarzkopftrogon | Black-headed Trogon | Trogón Cabecinegro | *Trogon melanocephalus* 72, 130, 282
Schwarzscheitel-Ameisenpitta | Black-Crowned Antpitta | Tororoi Pechiescamoso | *Pittasoma micheri* 76
Silberkehltangare | Silver-throated Tanager | Tangara Dorada | *Tangara icterocephala* 243
Silberreiher | Great Egret | Garceta Grande | *Casmerodius albus* **60**
Sommertangare | Summer Tanager | Tangara roja migratoria | *Piranga ruba* **78**
Sonnenralle | Sunbittern | Garza del Sol | *Eurypypga helias* 63
Streifenjunko | Volcano Junco | Junco Paramero | *Junco vulcani* 236
Tovi-Sittich, Gold-Sittich | Orange-chinned Parakeet
| Periquito Barbinaranja | *Brotogeris jugularis* 69, 172, **295**
Truthahngeier | Turkey Vulture | Zopilote Cabecirrojo | *Cathartes aura* 64
Türkisnaschvogel | Red-Legged Honeycreeper | Mielero Patirrojo | *Cyanerpes cyaneus* 79
Veilchentrogon | Violaceous Trogon | Trogón Violáceo | *Trogon violaceus* 282
Wagler's Stirnvogel | Chestnut-Headed Oropendola | Oropéndola Cabecicastaña | *Psarocolius wagleri* 78
Waldstorch | American Wood-Stork | Cigueñón | *Mycteria americana* 158, 163
Wanderfalke | Peregrine Falcon | Halcón Peregrino | *Falco peregrinus* 66
Weinkehlkolibri | Volcano Hummingbird | Chispita Volcanera | *Selasphorus flammula* 71, 231, 251
Würgadler | Crested Eagle | Aguila Crestada | *Morphnus guianensis* 275
Zeledonie | Zeledonia | Zeledonia | *Zeledonia coronata* 236
Zwergeremit | Little Hermit | Ermitaño Enano | *Phaethornis longuemareus* 282
Zwergfischer | American Pygmy Kingfisher | Martín Pescador Enano | *Chloroceryle aenea* 74
Zwergmotmot | Tody Motmot | Momoto Enano | *Hylomanes momotula* 74
Zwergsultanshuhn | Purple Gallinule | Gallareta Morada | *Porphyrula martinica* 149

Amphibien & Reptilien

Abgottschlange | Boa Constrictor | Boa, Béquer | *Boa constrictor* **97**, 158
Aga-Kröte | Marine Toad, Giant Toad | Sapo Grande | *Chaunus (Bufo) marinus* **105**
Allens Korallenschlange | Allen's Coral Snake | Coral gigante de agua | *Micrurus allenii* 99, 100
Ameive | Ameiva | Chisbalas | *Ameiva* sp., *Ameiva leptophrys* 95
Anolis | Anole | Anole | *Anolis* sp. **90**, **91**, 198
Bastardschildkröte | Olive Ridley Turtle | Tortuga Lora, Carpintera | *Lepidochelys olivacea* 7, 81, **130f**, **154f**
Baumnatter | Parrotsnake | Lora falsa | *Leptophis* sp. **99**
Buschmeister | Bushmaster | Matabuey | *Lachesis melanocephala* 101, 295
Dreiecks-Königsnatter | Black Milk Snake (Costa Rica form)
| Falsa coral | *Lamoropeltis triangulum gaigae* 99
Echte Karettschildkröte | Hawksbill Turtle | Tortuga Carey | *Eretmochelys imbricata* 82
Erdbeerfrosch | Red Poison Dart Frog | Rana Rojo | *Oophaga (Dendrobates) pumilio* **108**, 198
Fleischmanns Glasfrosch | Glass Frog | Ranita de Vidrio | *Hyalinobatrachium fleischmanni* 106, 295
Gelbkopfgecko | Yellow-headed Gecko | Gecko cabeza amarilla | *Gonatodes albogularis* **92**, 223
Gestreifter Blattsteigerfrosch | Striped Poison Dart Frog | Rana venenosa | *Phyllobates vittatus* 109, 281

Tier- und Pflanzennamen

Goldbaumsteigerfrosch | Poison Dart Frog | Rana Venenosa | *Dendrobates auratus*   107, **108**, 258
Goldkröte | Golden Toad | Sapo Dorado | *Ollotis (Bufo) periglenes*   20, 106, 178
Granulierte Baumsteigerfrosch | Granular Poison-arrow Frog
   | Rana venenosa | *Oophaga (Dendrobates) granuliferus*   109
Grüne Rattennatter | Green Ratsnake | Culebra verde | *Senticolis triaspis*   **178**, 181
Grüner Leguan | Green Iguana | Iguana Verde | *Iguana iguana*   **87**, 266
Helmbasilisk | Common basilisk | Lagartija Jesucristo | *Basiliscus basiliscus*   **84**, 270
Helmleguan | Crested Iguana | Perro Zompopo | *Corytophanes cristatus*   **85**, 291
Indigonatter | Indigo | Zopilota | *Drymarchon corais*   96, 163
Korallenschlangen | Coral Snake | Culebras Corál | *Micrurus* sp.   **100**, 138
Krokodil-, Brillenkaiman | Cayman | Caiman, Guajipal | *Caiman crocodilus*   **83**, 258
Lederschildkröte | Leatherback Turtle | Tortuga Baula | *Dermochelys coriacea*   **81**, 153, 226
Makifrosch | Clown Frog | Rana | *Hylomantis (Phyllomedusa) lemur*   110, 222
Malachit-Strachelleguan | Spiny Lizard | Lagartija Espinosa verde | *Sceloporus malachiticus*   **89**, 181
Managuaskink | Managua Skink | Esquinco managua | *Eumeces managuae*   94
Mittelamerikanische Katzenaugennatter | Northern Cat-eyed Snake
   | Bejuquilla | *Leptodeira septentrionalis*   98, 106
Mussurana | Mussurana | Zopilota | *Clelia clelia*   97
Ochsenfrosch | Smoky Frog | Rana Ternero | *Leptodactylus pentadactylus*   295
Peitschenschwanzameive | Central American Whip-tailed Lizard
   | Ameiva de Centroamericana | *Ameiva festiva*   94
Perlnatter | Speckled Racer | Margarita, Ranera comun | *Drymobius margaritiferus*   99
Plättchen-Seeschlange | Pelagic Sea Snake | Culebra del Mar | *Pelamis platurus*   101
Regenbogenboa | Rainbow boa | Boa arco iris | *Epicrates cenchria*   97
Regenfrösche | Rain Frog | Rana de lluvia , martillito | *Eleutherodactylus* sp.   204, 250
Rennechse | Racer | Chisbalas | *Cnemidophorus* sp.   95
Riemennatter | Blunt-headed Vine Snake | Dormilona comun | *Imantodes cenchoa*   **98**
Ringelboa | Common Tree Boa | Boa arboricola | *Corallus annnulatus*   97
Rotaugenfrosch | Gaudy Leaf Frog | Rana Calzonudo | *Agalychnis callidryas*   98, 109, **110**, 222
Rübenschwanzgecko | Turnip-tail gecko | Escorion tobobo | *Thecadactylus rapicauda*   92, **225**
Samtkröte | Litter Toad, Smooth-skinned Toad | Sapo | *Rhaebo (Bufo) haematiticus*   106, **281**
Sanduhrlaubfrosch | Hourglass Treefrog | Rana | *Dendropsophus (Hyla) ebraccatus*   110
Schlegels Lanzenotter | Eyelash Viper | Bocaracá (Oropél) | *Bothriechis schlegelii*   100, 102, **103**, **205**, 225
Schleuderzungensalamander | Mountain Salamander
   | Salamandras, Escorpiones | *Bolitoglossa* sp.   104, 250, 253
Schneckennatter | Common Snail Eater | Caracolera comun | *Sibon nebulatus*   **98**
Schwarzer Leguan | Ctenosaur, Black Iguana | Garrobo, Iguana Negra | *Ctenosaura similis*   85, **86**, 138, 266
Spitzkopfnatter | Vine Snake | Bejuquilla | *Oxybelisaeneus*   **99**
Spitzkrokodil | American Crocodile | Crocodilo Amarillo | *Crocodilus acutus*   **83**, 159
Stachelleguan | Spiny Lizard | Lagartija espinosa | *Sceloporus* sp.   **89**, 138, 232
Stirnlappenbasilisk | Jesus Christ Lizard | Lagartija Jesucristo | *Basiliscus plumifrons*   84, **215**
Suppenschildkröte | Green Turtle | Tortuga Blanca, Tortuga verde | *Chelonia mydas*   212, 226
Terciopelo-Lanzenotter | Fer-de-Lance | Terciopelo | *Bothrops asper*   **102**, 138
Tropensalamander | Tropical Salamander | Salamandra | *Oedipina* sp.   243
Tropische Klapperschlange | Tropical Rattlesnake | Cascabel | *Crotalus durissus*   101, 163
Unechte Korallenschlange | False Coral Snake | Coral falsa | *Erythrolampus* sp.   99
Waldskink | Forest Skink | Escincela Parda | *Sphenomorphus cherriei*   292
Wasseranolis | Water Anole | Lagartija de agua | *Anolis aquaticus*   90
Weißmaul-Klappschildkröte | White-lipped mud turtle
   | Tortuga del fango de boca blanca | *Kinosternum leucostomum*   **80**

Tier- und Pflanzennamen

Fische
Braunhai | Bull Shark | Tiburon Toro | *Carcharhinus leucas* — 149
Blauer Papgeienfisch | Blue Parrotfish | Loro Azul | *Scarus coeruleus* — 221
Colorado-Schnapper | Pargo Colorado | Pargo Colorado | *Lutjanus colorado* — 158
Gar | Gar Fish | Pez Gaspar | *Atractosteus tropicus* — 149
Karibenkaiserfisch | Rock Beauty | Isabelita | *Holacanthus tricolor* — 221
Stachelrochen/Manta | Manta Ray | Raya | *Dasiatis longus* — 158
Tarpun | Tarpun | Sábalo | *Megalops atlanticus* — 158
Weiße Meeräsche | Lisa | Lisa | *Mugil curema* — 158

Wirbellose und Niedere Tiere
Akazienameisen, Knotenameisen | Acacia-Ant | Hormiga del Cornizuelo | *Pseudomyrex ferruginea* — 124
Augenspinner | Silk Moth | Mariposa Cuatro Ventanas | *Rothschildia sp.* — **120**, 179
Aztekenameisen | Azteca Ants | Hormiga Azteca | *Azteca sp.* — 123
Baumkoralle | Elkhorn Coral | Cuernos de Alces | *Acropora palmata* — 221
Blattschneiderameisen | Leaf-cutting Ants | Zompopas | *Atta cephalotes* — 121, **122**
Blattschrecke | Bush Katydid | Esperanza | *Orophus conspersus* — 116, 243
Blauer Morphofalter | Blue Morpho | Celeste Comun | *Morpho peleides* — 119, **290**
Blaukrabbe, Blaue Landkrabbe | Blue Crab | Cangreja Azul | *Callinectes sp.* — 221ff, **223**
Burchells Wanderameise | Army Ants | Hormiga arriera | *Eciton burchelli* — **123**, 124
Diademseeigel | Black Urchin | Erizo Negro | *Diadema antillarum* — 221
Eremitenkrabbe | Hermite Crab | Cangrejo Ermitaño | *Coenobita compressus* — 57, 62, 172
Eulenfalter | Cream Owl Butterfly | Buhito Pardo | *Caligo memnon* — 119, **260**, 290
Geisterkrabbe | Ghost Crab | Cangrejo Chimpenano | *Ocypode sp.* — 57, 62
Gewehrkugelameise | Bullet Ants | Bala | *Paraponera clavata* — 124, **204**
Glasflügelfalter | Clear-winged Pireta Butterfly
 | Mariosa Claro-coa de Pireta | *Cithaerias menander* — **120**
Goldkäfer | Gold Beetle | Escarabajo dorado | *Plusiotis gloriosa* — 73
Guanacaste-Stabheuschrecke | Walking Stick | Juanpalo | *Calynda bicuspis* — 116
Harlekinkäfer | Harlequin Beetle | Escarabajo Arlequin | *Acrocinus longimanus* — 118
Hirnkoralle, Neptunhirn | Brain Coral | Cerebriformes | *Diplora sp.* — **221**
Hundertfüßler | Centipede | Centipedo, ciempies | *Scolopendra sp., Centuroides sp.* — 113
Kraushaarvogelspinne | Curlyhair Tarantula | Tarantula | *Brachypelma albopilosum* — 115
Mittelamerikanischer Nashornkäfer | Rhinocerus Beetle
 | Cornizuelo Rhinceros | *Megasoma elephas* — **118**, 179
Monarchfalter | Monarch | Mariposa Monarca | *Danaus plexippus* — **119**
Mundlose Krabbe | Mouthless Crab, Jack-o-Latern Crab | Cangrejo | *Cardisoma sp., Gecarcinus sp.* — 266
Radnetzspinne | Golden Orb-Spider | Arana de Oro | *Nephila clavipes* — 115
Riesenwaldschabe | Tropical Cockroach | Cucaracha | *Blaberus giganteus* — 117, 283
Rindenkoralle | Venus Sea Fan | Abanicos de Mar | *Gorgonia flabellum* — 221
Rote Landkrabbe | Red Land-Crab | Cangrejo Rojo de Tierre | *Gecarcinus quadratus* — **266**
Schwalbenschwanz | Giant Swallowtai | Lechera | *Papilio cresphontes* — 119, **200**
Seegurke | Sea Cucumber | Pepino de Mar | *Holothuria sp.* — 221
Stabheuschrecke | Walking Stick | Juanpalo | *Calynda bicuspis* — 243
Stachellose Bienen | Stingless Bee | Abeja Atarrá, Culo de Vaca | *Trigona sp.* — **128**, 129
Tausendfüßler | Large Forest-floor Millipede | Milpies | *Nyssodesmus python* — 112
Tiger-Passionsblumenfalter | Tiger Long-wing Butterfly | Mariposa Pasionaria | *Heliconius hecale* — 119
Vogelspinne | Tarantula | Tarantula | *Avicularia sp.* — **114**, 115
Wasserjungfern | Giant Damselfly | Gallito azul | *Megaloprepus coerulatus* — 115

Tier- und Pflanzennamen

Planzen

Akazie | Acacia | Cornizuelo | *Acacia costaricensis* ___ 25, 124
Almendro-Baum | False Almond Tree | Almendro | *Dipteryx panamensis* ___ 68
Amerikanischer Balsambaum | Naked Indian | Indio Desnudo | *Bursera simaruba* ___ 28, **128**
Ananas | Pineapple | Pina | *Ananas comosus* ___ 36
Andenfarn | Jamesonia Fern | Jamesonia, Helecho árbol | *Jamesonia* sp. ___ 33
Anispfeffer | Anise Piper | Anisillo, Hoja de la Estrella | *Piper auritum* ___ 78
Banane | Banana | Platano | *Musa acuminata* ___ 282
Bastpalme | Raphia Palm | Palma Yolillo | *Raphia taedigera* ___ 31, **212**, 213
Baumfarne | Tree Ferns | Arabo de Mico | *Cyatheaceae, Dicksoniaceae* ___ 32, **148**
Baumfreund | Philodendron | Philodendron | *Philodendron* spec. ___ 34
Bromeliengewächse | Bromeliad & Pineapple Family | Bromelias | *Bromeliaceae* 24, 36, **37**, **197**, 231, 249
Calathea, Klapperschlangenpflanze | Rattlesnake Plant | Hoja Negra | *Calathea insignis* ___ **177**
Chicle-Baum | Chicle Tree | Chicle | *Manilkara chicle* ___ 172
Dieffenbachia | Dumb Cane | Loterías | *Dieffenbachia* spec. ___ 34
Brenes-Eiche | Oak | Roble | *Quercus* sp. ___ 32, 180, 201, 231
Feige | Fig | Higueron | *Ficus* spec. ___ **29**, 42, 44, 69, 129, 214
Fensterblatt | Swiss Cheese Plant | Costilla de Adán | *Monstera* spec. ___ 34
Flamingoblumen | Anthurium | Anturio | *Anthurium* sp. ___ **35**
Frangipani | Temple Tree | Frangipani | *Plumeria rubra* ___ 172
Geschnäbelte Helikonie, Hummerkralle | Plantain | Plantanillo | *Heliconia rostrata* 39, 43, 98, 185, 250
Greisenbart | Spanish Moss | Barba de Viejo | *Tillandsia usneoides* ___ 38
Guanacaste-Baum | Ear Fruit | Guanacaste | *Entrolobium cyclocarpum* ___ 28
Guzmanie | Striped Torch | Guzmania | *Guzmania nicaraguensis* ___ 36, 196, **197**
Helikonie | Wild Plantain | Platanillo | *Heliconia lathispatha* ___ 39, **260**
Holdridges Baumfarn | Holdridge Tree Fern | Helecho árbol, Camarón | *Cyathea holdridgeana* ___ 33
Ipé-Baum | Yellow cortez | Corteza ammarilla | *Tabebuia ochracea & chrysantha* ___ 27, 155, 158
Ira-Baum | Ira | Ira Rosa | *Ocotea* spec. ___ 250
Kaffeebaum | Coffee | Cafe | *Coffea arabica* ___ 23
Kakaobaum | Cocoa | Cacao | *Theobroma cacao* ___ 197
Kapokbaum, Wollbaum | Silk Cotton Tree | Ceiba | *Ceiba petandra* ___ 30
Kaugummibaum, Breiapfel | Chicle | Nispero, Chicle | *Manilkara zapota* ___ 28, 129
Knopfmangrove | Buttonwood Mangrove | Botoncillo | *Conocarpus erectus* ___ 26, 157, 264
Kokospalme | Coconut | Cocotero | *Cocos nucifera* ___ 25, 214, 225
Kussmund | Hot lips plant | Labíos de Mujer | *Psychotria elata* ___ 202, **277**
Lorbeergewächse | Laurel | Laurel | *Lauraceae* ___ 32
Mahagonibaum | Mahogany | Caoba | *Swietana macrophylla* ___ 30, 277
Mangobaum | Mangotree | Mango | *Mangifera indica* ___ 265
Maniok | Manioc | Yuka | *Manihot esculenta* ___ 11, 23, 121
Manzanillobaum | Manzanillo | Manzanillo | *Hippomane mancinella* ___ 264
Meertraubenbaum | Sea Grape | Papaturro | *Coccoloba uvifera* ___ 214, 221
Myrthengewächse | Myrtle | Mirto | *Myrtaceae* ___ 32
Nachtorchidee | Lady of the night Orchid | Oriquídea dana de noche | *Brassavola* cf. *nodosa* ___ 297
Papaya | Papaya | Papaya | *Carica papaya* ___ 23
Passionsblume | Crimson passion flower | Pasiflora perfumada | *Passiflora vitifolia* ___ **282**, 285
Pfeffergewächs | Pepper Plant | Candela, Candelillos | *Piper* sp. ___ 78
Purpurholz-Baum | Purple-heart Tree | Nazareno | *Peltogyne purpurea* ___ 30, **259**, 277
Regenschirm der Armen | Poor Mans's Umbrella | Sombrillo de Pobre | *Gunnera insignis* ___ **241**
Riesenananas | Giant bromelia | Pinuelas | *Bromelia pinguin* ___ 129
Rote Mangrove, Amerikanische Rhizophora | Red Mangrove | Mangle Rojo | *Rhizophora mangle* 26, 221

Tier- und Pflanzennamen

Schwarze Mangrove | Black Mangrove | Mangle Salado | *Avicennia germinans* — 26, 157
Schwarzeiche | Black Oak | Roble Negro | *Quercus costaricensis* — 32, 201, 231
Seegras | Turtle Grass | Pasto de Tortugo | *Thalassia testudinum* — 221
Seemanns Eiche | Semann's Oak | Roble de Seemann | *Quercus seemanni* — 32
Sinnpflanze | Mimose | Zarza | *Mimosa pigra* — 158
Tintenfischorchidee | Cockleshell Orchid | Oriquídea mariposa | *Encyclia cochleata* — **296**
Wagnersche Helikonie | Plantanillo | Plantanillo | *Heliconia wagneriana* — 290
Wasserhyazinthe | Water Hyacinth | Jacinto de Agua | *Eichhornia crassipes* — 31, 213, 261
Wassernüsse | Provision Tree | Jelinjoche | *Pachira aquatica* — 31, **213**
Weiße Mangrove | White mangrove | Mariquita | *Languncularia racemosa* — 26
Weißeiche | White Oak | Roble Blanco | *Quercus copeyensis* — 250
Weißgummibaum | Sun-burned Gringo | Indio Desnudo, Gumbo-Limbo | *Bursera simaruba* — 28, **128**, 155
Wilde Avocados | Avocado | Aguacate | *Persea americana* — 32, 73
Wilde Muskatnuss | Wild Nutmeg | Fruta Dorada | *Virola sebifera* — 31
Wilder Ingwer | Wild Ginger | Cana Agria | *Costus laevis* — **256**
Würgefeige | Strangler Fig | Higueron | *Ficus sp.* — **29**
Zuckerrohr | Sugar Cane | Caña de Azucar | *Saccharum officinarum* — 23, 105
Zypressen | Cypress | Cipresillo | *Escallonia sp.* — 33, 231, **250**

Vulkan Arenal Foto: W. Denzer

Ortsregister

Ein „K" vor der Seitenzahl weist auf eine Karte hin.

Abangaritos	163
Alberto-Manuel-Brenes-Reservat	K173
Arenal-Nationalpark	K173, 188
Arenalsee	K145, K173, 190
Aviarios del Caribe	218
Bagaces	K156
Bajo-del-Tigre-Sektor	176
Barra-del-Colorado-Wildschutzgebiet	211
Barra-Honda-Nationalpark	K152, 164
Bijagua	144, K145
Biol. Reservat Cabo Blanco	K152, 171
Biol. Reservat Carara	256
Biol. Reservat Lomas Barbudal	155
Biol. Reservat Monteverde-Arenal	173
Biol. Station La Cruces	296
Biol. Station La Selva	K195, 201, 202, 208
Biol. Station Marenco	274
Biol. Station Rara Avis	K195, 202
Bríbrì	K218
Cabo Blanco	K152, 171
Cachí-Stausee	K239
Cahuita-Nationalpark	K218, 221
Cañas	144
Caño Chiquero	K211
Caño La Palma	K211
Caño-Negro-Schutzgebiet	59, 83, 149, 188
Carara-Nationalpark	68
Carate	K272
Catarata la Cangreja	140
Cartago	K239
Cerro Chirripó	K249
Cerro de la Muerte	73, 228
Cerro Pyramide	K249
Cerro Tortuguero	216
Cerro Urán	K249
Chirippó-Nationalpark	71, 228, 248, K249
Cloudbridge Nature Reserve	K249
Cóbano	K152, 171

Ortsregister

Corcovado-Nationalpark — 65, 67, 68, 83, 109, K 275
Curubandé — K134
Dominical — 268
Dos de Tilaran — K173
Drake Bay — K272, 274
El Plastico — K195, K203, 205
Gandoca-Manzanillo-Wildreservat — 224, 226
Golf von Nicoya — 58, K152
Golfe Dulce — K289
Golfito-Wildschutzreservat — 288
Guanacaste-Nationalpark — 125, K126
Guayabo-Nationalmonument — 237
Hacienda La Pacifica — 144
Herradura — K249, 255
Hitoy-Cerere-Reservat — K218
Honda Tenorio — K145
Isla Ballena — 269
Isla del Caño — 275
Isla del Coco — K13
Isla Mogote — K263
Isla Olacuita — K263
Isla Pájaros — 62, K156, 158, 160
Isla Saino — K156
Isla Tres Hermanas — 269
Jáco — K257
Jicaral — K152
Junquilla — K126
Junta — K173
Katira — K145
La Cruz — K126
La Fortuna — K173
La Gamba — K293
La-Leona-Station — K272, 281
La Palma — K272
La Tigra — K173
La Virgen — K195
Lago Bravo — 201
Laguna Chirippó — K249
Laguna Corcovado — K272
Laguna de Cote — K145
Laguna Rio Cuarto — K228
Laguna Hule — K228
Laguna Jilgueos — K134
Laguna Negra — K263

323

Ortsregister

Laguna Palo Verde	K156
Las-Baulas-Meeresnationalpark	K152, 153
Las Horquetas	K195, 201
Las-Pailas-Station	K134, 138
Liberia	K126, K134, K152
Limón	211
Los-Patos-Station	K272,
Los-Quetzales-Nationalpark	72, 228, 245
Manuel-Antonio-Nationalpark	K262
Manzanillo	K152, K218
Marino-Ballena-Nationalpark	268
Maritza-Station	127, 133
Miravalles-Nationalpark	K145,
Monte Sin Fe	K249, 253
Montecristo	K145
Monteverde-Nebelwald-Reservat	73, K173, 174ff
Montezuma	K152, 171
Murciélago-Station	K126, 133
Nicoya-Halbinsel	95, 101
Nosara	K152
Orosi	K239
Ortina	256
Osa-Halbinsel	82, 272,
Ostional-Tierschutzgebiet	K152, 155
Palo-Verde-Nationalpark	K152, 156
Paraiso	K239
Penshurst	K218
Piedras-Blancas-Nationalpark	K289
Playa Azul	K257
Playa Blanca	K218
Poásito	K228
Poás-Nationalpark	K228, 228ff
Poza Azul	K146
Pueblo Viejo	K218
Puerto Humo	K156, 162
Puerto Jiménez	273
Puerto Moreno	163
Puerto Nispero	163
Puerto Viejo	224
Puerto Viejo de Sarapiquí	K195
Punta Cahuita	K218
Punta Puerto Vagas	K218
Puntarenas	K152, 153
Quebrada Agria	K134

Ortsregister

Quebrada Camaronera	K262
Quebrada Catarata	K263
Quebrada Honda	K165
Quebrada Los Pailas	K134
Quebrada Segunda	K239
Quepos	K262, 268
Rincón-de-La-Vieja-Nationalpark	K134
Río Arenal	K173
Río Atelopus	K203
Río Berbedero	K156
Río Blanco	K134, K248
Río Bonito	K289
Río Celeste	K146
Río Chimurria	K145
Río Chirripó Atlantico	K249
Río Chirripó Pazifico	K249
Río Colorado	K134
Río Corobicí	144
Río Cuarto	K228
Río Esquinas	K289
Río Estrella	K218
Río Frío	K145
Río Grande de Orosí	K239
Río Guácimo	K203
Río Jamaical	K173
Río Hondura	199
Río La Paz	229
Río Naranjo	K263
Río Negro	K134
Río Orosí	K239
Río Pavo	K272
Río Peñas	K173
Río Puerto Viejo	209
Río Sarapiqui	K228
Río Sardinal	K203
Río Sierpe	K211
Río Sirena	K272
Río Sucio	199
Río Talari	K249
Río Tárcoles	K257
Río Tempisque	K152, K156
Río Tortuguero	K211
Río Zapote	K145
Rivas	K249

Ortsregister

San Gerardo	247
San Isidro	K173, 228, 268
San José	153, 195
San Miguel	K228,
San-Pedrillo-Station	K272, 274
San Rafael	K145
Santa Ana	K165
Santa Cruz	K126
Santa-Elena-Reservat	K173, 174, 178
Santa-Rosa-Nationalpark	54, 82, 125, K126
Santo Domingo	K145
Savegre-Region	73, 245,
Sirena-Station	K272, K276, 284
Sixaola	224
Tabacón	K173, 190, 194
Tamarindo	K152, 153
Tambor	K152
Tapanti-Nationalpark	238, K239
Tárcoles	K257
Tempisque-Region	59, 62, 95, 96
Tenorio-Nationalpark	K145
Tilarán	K145, K173, 174
Tortugero-Nationalpak	83, 84, K211
Upala	K145, 149
Varablanca	K228
Villa Briceño	K289
Von-Seebach-Krater	K134, 136
Vulkan Arenal	188, 190
Vulkan Brava	K195, 196, 201
Vulkan Cacao	K126,133
Vulkan Cacho Negro	K195
Vulkan Cerro Chato	190, 193
Vulkan Congo	K228
Vulkan Irazú	234
Vulkan Miravalles	K145, 146
Vulkan Orosi	K126, 133
Vulkan Poás	K228
Vulkan Rincón de La Vieja	K134, 135
Vulkan Santa Maria	K134, 136
Vulkan Tenorio	K145, 146
Wildschutzgebiet Curú	K152, 171

Wissen, wo's langgeht – NTV Reiseführer

Natur pur!

Sie möchten Ihren Urlaub nicht in grau betonierten Ferienanlagen und auf ausgetrampelten Touristenpfaden, sondern im wilden Herzen der Natur verbringen? Sie haben Freude an großartigen Landschaften und begeistern sich für außergewöhnliche Vertreter der Fauna und Flora?

Aufwendig gestaltet und durchgängig mit bestechenden Aufnahmen ausgestattet, führen die umfangreichen Bände dieser Naturreiseführer-Reihe jeweils detailliert in Landeskunde, Geografie, Land und Leute sowie viele weitere interessante Aspekte des jeweiligen Reiseziels ein. Tipps zu Anreise, Formalitäten, Gesundheit, Unterbringung, Naturschutzgebieten, Stränden etc. erleichtern Ihnen die Reiseplanung. In Wort und Bild können Sie sich dann über die schönsten und interessantesten Vertreter der Fauna und Flora informieren.

Glanzpunkt eines jeden dieser unverzichtbaren Reiseführer sind aber sicher die bis ins Kleinste ausgetüftelten und genau beschriebenen Touren in allen Landesteilen – diese Insider-Tipps führen Sie zu den atemberaubendsten, spektakulärsten und auch den verschwiegendsten Naturhighlights, zu fantastischen Landschaftsformationen ebenso wie zu seltenen Tieren und Pflanzen. – Ein Muss für alle Naturliebhaber!

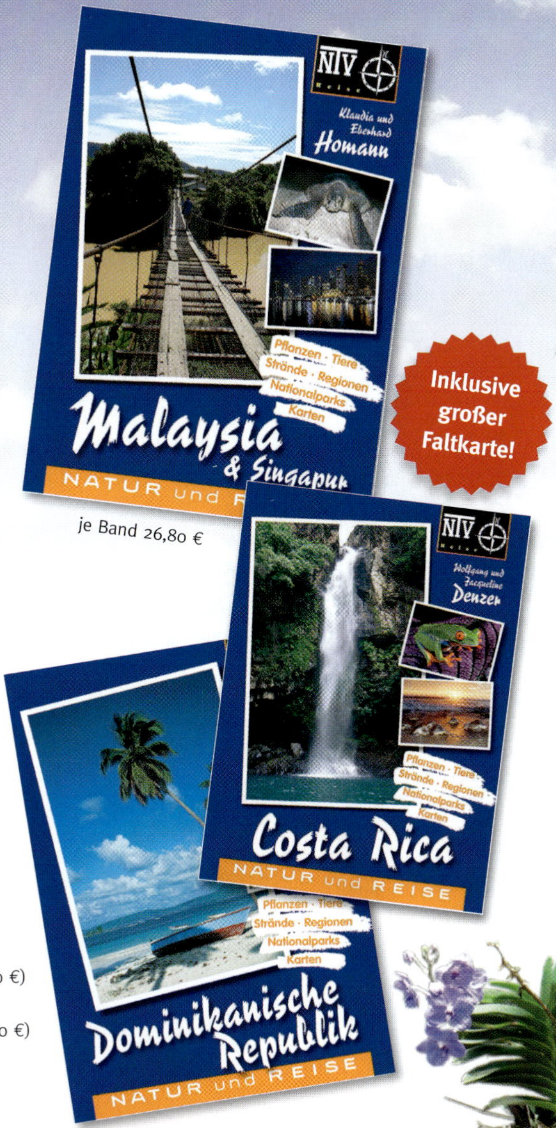

je Band 26,80 €

Inklusive großer Faltkarte!

Außerdem in dieser Reihe erschienen:
- Griechenland (26,80 €) • Australien (26,80 €)
- Kanarische Inseln (24,80 €)
- Philippinen (26,80 €) • Madagaskar (24,80 €)
- Kenia, Tansania und Uganda (26,80 €)
- Portugal (Algarve bis Lissabon) (24,80 €)

Natur und Tier - Verlag GmbH
An der Kleimannbrücke 39/41 · 48157 Münster
Tel.: 0251-13339-0 · Fax: 0251-13339-33
E-Mail: verlag@ms-verlag.de
www.ms-verlag.de

www.naturreiseführer.de

Ihr Spezialist für Costa Rica und Mittelamerika!

Individual- und Gruppenreisen, Familienreisen, Mietwagen, Flexipass und Spezialreisen (z.B. Vogelbeobachtung).

Wir haben seit mehr als 15 Jahren Erfahrung in Costa Rica, auf uns können Sie sich verlassen!

Gerne erstellen wir Ihr individuelles Angebot für Ihre Reise nach Costa Rica oder Mittelamerika.

Rufen Sie uns jetzt an:

 07634 5055-0

 oder schicken Sie uns ein Mail an:

info@traveltonature.de

 www.costa-rica.com